毛泽东

教我们学交往

MAOZEDONG
JIAO WOMEN XUE JIAOWANG

莫志斌　陈特水⊙编著

中共党史出版社

图书在版编目(CIP)数据

毛泽东教我们学交往 / 莫志斌，陈特水编著.—3 版. —北京:中共党史出版社,2021.1(2025.4 重印)

ISBN 978-7-5098-5272-9

Ⅰ.①毛… Ⅱ.①莫… ②陈… Ⅲ.①毛泽东(1893-1976)—心理交往—研究 Ⅳ.①A841.64

中国版本图书馆 CIP 数据核字(2019)第 122424 号

书　　名：毛泽东教我们学交往
作　　者：莫志斌 陈特水

出版发行：中共党史出版社
责任编辑：赵　雨
社　　址：北京市海淀区芙蓉里南街 6 号院 1 号楼　邮编：100080
网　　址：www.dscbs.com.cn
经　　销：新华书店
印　　刷：三河市天润建兴印务有限公司
开　　本：710mm×1000mm　1/16
字　　数：320 千字
印　　张：20
版　　次：2003 年 6 月第 1 版　2009 年 5 月第 2 版　2021 年 1 月第 3 版
印　　次：2025 年 4 月第 3 次印刷
书　　号：ISBN　978-7-5098-5272-9
定　　价：68.00 元

此书如有印装质量问题，请联系中共党史出版社读者服务部　电话：010-83072535

借鉴伟人智慧　吸取伟人养分

毛泽东是中国的历史巨人，也是世界的历史巨人。他不仅书写了中国的历史，也改写了世界的历史。

是他，一个农民的儿子，一个生长在山沟的赤子，他用自己的奋斗开创了许许多多个第一，创造了无数个奇迹。他是中国共产党的主要创始人之一，是中华人民共和国的缔造者，担任党和国家的最高领导职务数十年之久。

天时、地利、人和是人们走向成功的基本要素。毛泽东出生于 19 世纪末，成长在 20 世纪，这是中国发生根本变革的时代，时代需要英雄，时代造就了英雄。毛泽东是时代的弄潮者。

人们走向成功，既需要有利的客观环境，更离不开主观努力。毛泽东的一生是革命的一生，奋斗的一生，拼搏的一生。强健的体魄、高尚的道德情操、完美的人格、独特的性格、和谐的人际关系、科学的工作方法，这一切一切，都是毛泽东走向成功的必要条件。

人类要继续前进，我们的事业要继续进步，人们需要更多的成功。正因为这样，我们研究毛泽东的成功智慧，更具有特殊的意义。我们可以借鉴毛泽东的用人之道、处事方法、交往艺术和管理经验等成功智慧，在未来少走弯路，更快捷地走向成功；我们可以学习毛泽东的成功经验，让我们的事业取得更大的成功；我们可以从毛泽东的成功智慧中吸取养分，把事业，把人生推向新的高峰！

交往

Contents

目录

第一章 亲缘相交 情义为重

第二章　尊师重道　师恩永记

第三章　慎择知己　砥砺为先

第四章　战友情怀　坦荡热忱

第五章　肝胆相照　风雨同舟

第六章　虚怀若谷　化敌为友

第七章　尊重关心　厚待贤人

第八章　真诚交往　不泯其功

第九章　坦诚相见　以理服人

第十章　海内存知己　天下交友朋

第十一章　交平民友　水乳相融

第一章

亲缘相交　情义为重

父母、兄弟、儿女之情，人皆有之，毛泽东也不例外，他也重亲情，珍爱亲情。但他不只讲亲情，在与亲属交往中，他还讲究一个“义”字。情义并重，这是他与亲属交往的最鲜明的特色。

1. 反叛严父 涕感慈母

都说“一方水土养一方人”，我们的伟大领袖毛泽东就出生于钟灵毓秀，壮丽奇瑰的韶山福地。韶山位于湘潭与湘乡连界之地，相传舜帝南巡至此，吹奏韶乐，引凤来仪，百鸟和鸣，韶山因此得名。韶山冲风俗纯朴，烟赌甚稀，和湘潭一样是一块清邑之地。而韶山冲群山环抱，腹地平坦的地形特点不仅赋予了毛泽东憨厚朴实、具有反叛精神和英雄意识的山地性格，同时也塑造了他吃苦耐劳、关心时政、同情百姓疾苦的平原性格。童年时代对毛泽东影响最大的莫过于他的父亲毛顺生和母亲文七妹了，母亲的任劳任怨、克勤克俭、善良温存在幼年毛泽东心里打下了深深的烙印。但对父亲，他不赞同父亲在致富道路上的做法，甚至多次公开违背父亲的意愿，顺着自己设计的人生轨道走下去，但这与他对父亲的尊敬、挚爱之情并不矛盾。

1936年在陕北的一个窑洞里，毛泽东与美国记者埃德加·斯诺谈及他的童年时，伟人的思绪飞过奔腾不息的黄河，巍峨壮观的山川，飞到日日挂念的故乡。点点滴滴的回忆清晰地浮现在眼前：“我父亲的名字是毛仁（顺）生，我母亲未出嫁时的名字是文其美（七妹）。父亲是一个贫农，还在年轻的时候，就因为负债过多而被迫去当兵。他当了许多年的兵。后来，他回到我出生的村子来，通过做小买卖和别的营生，克勤克俭，攒积了一点钱，便买回了他自己的土地。”迫于生计，毛顺生离别妻儿投身军营，他满心欢喜盼望生活有个出头，虽然几年军营生活，没有让他谋个一官半职，但在行军中倒去过不少经济发达、思想开化的城市。这异于一般农人的经历让他增长了不少见识。所以退伍后他在家积极经营、精打细算，很快就发了家。于是，他的家有了十五亩地，成了中农。每年可打60担稻谷，全家五口每年粮食共35担，即每人七担，剩余25担。毛顺生用这些节余，又筹集了一些资金，置买了七亩田，这样家境达到了富农的地位。这时一年的收成总数上升到八十担。这时的毛家已算是一个典型的富农了，但农民的本性让毛顺生严抠细算，富而不奢，参加田间劳动时，全家人都要上，只在农忙季节才雇佣帮工。他时常对儿子谆谆教导："吃不穷，用不穷，人无计算一世穷。"更难能可贵的是毛顺生能突破旧式思想的束缚，先后送三个儿子上私塾接受教育，为毛泽东三兄弟的成才铺下第一块基石。而天资聪颖的毛泽东在熟读《四书》《五经》《三字经》后，开始涉猎《精忠传》《水浒》《隋唐》《三国演义》等有关英雄奋勇起义、试图扭转乾坤的书，并且受到了很深的影响，在当时残酷的现实中，他也萌发了"造反"的念头，这与父亲期盼他做一个淳朴而精明商人的初衷相悖。从小勤奋的毛泽东在博览群书之余，还勤于思考，绝不盲目听从圣人说教。在他幼小的心灵里装的是普通百姓的疾苦，萌发的是一种对社会的使命感、责任感。因此，随着年岁的递增，他与父亲的矛盾也就越显尖锐了，甚至到了公开反抗的地步。

有一年，韶山的夏季酷暑难当，恰逢先生不在学堂，毛泽东提议大家去游泳散热。老先生回来看见学生们赤身裸体游泳，形象不雅，违背旧礼，不禁眉头紧锁，准备在课堂惩罚他们。镇定自若的毛泽东却引经据典利用《论语》上关于孔夫子造成到河里洗冷水澡的语句来反驳先生，甚至还打开课本原原本本念了一遍。老先生细细一想确有这么一段，但觉得在学生面前一时下不了台，于是就跑到毛顺生跟前狠狠地告了他一状。毛顺生一向教子甚严，一听儿子领头闹事，还同先生顶嘴，勃然大怒，在路边顺手拣了一根楠竹丫子就向南岸私塾奔跑过来，见着儿子不问青红皂白就是一顿鞭打。儿子一边叫苦不迭，一边慌忙转身就跑。父亲毕竟赶不上儿子的步伐，气得直骂："我看你跑到哪里去？你要是回来，我就打死你这个没王法的东西！"毛泽东当然不敢回家，于是他决定离家出走，去县城。可惜年龄太小不识路，在山里转了三天才离家八里远，教子严厉却也爱子心切的毛顺生心急如焚四处寻找，而迷路山间，早已饥肠辘辘却仍"执迷不悟"的毛泽东最终被一个砍柴的老人撞见被送回了家。自此以后，毛顺生对儿子的态度温和了许多，但毛泽东却以为这是他第一次反抗的胜利，因此在心里暗暗高兴，并坚定了与父亲的冷酷与落后斗争到底的决心。

还有一次当父亲当众骂毛泽东懒惰、无用时，毛泽东竟以"投塘"自杀相逼，父亲对这个倔强儿子只能又恼又气，却又毫无办法。后来，父亲依旧习给毛泽东娶回一个大毛泽东四岁的媳妇——罗一姑，这回为了不伤父母的心，毛泽东默默地忍受着，在婚礼上还恭恭敬敬地给来宾行礼，但始终都没有与罗氏共同生活过，因此他的行为更被父亲定义为“不孝”。

与父亲的吝啬、苛刻正好形成一个鲜明对比的母亲文氏，她宅心仁厚，与人为善，恭让谦和，待人宽容。在家中，她勤恳持家，相夫教子；对乡邻，慷慨厚道，乐善好施。且每当儿子与丈夫的矛盾激化时她总是充当一个“调解者”的角色，把裂痕和冲突减少到最小程度。文氏在心里虽然也不满丈夫的为富不仁，但也不赞同毛泽东公开的反抗方式，因此她只能巧妙地躲开丈夫的视线，偷偷地开仓放谷，救济穷人。对于儿子行善乐助的举动总是加以赞许和支持。为了让一个贫寒的同班同学吃上中饭，母亲每天给儿子捎上两份饭。她的博爱和善良深深地影响着少年毛泽东。在一个大雪纷飞的日子，一个衣着单薄的路人引起了当时年纪尚轻的毛泽东的注意，那人在凛冽的寒风中瑟瑟发抖，脸色惨白。毛泽东赶紧跑到他面前，细细打听了他的家世和遭遇后，二话不说从身上脱下一件衣服给他披上，而且怕他不肯接受，赶忙跑开。第二年春天母亲在翻洗衣服时发觉少了一件夹袄，询问缘由，毛泽东一五一十地告诉了母亲，文氏赞赏地点了点头，丝毫没有责备的意思。

1910 年，在伯父毛麓钟、老师李漱清等人的劝说下，毛顺生终于同意让毛泽东前往湘乡县东山新式高等小学堂读书。临行之前，慈母的叮嘱一遍又一遍，一向严厉的父亲也变得格外慈祥，深情地说：“石三，你在外面要吃饱饭啰！钱用完了给我来信就是，我会搭来的。”毛泽东的眼眶一热，依依不舍地话别：“爹，娘，先生，我走了，请保重。”毛顺生看着儿子转过身去，有些怅然。挑行李送哥哥的毛泽民突然拉了拉哥哥：“哥，爹哭了！”毛泽东猛然转过身看见两行热泪正悄无声息地从父亲脸颊上流下来，他再也忍不住了，一个箭步冲到父亲面前，跪下磕了三个响头，眼泪像开闸的阀门，不听使唤往下掉……

1919 年 10 月，正在长沙为驱张运动忙得不可开交的毛泽东收到了母亲病危的特急家信，他带上小弟泽覃马上赶回家。当他们赶到上屋场时，遗憾万分地获悉母亲已入棺两天了，而母亲临终时一直在呼唤着他们兄弟的名字。当夜悲痛万分的毛泽东就在母亲灵前对着黯淡的油灯，后来作了一首感人肺腑的《祭母文》，“呜呼吾母，遽然而死……”拳拳孝心跃然纸上，表达了他对母亲无尽的哀思和感激。而祸不单行，1920年1月23日毛顺生因患急性伤寒医治无效也与世长辞，终年50岁，当时毛泽东正组织湖南“驱张代表团”到达北京，为成立“平民通信社”，揭露湖南军阀张敬尧的罪行而奔波劳累，根本无暇奔丧，又失去一份精神寄托的毛泽东只能把痛失亲人的苦楚埋在心间，彻夜难眠。

毛泽东是一代伟人，但他也是普通人。故乡的山水、故乡的人们是他成长的沃壤，更是他永远的牵挂。他反叛的是父亲的苛刻残酷、为富不仁和封建家长制作风，而继承了父亲的刚毅顽强、百折不挠和勤俭节省。因此从理性、个别行为上看，他多次挑战父亲的绝对权威，力图冲破父辈为他设计好的生活框架，义无反顾地坚持自己选择的人生之路；而从情感、整体过程把握，他对父亲又永远心存感激、敬爱之情。这是一种特殊历史时期的特殊情感。追求进步、充满激情的青年与充斥父辈脑中的旧礼教、旧思想必定格格不入，背道而驰。毛泽东反对的是整个腐朽没落的社会，并不是特别针对父亲本人。虽然两人同样倔强执拗的性格矛盾不可避免，但父亲的妥协是深沉的，而且慈祥仁爱的母亲在父子争吵时及时出来圆场，所以对父母，毛泽东始终满怀深情。

1959年6月25日下午，已66岁高龄的毛泽东带着对故土与亲人的怀念回到阔别多年的故乡——韶山。在到达韶山的第二天清晨，他独自一人迫不及待地朝故居对面的南竹托山走去，在父母坟前，他献上了用松枝扎成的花圈，双手合十，三鞠躬，深情念着：“父亲，母亲我看望你们来了！”此时此刻，对父母的怀念和敬爱之情充溢了他的心间，永远不会淡去。两老若地下有知，必欣慰不已。

2. 兄妹情深　毁家救国

毛泽东少怀大志，不顾父亲劝阻毅然挑起行李走出韶山冲。他先后在湘乡县东山高等小学堂、湘乡驻省中学、湖南全省高等中学校、湖南省立第一师范求学。在学习上他珍惜一分一秒，勤奋上进，每次学校考试总是名列前茅，在进步老师和同学的影响下，毛泽东也如饥似渴地阅读有关马列主义的新式刊物，深受熏陶，并以之指导自己以后的行动。经过多年的努力，毛泽东理论和行动上逐渐接近于一个马克思主义者。而四弟毛泽民、小弟泽覃、妹妹毛泽建受哥哥的熏陶，立志做一个敢想、敢为的人，就这样全家人迈开了毁家救国、提着脑袋干革命的第一步。这是一条布满荆棘、苦难重重的道路，但是，他们却不怕折磨，毫不妥协，百折不挠，在出色地完成一项项艰巨任务后，又继续在枪林弹雨的白区开展革命工作，把一腔腔热血洒在了祖国大地上，在中国革命史上谱写一曲曲悲壮不朽的英雄赞歌。

毛泽覃字润菊，又名咏菊；1905 年 9 月 25 日出生于湘潭县韶山冲上屋场，比毛泽东小 12 岁。他机灵、调皮，在兄弟三个中最受父母宠爱。七岁时他还在本地私塾上学就向父母表露理想希望能像大哥一样，多见世面，增长见识，这得到了毛泽东的赞许和支持。父母也觉得泽覃天资聪颖，好学上进，却苦于乡间僻陋，难资深造，所以同意毛泽东带着小弟弟外出求学。1918 年 13 岁的毛泽覃离别父母，跟随大哥到省会长沙，就读于湖南省一师附小。毛泽东很喜欢这个天真活泼的小弟弟，所以前后整整五年，一直把他带在身边。他对弟弟生活上细心照料，无微不至；学习上谆谆教导，督促上进。而毛泽覃不负兄望，成绩斐然。毛泽东在长沙主编《湘江评论》，建立中共湖区委员会等一系列的革命活动，对毛泽覃接受革命思想产生了积极的催化作用。不久后，他加入社会主义青年团，义无反顾地投身于反帝反封的斗争中。

菊妹子毛泽建 1905 年 10 月出生于韶山东茅塘一个贫苦农家，因家计日蹙，7 岁过继给毛泽东的父母当女儿，毛泽东为她取名“泽建”。泽建年少丧父，又有年幼弟妹，儿时便尝尽了生活的苦难，她甚至还跟随母亲讨米过活，但悲惨的生活经历铸就了她坚韧顽强的性格，只是苦于找不到出路忍气吞声任人摆布。当毛泽东为驱张运动北上时，泽建被迫嫁到杨林肖家当童养媳。几个月后突然闻讯的毛泽东风尘仆仆地赶回韶山，极力鼓励妹妹跳出苦海到长沙接受教育。就这样菊妹子终于摆脱了封建妇女旧式的命运安排，开始追求自由和新式生活，她先后在“建本”和“崇实”两所女子职业学校读书，十分用功。有一次，又到了三哥考察功课的时候，爱开玩笑的毛泽覃提议，“先看钝钉子的吧！”钝钉子就是指毛泽建，因为入学时年龄大，不如泽覃那样易于接受新的知识。但倔强的泽建不甘人后，奋力求进，不论严寒酷暑，刮风下雨，她总是自修室来得最早离开最晚的人。对着哥哥她笑了笑，说：“你那颗钉子是锐一点，可以打得进洞，我这颗钉子钝了一点，只要下功夫，也可以打进洞的。”三哥听了舒心地笑了，他在妹妹的答卷写下了这样的评语：绳锯木断，水滴石穿。泽建倍受鼓舞，从此以后以加倍地努力对待学习，只用半年光景就学完了四五年级的全部课程，思想日趋成熟，并逐渐接受并学习马克思主义思想，走上信仰共产主义的道路。毛泽东很欣慰，他对杨开慧说：“泽建这颗钉子，是打进洞了。”

不仅如此，毛泽东还注重对弟妹的政治思想教育，他通过讲解通俗易懂的故事来揭露旧社会的腐朽，同时向亲人灌输“搞共产，杀头也要干”“国乱则民不安”“舍小家为大家，为国家”的革命思想。1921年正月，毛泽东从长沙回到韶山过年，此时的毛泽民正陷入一阵苦闷、失落、不知所措中，母亲父亲的先后仙逝带给他的悲痛还笼罩在心头，家里的存谷被军阀抢走，义愤填膺的菊妹子被溃兵所伤，连绵不断的军阀战争给原本平静的韶山冲增添了一种动乱不安的气氛。夜晚，已成为一家之长的毛泽东把家人召集到炉火边，极力鼓舞全家人一起干革命。憨厚的泽民摸着后脑勺说：“哥哥说得有道理。可是我们都走了，那田怎么办？账目又怎么办？哥哥您不是在开玩笑吧！”看到弟弟对眼前的一切还有点恋恋不舍，毛泽东笑着说：“好办！好办得很！你把屋里收一下场，田也不做了，这些田你们两口子（指毛泽民与妻子王淑兰）也做不了。家里发出的票子，就贴一个广告在外面，凡有义顺堂票子的限几天来兑钱，你把栏里的猪赶到银田寺去卖了，准备钱，让人家来兑，牛就让别人去喂吧。别人欠我们的账就算了。仓里剩下的谷子到春荒时平价卖给上屋场的人吃，这屋子嘛，就给没有房的人住。”这样，全家人都释然了，达成了一起干革命不回头的一致意见。毛泽东以无产阶级革命家博大无私的胸怀鼓励亲人投身到炮火纷飞的战场，去为国家的振兴、民族的崛起奉献自己的光和热，而这正是一个高尚的、纯粹的马克思主义者向革命事业递交的第一份答卷。

毛泽东虽对弟妹有着深厚的感情，但绝不是把他们置于自己的双翼下小心呵护，而是尽力让他们到艰难的实际斗争中锻炼自己。二七惨案发生后，全国工人运动暂时处于低潮，唯独湘区的工人运动，在毛泽东的领导下蓬勃发展。考虑到斗争形势的需要，毛泽东派泽覃、朱舜华等几个自修大学的学员去常宁县水口山从事工人运动。未满 18 岁的泽覃与大哥在火车站依依惜别，看着泽覃眼里闪烁着晶莹的泪花，大哥还不忘教导弟弟：到了水口山以后要好好改造自己，要到敲砂去敲矿，要到矿棚去劳动，与工人同甘共苦，共呼吸。毛泽覃谨记大哥的嘱咐，深入工人群众，积极体验工人生活，经常下到敲砂棚、机器间、矿井劳动，为在斗争中紧密团结工人阶级壮大党的队伍做出了突出贡献。毛泽覃本人变得更加智勇双全、实事求是、敢于斗争、不畏艰苦，迅速成长为一名优秀的共产党员。后来毛泽东把部队拉上井冈山与弟弟失去了联系，泽覃四处打探，凭着高度的警觉和非凡的才智才找到了大哥，认真汇报了朱德、陈毅率领的南昌起义留下的部分队伍转战湘南的情况。正值战局危急时，毛泽东无暇与久别重逢的兄弟叙旧，不久便把他派到乔林开展工作，让他领导群众打土豪、分田地，培养先进工农分子入党，英勇无畏的毛泽覃直接参加了攻占逐川县城、新城的战斗，在战斗中他身先士卒，攻下县城，救出被关押的共产党员和革命群众。

毛泽东爱亲人，但更爱寻常百姓。1930 年的一天，毛泽东正走在去和丰县君埠的路上，碰见两个红军押着一个青年往君田村走，后面有一位痛哭涕零的老太太，跌跌撞撞去追那青年。毛泽东皱了皱眉，上前扶住老太太询问端详，原来是毛泽覃在“扩红”。当天晚上在毛泽覃的办公室，毛泽东不留情面大声呵斥小弟“扩红”不应采取强迫的方式，说到激愤处更是怒不可遏，急得要挥拳揍他，毛泽覃自觉理亏，心悦诚服的接受哥哥的训斥。翌日，毛泽覃便给老太太送回了儿子，还向老人家赔礼道歉，还做了深刻的检讨。

1923 年春风骀荡，百花争艳，毛泽东离湘入沪前把菊妹子托付给夏明翰，不久泽建考入衡阳江东荷花池的湖南省立第三女子师范学校；11 月毛泽东去广州时小驻衡阳，特地询问妹妹的学习、生活、工作，激励她发奋学习、勇敢地投入国民革命。泽建此后投身学生运动，勇敢地与反动军阀正面交锋，据理力争，为以后游击女侠的传奇经历积累了初步经验。继蒋介石四·一二反革命政变后，1927 年 5 月 21 日反动军阀许克祥在长沙制造了震惊海内外的马日事变，反动分子疯狂叫嚣、杀人如麻，在这严峻关头，毛泽建想起三哥的教诲：农民协会一定要有自己的枪杆子，要敢于推翻地主武装，建立农民武装！对！只有我们和农民一道紧紧握住枪杆子，与反对派拼搏，才是唯一出路！想到这里，她不禁热血沸腾，风风火火就找来一批共产党员和农协积极分子，向他们提出这个设想，这个建议得到一致赞同。从此菊妹子放下课本，端起了枪杆；换下了学生服，着上便装，领导游击队奋战在南岳的崇山峻岭、曲径幽林之中，将个人安危置之度外了。及至后来不幸被捕，却依然坚贞不屈，视死如归，牺牲时年仅 24 岁。她是毛泽东一家最早为中国革命献身的人。

以上三位都是毛泽东至亲至爱的人，他们为了千万人的幸福放弃了自己的幸福，为了后代的新生放弃自己的生命。他们对自己的选择心甘情愿、无怨无悔。身为哥哥的毛泽东在接到一个又一个噩耗时，心如刀绞，但同时又满心安慰，他们不愧是党和人民的儿女！很多时候回忆起亲人，毛泽东总是失声痛哭，可擦干眼泪又继续扛起红旗领导工农群众干革命了。

3. 领袖亲戚 寻常生活

毛泽东是永远屹立于世界东方的一代伟人，这是不争的事实。但除了是一位领袖，他也是一位有血有肉，有着丰富情感世界的人。他在风风雨雨的磨炼中，与岳父家杨氏、贺氏、外婆家文氏、同族兄弟建立了难舍难分的情义。他们是毛泽东在革命征途中坚定脚印的见证者，是毛泽东身后默默无闻的支持者和拥护者。1949 年经过英雄们的艰苦奋斗，在中国终于建立了一个全心全意为人民谋幸福的政权。毛泽东顺应时代的呼唤成了人民的主席。峥嵘岁月，时世变迁，昔日的“石三伢子”成长为党和国家的领袖，人们都抑制不住内心的激动兴奋，把思念和关怀之情化为文字寄往中南海。但在关心之外，这些“领袖的亲戚”，有没有借助自己特殊的身份谋求个人利益呢？生活上一改清贫、修闲安逸了呢？毛泽东又是如何妥善处理这类问题的呢？带着这些问题我们来找找相关的资料：

妻兄嫂杨开智、李崇德夫妇，是在华北对日作战中牺牲的杨展的父母，1930 年 11 月杨开慧牺牲后亲友和农民冒着生命危险，连夜把遗体运回板仓，兄嫂委托族兄杨秀生出面，办理棺木，把烈士埋葬在青松环绕的山坡上。随后李崇德和婆母向振熙冒着风险几经波折成功地将毛岸英三兄弟送到上海毛泽民、钱希钧夫妇身边。新中国成立初期，杨开智在湖南某农场工作，踏实认真、受人称赞。他写信给毛泽东，希望能在长沙谋一个“厅长”方面的位置，被毛泽东婉言拒绝，用极其严肃的语气批评了妻兄不适当的要求，并给湖南省军政委员会委员、长沙军管会副主任的王首道和杨开智各写信一封：“首道同志：杨开智等不可来京，在湘按其能力分配适当工作，任何无理要求不应允许。其老母如有困难，可给若干帮助。”“杨开智先生：希望你在湘听候中央湖南省委分配合乎你能力的工作，不要有任何奢望，不要来京。湖南省委派你什么工作就做什么工作，一切按正常规矩办事，不要使政府为难。”毛泽东还动员长子毛岸英给舅舅作思想工作，讲明“皇亲国戚仗势发财，少数人统治多数人的时代一去不复返了”的道理，重申共产党人不能违背原则办事的立场。杨开智终于打消了原来访京谋职的念头，乐意接受中共湖南省委安排的工作，发挥农业方面专长，兢兢业业安心在家乡工作。

毛泽东与外婆文氏家族，一直有深厚的感情。新中国成立初文家亲戚朋友屡上北京，看望毛泽东。日子一久，有些人自满飘飘然了，不大乐意听从地方政府的指挥，毛泽东知情后，马上致信石城乡人民政府：“我的亲戚唐家坨文家，过去几年常有人来北京看我。回去之后，有些人骄傲起来，不大服从政府管，这是不对的。文家任何人，都要同乡里众人一样，服从党与政府领导，勤耕守法，不应特殊。请你们不要因为文家是我的亲戚，觉得不好放手管理。我的态度是：第一，因为他们是劳动人民，又是我的亲戚，我是爱他们的。第二，因为我爱他们，我就希望他们进步，勤耕守法，参加互助合作组织。完全和众人一样，不能有任何特殊。”

文运昌也曾给毛泽东的秘书田家英写信，随信开列一个 14 人的名单，都是毛泽东的外祖家的亲属，要求照顾安排工作或派送升学。毛泽东在收到这份名单后提笔指示：“许多介绍工作不能办，人们会要说话的。”不久表兄文南松也加入劝说队伍，写信要求毛泽东为胞兄文运昌介绍工作，但毛泽东始终严于律己，身为表率，不为自己亲戚谋私利。在委婉拒绝的同时他还会好言相劝，苦口婆心，鼓励上进，指点迷津。毛泽东1950年5月12日在给文南松的复信中说：“运昌兄的工作不宜由我推荐，宜由他自己在人民中有所表现，取得信任，便有机会参加工作。”以后文运昌就像普通百姓一样，认真实干，受到当地人民的尊重。并在1950年光荣地当上县人民代表，1951年1月担任湖南省文物管理委员会委员，1953年起改任湖南省文史馆馆员。

而在同族的几个兄弟中，毛泽连是仅存的毛氏弟兄中，与毛泽东血缘最亲近的。他们的曾祖父叫毛祖人，育两子。长子毛德臣，有三子：毛菊生，毛梅生，毛慰生（毛泽连之父）；次子翼臣，只有一子毛顺生（毛泽东之父）。两家原住韶山东茅塘，毛顺生后买宅上屋场举家搬迁到现在毛泽东故居所在地，毛泽连的姐姐泽建从小过继给毛泽东父母做女儿，受毛泽东革命思想熏陶，冲破封建礼教，打碎束缚身心的枷锁，走上学习、革命的道路，成为威震一方的游击女侠。1929年不幸被捕，被反动派杀害，年仅24岁。一直期盼解放的毛泽连终于盼来了湖南省和平解放的这一天，并在党组织的安排下，见到了仰慕已久的三哥。毛泽东急切询问老家亲人生活状况，当毛泽连问及北京是否有郎中可治眼疾时，毛主席思忖了好一会儿，说出了心里话：“泽连的困难我知道，我了解。不过，他的困难要靠当地政府解决。我是国家主席，我只解决大多数人的困难，为大多数人谋利益，如果只解决一个人的困难，只考虑自己的亲属，那么我这个主席也当不成了！”哥哥的话一字一句重重地打在毛泽连的心上，他沉默了，也心服了。“这才是我敬仰的主席三哥啊！”后来毛泽连眼疾日趋严重，在毛泽东同意下前往北京协和医院治疗，做手术后挖掉了左眼，右眼视力基本恢复。医生建议给毛泽连左眼安一个假眼球，毛泽东严肃而温和地说：“视力恢复了，上假眼球就没有必要了，那只是一个模样，没有什么作用，并且那样要花很多钱。”泽连也欣然同意。

寒冬腊月即将来临，毛泽东担心泽连不能适应北方的寒冷，把自己穿过的一件旧呢子衣送给他，细心关注他的身体、起居生活。毛泽连动身回湘之前，毛泽东偕江青亲自欢送他，还忘不了给他年迈体弱的母亲捎上亲笔信和皮箱、衣服、钱等礼物。毛泽连回韶山后，依旧上山砍柴，下田耕种，为一家人的生计终日劳累，并没有因为是毛泽东的堂弟而高高在上，享受特殊待遇。

20世纪50年代中期，国民经济还处在恢复和发展时期，韶山冲经济发展并不快，毛泽连既要侍奉母亲，又要抚养三个上学的孩子，眼疾未愈又添脚病基本丧失劳动能力，一时间全家大小断了经济来源，生活每况愈下。但是他从未伸手向政府要钱，向主席三哥叫苦求救，只是勤勤恳恳耕作，过着自食其力的生活。

70年代初，毛泽东重病缠身。一天，李敏前去探望父亲。病榻上，父亲将李敏唤到跟前，语重心长地说："我快不行了。有件事得请你们做。家乡还有两个叔叔连饭都吃不饱，你们要经常回去看看。"被病魔缠身的毛泽东此刻惦着的不是自己的身体，而是两位远在韶山的堂弟！其中一位就是"毛九阿公"毛泽连。李敏、李讷不负重托，先后去韶山看望叔叔。她们发现叔叔住的还是那栋简陋斑驳的农舍。在那里，残垣断壁，凹凸不平的阶基、杂草丛生的禾坪、破烂不堪的家具摆设，让两姐妹热泪盈眶。叔叔的生活那么清贫、简单，甚至比有些普通农人还差！

这就是我们伟大的主席毛泽东。他一生爱亲念亲，却又坚持原则绝不唯亲用亲；他义正词严，又循循善诱；他爱人民甚于爱亲人，时时刻刻把百姓装在心间。他的浩然正气、大公无私、光明坦荡正体现了一位国家领导人的高风亮节！

4. 感情细腻　一往情深

1923年秋国民党全国代表大会第一次会议召开前夕，在南去广州的列车上，坐着一位满腹心事的青年，30岁上下，清癯的面容，轮廓分明，双眼炯炯有神又略显疲惫，他就是中共一大湖南代表、中共湘区委员会书记、赶赴广州参加会议的毛泽东。此刻他的心情和天边斜挂的残月一样凄清、孤寂。刚刚和杨开慧大吵一场，少不了有些负气。

随着熟悉的树林、建筑物隐隐退去，毛泽东不由得又想到了聪颖智慧、能识大体的妻子，还有活泼懂事的儿子，他们都已经睡着了吧！轰隆轰隆的车轮声碾碎了铁路沿线农人的清梦，清脆的一声汽笛在空旷的原野更显响亮、悠长。毛泽东的思绪飞得很远很远。一柱柱往事仍记忆犹新：出自书香门第的大家闺秀原本过着安逸、宁静的生活，自1920年结婚以来，成天跟着自己提心吊胆，颠沛流离，每天要精打细算着筹划日子，为了支撑这个家，为了茹苦含辛地养大儿子，任劳任怨，在丈夫不在身边的时候，挑起家庭重担无一句怨言。作为一个同样感情细腻、对未来生活充满希望的女性要求自己能更多地照顾这个家，体谅她的感受也是人之常情啊！我怎么就怪她儿女情长、英雄气短了呢？毛泽东一想到这里，火气早就烟消云散，倒是悔恨和内疚之情溢满全身。几天后，开慧收到毛泽东的信，附上的就是那首耳熟能详的《贺新郎》。并愿他们似蓝天白云，重新比翼双飞，尽情遨翔——“重比翼，和云翥”。

谁说毛泽东没有儿女情长？这首热情洋溢、惆怅伤感的《贺新郎》就是见证。在夫妻短暂的聚会又是漫长的等待，分别时分，离情别绪笼罩心头，随着“汽笛一声”“肠已断”“热泪欲零还住”，感叹“算人间知己吾与汝”！这不也是与常人无异的难舍难分的儿女柔情吗？

在枪林弹雨的岁月中，在与围追堵截的国民党反动派军队大规模迂回周旋时，在前方指挥部一刻也不能离开的情况下他对亲人真挚、深沉的爱仍表露无遗。他曾充满感情地对贺子珍说过，他平时不爱落泪，只有三种情况下流过眼泪，一是听到贫苦老百姓的哭声；二是跟过他的通讯员，舍不得他们离开；三是在贵州，听说贺子珍负了伤，要不行了，掉了泪。

那是在贵州盘县，遭敌机袭击，贺子珍头部、背部14处受伤，生命垂危。因医疗条件差，归局危急等原因，连里领导商量讨论后认为把她安排到一个老乡家养伤是较妥当的办法。毛泽东一听到消息，果断决定：“不能把贺子珍留在老百姓家，一是无药可救，无法治疗；二是完全没有保证，就是要死也要把她抬着走。”同时，他把自己的担架调了去，帮助抬贺子珍。直到毛泽东终于抽出时间看到缠满了绷带的贺子珍时，脸色苍白，半晌无语，最后劝慰她说：“你不要想那么多，会治好的。决不会把你留下，抬也要把你抬到目的地。你安心地休息吧！”

寥寥数语，却是肺腑之言，感人至深！表现了毛泽东在艰难困苦中对亲人不扔不弃，永恒存在的是一颗关怀和爱护之心。

毛泽东是一个伟人，也是一个凡人。他生于战事频繁、经济日益凋敝、民族受侮、百姓凄苦的忧患年代，为救天下苍生于水深火热之中，他毅然忍受挫折和困挫。扛起为工农翻身的义旗，开创着“敢教日月换新天”的事业。由于他卓越的领导才能和指挥才能，战场上捷报频飞，先是把日本帝国主义赶回了老家，接着推翻了蒋氏腐朽的政权，然后建立了中华人民共和国。在政治上赋予人们自由权力，由人们选择的代表行使管理国家的权力。所以，他是中国历史舞台上叱咤风云的伟大领袖。但他又是一个有血有肉的凡人，为人子、为人夫、为人兄、为人父，他在和娇妻儿女分别时也曾“苦情重诉”，肝肠寸断；在听说妻子被杀于军阀的枪口时，他悲痛地写下“开慧之死，百身莫赎”！在红军长征路上与夫人贺子珍风雨同舟，历尽艰辛万苦，共赴患难。在毛泽东65岁送予儿子毛岸青、儿媳邵华的《蝶恋花》中，将“骄杨”改为“杨花”，不仅表达了对杨开慧的赞美之情，而且更显老人怀念开慧的清幽淡泊、柔情怡怡。

5.严格教子　不徇私情

“谁叫你是毛泽东的儿子呢？”这句话在陕北延安的窑洞里，在全家团聚的饭桌上，在中南海大厅都响起过，铿锵有声，萦绕在人们的心头久久不能散去。那么在生活中，毛泽东是怎样教导儿子的呢？先来看看几个事例吧！

1946年夏，毛岸英和刘思齐两颗年轻、充满激情的心碰撞出了爱情的火花，他们互敬互爱，共同憧憬着未来。毛岸英更是急切地盼望自己早日与倾慕已久的思齐共筑一个爱的小巢，于是他迫不及待地去征求父亲的同意。此刻毛泽东正集中思想分析国内外局势，计划如何从1946年7月算起经过5年的时间从根本上推翻蒋介石国民政府的统治并歼灭其反动军队，解放全中国。当毛岸英吞吞吐吐地说明了来意后，毛泽东只顾一边“刷刷”批阅文件，一边“嗯嗯”地回答，事实上他根本没听清楚儿子所说内容。

毛岸英以为父亲同意了，欣喜若狂，叫道："爸爸，那我们明天就去办结婚登记!"

"你说什么?"毛泽东这才回过神来，把铅笔狠狠地掷在桌面上。毛岸英胆怯地重复了一遍。

"不行，现在不能结婚!"父亲一字一顿，毫无商量的余地。

毛岸英愣了，过了半晌，不解地问："我和思齐订婚你早就同意，我都二十六七岁了，为什么还不能结婚?"

毛泽东把语气放慢，劝慰儿子："你咯伢子为何解劝不回呢?我可以明白告诉你，你们俩人都不够条件。尤其是思齐，她不满18岁。解放区的婚姻法规定：男满20岁，女满18岁才能结婚，这一条，思齐不够条件结婚。"随后毛泽东顿了顿，耐心劝说，"你是毛泽东的儿子，更不能搞特殊，不能无视军队的规定，肆意破坏组织纪律。"

1949年中华人民共和国终于成立了，中国历史从此翻开了崭新的一页。毛岸英载着父亲浓浓的思乡情丝，回湖南老家探望乡亲。临行前，毛泽东还是不放心，千叮万嘱："见了乡亲们要有礼貌，辈份大的男人北京叫爷爷，我们韶山称阿公，长辈喊伯父叔叔婶婶阿姨，同辈的以兄弟相称，或者喊同志，不要没大没小的。再一点，要入乡随俗，不要有任何特殊，老百姓最不喜欢摆资格的人。"毛岸英不住地点头，用地道的韶山话回道："晓得喽，爸爸，你还有么子吩咐的?"毛泽东笑笑，递给他一个皮包，用手指指说："这里的一些票子，是我多年的积蓄，是我资助你的。看到真正困难的乡亲，你就见机行事吧，俗话说，空手进门，猫狗不理……总之，你看着办吧。"重情义、轻钱财，为人朴实大方，不摆架子，这是作为一代开国元勋送给儿子的最宝贵的财富。为了让毛岸英能和韶山人们心心相通，方便交流，毛泽东手把手地教儿子学习韶山话，可谓用心良苦!

毛泽东身为人父，对子女流露的也是连绵不尽的爱。在毛岸英选定结婚日期后，不禁为繁琐的婚事准备犯愁，母亲已经牺牲快20年了，父亲又事先声明"我的事情多，一切要靠你们自己操办"。毛岸英在调整了心态后，开始了忙碌的准备：新房是社会部的宿舍；房子里的摆设——床铺、桌子、椅子是向公家借的；两床薄被，一条是公家发的，另一条是刘思齐的嫁妆。那一对枕头，枕套里塞的是暂时不穿的衣服。这一切构成了新婚之家。毛泽东日理万机，仍不忘为儿子的婚礼出谋划策："这是喜上加喜，还有一喜是新中国的成立，应该朴素。可结婚是你们一辈子的大事，我请你们吃顿饭，你们想请谁就请谁。岸英你跟思齐的妈妈说说，现在是供给制，她也不要花钱买东西了。她想请谁来，都可以，来吃顿饭。"在婚礼上，毛泽东拿出送给儿子、儿媳的结婚礼物——一件呢子军大衣，眼里充满关爱："我没有别的礼物送给你，这是我赴重庆谈判时穿过的大衣。后来未曾动用，现在送给你们，白天岸英穿在身上，晚上盖在被子上，思齐也有份。"几句朴实的话语似一股暖流涌遍毛岸英、刘思齐的全身。

时间在悄然流逝，国际形势愈发严峻，美国把朝鲜战场的硝烟烧到鸭绿江边。毛泽东在经过多日仔细斟酌、权衡利弊后决定出兵抗美援朝，毛岸英为支持父亲的抉择，志愿去战场浴血杀敌。1950 年 10 月 7 日南海菊香书屋，毛泽东设宴为即将赴任的中国人民志愿军司令员兼政委彭德怀送行，屋内有三个人：毛主席、彭德怀和毛岸英。"彭叔叔，是这样，我要第一个报名去当志愿军。"毛岸英的话让彭德怀感到意外，他带着疑惑询问毛泽东："主席，这怎么行？"

毛主席似乎早就知晓儿子的心思，反问彭说："岸英想跟你去朝鲜参战，我可没有这个权力批准，你是司令员嘛，收不收这个兵哟？"

彭德怀一时语塞："去朝鲜有危险，你在工厂好好干，也是支援了抗美援朝！"

毛岸英不依不饶："彭叔叔，我在苏联当过坦克兵，参加过追击德国鬼子的大反攻，朝鲜战场的战火再这样烧下去就要到鸭绿江边了。'唇亡齿寒'，我应当带头上前线。"彭德怀还在犹豫不决，见毛泽东端起一杯酒，已经明白他的用意，岸英上前线是已得到父亲的支持的。可上战场非同儿戏，万一有个三长两短呢？彭德怀不敢往下想了。"德怀，那我替岸英求个情，你就收下他吧！"毛泽东举杯而立，"老彭，这杯酒是我为你们壮行的酒，祝志愿军在你彭大将军的指挥下旗开得胜！"三人碰杯，一饮而尽。

1950 年 11 月 25 日，毛泽东的长子毛岸英为中朝人民的友谊献出了宝贵的生命，年仅 28 岁，毛泽东得知消息后先是一愣，盯着江青、叶子龙一声不响，良久他眨了眨眼，目光开始慢慢地移动，哆嗦着几次想从烟盒抽出烟来，都没成功，卫士长李银桥帮助他抽出一支烟，点燃。大厅陷入一种悲哀的寂静中，大伙连大气也不敢出，主席的眼眶渐渐地湿润了，静穆了很久，他把烟头狠狠地压熄在烟缸里，沙哑地发出一声沉重的长叹：“唉，谁叫他是毛泽东的儿子呢?”他强忍悲痛，凝望着窗外已萧条的柳枝，低吟起《枯树赋》：“昔年种柳，依依汉南，今看摇落，凄怆江潭。树犹如此，人何以堪。”情到深处，催人泪下，他马上想到了痛失夫君的儿媳：“这个不要急着告诉思齐了。”

后来毛泽东在与老友周士钊的谈话中说：“当然你说如果我不派他去朝鲜战场上，他就不会牺牲，这是可能的，也是不错的。但你想一想，我是极主张派兵出国的。因为这是一场保家卫国的战争。我的这个建议，在中央政治局的会上，得到了党中央的赞同和通过……我作为党中央的主席，作为一个领导人，自己有儿子，不派他去抗美援朝、保家卫国，又派谁的儿子去呢？人心都是肉长的，不管是谁，疼爱儿子的心都是一样。如果我不派我的儿子去，而别人又都像我一样，自己有儿子也不派他上战场。先派别人的儿子上前线打仗，这还算什么领导人呢?”

毛泽东的这番告白将其爱民、爱子之心表露无遗，他用切实的行动诠释了一个领袖、一个父亲的丰富内涵，树立了一个共产党人的光辉形象。

6.爱女情深　不搞特殊

毛泽东作为中华人民共和国的缔造者，给四万万中国人创造了一个不可思议的神话：穷苦人民翻身作主人。但他还是一位父亲，尤其是对长期留在身边的两个女儿李敏、李讷更是爱护有加。新中国成立后毛泽东在办公之余时常与此时年纪尚轻的两个女儿进行推心置腹的交流，教育她们怎样做一个正直的有利于国家、社会的人，体验做一个普通父亲的滋味。两个女儿也经常被父亲的这种关怀之情感动不已，有时也对他的苛守原则疑惑不解，但更多的是对父亲的崇拜和感激。她们在领袖加父亲的教导下更加宽厚善良、淳朴正直，不爱抛头露面、争夺名利，用端正的行为在人生道路上漂漂亮亮地写下一个大大的“人”字。

李敏、李讷为什么不是毛姓？原来1947年3月，蒋介石调集20万军队进攻延安，情况万分危急。党中央临时放弃延安，出于革命的需要毛泽东用了李德胜这个名字，“李”字就源于此。同时又取《论语》中《里仁》篇的一句话：“君子讷于言，而敏于行。”毛泽东曾慈爱地拍着毛娇娇（即李敏）的头说：“娇娇，爸爸姓毛，这是不错的，但是为了革命工作的需要，爸爸曾经用过润之、子任、李德胜等十多个名字。爸爸特别喜欢李德胜这个名字。”两个女儿名字的来历就可见父亲的用心良苦了。

李敏降生于一个戎马倥偬、刀光剑影的时代，当时父母亲都在为自己的理想和信念奋斗，根本无暇细心照顾孩子，李敏的童年因此是孤寂的。她三岁便离开爸爸，远赴苏联，直到1949年5月再见爸爸时，已是个12岁的女孩子了。在苏联呆了七八年，可以说一口地道的俄语。但一回到祖国她就要学中国话，认中国字。对方块字的学习让李敏尤感吃力，毛泽东常常在百忙中抽空为女儿写出仿帖、细心辅导。李敏既识了字，又练了书法。为了尽快提高她的中文水平，毛泽东定时布置任务，不时地予以帮助；不仅如此，他还专门为李敏请来一位中文老师，为她讲授唐诗、宋词、元曲从有关古典名篇名著。当然在生活上毛泽东也是无微不至地关心女儿的成长。李敏天生体质孱弱，食量少，吃得慢，父亲常耐着性子坐在女儿身边，或者静静地站在女儿身边，十分怜爱地看着女儿吃饭，并慈爱地说：“娇娃莫急，慢慢吃，细嚼慢咽好。”

跨进中学校门，李敏看到不少同学要求进步，积极向上，并满怀热情地向党组织递交申请书。她郑重地写了一份入党申请书，却不敢交给党支部，塞在书包里好多天。在这个时候，激动不已的她多么想与一位知己交流啊！找爸爸！她的眼前突然一亮，高高兴兴来到爸爸的书房，“我想入党”，李敏很激动，说完就不好意思低头看着脚尖，静静等候父亲的反应。

“你为什么要入党？”一般父母都会对儿女的进步行为表扬鼓励一番，李敏没想到父亲冷不防给自己设了一个钉子。

“人家的爸爸都鼓励子女好好努力，争取早日入党。您不鼓励我，反问我为什么要入党。我真不理解您的意思。”李敏的话语里透露出几分疑惑不解。

见到女儿忧虑和生闷气的模样，毛泽东忍不住笑了，“爸爸不是在帮你解决问题吗？问你为什么要入党有什么不对呢？一个人要入党，这是件好事嘛。就是好事，也要问个为什么？要入党，首先要明确为什么入党，要端正入党的动机，才是首要的……”

“为了共产主义事业，为了……”李敏一激动就觉得自己有点语无伦次了。

“那我好好想想，再跟您谈行吗？”绝不会轻易放弃的李敏立刻哀求爸爸。

“好嘛，爸爸的大门向未来的共产党员敞开着！”李敏放心地走了。就这样，同志式认真而严肃的思想谈话结束了。

小女儿李讷格外受到毛泽东的疼爱，不知多少次在紧张工作之余，父亲抱住李讷，轻轻拍打着她的后背说：“娃娃，我的好娃娃，乖娃娃！”李讷呢，也搂着父亲的脖子亲昵地喊：“爸爸，我的小爸爸、乖爸爸。”

可就是这样亲的父女之情，毛泽东不许女儿同自己一道吃小灶；纵然李讷不敢独自走夜路回校，也不让人派车接送。1960年冬是国家经济最困难的时候，卫士长李银桥派卫士尹荆山去看望李讷，当他看到李讷脸色难看时，就问她是不是生病了，李讷忸怩半天，才喃喃地说：“尹叔叔，我确实很饿……”李银桥听完尹荆山的汇报，就背着主席，悄悄给李讷送去一包饼干。但这样的小事也瞒不过毛泽东，知道后，他声色俱厉，毫不留情：“三令五申，为什么还要搞特殊化？”

卫士长李银桥有些不服气：“别的家长也有给孩子送东西的。”

“别人可以送，我的孩子一块饼干也不许送！”毛泽东拍了桌子，既而无不感叹，“谁叫她是毛泽东的女儿！”

只有熬到了星期六，李讷才可以和父母亲团聚。炊事员因此特地多下了一倍的米，做了四菜一汤，还有辣子、霉豆腐等四个小碟。李讷忙着在卧室向爸爸汇报学习情况，末了委婉地抱怨学校食堂的菜少，饭量不足。毛泽东鼓励女儿：“困难是暂时的，要和全国人民共度难关！”

饭桌上的李讷一点也不客气，一阵狼吞虎咽后，看到爸爸妈妈还没动筷子就急忙说：“你们不吃我就全打扫了啊。”

“打扫光。”毛泽东怔怔地看了一会儿女儿，就再也不敢多看，他马上盯着报纸，继续说，‘三光政策’，不要浪费。”其实，李讷并不知道父亲平时吃什么。如果她知道父亲常常只吃一顿马齿菜，就不敢这么放肆了。她把饭菜吃得一点不剩，还意犹未尽：“今天的饭菜真香哪，可惜——对了，尹叔叔，还有汤吗？把这盘子涮涮，别浪费。”

站在一旁的尹荆山听到李讷的话，一阵心酸，任眼泪吧哒吧哒往下掉，提起沉重的双脚向厨房走去。他拿来两个白面和馒头，李讷犹豫地看了看父亲后，掰开一块馒头擦擦盘子便往嘴里送，毛泽东抿了抿嘴，站起身晃了晃走开了。

晚上江青心事重重地找到毛泽东，“主席，李讷太辛苦了，你看是不是可以——”

“不可以。”毛泽东说得斩钉截铁，“同全国人民比较来说，她还算好一些。”

“可是——”

“不要说了。我心里并不好受，她妈妈也不好受。”毛泽东语气软了一下，然后又坚定地说，“我是国家干部，国家是规定给我一定待遇。而她是学生，按规定不该享受就不能享受。还是那句话，谁叫她是毛泽东的女儿呢？还是各守本分的好，现在这种形势尤其要严格。”

以后李讷还是常常忍饥挨饿，但爸爸的严格要求和以身作则又让她毫无怨言，她和姐姐一样理解爸爸，知道做主席的女儿也一定要听爸爸的话，给爸爸争气，不搞特殊。

7. 爱侄，舐犊之情；教侄，奋发图强

毛泽东对待其他亲属子女视若己出，不但在生活上给予无微不至的关怀，在工作上更是从严要求。

毛远志是大弟毛泽民与王淑兰的女儿，毛泽东唯一的亲侄女，她年幼时曾跟随

母亲要过饭、打过工，历尽种种磨难。1938 年春天，她好不容易通过长沙、武汉、西安八路军办事处辗转来到延安，同时带去母亲精心准备的云片糕拜见伯父毛泽东，伯父见了远道而来的侄女非常高兴，并妥善的安顿了她。但初来乍到，毛远志不习惯吃陕北的小米饭，常发胃病，疼痛难忍，只好到食堂找米饭锅巴用水泡了吃。这一幕被主席的一位秘书撞见，偷偷塞给她一块钱，要她每天花五分钱买碗粥喝。但不久伯父还是知道了这件事，语重心长地说："你能不能吃小米饭呢？小米饭养人哩！不吃小米饭要饿肚子的。"远志听了伯父的话，开始习惯着吃小米饭，很快适应了。

1945 年毛远志与未婚夫曹全夫一起去看望伯父，想听听伯父对自己婚事的看法，顺便向伯父辞行，因为他们要调往东北开展工作。毛泽东完全同意这桩婚事。停顿了半晌，他才用低沉、沙哑的声音把一个隐埋了许久的消息告诉远志：毛泽民被盛世才杀害了。听到这个消息，毛远志如五雷轰顶。同样悲痛的伯父除了安慰，更多的是对侄女的鼓励和教育："一，无论到哪里，都不要希望人家鼓掌；二，无论到哪里，都要团结；三，无论到哪里，都要和群众打成一片，不要有任何特殊。"伯父在巨大的悲痛中送给侄女的"三个无论"从此成为毛远志生活、学习的座右铭和指导思想。她先后在江西省妇联、中南军区司令部工作。1954 年又勤奋工作于中央组织部交通干部处和中央工业交通工作部干部处。她勤勤恳恳、勇挑重担，任劳任怨，从不拈轻怕重，从不计个人得失，坚决拥护和执行党中央的路线、方针、政策、无怨无悔，几十年如一日，在平凡的工作岗位上，默默无闻贡献着自己。

在毛泽东的众侄儿中有一位比较特殊，他就是毛华初，又名毛远怀，原名王华初，母亲罗醒是共产党员，同毛泽民的发妻王淑兰是狱中难友。俩人不幸被捕后面对死亡，毫无惧色，并互相嘱托，今后谁先牺牲了，活着的人要担当遗孤的母亲。不幸的事情终于发生了，王华初的母亲遭敌人毒手，英勇就义。侥幸活着的王淑兰勇敢地挑起了抚养王华初的重任，并让他改姓毛，在《韶山毛氏族谱》上记有"泽铭抚子远怀，字式谷，民国十二年癸亥二月初二辰时生。"王淑兰带着女儿毛远志和毛华初在白区坚持工作，经历了重重困难和危险。1938 年 7 月毛华初和毛泽普、胡觉民等人泪别韶山，远赴中共中央所在地——延安，要求参加革命，他幸运地见到了伯父毛泽东。毛泽东笑着摸了摸他的头说："你这么小也来了，还是回去吧！"

毛华初以为伯父要赶他回韶山，急得不知如何说好：“妈妈说，这里有书读，还要我问您好。”毛泽东看见侄儿如此懂事，笑了笑，说：“这里是有书读，但敌人不让我们平平安安读书。还要打仗，日本帝国主义的飞机随时可能来轰炸延安。要躲飞机，要跑路，住的是窑洞，吃的是小米和窝窝头，你吃得消吗？”毛华初面无惧色，坚毅地说：“我给地主放过牛，也讨过米，跟妈妈坐过牢，吃得消，不怕苦。”毛泽东满意地点了点头，诙谐地说：“哟，原来你吃过苦，那就打收条留下吧。不过，要记住，你过去吃的是旧社会的苦，地主压迫农民的苦，那是阶级苦。从今天起，你就要为革命吃苦了。你要知道，革命是一件艰难的苦差事，要经过艰苦奋斗，才能取胜。今后学习也好，将来工作也好，你都要吃苦在先！”毛华初松了一口气，重重地点了点头，一字不落地记住了伯父的教诲。

1945年8月15日溃败的日本宣布无条件投降，中国民众浴血奋战终于取得彻底胜利，新的形势有了新的工作要求。正在中央党校二部学习的毛华初强烈申请去东北并获得批准。

10月的一天下午，秋高气爽，阳光灿烂，毛华初迈着欢快而激动的步伐向伯父辞行。毛泽东身着一件陕甘宁边区自产的黄色毛呢制服，头戴呢帽，知道侄儿来辞行，他健步走出里房，迎住了侄儿。毛华初清脆地喊了声伯父，还毕恭毕敬地行了军礼。

“华初，你来了，坐！”毛泽东连忙招呼侄儿。

毛华初讲明此行目的：“我申请去东北，组织上批下来了，过几天就走！”

毛泽东兴奋地说：“啊，你要去东北，好，我赞成。”

一会儿，毛华初润了润喉咙，踌躇了一下，终于胆怯地问：“到东北路途遥远，许多干部都要了牲口，我也想要一匹牲口，您能不能——”

“不行！”毛泽东打断侄儿的话，直言拒绝，“枣园的牲口拿不得，都是公家的，谁要拿走一匹，就违反纪律。拿不得，公家的牲口不能给！”

毛华初即刻面红耳赤，羞得一声也不敢吭。毛泽东见侄儿十分难堪，就拍了拍他的肩膀，温和地说：“给你点钱做零用吧，我从稿费里给你一点钱。”随即叫警卫员取了一些边币给他。毛华初接过边币，感动不已。临走时，毛泽东伸出那宽大的手，紧握着侄子的手，无限爱怜地说：“去吧，到人民群众中去，一切要依靠群众，依靠党。”毛泽东想到天气转冷，便拿出自己正在穿的一件大衣递到毛华初手中：“天气越来越冷了，拿去在路上御寒吧！”毛华初此时的心情难以用言语来形容，一种被关爱的暖流席卷了全身……

毛泽东还有一位侄儿的名字已是家喻户晓了，他从小就以“继父之志，报父之仇”的抱负和誓言勉励自己，欲做一个改革社会的人物，为国效力；他沉着冷静，机智勇敢，哪怕脖子对着带血的刺刀，也不泄露组织机密。他就是毛楚雄，毛泽覃和周文楠唯一的儿子，1927 年 9 月 8 日生于湖南长沙，曾用名周楚雄。他出生不到半岁，母亲就被捕入狱，所以由外婆抚养长大。当他看到别的孩子有爸爸妈妈幸福的陪伴时，常怯声问外婆，爸爸哪里去了。最后，心痛不已的外婆只得噙着泪花将毛泽覃牺牲的事告诉了小楚雄，他听后脸色煞白，抱住外婆失声痛哭。党组织多方寻找得知小楚雄的住址，于是安排婆孙俩到韶山居住。毛泽东在延安得知楚雄有了下落，逢亲友必打听侄儿近况，多次给毛楚雄寄生活费。1938 年 5 月 26 日，毛泽东给堂兄毛宇居的信中写道：“楚雄等已寄微款，尔后可略接济一点，请督其刻苦节省。”

小楚雄先由舅舅在家教习古文、历史，后到韶山毛氏宗祠初级小学读书，在校期间勤奋好学，成绩优异。尤其是他的作文思想深刻、文笔犀利、洞察力敏锐，曾写过一篇作文：“现在国家已被暴日侵略，危急到了万分，例如刀架在头上，火烧在眉尖一样。我们小朋友也该团结起来。”十三四岁的小孩子能意识到严重的民族危机，并激情满怀地号召小朋友团结起来为自己祖国奋斗，实为罕见！后来因为韶山连年灾荒，兵荒马乱，毛泽东嘱托王震到湖南把楚雄带到了军队。首长们考虑到毛楚雄是革命烈士的遗孤，不让他扛枪上前线抗击敌人，毛楚雄虽杀敌心切，也没办法，只好认真完成首长交给的宣传任务和筹粮、收税工作。1946 年 8 月我军在秦岭被胡宗南部重重封锁，毛楚雄与战友化装成行商前往延安以取得联系。途中不幸被捕，但毛楚雄大义凛然，丧心病狂的反动派无计可施，把毛楚雄等三人杀害。毛泽东闻讯，万分悲痛，后来回忆这段历史时说：“楚雄还很年轻啊！如果他还活着，他该进学校学习文化、学习技术知识，那该多好啊！”

这些话深深地表达了毛泽东对侄儿的怜爱。楚雄虽牺牲了，却始终活在伯父的心中。因为他为国捐躯，虽死犹荣！

交往

第二章

尊师重道　师恩永记

毛泽东成为一代伟人，除了他本人的天资与后天的勤奋努力之外，其中一个重要缘由，即与老师的培养教育分不开。毛泽东深知这一点，因此他尊师、敬师，无微不至地关心、照顾自己的恩师。可以说，他树立了一代尊师之风范。

1. 难以忘怀的三位恩师

毛泽东在青少年读书时期所接触的老师当中，有多位老师都对毛泽东以后的人生道路产生了重大影响，其中有三位老师的影响尤为重要，而这三位老师也是毛泽东毕生深为敬重的三位老师。李元甫破格录取毛泽东；贺岚岗爱才心切，他的培养，使得毛泽东能够接受新知识，形成新思想，他是毛泽东最初的政治思想上的启蒙老师，他使毛泽东初步形成了自己的政治见解；杨昌济对毛泽东的思想进步影响尤为重大，他使毛泽东成了一个全面发展的人。

1910 年秋，年仅 17 岁的毛泽东抱着极大的希望，来到湘乡县东山小学，他渴望在这所有名的学校里接受新的知识。但是他却被守门人挡在门外。原来，东山小学是湘乡的高等学堂，是不收外地人的。毛泽东是湘潭人，所以他没有资格就读这所学校。就在毛泽东与守门人相持不下时，李元甫出现在校门口。他听了毛泽东的来意，便要毛泽东作篇文章给他看看。很快他就被毛泽东《言志》这篇文章吸引住了，觉得这篇文章气势磅礴，立意高远。他力主学校应该破格录取毛泽东，他联合了几位老师与校学监争论，最终还是使毛泽东进读东山小学。

在毛泽东就读东山小学的日子里，李元甫对这位学生耐心指导，并且在生活上给予细心关照。一次，毛泽东用康梁体写了几篇作文，被教学老师通通打成 20 分。这件事被李元甫知道，大为不平，他主动找一些老师表明自己的态度：康梁体的文章也是可以写的，只要言之成理，就要公平判分。从此，东山小学的学风有了好转，学生们之间讨论西学的多了。毛泽东在此吸收了康梁的资产阶级改良思想，彻底摒弃了原有的“皇权至尊”思想。正是由于李元甫先生的倡导，东山小学逐步形成自由交流思想的学习风气，毛泽东也形成其最初的政治思想。对于李元甫先生，毛泽东是充满着敬重之情的，他曾说：“李元甫先生是热心的教育家，是爱惜人才的！没有他，我进不了东山学堂，也到不了长沙，只怕还出不了韶山冲呢！”

毛泽东在同斯诺谈及自己青少年时期从湘乡东山学堂到省城求学的往事时说过，他在东山学堂读书时，他就渴望到长沙去读书，他请一位高小教师介绍他去省城读书，这位教师同意了。毛泽东请求的这位高小教师就是他在东山学堂时的史地教师贺岚岗。

贺岚岗是最早看到毛泽东的《言志》这篇文章的老师之一。他十分欣赏毛泽东的才华。作为毛泽东的史地老师，贺岚岗十分关心毛泽东的学习，常常在与毛泽东的交谈中讲授一些自己的学习心得。在毛泽东被推荐到湘乡驻省中学入读后不久，贺岚岗也被聘请到湘乡驻省中学担任时事政治课老师。

当时湖南长沙正处于辛亥革命来临前夕，革命者利用各种手段宣扬新思想、鼓吹革命。新思想也自然而然的传进了湘乡驻省中学，贺岚岗担任时事政治课老师之后，积极宣扬爱国主义思想，批判清政府的腐朽无能。他还重点讲解了孙中山的革命主张与革命思想，理清了当时学生为时政所迷惑、所扰乱的头绪，介绍了革命党人的思想主张。他的讲课深受学生欢迎，与他关系密切的毛泽东，更是在他的熏陶下，汲取了知识，领悟了革命思想，提高了政治觉悟，逐步形成了自己的政治见解。革命的潮流很快席卷到长沙，毛泽东在当时形势的促使下，自觉投身到了辛亥革命的激流当中，他写下了一篇慷慨激昂的文章，表达了自己的政治见解：推翻清王朝，建立新政府。孙中山任大总统，康有为任国务总理，梁启超为外交部长。并将这篇文章张贴在学校门口。这件事在当时引起了轰动。这件事的发生，固然与当时形势有关，也不能不归结于贺岚岗对毛泽东的政治启蒙。后来，在贺岚岗的鼓励下，毛泽东决定投身革命，参加新军，虽然这次投军的时间很短，但为毛泽东以后的革命生涯奠定了基础。

贺岚岗对毛泽东的倾心培育，毛泽东当然是全然知晓，铭记于心，以致后来毛泽东从内心感激贺岚岗与李元甫对他的栽培，说没有他们，就没有后来的毛泽东。

杨昌济是与毛泽东有特殊关系的老师，不仅是由于他后来成为了毛泽东的岳父，而且还由于杨昌济在学业、德行、身体锻炼几个方面严格要求毛泽东，促使毛泽东得到全面发展。

杨昌济在湖南第一师范任教时，凭借自己的慧眼以及对毛泽东多方面的考察，他认定毛泽东以后会成为国家栋梁。毛泽东执着、顽强、胆识过人、文字功底好等特点都让杨昌济对毛泽东十分看重，杨昌济在后来向章士钊的推荐信中说：“毛蔡二子海内人才，前程远大。”这里的“蔡”指蔡和森，“毛”就是指的毛泽东了。能用这样的话来评价自己的学生，可见这位老师对学生的器重。

杨昌济如此看重毛泽东，毛泽东也十分尊敬和佩服杨昌济。杨昌济学识渊博，品德高尚，深受毛泽东爱戴，毛泽东听讲非常认真，并时时到杨昌济房中请教。1916年暑假，毛泽东曾步行120余华里由长沙到杨昌济家中请教。由此可见，毛泽东对这位老师是多么的敬佩。

杨昌济除了主张德育、智育并举外，还主张体育并重。他认为，只有做到“三育并举”，才能做到“身心并完”。他本人就是体育爱好者。对杨昌济心悦诚服的毛泽东，当然也就成了一名体育爱好者。而杨昌济所长期坚持的体育锻炼方法，也就成为了毛泽东长期坚持和喜爱的锻炼方法。

冷水浴是杨昌济天天坚持的体育锻炼，在一师中有许多学生仿效，而毛泽东是最坚定的仿效者。毛泽东在一师的几年里，从未间断过冷水浴。每天天蒙蒙亮，同学们还在睡觉的时候，毛泽东总是一个人悄悄来到一师东北隅浴室旁的一口水井边，脱光上衣，吊上一桶又一桶的井水往身上浇，然后用浴巾擦洗全身，做完操后又淋，淋后又擦，直到全身发红发热为止。即便是在寒风凛冽、天寒地冻的寒冬，毛泽东也从未间断过冷水浴锻炼。毛泽东这种锻炼方法一直坚持到他年岁大了，不能进行冷水浴了为止，但他仍坚持不用热水洗澡，而只是用微温的水。他曾经充满豪情地说：“一个经常注意身体锻炼的人，更不会被风雪的寒威所吓倒。我过去练习过冷水浴，现在年纪虽然大了，冬天也还可以不用热水洗澡，小小的寒冻也还经得住。”

对杨昌济的评价，毛泽东曾用这样一句话来概括，那就是“是我印象最深的老师”。

一个人对另一个人的尊重，不仅在于这个人对另一个人言语上充满溢美之词，而且还在于这个人在行动上对另一个人全方位的尊重。毛泽东尊重他的老师，不仅在言语上感谢老师，而且在行为上还认真仿效老师的优良作风，决心不辜负老师的殷切期望，刻苦学习、锻炼，争取早日成为国家栋梁之才。

2. 亦亲亦师 情意绵绵

毛泽东在早年求学时期，受过许多老师的教育，毛泽东对他们都十分地尊敬。这些老师当中，既包括杨昌济、徐特立这样春风化雨、甘为人梯的老师，又包括黎锦熙、方维夏这样志同道合、亦师亦友的老师。在这些老师当中，文正莹、王季范和毛宇居与毛泽东的关系格外特殊，因为他们都是毛泽东的近亲。他们与毛泽东之间不仅存在着师生情，还融贯着浓浓的亲情。

文正莹是毛泽东的八舅，颇有学问，在家里办了一间学堂，专门教那些刚发蒙的儿童。当时毛泽东年龄尚小，在外婆家寄居，经常与表兄文南松跑到八舅的学堂玩，他与学生们一起念书，文正莹也悉心教导。久而久之，毛泽东也俨然成为了这个学堂的一员，俨然成为了文正莹的一名学生。1951 年，毛泽东在北京与文正莹之子、表兄文运昌会面时，称道八舅文正莹"他才是我真正的启蒙老师哩！"不久，毛泽东便回到韶山，正式拜师读书，但是还是经常跑到文正莹家借阅八舅的藏书。到了 1906 年，文正莹帮了毛泽东一个大忙，从此改变了毛泽东的命运。当时毛泽东的父亲想要毛泽东弃学经商，准备送毛泽东去湘潭的一个米店当学徒。这件事被文正莹知道后，他会同其他一些人极力劝阻，最终让毛泽东的父亲打消了这个念头，同意毛泽东继续上学。在这以后，毛泽东来到了湘乡县东山小学就读。对于八舅对自己的帮助，毛泽东一直没有忘怀。解放后，他同表兄文运昌，文南松见面时，说："八舅对我的教育和帮助好大啰！"1929 年文正莹病逝，当时毛泽东并不知晓，直至 1937 年，毛泽东才知道文玉莹病逝，在他写给表兄文运昌的信中，写着"八舅父母仙逝，至深痛惜"的字样，表达了自己对文正莹的尊敬之情以及对文正莹之死无比惋惜之情。

王季范是毛泽东二姨妈的儿子，与毛泽东是亲姨表兄弟。毛泽东小时寄居在外婆家，而那时王季范正在八舅文正莹的学堂里接受启蒙教育。王季范见毛泽东年纪很小就跑到学堂去“伴读”，他喜欢上了这个读书天分好的小表弟。他不仅在课堂上教毛泽东读书写字，而且还在其他空余时间教毛泽东背古诗，如此一来，两人关系极好，宛若亲生兄弟。后来在毛泽东就读东山小学之前，因为毛泽东的父亲不愿出钱，王季范便提出节省自己的钱以资助毛泽东，终于使得毛泽东就读东山小学得以成行。毛泽东考入湖南第四师范后不久，四师与一师合并，毛泽东转入一师学习，而这时王季范已经是一师的老师了。他不仅在生活上资助毛泽东，而且在学业上也多加指点，并全力支持毛泽东的进步活动，直至毛泽东在一师毕业。

对于王季范，毛泽东是十分尊重的。对于王季范对自己的帮助，毛泽东是十分感激，永远没有忘记的。1950年国庆节前夕，毛泽东邀请王季范到北京会面。王季范搭乘的轿车刚在毛泽东住所前停稳，闻讯而来的毛泽东就迎上前去，用湖南湘乡话喊着王季范，王季范赶紧走下车，两双手紧紧地握在一起，良久没有分开。吃饭的时候，毛泽东介绍王季范给家里人认识，并对江青讲：“这是我九哥，在我青少年时期，给我好多帮助。没有他，就没有我毛泽东。”

“没有他，就没有我毛泽东。”这句话具有多重的份量啊。它包含了毛泽东对王季范尊敬与感激之情。1972年7月，王季范在北京逝世。当时毛泽东已经年近八旬，而且患有多种疾病，听到这一消息后，悲痛万分。为了表示对表兄的哀悼，毛泽东让人订做了一个花圈，花圈上的飘带上写着：“九哥千古！毛泽东敬挽”。这几个字表达了自己对表兄的一片真情实意，表达了自己对九哥之死的悲痛心情。

毛宇居与毛泽东的关系虽然不像毛泽东与文正莹、王季范那么亲近，但他也是毛泽东未出五服的兄弟。他是毛泽东从外婆家返家以后就读私塾的老师。由于他与毛泽东有着特殊的亲情关系，毛宇居一直对毛泽东严格要求。在他的指导下，毛泽东阅读了大量自己喜爱的古籍，打下了较扎实的国学根底。在毛泽东的父亲想要毛泽东弃学经商的时候，毛宇居极力劝阻。经过毛宇居等人的劝说，毛泽东的父亲终于同意毛泽东继续读书。毛泽东此后进入东山小学继续深造，从此走出了韶山冲，开始了富有传奇色彩的一生。

毛宇居对毛泽东的帮助不仅仅表现在促使毛泽东就学这件事上，而且还表现在其他方面。例如在白色恐怖下他曾保护毛泽东的祖坟，保护毛泽东的侄子毛楚雄等。以上种种事情，在当时情况下是要不顾身家性命的，毛宇居做到了这一点，证明他对毛泽东的感情是至深的。

而在毛泽东看来，毛宇居也是永远值得尊敬的。毛泽东在求学时期就一直尊敬毛宇居，在白色恐怖时期更是将毛宇居视为值得依赖的人，请他不断勉励与关照侄儿毛楚雄。到了新中国成立后，毛泽东更是没有忘记这位既是堂兄又是恩师的人。新中国成立后，从 1950 年到 1958 年，毛泽东曾三次会见毛宇居，与之亲切交谈，并赠送了一些礼品。1959 年，毛泽东回到韶山冲，在他所吩咐要会面的人中，就有毛宇居。毛宇居被接到毛泽东的住所后，与毛泽东热切地交谈起来，并且在这个住所陪伴毛泽东度过了他终身难忘的两天时间。

在韶山，有一天中午开饭的时候，毛泽东特意把毛宇居请到身边吃饭并商量如何招待各位父老乡亲的问题。晚上，毛泽东在他下榻的招待所设宴招待前来探望他的父老乡亲。席前，毛泽东举杯把盏，向毛宇居敬酒，毛宇居激动得站起来说："主席敬酒，岂敢岂敢！"毛泽东一边扶毛宇居坐下，一边说："敬老尊贤，应该应该！"饭后合影留念时，毛泽东紧紧拉着毛宇居的手，说："宇居大哥，你就挨着我坐下，我们俩要亲近亲近呢！"一番言语将毛宇居感动得老泪纵横。相聚的时间总是很短暂的，过了两天，毛泽东就要走了。临走前，毛泽东还和毛宇居紧紧地手拉手，互相道别，毛泽东说："宇居大哥，你善自珍重，得便时我接你再到北京！"只可惜，毛宇居不等到再到北京的时候便与世长辞了。

毛泽东对他的这几位身兼亲属的老师的感情，不单纯停留在师生情、亲情上，而是将这两种感情结合起来升华到了一种新的情感的高度。这几位老师对毛泽东是恩泽备至，而毛泽东对这几位老师也是敬重有加，他们之间的感情是发乎于心的真挚感情。而这种真情实意正是我们现在所要追求的，老师爱护学生，老师受学生爱戴，这样才能够做到教学相长，相得益彰。

3.名师良法 受益终生

毛泽东在湖南省第一师范求学的日子里，结识了一批有名的老师，他们品德高尚，治学严谨，知识渊博，这些老师与毛泽东情谊深厚，交往密切，教学相长。在这些老师当中，有三位老师的治学方法对毛泽东后来的治学产生了重大影响，这三位老师就是袁仲谦、徐特立和方维夏三位。

袁仲谦是毛泽东在一师学习期间任课时间最长的老师之一，他的读书方法“好书不厌百遍读”对毛泽东产生了重要的思想影响。

袁仲谦起初对毛泽东没有什么印象，后来还由于某些原因一度对这个学生印象不佳。但在以后与毛泽东接触的过程中，他逐渐消除了自己的成见，认为毛泽东有着远大的志向，是其执教以来所不曾见过的好学生，他认定毛泽东是一块未经雕琢的玉石，只要经过工匠的雕琢就会发出耀眼的光华，而袁仲谦本人愿意充当雕琢玉石的工匠，于是将自己的知识倾囊相授，并将自己几十年来体验出来的读书方法“好书不厌百遍读”告诉了毛泽东。袁仲谦认为，读书是可以从两个方面去理解的。一个方面就是广，也就是要多读书，尽可能多的泛读各种书籍，用各方面的知识充实自己；另一个方面就是精，也就是将各类书籍中的精华反复诵读，逐步理解，力求融汇贯通。为了实现广与精的读书目标，毛泽东想方设法地阅读古今中外书籍，而且在广读书籍的基础上努力追求广而精。就这样，毛泽东阅读了大量的书籍，汲取了书中的精华，又扩大了自己的知识面，同时也深化了思想认识。

由于学习了袁仲谦的读书方法，毛泽东阅读了大量的经典书籍，受益匪浅。在以后的岁月中，毛泽东无论是讲话还是写文章，常常妙语连珠，旁征博引，这就为他的政治生涯增添了光彩，这不能不在某种程度上归功于袁仲谦老师的读书方法使他所受到的益处。

徐特立的治学方法对毛泽东的治学也产生了重要影响，主要是由于他提出了“不动笔墨不看书”的读书方法。

徐特立“不动笔墨不看书”的读书方法实际上是一种主张读书宁少勿杂，彻底消化的读书方法。毛泽东非常重视徐特立的读书方法，也是实践徐特立教学主张最有成效的人。

《伦理学原理》一书，德国哲学家、伦理学家泡尔生所著，此书是1917年下学期到1918年上学期湖南第一师范毕业班开设的修身课教材，后由蔡元培译成中文，全文共十万字，毛泽东读完这本书以后，在书中写了一万五千多字的批语。这些批语是用红黑两色笔加上三角形、单杠、双杠、圆点等符号写在书上的，这些批语几乎是针对《伦理学原理》中每一句话提出的，批语的内容大多是抒发对人生道德以及历史的看法。对于书中他不赞成或怀疑的地方，毛泽东都会批上“此不然”“吾意不应以此立说”等字样；而对于书中他所认同或他认为比较精辟、引人深思的地方，毛泽东都会密加圆点，批上“诚哉、诚哉”“此书议论透彻之至”等字样。这些批语，充分体现了毛泽东独立思考和分析批判的精神。

正是因为受到徐特立的思想影响，毛泽东一直坚持着“不动笔墨不看书”的读书方法，也正是由于毛泽东有着这样好的读书方法，使得他在以后的读书生涯、革命生涯中养成了记笔记的习惯。现在保存下来的这些珍贵的笔记本，成为了研究和学习毛泽东的珍贵资料，对于研究毛泽东思想的发展，具有极其重要的作用。从某种程度上，我们应感谢徐特立教给了毛泽东“不动笔墨不看书”的读书方法，从而为我们留下了研究毛泽东思想的丰富资料。

方维夏是与毛泽东感情很深的一位老师，他的治学方法中所包括的“读万卷书，不如行万里路”，鼓励学生投身社会实践中的思想对志向远大的毛泽东产生了重大影响。

方维夏在教学中一贯主张学以致用，反对书本与实际脱离，反对知识与社会应用脱离，他常常教导学生要投身社会，不要读死书；不但要读有字之书，更要读无字之书。被方维夏寄以厚望的毛泽东领悟到了这一道理，从思想上与方维夏先生达到了共鸣，从行动上开始面向社会，真正做到知识与实际相结合。

1917年夏，在方维夏的支持下，毛泽东利用暑假进行了一次长途修学远行。毛泽东与朋友萧子升，分文不带，仅带有一把雨伞、换洗衣物，装有笔墨的书包，洗刷用品以及方维夏给各县教育会写的介绍信，从长沙小西门过湘江，开始了历时一个多月的游历，途经长沙、宁乡、安化、益阳、沅江五县，行程一千余里的长途修学远行。这次远行具有重要的意义，它是青年毛泽东花费时间最长，旅行地域最广的一次远行，它使毛泽东真正深入社会尤其是农村地区，了解了那里的风土人情、人文地理和社会情况，真正做到了学以致用。

毛泽东对这位学识渊博的老师是极为佩服与敬重的。许多时候，毛泽东在办某件事之前，都会询问方维夏的意见，征求方维夏的建议，然后再做出决定。

十月革命一声炮响，给中国送来了马克思主义，全国上下革命形势迅速高涨。五四运动之后，民主科学之风更是盛行。当时的湖南也受到了这种潮流的冲击。1920年前后，湖南开展了驱逐张敬尧的“驱张运动”，毛泽东深受其影响，想要创办一个书社、推销马列主义书籍，传播新文化，提高人民的思想觉悟。在创办以前，毛泽东专程到了省教育科，找到当时身为省教育科长的方维夏征求意见，方维夏极力赞同，并与毛泽东一起商议了创办书社的具体事情。

后来，毛泽东与方维夏先后加入中国共产党，成为党内同志，后两人更加互相尊重，成了志同道合的好战友。

1935年10月，方维夏在开展游击战争时被捕。最终，敌人杀害了他。

方维夏牺牲的消息后来传到了毛泽东的耳中，毛泽东感到痛心疾首，泪流满面，感到自己失去了一位好老师，好战友，他悲痛地说：“方先生是我的好老师，好同志啊！他敦品励学，德高望重，放着国民党的高官不做，40多岁投身革命，了不起啊！”

由于毛泽东对老师的敬重，才使得他学习了老师一些好的治学方法。由于他学习了老师的治学方法，才使得他丰富和积累了知识、扩大了知识面，才使得他不仅仅成为一个伟人，一个政治领袖，而且能够以一个伟大学者的身份出现在中国人民的面前。

4. 师生互勉　献身革命

五四时期，朱剑凡是长沙名校——周南女校的校长。他虽然没有教过毛泽东的书，但两人却成了忘年交。毛泽东尊称他为自己的良师，而且对朱剑凡的革命品德和毅力，给予了高度评价，说朱剑凡是一个“很有骨气的人”。毛泽东与朱剑凡的交往与情谊更多的体现在互相勉励，献身救国的革命斗争中。

朱剑凡是通过毛泽东的老师、岳父杨昌济而认识毛泽东的。1902 年，朱剑凡东渡日本留学。1904 年学成归国，不久，即倾家财兴办周南女校。由于朱剑凡与杨昌济都是从国外留学归国且献身教育的名流，因此，两人交往频繁，友情甚深。有一天，杨昌济与朱剑凡谈到自己的学生，说：“我在学校遇到一个怪学生，学名叫毛润之。该生不太遵守学校作息制度，也经常不按时吃饭，读课外书却极勤。”朱剑凡听了对毛润之这个学生也发生了兴趣。杨接着说：“毛润之的小桌上，总是放着几个冷烧饼，边看书边吃。每晚看书到熄灯就寝时，就跑到井边冲冷水浴，学校学监说他，他毫不在乎，还是那样。”“考试才怪，凡是毛润之自己喜欢的题目，作答详细，洋洋万言。不喜欢的就交白卷。我一看那卷子，真是才华超众，见解精辟。”听到杨昌济的介绍，朱剑凡感慨不已地说：“我是个爱才的人，反对用那些规范约束学生。你看周南女校，调皮的女学生多得很，还有人大胆谈婚姻自由哩。至于毛润之，我看是个难得的人才，这样的学生越多才越好。”[①]通过杨昌济的介绍，朱剑凡对比小他十岁的毛泽东产生了好感，希望能结交这位“怪学生”。由于毛泽东经常来杨昌济住所讨教，经杨介绍，毛泽东与朱相识，并也到朱剑凡家请教学问，讨论问题，于是，两人建立起师生情谊。

---

①刘思齐主编:《毛泽东和他的老师们》,中国方正出版社 1998 年版,第 208 页。

在五四爱国运动前后，毛泽东与朱剑凡都受新文化运动的影响，加上两人爱国心切，这就使得他们在组建进步社团，宣传新思想，开展反帝反封建的革命斗争中加深了两人的师生情谊。

1918年春，为筹备新民学会事宜，毛泽东向朱剑凡求教。毛泽东对朱剑凡说："朱校长，没有组织，就没有力量。你是湖南教育界著名人士，也报名参加，能得到你的支持，这太好了。"朱剑凡当即表示："何胡子（即何叔衡）早就跟我说了，我不参加，那还行，我是不能落后的！"毛泽东于1918年4月，与蔡和森、肖子升等一起成立了进步团体——新民学会。在朱剑凡的影响与推介下，周南女校的向警予、蔡畅等11名学生和两名教员也参加该学会。

五四爱国运动爆发后，在新民学会的带动与影响下，朱剑凡与徐特立等教育界人士发起组织了进步的学术性团体——健学会，以"输入世界新学潮，共同研究，择要传播为宗旨"。在该会成立会上，朱剑凡专门作了"主张各除成见研究世界新思想服从真理"的演说。该会成立后，每周聚会一次并举行学术讲演。毛泽东闻知健学会的成立与朱的讲演后，很高兴，认为此会成立是湖南思想界的一件大事。他还找到朱剑凡说："你在健学会的演说，是一篇独特新颖的演讲，我们听了都拍手称快，称为'空谷的足音'，想把它发表在《湘江评论》上，你同意吧？"不久，朱剑凡的演说稿在《湘江评论》上刊登。毛泽东还写了一篇《健学会之成立及进行》的文章，高度地评价了健学会的活动，说它的成立，"在这么女性纤纤暮气沉沉的湖南，有此一举，颇足出幽囚而破烦闷。东方的曙光，空谷的足音，我们正应拍掌欢迎，希望他可做'改造湖南'的张本。"在新民学会与《湘江评论》的带动与影响下，朱剑凡又在周南女校办了进步刊物《女界钟》。1919年11月，长沙发生名叫赵五贞的女青年为反对包办婚姻而自杀的事件。毛泽东立即指导《女界钟》出了一期特刊，以反对封建礼教。毛泽东还在特刊上亲自撰写了《赵五贞之死》的文章。此后，他还为该刊写了好几篇有关妇女问题的文章。

因师生情谊，特别是共同的爱国救国之心而将两人联系在一起的缘故，毛泽东与朱剑凡更加相互支持，并相互勉励。1920年8月，为推动新思想在湖南的传播，毛泽东创办了文化书社。朱剑凡为支持此项活动，四处帮助筹集开办费，自己出了一百元。同年夏，毛泽东在一师附小任主事，应朱剑凡之邀，寄宿在周南女校。在女校，朱剑凡细心关照毛泽东，“吃饭不叫出钱，一天还吃三顿。”两人在校园内还共同探讨各种社会问题。在此期间，两人的友情得到升华，从相知成为世交。朱剑凡的女儿朱仲丽回忆说：“她赴延安时，母亲魏湘若特地准备了一大包火焙鲫鱼和油茄子，嘱咐女儿千万要带好，到延安送给毛泽东。朱剑凡曾说：“毛润之可是个了不起的人。”①

1923年，朱剑凡到了广州，追随孙中山参加革命，成了国民党左派。他参加了孙中山举行的北伐，担任国民革命军第二军顾问和中央政治训练班教务主任。时值毛泽东也在广州参加国共合作的筹备工作。因此，师生两人更加焕发了革命的热情投身于火热的斗争之中。朱剑凡在中央训练班授课时，主要讲授帝国主义侵华史。当他谈到对时局的看法和许多重要的观点时，末了总要添上一句：“这是毛润之的见解，很有道理。”②1926年，北伐军从广州挥师北上，进入湖南，朱剑凡返抵长沙，他负责筹组国民党长沙市党部，任常务委员、长沙市政筹备处主任兼长沙市警察局长。其时，朱剑凡曾向中共湖南省委书记李维汉提出加入共产党的请求，经李维汉的说服，继续留在党外帮助做党的统一战线工作。毛泽东当时在湖南主要是领导开展农民运动，朱剑凡则协助郭亮打击土豪劣绅对农民运动的反扑，并打击国民党右派组织“左社”。师生合力发动工农群众支持北伐，推动北伐战争的胜利进军。

1927年5月21日，长沙发生了反动军阀许克祥部反共的马日事变。朱剑凡遭反动派的通缉而离开长沙抵达武汉。在武汉，毛泽东热情地接待了他。在两人的长谈中，朱剑凡表达了自己对时局的看法和对革命前途的忧虑，毛泽东则向他介绍了自己有关开展武装斗争的一些想法。可以说，武汉相见，这是两人最后的会面。

时势多变，1928年因白色恐怖严重，朱剑凡再次东渡日本。1929年由日潜回上海。他几次想去苏区工作，但终因严重的胃病而未能成行。在上海，他将寓所辟为党的秘密聚会、通讯地点。在病中，他仍念念不忘毛泽东在苏区的斗争。他常对

---

①贾思楠编：《毛泽东人际交往实录》，江苏文艺出版社1989年版，第37页。

②朱伯深：《我的父亲朱剑凡》，《长沙文史资料（第3辑）》。

自己的儿女说："还是要照'毛老爷'的主张做才行。""毛老爷"是朱剑凡晚年对毛泽东的昵称①。1932年朱剑凡病逝于上海。

毛泽东与朱剑凡的交往，非一般的师生来往。他们的交往注入了火热的革命激情。他们的情谊是师生加革命同志的情谊。两人的交往，及其思想，的确，影响了整整一代人。"五四"时期与大革命时期，湖南的新文化运动与革命斗争开展得如火如荼，这与两人所做出的艰辛努力是密不可分的。

5. 不记旧怨 关照极至

张干，又名次岩，1914年，任湖南第一师范校长。次年，一师学生发起了"驱张干"的学潮，因毛泽东领导、参与此活动，张干曾要挂牌开除他，后因老师的全力反对，才改为给毛泽东记大过处分。新中国成立后，毛泽东不计过去旧怨，视张干为自己的尊师加以多方照顾。毛泽东的关心、照顾，令张干感动不已，觉得"毛主席真是天高地厚，此生此世，不知如何报答"。

驱逐张干的学潮发生在1915年上学期。直接导火线是，学期末，身为一师校长的张干宣布了省议会颁布的一项新规定，从当年秋季开始，师范学生每人要交纳十元学杂费。师生们议论纷纷，认为这是张干为讨好当局而主动建议的。此外，原四师的部分学生，对合并到一师后，多读了半年书，早有不满情绪，加上张干主张"尊孔读经"，引起主张革新教育的学生反对。于是，驱逐张干的学潮就一发而起。起初，有一学生写了一传单，指责张干不忠、不孝、不仁、不悌之类。毛泽东看后认为没抓住问题的要害。于是，学生们要毛泽东另写一张。毛泽东就在学校后面的妙高峰"君子亭"写了一张"驱张宣言"。由于宣言气势不凡，特别是数落了张干

---

①戴柏汉主编:《青年毛泽东与他的湘籍师友》,湖南出版社1993年版,第377页。

办学无方，瞒上压下的做法予以了揭批，此事令张干恼怒万分，一气之下，要挂牌开除毛泽东为首的17名学生。由于杨昌济等老师的强烈反对，才使张干收回成命，改为给毛泽东记大过处分。为此事，张干也于当年下学期被免去校长一职。

新中国成立初，对毛泽东领导人民推翻"三座大山"的功绩，已逾暮年的张干也感到高兴，但他内心矛盾重重。身为国家主席的毛泽东会不会不记旧怨呢？特别是还有一师许多教师都不知晓的一件事，即1945年毛泽东去重庆谈判时，张干曾给在延安的毛泽东发了一封电报，要毛泽东"应召赴渝"，"幸勿固执，致失人望。"这样的电文，不是在为蒋介石帮腔吗？想到这些事，加上新中国成立初期又被划为"地主"成分，张干心想自己的末日已到，整天坐立不安，最后病倒了。

1950年国庆期间，昔日同窗学友周世钊，以及老师徐特立、王季范等人应毛泽东邀请赴北京观礼。毛泽东接他们去中南海作客。在交谈中，毛泽东十分关心早年的老师，其中问到了张干。周世钊回答说："张干还在，一直在教书。现在妙高峰中学当数学教员。"毛泽东听到此，很有感慨，接着说："张干这个人，很有能力，很会讲话。30几岁就当第一师范校长，不简单。原先我不高兴他。我估计他一定要向上爬的。他要爬上去是容易的。结果他没有向上爬，算他有操守。他坚持以教书为生，解放前吃粉笔灰，解放后还是吃粉笔灰，难能可贵。"当王季范提到当年毛泽东起草的"驱张宣言"一事时，毛泽东不无自责地说："现在看来，当时赶走张干没有多大必要，每个师范生交十元学杂费的事，也不能归罪于他。至于多读半年书，有什么不好呢？"接着，周世钊又将张干六口之家的生活窘况和愁苦心境，一一向毛泽东作了汇报。毛泽东听后，连连说："对张干这个人，应该照顾，应该照顾。"周世钊后来回忆说："毛主席考虑问题很深，很远。这次交谈，实际上是为张干先生平反。他说的'当时赶走张干没有多大必要'，实际上是主动地承担了责任，是有意保护张干先生。一个国家主席，不但不计前嫌，反而想办法为张干先生平反，保护张干先生，更是难能可贵啊！"①

听到周世钊等汇报之后的第六天，毛泽东又接到了罗元鲲先生的信。于是，他写信给湖南省人民政府主席王首道，信中说："张次仑、罗元鲲两先生，湖南教育

①黄露生：《毛泽东尊师风范》，中央文献出版社2011年版，第156页。

界老人，现年均七十多岁，一生教书均未作坏事。我在湖南第一师范读书时张为校长，罗为历史教员。现闻两先生家口甚多，生活极苦，拟请湖南省政府每月每人酌给津贴米若干，借资养老。又据罗元鲲先生来函说：曾任我的国文教员之袁仲谦先生已死，其妻七十岁饿饭等语，亦请省政府酌予接济。以上张、罗、戴三人事，请予酌办见复，并请派人向张、罗二先生予以慰问。”随后，王首道先生两次到张干家慰问，并送来救济米1200斤，50万（旧币）人民币。

对毛泽东不记旧怨，关心、照顾自己，张干激动异常。张干挥泪给毛泽东写信，信中写道：“润之吾弟主席惠鉴：敬启者，近接懋斋、懒元诸弟及吾弟致汉溟先生涵，深感吾弟关怀干的生活。……幸王省主席奉吾弟之命，厚赈兼人民币五十万元。经国万机，不遗在远，其感激曷可言喻？”

信发出后，张干盼毛泽东来信达一个半月，杳无音讯，他料想毛泽东公务繁忙，加上又是主席，与一位普通教员通信，是否影响不好。然而，就在他思虑的第二天，毛泽东来信了。毛泽东写道：

次崙先生：

十月三十日惠书，并为中苏条约所致贺一函，均已收到，甚为感谢！生活困难情形，极为系念，已告省府有所协助。此复，敬颂教祺！

毛泽东

一九五〇年十二月十四日

毛泽东对张干的生活困难，“极为系念”，这令张干感慨万千。

1951年秋，张干应毛泽东之邀赴京。毛泽东又请来师友罗元鲲、李漱清、邹普勋到中南海游览，并在丰泽园吃饭。毛泽东躬谨谦和，定要张干坐上席，自己坐下席。席间，毛泽东又把女儿李敏、李讷叫来，向她们介绍说：“你们平时讲，你们的老师怎么好，怎么好，这是我的老师，我的老师也很好。”他接着诙谐地说：“我的老师，你们要喊太老师。”毛泽东又对张干等人说：“次仑先生和元鲲先生，都没有加入蒋匪帮，是好的。没有听人讲你们的坏话。”张干对此仍内疚不安，说：“一师闹学潮那阵，我曾主张开除你，真对不起呀！”毛泽东摆摆手：“我那时年轻，虎气太盛，看问题片面。要是现在这样学点猴气，就不会发动那场‘驱张运动’了！过去的事，不要再提它了！”张干心里的石头落地了。毛泽东又说：“你年纪大了，就不要教书了。学校应该优待，照送薪水。”

张干在京住了近两个月。国庆节还登上了观礼台。还游览了京津的名胜古迹。并第一次乘坐飞机鸟瞰了北京市和长城的风光。乘军舰游弋了渤海。卫生部副部长傅连璋还受毛泽东之托亲自为张干等人检查身体。毛泽东还叫人给张干等人送来零花钱。在京期间，张干又提笔给毛泽东写信。信中说：“愧受之余，感佩无报。”南返长沙之际，毛泽东又派人送来用稿费购赠的药品与被服等物，还有150万元旧币零用钱，并转送斯大林赠送的一瓶鹿茸精，还关照张干多多保重。为感谢毛泽东的关怀，张干在日记中写道：“毛主席优待我们，可谓极点。我们对革命无所贡献，而受优待，心甚惭愧！”

张干回湘后先后聘为省军政委员会参议室参议、省政府参事室顾问。每月的薪金，已使一家生活有了保障。他积极参议国家大事，应邀作报告，深为人们所敬重。

1963年初，张干曾在病中两次写信给毛泽东，请他设法帮助其女儿返湘工作，“以便侍养”。毛泽东接信后，一面积极为张干解忧排难，一面又给已任副省长的周世钊写信。信中说：“老校长张干先生，寄我两信，尚未奉复。他叫我设法助其女儿返湘工作，以便侍养。此事我正在办，未知能办得到否？如办不到，可否另想办法。请你暇时找张先生一叙，看其生活上是否有困难，是否需要协助。叙谈结果，见告为荷。”

毛泽东收到周世钊的复信后，于1963年3月26日又亲笔给张干写了回信：

次岱先生左右：

两次惠书，均已收读，甚为感谢。尊恙情况，周惊元兄业已见告，极为怀念。寄上薄物若干，以为医药之助，尚望收纳为幸。

敬颂

早日康复。

毛泽东

一九六三年三月二十六日

信中提到的“薄物若干”，张干万万想不到的是毛泽东托省委第一书记捎来的2000元钱。

十年浩劫中，张干瘫痪在家，起坐困难。由于有人说他过去是“反动校长”，于是被抄了家。家中的书籍、资料、存款都被抄走。张干气愤已极。张干之子张六如火速去京，最后带回一封加盖了中央办公厅大印的信函并500元生活费。这样，被抄的东西被归还了。从此，也再没有人上门高叫“造反有理”了。

对一个曾挂牌要开除自己的老师，毛泽东在数十年后当上国家主席之际，并未记着老师过去的不是，而是自责过去的做法也有不妥之处。他仍以过去学生身份倍加尊敬，多方照顾自己的老师。毛泽东曾言古语：“谁言寸草心，报得三春晖。”并说：“我这颗寸草心是怎么也难报答老师的‘三春晖’啊！”毛泽东尊师，可谓风范长存。

6. 一日为师 终身为父

毛泽东1936年在与斯诺的谈话中曾提到：“我没有正式进过大学，也没有到外国留过学。我读书最久的地方是湖南第一师范，我的知识，我的学问是在一师打好了基础。”毛泽东之所以能在一师读书时，学问方面有大的长进，一方面，靠自己的刻苦努力；另一方面，则与良师的谆谆教诲分不开。杨昌济、徐特立、方维夏、黎锦熙等人就是毛泽东一生都尊敬的良师。这里还要提到的一位，是当年在一师教文字学的杨树达。毛泽东与杨树达的师生情谊，可谓情深意切，值得后人效仿。

毛泽东在一师求学时，杨树达教他的文字学。杨先生比毛泽东大8岁，两人亦师亦友，交往甚密。杨树达非常赏识毛泽东的勤奋好学精神，也特别称赞毛泽东“身无半文，心忧天下”的远大志向。在相互的交谈中，杨树达曾送过毛泽东一个雅号，叫“毛逸仙”。“逸仙”是孙中山的字。杨树达之所以送毛泽东这一雅号，说明他对毛泽东寄予殷切厚望。由于毛泽东认为自己与孙中山的作为，不可比拟，故请求杨树达不要这样称呼。记得有一次，毛泽东得了重感冒，发高烧，虽如此，仍带病去听文字学的课，杨树达发现毛泽东趴在桌上听课，得知他患病仍坚持到课，更为毛泽东的学习精神所感动。课毕，杨树达便扶毛泽东到家里，请来医生给毛泽东看病，又亲自给煨药。并嘱咐妻子按时给他煨药。对老师的细心关照，毛泽东内心十分感激。

杨树达对毛泽东学业上的关心，生活上的关照，令毛泽东心存感谢。此外，杨树达在反帝反封建的革命斗争中对自己的极大支持，也令他感动不已。

1919 年，直系军阀张敬尧祸湘残民，特别是镇压示威群众的暴行，激起了长沙各界人民的极大愤慨，在毛泽东等人的组织与领导下，湘省人民发起了一场声势浩大的“驱张运动”。为了借全国各界人民群起反对之声势，将张敬尧驱逐出湖南，毛泽东等人组织驱张代表团，分赴北平、上海、武汉、广州及本省的衡阳、常德、郴州等地活动，以争取全国的同情与支持。对毛泽东发起的这场义无反顾的革命斗争，杨树达积极参加，并参与组织本校教师发起总罢教的活动。同年底，杨树达还与罗教铎结伴经武汉到北平。临行前，他对家里前来送行的人说：“此去请愿，义无反顾，势在必行，吾意决矣！”表现了其大无畏的斗争精神。

到北平后，杨树达就与罗教铎、熊梦非等教职员代表组成湖南教职员驱张请愿团，和以毛泽东为首的湖南公民驱张请愿团、湖南学生驱张请意团一起四处联络，奔走呼号，收效甚大，北平社会各界均行动起来，以示对“驱张运动”的声援。在北平，杨树达还与毛泽东等人联名发出快邮代电。发出代电的第二天，杨树达又与毛泽东等人分别向总统府、总理府递交呈控张敬尧十大罪状，请将张敬尧立即罢斥。文中强调“窃以张督祸湘，罪大恶极。湘民痛苦，火热水深。张督一日不去湘，湘民一日无所托命。”还以全体湖南教职员的代表名义呈文总统徐世昌，要求撤惩张敬尧。

对湘省革命师生之呈文，北洋军阀政府未予答复。对此，1920 年 1 月 28 日，三个代表团同湖南在平学生等，齐赴国务院，作最后一次请愿。游行队伍高举“请政府速即撤惩张敬尧”和“与张偕亡”的大旗，并挥舞手中的小旗，在新华门前与军警相持了三个小时，随后由公民代表毛泽东、张百龄，教员代表杨树达、罗教铎，学生代表柳敏、李思安进去谈判。进去后，杨树达声色俱厉地斥责秘书长：湖南学生离乡背井，来这么多人，你们为什么不接见？湖南闹得这么凶，你们为什么不解决？秘书长被骂得哑口无言。毛泽东等代表也相继痛述张督湘罪恶，声言非见靳总理不可。在经艰苦斗争，向时任总理的靳云鹏递交请愿书后，最后迫使靳云鹏答应在一周内答复代表们的请求。经不懈的坚决斗争，1920 年 6 月 11 日，张敬尧仓皇出湘，以毛泽东为首组织的湖南各界“驱张运动”终于取得了胜利。

对杨树达在“驱张运动”中的勇敢无畏的斗争精神，毛泽东非常敬佩。在火热的革命斗争中，毛泽东与杨树达的师生情，战友情更加深厚。“驱张运动”后，杨树达到北京从事教育教学工作，毛泽东则回湖南进行革命活动，两人 20 世纪 50 年代才又相会于长沙。尽管久未谋面，但两人都惦记着对方。毛泽东带起义队伍上井冈山，后率领红军长征。领导抗战。杨树达关心毛泽东所领导的革命事业，他每天坚持看报，四处打听毛泽东的去向，关心他的安危。抗战胜利后，杨树达到湖南大学任教，杨树达经常到校长李达那里了解毛泽东的情况。当毛泽东与中国共产党领导革命胜利，成立新中国之际，杨树达对毛泽东为首的共产党人取得的巨大成功，心中无比喜悦，他曾赋诗予以赞颂。

对久未会面的老师，毛泽东也非常惦念。解放后，杨树达曾多次写信给毛泽东，毛泽东三次亲自回信，二次在长沙约见了杨树达。一次，杨树达在《新建设》杂志上发现湖南大学文学院院长杨荣国撰写的学术文章上引用的金文、甲文有许多错误，很生气，建议校长李达免去其院长一职，并指出杨荣国不配当教授。李达未采纳杨树达建议。为此，杨树达写信给毛泽东。后来，学校一位教授认为杨树达的作法有些不妥，对杨荣国教授应以思想教育为主。于是，杨树达又写信给毛泽东，承认自己的建议过于偏激。毛泽东收信后，复信给杨树达：

遇夫先生：

违教多年，最近两接惠书，甚为感谢！所论问题，先生在第二封信里已作解决，我以为取这种态度较好的。此复，顺致敬意。

毛泽东

一九五二年五月十七日

1954 年 11 月 25 日，毛泽东与刘少奇、周恩来到长沙视察，毛泽东派人将杨树达接来住所。其时，两人已有 34 年未见面。毛泽东一见到杨树达，立即上前握着杨树达的手说："尚相识否?"接着又说："得君二信，曾作一复。"杨树达激动地告诉毛泽东，信早已收到。毛泽东与杨树达交谈了一会，随后请杨树达共进晚餐。①

1955年1月29日，杨树达再次写信给毛泽东，并将自己刚刚出版的书集《小学述林》《积微居甲文说》《耐林甲文说》《卜辞求义》和重印的《词诠》一并寄给毛泽东。毛泽东收到后，又当即复信。

遇夫先生：

惠书及大著数种收到，甚谢！尊恙向愈，极慰。待完全康复之后，欢迎先生来北京一游。顺致敬意。

毛泽东

一九五五年一月二十九日

同年6月20日，毛泽东到长沙，即派人接杨树达一齐登山至云麓宫，杨树达乘轿上山，毛泽东则健步登山。在山上，两人回忆往事，倍感亲热。9月22日，杨树达夫妇到了北京，毛泽东得知消息后，曾设宴款待杨树达夫妇。饭后，毛泽东还认真听取了杨树达关于文字改革的意见。

这里还要特别提及的一件事，即毛泽东于1956年5月去看望病中的杨树达，亲自为杨树达端痰盂、洗痰盂。此事的确感人至深。

1956年5月，正值毛泽东回湖南视察。一天晚上，老同学周世钊告诉毛泽东："近来，杨树达重病缠身，卧床不起。医生说，他的日子可能不多了。"毛泽东听到这话，心里一沉，急切地翻了一下自己的日程安排表，与周世钊商量，决定第二天利用空余时间去看望杨树达。

第二天，毛泽东同周世钊一起乘车来到了岳麓山下湖南师范学院的校园，随即停靠在杨树达家附近的一个小山坡下。毛泽东轻轻地敲了敲杨先生家的门，并用他特有的湘潭腔喊道："杨先生——，杨师母——"

当时患了严重的慢性支气管炎的杨树达，正躺在客厅的睡椅上，一阵长咳后，听到有人外面有人喊，就小声地问到："是谁呀——，请进。"毛泽东推开门，疾步上前来到杨树达的面前，深深地向杨树达一鞠躬，说："杨先生，您好哇，我是

①刘思齐主编：《毛泽东和他的老师们》，中国方正出版社1998年版，第191页。

润之，学生今天特来看您。”见到站在身旁的毛泽东，杨树达与妻子深受感动，一时竟说不出话来。

毛泽东问候杨树达之后，警卫员进来，递给毛泽东一个小包，里面包着治支气管炎的新药，并包有500元钱。站在一旁的杨树达的妻子接过小包后，发现包中的药与钱。杨先生不肯接受这些钱，认为自己受之有愧。毛泽东忙解释说，这些钱是自己的稿费，送给杨先生治病的。此时，周世钊也劝杨树达收下。最后，杨师母不得不收下。

杨树达由于高兴，便要妻子倒水吃毛泽东送来的药。药刚一吃下，他又咳嗽起来。毛泽东见状，马上起身，帮着杨师母，轻轻地扶起杨树达，随即端起放在睡椅旁的痰盂，去接杨先生咳出的浓痰。站在旁边的周世钊与工作人员忙上前要去替换毛泽东，而毛泽东却执意不允。杨树达边咳边请求毛泽东放下痰盂，但毛泽东仍弯着腰端着痰盂不放，他说：“杨先生，你原先教导我们‘一日为师，终身为父’，为您端一下痰盂，是做学生的本分。”接着，毛泽东又端着痰盂向外走，显然是要去倒痰盂，洗痰盂。警卫员拦着毛泽东，一齐伸手去接痰盂，“主席，让我来！”毛泽东挥手不肯，说：“平时，我的痰盂，你们一个个不准我自己倒，还用组织上安排的，是什么原则问题来压我。好啦，今天，杨先生是我的老师，不是你们的老师。我给我的老师倒痰盂，这是我们祖宗规定的原则问题哩。”毛泽东洗完痰盂后又仍回到了屋内。目睹这一切的警卫员，以及周世钊等人，都感动得热泪盈眶。

临走时，毛泽东仍诚恳地希望先生能予以指教。杨树达深情地说：“国家以民为本，以人才为先，得民心者平天下，得人才者兴天下，切记切记。”毛泽东将先生的话，铭记于心。毛泽东还握着杨树达的手说：“下次来长沙我再来看您。杨师母，你有什么事，告诉世钊。我们能办到的，一定会办到。”①

毛泽东与老师杨树达的师生情谊，非同寻常。毛泽东，在新中国成立之初，已身为国家主席，党的最高领导人，但他不忘师恩，为病中的老师端痰盂、洗痰盂。此事虽小，精神可贵。长沙关心、爱护老师，毛泽东待人以诚，平易近人，却为全党树一代做人楷模。

---

①黄露生：《毛泽东尊师风范》，中央文献出版社2011年版，第199—200页。

7. 能者为师 当要请教

毛泽东不仅是一位卓越的政治家、思想家、军事家，而且，还是一位当之无愧的书法家。他的书法独具一格，影响甚大。毛泽东在书法方面取得的成就，完全取决他的刻苦学习，谦虚谨慎，勤奋磨炼。这里要提到毛泽东早年在湖南第一师范附小任主事时，向一位同事请教书法，两人切磋书法，从而结成好友的往事。

1920年秋，毛泽东被聘为第一师范附小主事，后又被聘该校师范部国文教员，兼学友会会长。当时，学友会设有“书法部”，聘任一师国文教员孙俍工为导师。毛泽东从小就喜好书法，两人由此结缘。有一次，孙俍工为“书法部”学生讲课。毛泽东听说孙的书法课讲得好，就去听课。果然名不虚传。课后，毛泽东找到孙，说：“孙先生，你的课讲得真好。”“毛先生，过奖了。”孙俍工年纪与毛泽东相差不多，刚来一师任教。他早听说毛泽东在一师活动时的声名，特别是领导湖南各界发起的“驱张运动”，给他留下了深刻的影响，他觉得毛泽东是一位了不起的青年才俊，孙俍工马上伸出手来，紧紧握住毛泽东的双手，“久仰，久仰。你昨天公布的‘学友会’文告，那笔字工整潇洒，豪迈超逸，写得很好。”毛泽东马上答道：“孙先生过奖了！”毛泽东谦逊地笑着，“你上课板书厚重雄放，本身就是书法精品，为了学习你的书法，今后你的每堂课我都要争取来听，请收下我这个学生吧！”

“不敢不敢，”孙俍工被毛泽东这种虚心好学的精神所感动，“毛先生，我们还是互相学习吧！”“这就是说，你收下了我这个学生了，那以后，你就叫我毛润之吧！”两人相视而笑，从此他们成了好朋友。

有一次，孙俍工正坐在桌前，凝神运气地书写刘禹锡的《再游玄都观》一诗。刚写完，毛泽东看到桌上摆着的书法作品，便伫立一旁，认真欣赏起来：“孙先生，这书法太好了。你这书法，细如兰草，粗如华山，涩如根藤，飘若彩带，退如抽丝，急如旋风；真像是‘桃花开尽菜花开’，一片花海，满纸生香。”

孙俍工听了毛泽东的这番话，忙说：“嗬，润之兄，看样子，你还是个书法评论家呀！不过，你对于拙墨，却是过奖了！”孙俍工将毛泽东请进自己的书房。毛泽东看到四壁挂满了名人书画，其中有孙俍工临摹王羲之的《兰亭序》。毛泽东边欣赏边夸道：“孙先生，你的书法，中锋健骨侧锋生姿，意笔相从，豪迈飞动，字势连绵，一片烟云，我想你在书法上一定有很多经验，能赐教于我吗？”孙俍工笑着说：“我这些年练习书法，经验谈不上，教训和心得却有一些。”毛泽东问道：“那主要是什么呢？”孙俍工略有所思地谈道：“苏轼说：‘书必有神、气、骨、肉、血，五者阙一，不为成书也。’黄庭坚则主张：‘书画以韵为主。’到了清代，都主张‘以气为主’。刘熙载之论最为完善，他提出：‘高韵、深情、坚质、浩气，缺一不可以为书。’我个人则认为，学书法，炼气最上，炼神次之，炼形又次之。”

接着，毛泽东又向孙俍工请教了书法的书体特点与习行书等问题，他说：“我想请教孙先生，这行书不知有没有什么章法可循？”“当然有，在习行书中，我总结了‘行书章法二十八字诀。’”说着，孙俍工在桌上铺开一张纸，用行书写出 28 个字。

大小 长短 疏密 粗细 干湿

浓淡 虚实 远近 顾盼 错落

首尾 肥瘦 偃仰 起伏

毛泽东轻声将这“行书章法二十八字诀”连读几遍，然后将纸小心叠起来放进口袋里，他对孙俍工说：“孙先生，你对书法艺术的精辟见解使我获益匪浅。这二十八字诀，我会好好钻研。”“别客气，润之兄，你的字已有很好的基础，但恕我直言，总的说，是才气有余，动力不足。基于这点，我建议你最好还是先练楷书。因为楷书是书法中的基础。有这么个比方，楷如站，行如走，草如跑。试想，一个人连站都站不稳，怎么能走和跑呢？”毛泽东诚恳地说：“孙先生说得很对，今后学书法，我一定要先学站，后学走，再学跑。”

从此，毛泽东根据孙俍工的意见，刻苦练着楷书字帖。写好后，过一段时间就找孙品评指教。孙俍工一张一张仔细品评，对其中之优缺点，一一指出，毛泽东则根据这些意见加以认真修改。功夫不负有心人，在孙俍工的精心指导下，毛泽东终于写出了一手雄峻超逸的楷书了。[1]

一天，毛泽东照样将自己的书法作品送孙俍工指教。孙评完后，他对毛泽东说："润之兄，我想请你单独为我写一幅字。"毛泽东听了有点诧异。"我要到日本留学去了。"孙俍工有些不舍地说："身边留着你写的字帖，就像常见到你一样。"毛泽东十分惋惜地说："这样，我就少一位书法老师了。""凭着你的虚心、好学、天资和刻苦，完全可以登上书法艺术的高峰，将来远在我辈之上。"孙俍工十分诚恳地说："润之兄，请给我写幅字，作为纪念吧！""好！应该应该！"毛泽东接过孙俍工送来的纸笔，用工整的楷书，认真地写下了王勃《送杜少府之任蜀州》。

两人一别就过了20多年，1945年8月28日，毛泽东为实现国内和平，来重庆和谈。当时，孙俍工已成为国内著名书法家，在重庆大学任教。听到毛泽东来重庆的消息，孙俍工内心非常激动，他颇想见见毛泽东，叙说当年情谊。

孙俍工万万没有想到，毛泽东没有忘记当年曾指点书法的老师。当毛泽东打听到孙俍工已在重庆教书时，一天，他抽空专程去孙家拜访。

孙俍工见到已是中国共产党领袖人物的毛泽东亲来看望自己，很受感动。一见面，他紧紧握住毛泽东的手，上下打量着毛泽东："20多年没见面了，你还是原先样子！""彼此彼此！"毛泽东笑着，向身旁的两位介绍，"这位是孙俍工先生，是我在第一师范的书法老师。"然后又向孙介绍两位同事："这位是周恩来同志，那位是王若飞同志。"接着又说："孙先生，我们到重庆几天了，直到今天才来拜望你，深感歉疚。"孙俍工高兴且风趣地说："不敢，不敢，你们几位是蒋介石的贵客，百忙之中，还抽时间，亲临一介书生寒舍，实在令我感动！"孙俍工接着将毛泽东等人引进书房，毛泽东望着满屋藏书与书法作品，也打趣地说："孙先生，您还是在书堆里过日子呀！真令人羡慕钦佩！"孙俍工笑道："'教书匠'嘛，当然终身与书为伍啦！"当毛泽东看到孙俍工书写的一幅李白《下江陵》的草书作品，他赞叹道："孙先生书法，越来越令人折服。这幅李白的《下江陵》，恰似彩云满纸，轻舟过山，飞流万丈，云烟苍茫。真是上乘之作。""润之，过奖了！"孙俍工接着

①参见严农:《书法之师》,《民主》1993年第二期。

说：“这些年来，戎马倥偬，不知你还坚持练习书法否？”毛泽东说：“在第一师范时，孙先生教我的书法要领，特别是‘行书二十八字诀’，我一直铭记在心，就是在恶战之余，也常照先生指教，练上几笔。”接着，他从带来的包里拿出一卷纸，郑重地递给孙俍工说：“孙先生，这是拙词一首，自己涂鸦，赠送先生，权当昔日的作业，请先生指教。”

孙俍工双手接过纸卷，在桌上展开一看，是幅横轴，仔细端详，大吃一惊，只见纸卷上的字，苍劲飘逸，龙腾虎啸，一派生机，不禁拍案叫绝：“好！太好了！真乃书法精品呀！”孙俍工接着说：“你这书法，仿古而不泥于古，既尽得古人神髓，又能以己之气出之，更为难得的是，由行而草，竟能卓然自成一格，出神入化，令人钦佩，润之，祝贺你，在书法王国里，你完全自由了！”“过奖，过奖”，毛泽东谦虚地说，“还请先生多加指教！”

孙俍工边说“不敢，不敢”，边轻声地朗诵起纸卷上写的《沁园春·雪》这首词。读毕，孙更是激动不已。他抬头望着毛泽东：“润之兄，士别三日，须刮目相看，你现在不仅在政治上，军事上独领风骚，在诗词和书法艺术上，也是独领风骚，自成一大家！”毛泽东微微一摆手，谦和地一笑：“孙先生又过奖了，即使我这 20 年来，书法上有所长进，主要也得力于孙先生的教导。”这时，站在一旁的周恩来、王若飞还连连称赞孙俍工的书法作品堪称上乘佳作。

接着，毛泽东又与孙俍工切磋书法技艺，畅叙别后各自情况，最后，毛泽东依依不舍地离开了孙府①。

孙俍工虽然年龄与毛泽东不相上下，但在书法方面，造诣甚高，技艺超群。毛泽东早年向孙请教书法，可谓虚心好学，真正做到了拜能者为师。正是由于毛泽东不自以为是，认真地请教，刻苦地磨炼，他才在书法艺术方面获得了巨大成功，连国内知名的书法大师都这样评价道：“毛泽东书法艺术的知名度，是任何一位现代书法家都无法比拟的，他的书法艺术的高度，也是任何一位现代书法家无法比肩的。”

---

①参见黄露生：《毛泽东尊师风范》，中央文献出版社 2011 年版，第 215 页。

8. 战友与导师 情深意又厚

毛泽东青少年时期从读孔夫子的书到读资本主义的书，直至读马克思的书，转变成一个马克思主义者，其间，有他个人的奋斗努力，当然，也离不开一个他最值得尊敬的老师的培养与帮助。这位老师就是中国共产主义运动的先驱——李大钊。1949 年 3 月，毛泽东一行人从河北平山西柏坡将抵达北平时，他无限感慨地对身边的工作人员说："30 年了！30 年前我为了寻求救国救民的真理而奔波。还不错，吃了不少苦头，在北平遇到了一个大好人，就是李大钊同志。在他的帮助下我才成为一个马列主义者。可惜呀，他已经为革命献出了宝贵的生命。他是我真正的好老师，没有他的指点和教导，我今天还不知在哪里呢？"①

李大钊，河北乐亭县人，早年曾留学日本，在日本参加过反对袁世凯复辟、卖国的斗争。1916 年 5 月回国，先任北京《晨钟报》编辑、总编辑，后任北京大学教授兼图书馆主任。并参与编辑《新青年》杂志，又与陈独秀等创办《每周评论》，积极领导了新文化运动和五四运动。俄国十月革命发生后，他写了著名的歌颂俄国革命的《法俄革命之比较》等三篇文章，成为中国积极宣传马克思主义的第一人。1920 年 3 月，他在北京大学组织了中国第一个马克思学说研究会，同年秋在北京组织共产党早期组织，李大钊与陈独秀一起成了中国共产党的重要创始人。中国共产党成立后，他负责中共北方区委的工作。国共合作时期，他帮助孙中山确定了联俄、联共和扶助农工三大政策，改组了国民党。1926 年他领导北京三一八运动。1927 年 4 月 6 日，被奉系军阀张作霖逮捕，28 日在北京英勇就义。

毛泽东与李大钊的交往，首先是从读其文而领略了李大钊的志向与才华。《新

---

①于俊道、李捷：《毛泽东交往录》，人民出版社 1991 年版，第 51 页。

青年》创刊不久，刚回国的李大钊就在此刊物上发表了《青春》一文。文中号召青年要发奋努力，从而达到“致我的青春之我，我之家庭为青春之家庭，我之国家为青春之国家，我之民族为青春之民族”。为此，他寄希望于青年学子：“青年之自觉，一在冲决过去历史之网罗，破坏陈腐学说之囹圄，勿令僵尸枯骨，束缚现在活泼泼地之我，进而纵现在青春之我，扑杀过去青春之我，促今日青春之我，禅让明日青春之我。”“青年循蹈乎此，本其理性，加以努力，进前而勿顾后，背黑暗而向光明，为世界进文明，为人类造幸福，以青春之我，创建青春之家庭，青春之国家，青春之民族，青春之人类，青春之地球，青春之宇宙，资以乐其无涯之生。”毛泽东当时是《新青年》的热心读者，看书，必看《新青年》；谈话，必谈《新青年》；思考，也思考《新青年》上所提出的问题。当他一口气读完李大钊所写的《青春》一文，可谓眼睛为之一亮，心头为之一动。从此，李大钊的名字便深深印在毛泽东的脑海中。他完全同意，今后“要立一理想，此后一言一行，皆期合此理想”。

1918年8月，为了组织新民学会会员赴法勤工俭学，毛泽东率部分学会会员前往北京。到北京，当然，他借此机会去拜访他仰慕已久的陈独秀、李大钊等新文化运动的主将。

抵京后，毛泽东一方面为湖南青年赴法勤工俭学一事奔走呼号；另一方面则设法寻找工作，以解决生活问题。一周之后，经杨昌济的介绍与联系，由留法勤工俭学会会长、北大校长蔡元培写了一张条子，交给北大图书馆馆长李大钊，到北大图书馆当上了助理员。在这里，毛泽东第一次见到了仰慕已久的李大钊。虽然李大钊在北大已颇有名气，但他与毛泽东却谈得非常投机。

毛泽东作图书馆助理员的工作是极其平凡而琐碎的，待遇很低，每月仅八块大洋。但这对一心求学报国的毛泽东来说，算不了什么。他每天到北大图书馆所要做的工作，就是在第二阅览室即日报阅览室，负责登记新到的报刊和前来阅览的人的名字，毛泽东并不因事情琐碎而厌烦它，因为他能及时从报刊上了解到国内外重要新闻与新文化、新思想与科学知识。更重要的是他能够初步接触马克思主义。其时，李大钊已设法搜集了许多有关马克思学说的书报，供北大学生阅读。

更使得毛泽东感兴趣与有收获的是，他能有机会去见一些学界名人、学者，向他们请教，讨论问题。李大钊在与毛泽东的接触，特别是交谈中，发现毛泽东的思想异常活跃、敏捷，乐于接收新思想，而毛泽东则发现李大钊虽是名教授，但平易近人，思想进步，是自己的好老师。因此，二人每次谈话，甚是投机。两人常常在一起畅谈，李大钊耐心细致地回答毛泽东的一个个提问，有时长达一两个小时。

毛泽东在交谈中所体现出来的不俗的理想、才干，深得李大钊的称赞，认为毛泽东是“湖南学生青年的杰出领袖”。1918 年 11 月，毛泽东聆听了李大钊在北大讲演大会上发表的《庶民的胜利》的著名演说；接着又看到了李大钊的文章《布尔什维主义的胜利》，心头受到了极大的震撼，使他向往俄国十月革命。

在李大钊的指导与帮助下，毛泽东在北大还参加了各种进步社团与学会的活动。1918 年 11 月，李大钊亲自介绍毛泽东加入了“少年中国学会”，他还参加了由邵飘萍等主持的新闻学研究会；1919 年 1 月 28 日，毛泽东还参加了由李大钊、蔡元培、杨昌济等人组织的北大哲学研究会。在研究会里，他能更多地听到李大钊的演说。通过与李大钊的接触，毛泽东对其思想与人品有了更多的了解。

毛泽东在北京学习与工作了半年时间，在离京南下欢送新民学会会员赴法勤工俭学之际，他与李大钊作了临别前的谈话。李大钊在谈话中谈到了陈独秀，及陈独秀近向的活动情况，嘱咐毛泽东到上海后可去找陈独秀谈谈，因陈独秀对马克思主义，对俄国革命都颇有研究，对中国的现状和前途有独到的见解。

遵照李大钊的嘱托，毛泽东到上海后，即首先拜会了陈独秀，向陈请教了各种问题。与陈独秀的几次长谈，使毛泽东思想上受到了极大启发，尤其是在接受马克思主义方面，进步更快。

对在北京半年的生活时间，毛泽东对它是非常珍视的。他曾回忆说，第一次到北京后，“我对于政治的兴趣越来越大，思想也越来越激进。”又说：“我在李大钊手下担任国立北京大学图书馆助理员的时候，曾经迅速地朝着马克思主义的方向发展。”新民学会会员也曾回忆说：“毛泽东、蔡和森接受马克思主义和十月革命道路最早。他们在五四前夕，就在李大钊影响下，开始学习和研究十月革命和马克思主义书刊”。可见，李大钊确是毛泽东走上马克思主义道路的引路人。

北京爆发五四爱国运动以后，其影响波及全国。为了动员湖南人民投入反帝反封建的革命斗争。1919 年 7 月，毛泽东在长沙创办了《湘江评论》。在此刊物上，毛泽东发表了许多革命文章，以鼓舞民众的斗志。其中，特别是在《湘江评论》的第2至4期上发表的《民众的大联合》一文，在广大民众中，尤其是在青年学生中引起了强烈的反响。《湘江评论》及毛泽东所发表的文章传到了北京。李大钊看到后，十分重视，他通过《新青年》《每周评论》等刊物，向全国的读者介绍和推荐："能看到这份很好的兄弟期刊，令人非常高兴。"1919年12月28日李大钊在《新青年》第19期发表了题为《大联合》的文章，此文显然赞同了毛泽东关于民众大联合的主张，文中写道："我很盼望全国各种职业各种团体，都有大小组织，都有大联合，立下真正民众大联合的基础。"这说明在主张民众大联合这一点上，两人是心心相通的。

1919年12月底，毛泽东为了推动湖南驱逐军阀张敬尧的革命斗争，他作为驱张请愿代表团团长第二次来到北京。临行时，还接受了《大公报》与其他报刊的任务，准备在京建立临时的"平民通讯社"，专题报道驱张活动的情况。他租了陈旧破败的福佑寺的一部分住下后，便迫不及待地去看望李大钊。李大钊非常高兴地接待了他。在馆长办公室里，毛泽东向李大钊介绍了离京后组织赴法勤工俭学事情的进展情况，以及《湘江评论》的开办情况以及目前所组织的驱张运动的大体情况。李大钊认真地听着毛泽东的介绍，并与他交换了意见。接着，李大钊向毛泽东介绍了他正筹备成立马克思学说研究会的情况，并向毛泽东推荐与介绍了一批有关共产主义和俄国十月革命的书籍，其中有考茨基的《阶级斗争》、马克思和恩格斯的《共产党宣言》节译本以及一个英国人写的《社会主义史》等。

对第二次到京与李大钊交往的情况，毛泽东后来曾回忆说："我第二次到北京期间，读了许多关于俄国情况的书。我热心地搜寻那时候能找到的为数不多的中文写的共产主义书籍。有三本书特别深刻地铭刻在我的心中，建立起我对马克思主义的信仰。我一旦接受了马克思主义历史的正确解释以后，我对马克思主义的信仰就没有动摇过……到了1920年夏天，在理论上，而且在某种程度的行动上，我已成为一个马克思主义者了，而且从此我也认为自己是一个马克思主义者了。"

与李大钊作长谈后，在京期间，毛泽东又多次到李大钊处，两人专门讨论了俄国革命的问题，谈了俄国十月革命与中国革命的问题。两人还专门讨论了组织进步知识青年赴俄勤工俭学的事情。显然，毛泽东受到李大钊思想的深刻影响。已对十月革命的故乡十分向往。对此，1920年2月毛泽东在给友人的信中谈到了。信中写道："我一己的计划，一星期外将赴上海。湘事平了，回长沙，想和同志成一'自由研究社'，预计一年或二年，必将古今中外学术的大纲，弄个清楚，好作出洋考察的工具。然后组一留俄队，赴俄勤工俭学。至于女子赴俄，并无障碍，逆料俄罗斯的女同志，必会特别欢迎……这桩事，我正和李大钊君等商量。"毛泽东回到长沙，就与新民学会部分会员发起成立了"留俄勤工俭学团"，认为"俄国学术精神不可不研究"。此时的毛泽东已深感赴俄学习比赴法留学显得更加重要。他与李大钊都希望有更多的中国青年到世界上第一个社会主义国家去学习、考察。1920 年 8 月 23 日，毛泽东又在长沙组织了俄罗斯研究会。不久，刘少奇、任弼时、肖劲光等湖南青年便赴俄学习。

与李大钊的交往越多越深，也使得毛泽东对马克思主义的学习与宣传抓得更紧。1920 年 8 月，为了在湖南传播新文化与马克思主义，毛泽东与彭璜等人在毛泽东发起成立了文化书社。文化书社的宗旨就是用"最迅速最简便的方法介绍中外各种新书报杂志，以充青年及全体湖南人新研究的材料"。李大钊积极支持此书社的创办，主动承担该社的信用介绍，使书社在业务往来中，有关书店、杂志社"免去押金"，这就解决了该社开办之初资金周转之困难。毛泽东则指导书社对于李大钊并与之有关的刊物的介绍，如《新青年》《每周评论》《少年中国》等。特别是对李大钊著的《五月一日》的单行本，作了广泛的宣传与介绍。

1921 年 7 月，中共一大在上海召开，虽然李大钊因故没有到会，但他与毛泽东都成为中共最早的创始人。而且，"南陈北李，相约建党"，李大钊对创立中国共产党，其杰出贡献是人所共知的。"一大"后，李大钊与毛泽东分别担任中共北京区与中共湖南区委的领导工作。1922 年 8 月中共杭州西湖特别会议上，李大钊与毛泽东都参加了，并接受了共产国际代表马林的建议，中共党员以个人身份加入国民党，以推进第一次国共合作的实现。

在 1923 年 6 月于广州召开的中共三大会上，两人又相聚在一起。他们与到会的代表展开充分的讨论，最后，共同确定了与孙中山领导的国民党建立统一战线的方针与政策。据曾出席三大的代表徐梅坤回忆：毛泽东在开会期间很活跃，多次发言，提出主张国共合作的种种理由，李大钊在汇报了北京工作情况后，表示完全拥护共产国际决议，与毛泽东等一道站在多数代表的正确立场上，既批评了怀疑国共合作的观点，也不同意马林、陈独秀一切工作归国民党的右倾观点。李大钊并提出了尽快建立革命的统一战线，同时一定要注意共产党在统一战线中的独立性。大会采纳了李大钊、毛泽东等人的正确意见，通过了《国民运动与国民党问题的决议案》。会后，李大钊和毛泽东还到国民党左派廖仲恺家中，商谈国共合作的有关问题[①]。

1924 年 1 月，国民党第一次全国代表大会在广州召开，毛泽东与李大钊分别作为湖南和北京的代表同时出席了会议。会上，两人与另外 17 人被推选为国民党党章审委会委员。会上，当国民党右派制造事端，以排共，破坏第一次国共合作的建立时，毛泽东与李大钊挺身而出，在孙中山的支持下，团结左派，有力地回击了右派的进攻。1 月 30 日，李大钊和毛泽东分别当选为国民党中央执行委员会委员和候补委员。

在大革命时期，毛泽东与李大钊都十分重视农民问题，都对农民问题有较为深刻的分析与研究。两人都发表了农民问题的专论。1926 年毛泽东任广州第六届农民运动讲习所长时，毛泽东还将李大钊写的《土地与农民》等文章列入他主编的《农民问题丛刊》中。而李大钊也大力支持毛泽东的工作，当他得知毛泽东托他为农讲所选派学员时，他立即在天津和北京选派了元维修等人到广州农讲所学习。当李波涛去广州前，李大钊还对李说：毛泽东同志学问渊博，很有独特见解。你去以后自然会体会到的。你还可以帮助他整理些农民战争的资料。我写封信你带去给他，希望他常给我来信。1926 年 9 月，李波涛在农讲所结业后，毛泽东曾托他给李大钊带了一封信，想不到此后两人竟成永别[②]。

可以说毛泽东与李大钊的这种密切关系，既是一种崇高的师生关系，也是一种亲密的战友关系。毛泽东以学生的身份，虚心地向李大钊请教，探讨学问，探求救国真理，特别是受到李大钊思想的深刻影响，迅速转化为一个马克思主义者。在革命斗争中，两人则相互支持，互相鼓励，共同为党的事业做出自己的贡献。毛泽东与李大钊的这种特殊的师生关系值得我们永远铭记。

①参见路海江等编著:《毛泽东和他同时代的人》,河南人民出版社 1992 年版,第 67 页。

②路海江等编著:《毛泽东和他同时代的人》,河南人民出版社 1992 年版,第 69 页。

第三章

慎择知己　砥砺为先

交朋友的最高境界是什么？各人交友的经历不同，对这个问题的回答也就不同。毛泽东早年曾结交过许多青年朋友。他觉得交朋友应重在双方思想、品行、学问上的互相砥砺，共求上进。

1. 嘤其鸣矣 求其友声

史书《学记》记载说：“独学而无友，则孤陋而寡闻。”显然，古人就认为一个人的学问要进步，不仅靠自己勤奋努力，刻苦思考，靠老师的教育指导，还需要有同学、友人的帮助。“学问，学问”，一靠自己学，二靠问别人，希望能得到别人的指点帮助。“一字之师”“一日之情”等说法，恐怕都是说的由于自己得到人家的帮助而心存感激，尊称人家为“师”吧。“如切如磋，如琢如磨”，说的就是同学、朋友之间应当经常展开学习上的交流、讨论，这对彼此的进步都是十分有益的。青年毛泽东喜欢交友，更喜欢朋友之间多展开有益的学习活动，共同讨论，“交换知识，养成好的风气。”“亲师而外，取友为急”，正表达了青年毛泽东渴望得到同学、朋友帮助的迫切心情。

1915年七八月，毛泽东曾两次写信给好友萧子升，信中谈到了自己对朋友之间要互帮互助，共求进步问题的看法。他在信中说：“今夫人者万类之灵，发声以为言，言而后转其类以为群，夫言以灵而发，群以言转。”这段话明确地表白了自己对上述问题看法：由于人们的目的相同，又有共同的志趣，因而彼此就产生了共同的语言，由此而结成了团体。大家聚在一起交流思想，发表意见，就互有所得，并知道了自己的不足。若“不先有言，何以知失？知失则得，非言之功乎！”基于此种认识，毛泽东在信中继续阐发对朋友问题的看法，他说：“其为事无域，而人生有程，人获一珠，家藏半璧，欲不互质参观，安由博征而广识哉？”可见，毛泽东是非常希望，或者说是渴求得到“切磨之朋”。有了真诚的友人，“互质参观”，互相规过，才能“殊趋而同至”，达到共同进步的目的。

正是由于青年毛泽东对同学、朋友之间“互帮互助”的问题有自己独特的认识，因而他更加感到“仆自克之力甚薄，欲借外界以为策励，故求友之心甚热”。

青年毛泽东迫切求友之心情最后化为了实际的行动。1915年秋，由于受到新文化运动的影响与推动，毛泽东的思想认识提高了。他深深感到要拯救自己的国家，改造社会，做一番大事业，单靠个人或少数几个人奋斗是行不通，办不到的。自己必须到广阔的社会天地里去结交志同道合的朋友，才能共同努力，有大作为。想到这一点，他就以“二十八画生”的名义，向省城长沙名校发出了一份油印的《征友启事》。这份启事是毛泽东自己刻腊板油印的，只有几百字，内容大意是：愿意和那些有爱国热情的青年结为朋友，愿意和那些不怕艰苦，不怕困难，能够为国捐躯的志士仁人通信联络。启事中的最后一句是：“愿嘤鸣以求友，敢步将伯之呼”，以表示自己迫切求友的心情。启事封面上还注明“来信由第一师范附属小学陈章甫转交”。在邮寄启事的信封上还注明着：“请张贴在大家看得见的地方”。

毛泽东将“征友启事”当即寄到了长沙各个学校，而且在长沙的几个城门口和照壁上也贴了出来，并在报纸上也登出来了。但是毛泽东的这种新式“交友法”，在当时还比较闭塞的长沙，自然不易为一般人所理解。有一些头脑守旧的中学校长，觉得“二十八画生”一定是个怪人，这种“征友”目的不纯，绝无好意。于是他们把这些启事没收，或者将墙上的启事撕下来，不准张贴。湖南省立第一女子师范学校有一个姓马的校长，竟然认为这个启事是为了到师范学校找女生谈爱的。马校长按照启事上写的通信地址亲自去一师附小找到了陈章甫，他又亲自到湖南第一师范，找到校长，打听“二十八画生”究竟何许人也？他从陈章甫和一师校长那里才知道“二十八画生”就是毛泽东。而毛泽东并非一怪人。毛泽东是当时全校品学兼优，师生都大加夸奖的好学生。马校长听到这些，心中疑虑尽消。

启事发出后数天，由于上述的原因，起初只得到五六个人的回信。尽管回信者甚少，然毛泽东心里仍有说不出的高兴。为此，他曾写信将此事告诉自己的老师黎锦熙，说：“两年以来，求友之心甚炽。夏假后，乃作一启事张之各校，应者亦五、六人。近日心事稍快唯此耳。”①

对征友这件事，毛泽东觉得颇有意义，值得珍视，以至在1936年他与来延安访问的斯诺还谈起它，说：“我感到自己心胸开阔，需要结交几个亲密朋友，于是

①《毛泽东早期文稿(1912.6—1920.11)》，湖南人民出版社1990年版，第31页。

有一天我就在长沙一家报纸上登了一个广告，邀请有志于爱国工作的青年同我联系。我指明要结交坚强刚毅、随时准备为国捐躯的青年。我从这个广告得到三个半人响应。”②

从一则小小的征友启事，我们可以看出青年毛泽东在结交朋友中的精神境界。在当时军阀专制，社会黑暗的年代，毛泽东交友不是为了个人的私利，而是为了探求真知，为了救国。这一点，对今天的青年人如何交友的问题上，应当是有教益的。

2. 集合同志 创造新环境

毛泽东通过“征友启事”的方式寻觅志同道合的朋友，在结交到他所中意的青年朋友后，究竟如何开展活动，使彼此学问上有进步，品行上有相互的砥砺，且能制定一些具体的交友活动的规则，从事于社会的改造呢？对此，毛泽东又有深层次的考虑。

从 1915 年秋发出征友启事后的几年中，通过毛泽东的种种努力，在他周围已逐渐聚集了一批出类拔萃的青年朋友，其中主要有蔡和森、萧子升、何叔衡、陈章甫、罗学瓒、张昆弟等十多人。这些人多数是第一师范和长沙各中等学校的学生，也有一些是长沙各中小学校的青年教师。由于毛泽东坚持不谈金钱、不谈女人、不谈家庭琐事的交往原则，因此，他结交的这些青年朋友，虽然“人数不多，但都是思想上很认真的人，不屑于议论琐事。他们所做的和所说的每一件事，都有一个目的。他们没时间谈情说爱，认为时局是如此危急，求知的需要是如此迫切，没有时间去谈论女人或私人问题。……在这种年龄的男青年的生活中议论女性的姿色通常

①《毛泽东 1936 年同斯诺的谈话》，人民出版社 1979 年版，第 27 页。

占有重要的地位，可是我的同伴不但不这样做，而且连日常生活中的普通事情也拒绝谈论。……我的朋友们和我只乐于谈论大事——人的性质，人类社会的性质，中国的性质，世界，宇宙!”①

1915年至1918年的三年间，毛泽东与青年朋友之间的讨论大约有百次以上，讨论的中心问题是“如何使个人及全人类的生活向上?”经过多次热烈而又审慎的讨论，乃得出一共同的结论，即要“改造国民性”，最经济最有效的办法是“集合同志，创造新环境，为共同的活动”。在学习、讨论的基础上，他们深感有进一步成立一个坚强的严密的革命团体的需要。于是，一个新的求进步的社团———新民学会便应运而生了。对此，毛泽东后来回忆说：“我逐渐认识到有必要建立一个更严密的组织。1917年，我和其他几位朋友一道，发起新民学会。学会有七十到八十名会员，其中许多人后来成了中国共产主义和中国革命史上的有名人物。”①

1918年4月，毛泽东和蔡和森、萧子升等发起的新民学会成立了。据会员肖子璋追忆，之所以将成立的团体起名为新民学会，这是“取‘大学之道在新民，……日日新，又日新’的字样，有一种反对旧制度，主张革新，为人民的意思”。成立会上，通过了由毛泽东和邹彝鼎起草的学会章程，共有21条。章程规定学会宗旨为“革新学术，砥砺品行，改良人心风俗。”章程还规定了会员必须遵守的五条纪律：“一、不虚伪；二、不懒惰；三、不浪费；四、不赌博；五、不狎妓。”鉴于学会今后得到发展后，有一部分会员要出省，出国谋发展，为了加强会员之间的联系，及时掌握会员的学习工作情况，以利学会活动的开展，章程还规定了会员的义务，即“会员对于本会每年负一次以上通函之义务，报告己身及所在地状况与研究心得，以资互益”。在讨论到会员发展问题时，毛泽东谈到：学会人要多，力量才会大，所以会员应该多发展；不过会员的标准应当严格要求，不能降低，一定要品格好、志向好、学问好，确有向上要求的青年，我们才欢迎他入会。为此，章程又规定：“凡经本会会员五人以上之介绍及半数之承认者，得为本会会员。”

新民学会成立后，由于一些领导成员的出国，因此，学会工作主要由毛泽东主

①《毛泽东1936年同斯诺的谈话》，人民出版社1979年版，第28—29页。

②《毛泽东1936年同斯诺的谈话》，人民出版社1979年版，第29页。

持。为了使新民学会能成为一个严密的坚强的革命团体，他主张：应该将学会建设成“一个高尚纯粹、勇猛精进的同志团体”，他进而指出学会决“不可徒然做人的聚集，感情的结合，要变为主义的结合才好”。入会的会员也都认为：吸收新会员“务宜谨慎，否则不特与同人无益，即于新友亦无益”。因此，在1921中的新年大会上，再次明确讨论和表决了会员的入会和出会问题。新会友的入会条件是：一、纯洁；二、诚恳；三、向上。学会的启事还强调“本会会员结合，以互助互勉为鹄”，并提出“惟会员对于会的精神，间或未能了解；有牵于他种事势不能分其注意之力于本会者；有在他种团体感情甚洽而对于本会无感情者，有缺乏团体生活的兴味者；有毫无向上之要求者；有行为不为多数会友满意者。本会对于有上述情形之人，认为虽曾列名为会友，实无互助互勉之可能。为保全会的精神起见，惟有不再承认其为会员”。

关于会友个人相互之间所持的态度，1920年5月8日，在上海半淞园会议上，明确要求“会友间宜有真意；宜恳切；宜互相规过；勿漠视会友之过失与痛苦而不顾；宜虚心接纳别人的劝解；宜努力求学”。

在半淞园会议上，毛泽东特别提出学会的工作作风应是“潜在切实，不务虚荣，不出风头”。他认为学会以及会员都要有脚踏实地，埋头苦干的精神。他指出学会的基础“即筑在这种‘潜在的态度’之上”。他反对那种吹吹打打、招摇过市、徒务虚名的轻浮作风，曾形象地打比喻说：“好些团体，像没有经验的商店，货还没有办好，招牌早已挂高了，结果离开失败，离不开一个‘倒’。”①

五四运动时期，受新文化运动的影响，成立的进步社团是很多的。但是毛泽东、蔡和森等人建立的新民学会有其独特之处。它的优点是：“不标榜”“不张扬”“不求急效”“不依赖旧势力”。因为“不标榜”，所以多数会友彼此间很少面誉，“言必及义”，自谦与相互勉励的话总多于得意与夸奖的话。因为“不张扬”，因此在成立后的三年中，除了与毛泽东等人相知的少数朋友外，社会上并无多少人知晓有新民学会这一团体。因为“不求急效”，所以会员们无论求学做事，都认为目前只有努力学习，扎实“打基础”，结果如何都是将来的事。要将来果结得好，

①《新民学会会务报告》(第1号)。

果结得大，就应该夯实现在的基础。因为“不依赖旧势力”，所以会友们都认为学会本身充满创新的精神。会员各人所从事的种种事业，也都是创造的，而不是因袭旧势力的。因此，学会从来没有与社会上任何旧势力发生过联系，也从来没有邀请过旧势力的人入会。除了这些优点之外，学会会员在毛泽东、蔡和森等发起者的思想影响与精神感召下，还具有头脑清晰，多数会员没有陈腐气，思维锐敏，能及时容纳新思想；富于奋斗精神，多数会员都能努力奋斗，联合好人，做成好事；排斥恶人，消减恶事，并积极改良生活，进修学问，向外追求新知；富有互助与牺牲精神。会友间多数都能做到互勉、互助，并有一种自我牺牲精神。

新民学会诞生于80多年之前。毛泽东与蔡和森等青年朋友组成这样一个进步社团，他们严肃认真地制订了入会会友应自觉遵守的种种规章制度。今天重温毛泽东当年亲自参与制定的学会规章，我们会肃然起敬，也会感到特别亲切。倘若交朋友，组团体达到了这种程度，可想而知，朋友之间，心灵会得到净化，而团体也会日渐壮大，成为改造社会与建设国家的一股中坚力量。

3. 彼此同心　志在救国

交朋友的最高境界应该是什么呢？有人认为，最高境界就是当朋友有难时，能拔刀相助，即使两肋插刀，也在所不惜。也有人解释说：好朋友应该在钱财上不分彼此，还有人认为真朋友应该是默默无闻心相知，岁月长久打不散。显然，各人交友的目的、经历不同，对交友问题的回答也各有千秋。在五四爱国运动的热潮中，毛泽东与蔡和森结为知己，成了生死与共的好朋友。毛泽东与蔡和森交友，当然有他的交友原则，他们交友的经历也算得上是中国现代史上革命人物活动中的一段佳话。

蔡和森，湖南湘乡人。少年家贫，幼时当过牧童和商店学徒，学过手艺。后来，在母亲的支持下，他才上学，由于学习用功，他跳级考入双峰高等小学。在辛亥革命的影响下，蔡和森开始懂得只有革命中国才有出路，因而他为革命追求真理的欲望也随之迫切了。1913年他离开家乡进省城读书。同年秋，转入湖南第一师范学习，与毛泽东同学。由于蔡和森勤奋求学，勇于实践，又有远大的理想和满腔的爱国与革命激情，因此，毛泽东便与他结为挚友。两人互勉互助，表现突出，所以“在湖南一般先进的青年中就盛称毛、蔡之名，而奉之为表率”。①

毛泽东与蔡和森交为好友后，共同发起建立了新民学会。在第一师范读书时，二人都是杨昌济的弟子。杨昌济生前，对两位学识超群的弟子尤为看重，曾特别寄希望于他们。杨昌济恳切地对章士钊说过：“吾郑重语君，二子海内人才，前程远大，君不言救国则已，救国必先重二子。”②毛泽东和蔡和森也没有辜负老师的殷切期望，发奋读书，勤于实践，互相促进，带领新民学会会员努力探索救国真理。

说到毛泽东与蔡和森的交往，以及二人的交往对中国革命所产生的重要影响，就不能不提到“五四”后他们就中国建立无产阶级政党的问题展开热烈讨论，从而提出了较为系统的建党理论。

蔡和森在新民学会成立不久即赴法求学。由于留法学习具有广泛接触马列原著和国际共运最新资料的优越条件，思想上进的蔡和森来法国后就刻苦学习，“猛看猛译”马列原著，于是，他很快实现了由激进民主主义者向马克思主义者的转变。留法期间，他和毛泽东书信不断，蔡和森满腔热情地向毛泽东介绍新学说，尤其是介绍列宁的建党学说，并结合自己的情况，交流学习体会。毛泽东收到蔡和森的信，思想受到很大影响。在复信中，他针对蔡和森信中提出的重要问题，展开认真的讨论。两人你启发我，我点拨你，相互影响，从而提出了在中国建立无产阶级政党的较为完整的理论观点。可以说，毛、蔡关于建党思想的提出，在中国共产党内，实属最早，内容也最完备。

1920年八九月，蔡和森从法国写信给毛泽东，信中提出的重要思想观点，对毛泽东影响极大。

首先，蔡和森告诉毛泽东：“我近对各种主义综合审缔，觉社会主义真为改造

① 李立三：《纪念蔡和森同志》，见《回忆蔡和森》，人民出版社1980年版，第8页。

② 王兴因：《杨昌济的生平与思想》，湖南人民出版社1981年版，第192—193页。

世界对症之方，中国也不能外此。”“我对于中国将来的改造，以为完全适用社会主义的原理和方法。”蔡和森在信中强调，要用马克思的社会主义原理来改造中国，首先须划清真假社会主义的界限。蔡和森旗帜鲜明地提出，只有马克思的社会主义才是改造中国社会的良药，这对毛泽东坚定对马克思主义的信仰，有较大帮助。

其次，蔡和森在信中，比较系统地阐述了无产阶级专政理论。他说：“我以世界革命运动自俄革命成功以来已经转了一个大方向，这方向就是‘无产阶级获得政权来改造社会。’”为什么无产阶级要夺取政权才能改造社会呢？这是因为“无产阶级不获得政权，万不能得到经济的解放”。他还引述法国无政府工团主义单纯经济斗争失败的教训，从反面印证：“无产阶级获得政权来改造社会”是无产阶级革命的必由之路。他认为：“无产阶级革命后不得不专政的理由有二：无政权不能集产，不能使产业社会公有。换言之，即是不能改造经济制度。无政权不能保护革命，不能防止反革命，打倒的阶级倒而复起，革命将等于零。”

第三，蔡和森在信中向毛泽东详细地介绍了列宁的建党学说与建党经验。他郑重指出：“我以为先要组织党——共产党。因为他是革命运动的发动者，宣传者，先锋队，作战部，以中国现在的情形看来，须先组织他，然后工团、合作社，才能发生有力的组织。革命运动，劳动运动，才有神经中枢。”蔡和森在信中第一个提出了“中国共产党”的全称，并明确地提出了建党的方针：“我意中国于二年内须成立一主义明确方法的当和俄一致的党，这事关系不小，望你注意。”显然，蔡和森强调的主义，即要“以唯物史观为人生哲学社会哲学的出发点”。所说方法得当，就是要确立正确的纲领和组织原则，“注意‘无产阶级专政’与‘国际色彩’两点”。所谓与俄一致，就是要建立一个以俄国布尔什维克为榜样的党，并与第三国际保持密切的联系。为此，蔡和森计划“拟续译‘俄国共产党大纲’以供国内同志参考”。

蔡和森的法国来信，使毛泽东深受启发。在两封回信中，他对蔡和森信中提出的重要思想观点，“表示深切的赞同”。并认为“见地极当，我没有一个字不赞成”。毛泽东通过认真总结领导五四时期湖南人民反帝反封建的革命斗争经验，以及联系自己思想认识上的一些偏颇之处，在复信中谈了以下深刻体会：

一是通过湖南自治运动失败的教训，他得出了光依靠政府改良的温和革命道路是走不通的，必须改弦更张的结论。“几个月来，已看透了。政治界暮气已深，腐败已甚，政治改良一涂，可谓绝无希望。吾人惟有不理一切，另避道路，另造环境一法。”

二是他开始认识到政权对于实现革命和改造的重要作用。在自治运动中，毛泽东等领导湖南民众按宪法条文行事，但却屡受警察的武力弹压。军阀、官僚蛮横地施展武力政策，使湖南自治运动最终失败，这给毛泽东以深刻的教育，“在这以后，我越来越相信只有通过群众的行动确立起来的群众政治权力，才能保证有力的改革的实现。”

三是他已深切地感受到任何革命运动都应有认真的组织准备和群众基础。“我想对付他们的法子，……另想办法，另想环境，长期的预备，精密的计划。实力养成了，效果自然会见。”虽然毛泽东这时的思想认识还有待深化，但他对于深入发动群众参加革命，组建无产阶级政党等项工作的重要性，已经有了真切的感受。

毛泽东参加五四爱国斗争的实践已提出了一系列需要解决的问题，蔡和森的法国来信，对他思考问题，谋求拯救国家的出路以极大的帮助。通过自己认真的独立思考，并经过反复的比较和验证，毛泽东对于在 1920 年 7 月留法的新民学会会员召开的法国蒙达尼会议上，蔡和森与萧所提出的两种截然不同的社会改造方案作出了明确的抉择，“我于子升和笙二兄的主张不表同意，而于和森的主张，表示深切的赞同。”在 1921 年长沙会员召开的新年大会上，毛泽东进一步明确指出：“社会政策，是补苴罅漏的政策，不成办法。社会民主主义，借议会为改造工具，但事实上议会的立法总是保护有产阶级的。无政府主义否认权力，这种主义，恐怕永世都做不到。温和方法的共产主义，如罗素所主张极端的自由，放任资本家，亦是永世做不到的。急［激］烈方法的共产主义，即所谓劳农主义，用阶级专政的方法，是可以预计效果的。故最宜采用。”毛泽东还旗帜鲜明地提出，中国应走俄国十月革命道路，因为，“俄国式的革命，是无可如何山穷水尽诸路皆走不通了的一个变计。并不是有更好的方法弃而不采，单要采这个恐怖的方法。”与此同时，毛泽东也非常赞同蔡和森关于建立与俄一致的党的建议。他积极主张，应着手加紧建立中国共产党，认定“唯物史观是吾党之哲学的根据”。在蔡和森来信的影响下，又由于毛泽东积极参加革命斗争，又善于总结经验教训，结果，他很快成为一位坚定的共产主义战士，并在湖南创建了中共地方党小组。

从上可见，毛泽东与蔡和森这两位志同道合的挚友，在思想上互相启发、影响，在学习上切磋学问，在事业上、斗争中互相支持，相互勉励，他们交往是那么高尚、纯洁。

重视朋友之间的交往，主要重在思想上的交流，学习上的互助，革命斗争中的互相鼓励，养成“互相汲引，勉学兢业”的良好习气。这是我们从毛泽东与蔡和森交往的经历中应得到的深刻启示。

4. 互相信赖 相知极深

大家翻开有关中国共产党历史的史书，都会发现当时参加中共一大的湖南共产党早期组织的代表是毛泽东和何叔衡。我们再作进一步的考究，就会了解到，毛泽东与何叔衡同是湖南共产党早期组织的最早成员，中国共产党的主要创始人，而且，他们还是一对互相信赖，相知极深的好朋友。

何叔衡，湖南宁乡人。1913 年春，何叔衡 37 岁时，由家乡到长沙考入湖南公立第四师范。一年后，第四师范并入湖南公立第一师范，他又转入第一师范讲习科一班就读。何叔衡到一师读书后，学校负责人曾问他：为什么你这么大的年纪还来当学生，难道不怕别人笑话吗？何叔衡听了诚恳地说：深居穷乡僻壤，风气不开，外事不知，耽误了青春，旧学根底浅，新学才启蒙，急盼求新学，想为国为民出力。他的回答深受学校负责人的赞许。

毛泽东就是在第一师范结识了比他大 17 岁的何叔衡。由于志趣相同，通过共同探讨救国救民的真理，很快两人就建立了亲密的友谊，并成为至交。毛泽东对何叔衡十分尊重，特别是对他的办事热忱、感情热烈所感动，常说：“何胡子是一条牛，是一堆感情。”而何叔衡对毛泽东的勤奋好学和远见卓识，更是钦佩，常向人介绍说："毛润之是个了不起的人物。"由此可见两人相知极深。自此，毛泽东早年在湖南开展革命活动，何叔衡无不以极大的热情与实际行动加以帮助；同样，何叔衡的革命行为，毛泽东也予以全力支持。1918 年 4 月，当毛泽东、蔡和森等人创立新民学会时，何叔衡随即加入，成为学会中年龄最大的会员。

毛泽东与何叔衡的交往，可以在史书上大书一笔的就是两人矢志不移，相约建党的事。

毛泽东是在 1920 年下半年开始着手在湖南组建共产党和青年团的组织。9 月，毛泽东邀何叔衡把彭璜、易礼容、肖述凡等人组织起来学习马列主义著作，为建立党、团组织培养骨干。10 月，就在长沙筹建社会主义青年团，并于次年 1 月召开了成立大会。与此同时，毛泽东会同何叔衡一起在湖南建立党早期组织。两人的精诚合作，便成就了湖南人民革命史上最具历史意义的重大事件。

提到毛泽东与何叔衡相约在湖南建立党早期组织的事，不能不提及 1921 年新民学会在长沙的会员所召开的新年大会。这次大会从 1921 年 1 月 1 日至 3 日，开了三天，会议由何叔衡主持，内容主要讨论学会的共同目的，以及达到共同目的的方法，还有当前如何着手等问题。毛泽东在会上首先介绍了留法会友对这些问题的讨论意见，接着就由会员发表各自的见解。何叔衡首先发言，他谈到学会的共同目的就是为了"改造世界"。听了他的发言，毛泽东接着说到，学会的共同目的可以提为"改造中国和世界"。他阐述自己的理由说：这样的提法比较全面，一方面表明我们的主张是国际的；另一方面说明我们改造工作的下手处是中国。"中国问题本来是世界的问题，然从事中国改造不着眼及于世界改造，则所改造必为狭义，必妨碍世界"。他们两人的意见虽有差别，但比较接近。最后，大家同意采纳毛泽东的意见，将学会的共同目的定为"改造中国与世界"。当讨论到改造中国的方法时，何叔衡又先发表意见，明确主张"过激主义"，并认为"一次的扰乱，抵得二十年的教育"。紧着毛泽东发言，表示"我的意见与何君大体相同。社会政策是补苴罅漏的政策，不成办法"。什么社会民主主义，什么罗素的温和方法的社会主义，都只是空想，是永世做不到的。"激烈方法的共产主义，即所谓劳农主义，用阶级专政的方法，是可以预计效果的。故最宜采用"。关于改造工作当前从何着手问题，何叔衡认为，一方面要成就自己，多研究；另一方面则要注重宣传，从劳动者及兵士入手。将武人政客财阀之腐败专利情形，尽情宣布；鼓吹劳工神圣，促进冲突暴动。次则多与俄人联络，如陈炯明之类，亦宜接洽。何叔衡的意见非常切合当时的学会实际情况，对社会实际情形的分析也是切中要害的。对何叔衡的意见，毛泽东表示赞成。此外，还补充了一些意见。许多事实表明，何叔衡对问题的看法，同毛泽东有惊人的一致性。何叔衡虽讷于言辞，说理不多，但对事物了解，对问题的判断，却有相同高的准确性。由于相知极深，感情甚笃，所以毛泽东评价何叔衡“何胡子不善谋而善断”，是非常贴切的。对这一点，当时党内的徐特立、吴玉章等人也有同感。他们回忆说何叔衡对重大政治问题判断非常准确，常常是人家还没搞清头绪，他就把问题看准了，而且立即采取果断行动，甚至不管人家同意不同意，自己坚定不移去做。而何叔衡对比他小十多岁的毛泽东也是非常佩服的。他认为毛泽东确是朋辈中“了不起的人”。并对毛泽东给自己作的评语心悦诚服，说：“润之说我不能谋而能断，这话是道着了。”可见，两人友情甚深。

1921年，毛泽东与何叔衡接到上海党早期组织发起召开中国共产党第一次全国代表大会的通知，7月上旬，两人经武汉到达上海。因代表没有到齐，距开会时间尚早，曾到南京、杭州等地访友游览。参加中共一大后，毛泽东与何叔衡于8月上旬回到长沙，立即着手在长沙建立湖南党的地方组织。两人经常在一起讨论、商量。据肖三回忆：“一个秋凉的日子，在长沙城外协操坪旁边的公共坟墓场里，有几个人在散步。他们一时沉默地站在坟堆子和墓碑中间，一时在坟墓中间的小路上走动，彼此热烈地谈论。在高高身材，背略有点躬的毛泽东同志的旁边，走着宽肩膀、矮矮身材，一口黑胡子的何叔衡同志”①。经过共同努力，中国共产党湖南支部在当年10月10日正式建立。次年“五一”节前后成立了中共湘区委员会，毛泽东任书记，何叔衡任组织委员。

何叔衡比毛泽东大17岁，但他们成为了挚友。尤其值得称道的是，两人互相信赖，互相勉励，始终信仰马克思主义，坚持革命斗争，忠心耿耿，矢志不移，为党的事业贡献出毕生精力，这在古往今来的人类友谊史话中也是少见的。

---

① 肖三：《毛泽东同志的初期革命活动》，《解放日报》1944年7月1日。

5. 学业为重 相互促进

在新民学会的成立会上，毛泽东就向与会的会员们提出，今后大家“宜努力求学”。他还和会员们共同约定：“此后凡遇会友三人以上，即组织学术谈话会，交换知识，养成好学的风气。”显然，毛泽东把会员之间的相互学习，共求学问的进步是看得相当重要的。因为他懂得：“吾生也有涯，而智也无涯。今世学问之途愈益加辟，文化日益进步，人事日益蕃衍，势有不可究诘者。惟文化进矣，人之智慧亦随而进，则所以究诘之者，仍自有道也。顾究诘也同，而有获有不获，则积不积之故也。”的确，人生有限，但知识的海洋是广阔的。人要在有限的人生经历中，掌握更多的知识，积累更丰富的知识，为人类社会进步做出贡献，这一方面要靠自己勤奋好学；另一方面也要靠朋友之间的互帮互学，共求上进。毛泽东对这一点是注意的。在新民学会成立后的两年中，他与会友之间的通信达40多次，信中内容涉及面甚广，而其中谈学习，相互思想上的交流，探索救国真理等内容，却占了相当大的篇幅。

毛泽东与新民学会的会员之间经常在学习上相互督促，共同勉励要珍惜时日。1920年，毛泽东曾写信给肖三，向他建议：“我意你在法宜研究一门学问，择你性之所宜者至少一门，这一门便要将他研究透彻。我近觉得仅仅常识是靠不住的，深慨自己学问无专精，两年来为事所扰，学问未能用功，实深抱恨，望你有以教我。”同年，会员罗章龙针对当时“青年学生，浮沉人海，随俗靡化”的现象，与毛泽东交心，说：“我希望我们的学会，竭力反抗这一点”，并提醒毛泽东平时“最好多挪出些自修时间。耀灵急节，岁月易逝，无法可以挽回。况思想学术，节节僵化，更不可不注意”。毛泽东非常感谢罗章龙的提醒与关照，在复信中说：“读‘岁月易逝，无法挽回’，‘思想学术，节节僵化’诸语，使我不寒而栗。我回湘时，原想无论如何每天要有一点钟看报，两点钟看书，竟不能实践。我想忙过今冬，从明年起，一定要实践这个条件才好。求学程序预计，略有一点，迟后当可奉告。”

毛泽东与新民学会的会员在一起交流学习心得，虚心求教，相互促进，关于这方面的史实，我们还可以通过毛泽东当年的老师黎锦熙保存的1915年4月至8月的日记中作些了解。

黎锦熙的日记中记道：

1915年4月4日，星期日。上午，润之（毛泽东）来，阅其日记，告以读书方法。

4月11日，星期日。上午……一师学生萧、润之及甫（熊光楚）至，讲读书法。

4月18日，星期日。上午……润之、李少青及周执钦相继至，共话社（宏文编辑社）事。

4月25日，星期日。上午……游园，润之来，告以在校研究科学之术。

5月9日，星期日。上午润之来，稍谈读书事。

7月11日，星期日，上午……章甫同润之来，问小学（“小学”即文字学、音韵学等的旧名）功夫做法。余谓宜读段注说文。

7月13日，星期二。夜归，与润之、章甫说谈史法。（编者注：当年暑假，毛泽东和陈章甫、熊光楚住在芋园内的宏文社。请求杨、黎老师指导读课外书籍。）

7月15日，星期四。上午，谈《群学肄言》“教辟”竟。……与润之说研究法（研究《群学肄言》）。

7月19日，星期一。上午与润之、章甫说读书自习法。

7月20日，星期二。上午……坐门间，阅《群学肄言》“缮性”竟。甚爽适，润之亦移坐此。

7月21日，星期三。上午与润之、章甫讲学，告以谈“缮性”一篇，以自试其思考力及学识程度。

7月31日，星期六。晚……在润之处观其日记，甚切实，文理优于章甫，笃行两人略同，皆大可造，宜示之以方也。

8月8日，星期日。晚饭后归……与润之谈学与政，以易导为佳。

8月11日，星期三。晚归……与润之久谈读书法，谓须与教课联贯。

8月14日，星期六。晚……览润之日记于甫处，甫前日来预备升学考试，润之昨日之（往）校矣。章甫则任一师附小的级任去。

8月15日，星期日。上午……润之、章甫至，为论读书法于甫处。

8月29日，星期日。……上午……季范至……子升、润之至，谈学颇久。①

从当年毛泽东的老师黎锦熙的日记中，我们可以看出：毛泽东在平时，特别是周末休息时间，他与新民学会的会友都抓紧时间学习，向老师请教，钻研读书方法，交流学习心得。寻师求学，以学业为重，这是毛泽东交友活动的又一显著特点。

人们交友活动的内容是极为广泛，也是极为丰富的。然而，相互之间开展学习上的竞赛，互相取长补短，以求个人学业上的进步与人格、品性上的净化，这恐怕是最高层次的交友活动的内容。毛泽东当年与朋友们以学业为重，加强彼此之间的学习、交流，这是值得我们当代人交友时要好好学习的。

6. 君子之交　日久天长

中国宋代政治家、文学家欧阳修在《朋党论》中曾说过这样一段话来说明“君子之交”之含义：“所守者道义，所行者忠信，所惜者名节。以之修身，则同道相益；以之事国，则同心共济；始终如一，此君子之朋也。”虽然欧阳修所说的“君子之交”在道义、忠信、名节观上与我们所说的有本质的区别，但他指出了那种以利交友，有利则亲密无间，无利则白眼相见的“小人之交”是不可取的交友态度。的确，交朋友应该有共同的理想与追求，以及信仰与节操。这种“君子之交”所结

①《湖南第一师范校史(1903—1949)》，上海教育出版社1983年版，第103—104页。

成的友谊，应是患难中的相依，是快乐时的共享，是困难时的相助。如果没有这种精神上的一致，即使时时相伴也是面合心不合的。只有那种重理想、事业、节操上的交往，才真正是“君子之交”，这样的友情才能日久天长。

毛泽东与周世钊是昔日在湖南第一师范时读书时结交成朋友的。两人之间有63年的深厚情谊。在20世纪五六十年代周世钊几乎年年上京探望毛泽东，而毛泽东每次回湘调查，也常常抽闲接见周世钊。每次见面，他们话题甚广，国内大事，文化教育，群众生活，学术思想，都要涉及，尤其是两人诗赋唱和，你来我往。据统计，到1973年8月止，周世钊有五律31首、七律23首、词80首、七绝十余首，其中多数赠送给了毛泽东，仅1964年1月就赠送十首。毛泽东也常以诗词唱和，据现存的致周世钊信19封中，即附有诗词三首。毛泽东与周世钊的友情，算得上是真正的“君子之交”，他们的友谊有如管鲍之交，源远流长。

当年在一师求学，毛泽东与周世钊都是勤奋好学，谦虚诚实的学生。毛泽东有远大抱负，治学严谨，学识广博，注意积极储才；又重视体育锻炼，有非凡的胆识与才干，被师生称赞为“伟器、“智囊”。周世钊则有炽热的学习精神，深厚的文学素养，为人敦厚诚恳，谦让有礼，亦深得师生器重与爱戴。由于毛、周二人表现出众，所以在1917年6月一师开展的“人物互选”活动中，按德智体三方面六个项目的得分，毛、周同登金榜，名列第一名、第二名。毛、周互敬互学，在一师学友会中，毛为总务兼教育部长，周为文学部长，在共同的活动中，毛、周之间的友谊得到进一步发展。

周世钊参加了毛泽东、蔡和森发起成立的新民学会。在1921年初学会召开的新年大会上，围绕以什么思想、理论为指导来救国的问题，会员在思想上产生了分歧。毛泽东等人主张走俄国十月革命与劳农专政的道路。而周世钊与其他几个会员主张教育救国，促进社会进化。周世钊信守诺言，往后几十年他躬行实践，从事小学、中学教育，培育了许多品学兼优的学生。其中有的学生先后奔向延安与各解放区，为中国革命输送了不少有用人才。

自1921年新年会议后，毛泽东、周世钊同怀救国目的，走着不同的道路，但他们之间的友谊却从未中断。1922年周世钊在南京国立东南大学学习，毛泽东到上海参加中共二大，未找到会址，就专程去南京看望周世钊，劝他休学，回湘从事社会主义青年团的工作。毛泽东上井冈山后，周世钊一直在湘从事教育事业。后来毛泽东到延安与重庆时，还曾多次写信给毛泽东，以致问候。

1949年8月4日，湖南和平解放，由周世钊领衔，湖南第一师范校友及他本人分别发出急电（6日）和虞电（7日），向毛泽东致电庆贺。8月12日毛泽东复电周世钊及校友会："省立第一师范周世钊先生，虞电敬悉，极感盛意。目前革命尚未成功，前途困难尚多，希望团结全体师生加紧学习，参加人民革命事业"，"为人民的文教工作服务"。9月28日他又给毛泽东写了一封长信，10月15日毛在复信中称"迭接电示，又得九月二十八日长书，勤勤恳恳，如见故人。延安曾接大示，寄重庆的信则未收到。兄过去虽未参加革命斗争，教书就是有益于人民的"。他还告诉老友："除台湾、西藏外，全国各地大约几个月内即可完成军事占领。但大难甫平，民生憔悴，须有数年时间，方能恢复人民经济，完成土地制度的改革及提高人民政治觉悟水平，这些任务均有待于文教工作的协助。"可见，毛泽东对周世钊从事教育工作寄予厚望。周世钊对毛泽东的勉励之言一直牢记于心。他曾在日记中写道："现在解放了，几十年糊涂生活也结束了。今天我真正认识了教书就是有益于人民的，我开始爱我的学生，爱我的工作。"①

的确，毛泽东对周世钊从事的教育工作非常重视，对周世钊也很关心，不论从思想到生活，从工作到社会活动都予以密切关照，精心安排。他劝周世钊参加民主党派，协助共产党作好知识分子的工作。"知识分子的工作很重要。共产党在知识分子中的党员不多，需要人去做工作。民主同盟是知识分子的组织，你参加民盟好"。督促周参加土地改革，下乡走走。"土地改革是空前绝后的革命运动，如有机会参加，不可错过"。1966年11月24日又致信："你下去跑没有？最好一年下去跑几次，每次两三星期也好。我最近去外跑了一次，觉头脑清新得多。你下去时，不只看学校，还可看些别的东西。"周世钊1950、1951、1967年上京期间，毛泽东还曾三次安排他去东北、华北、华东、西北考察教育、工业生产、土地改革、农业合作化，以及各地的革命纪念地、名胜古迹。

周世钊对毛泽东这位老友也是非常关怀体贴的。他并不因毛泽东是共和国的领

①《周世钊日记》未刊稿，1950年10月5日。

袖就不敢建言。新中国成立后他见毛泽东工作太繁忙，对父老乡亲的来信几乎有信必复，有问必答。周世钊关心毛泽东的身体，说“你的工作太繁重了，应该多运动、多休息，一切无关决策的事可以不管。”像这类回信，不必亲笔回复，可要秘书代劳。当然，毛泽东有自己的看法，认为“秘书不了解那些人的情况，不知怎样下笔，必须详细交代才能写，不如自己提笔写几句，节省时间些”。

对毛泽东长期熬夜，工作辛苦，有损健康之事，周世钊则多次向毛泽东建议，既面谈，又写信劝毛改变不良起居习惯，保重身体。毛泽东对老友的关怀、建议心存感激。1950 年 12 月 29 日在致周的信中说：“临行一信，长沙一信，都收到，很感谢！所说各事都同意，可以做……晏睡的毛病正在改，实行了半个月，按照太阳办事，不按月亮办事了。但近日又翻过来，新年后当再改正。多休息和注意吃东西，也正在做。总之，如你所论，将这看作大事，不看作小事，就有希望改正了。”

六十多年的真诚交往，实属不易。毛、周的友谊，与日俱增，老而弥笃。毛泽东自林彪“九一三”事件自我爆炸，自绝于党与国家后，患了一场大病，体质日渐衰弱，眼睛患白内障，严重到了双目失明之地步。1974 年冬毛泽东来长沙休养，周世钊虽有机会去会见老友，畅叙友情，然也已年老体衰，力不从心。

1976 年 4 月周世钊病重住院。病危期间，中共湖南省委办公厅及时向中共中央办公厅和毛泽东汇报了病情。毛泽东在得知周世钊病危的消息后，在自己病重躺在病床的情况下，还委托中共中央办公厅从北京医院选派两名医师乘专机飞往长沙给周世钊治病。可惜，就在北京医生抵达长沙的当天——4 月 20 日早晨 6 时，周世钊就与世长辞了。在周世钊去世四个多月后，毛泽东也离开了这个世界。

真是生来不同庚，仙逝同岁去。毛泽东与周世钊几十年的真诚交往，故事感人，友情深厚，流芳百世。

7. 志同道合 携手并进

恽代英是“五四”时期湖北青年中品行、学识皆出众的优秀代表，而毛泽东则是“五四”时期湖南青年的表率之一。而相处两地的毛、恽二人却志同道合，成为了革命的战友。1936 年毛泽东在延安会见斯诺时谈到过恽代英，说：“恽代英是个受人敬重的人，他是全国革命青年的领袖。我与他有着深厚的友谊。”说到二人交往的点点滴滴，应当说对当代青年交友是有深刻的启示意义的。

毛泽东与恽代英最初在反帝反封建的斗争中相识相交成挚友。在陈独秀发动的五四新文化运动的感召下，1918 年 4 月，毛泽东与蔡和森在长沙成立了新民学会这一进步团体。恽代英则在武汉创立了另一进步团体互助社。互助社成立比新民学会约早半年时间。由于两个团体都产生于五四新文化运动中，且影响较大，于是，两人开始了书信往来。在后来开展的反帝爱国斗争中便相互鼓励，相互学习，相互支持。

五四爱国运动爆发后，毛、恽二人的联系更紧密了。《湘江评论》创刊后，毛泽东将刊物寄给恽代英，请为代售。恽代英通过互助社兴办的书报贩卖部代售《湘江评论》，就使得毛泽东所写的《创刊宣言》和《民众大联合》等文章在武汉进步青年中广为流传。当武汉反动军警镇压学生爱国运动，恽代英写下《武汉学生被官厅解散最后留言》，将军警罪行公之于众后，毛泽东立即将该文在《湘江评论》上全文刊载。在斗争中相互的支持与声援活动，更增进了毛、恽二人的友情。

1919 年 9 月，毛泽东为发动驱逐军阀张敬尧的运动来到武汉。时值恽代英正在酝酿筹建一个传播新思想、新文化，宗旨为“利群助人，服务群众”的利群书社。毛泽东对此事连声称赞，并就如何发行进步书刊，广泛联系工人群众成恽代英讨论。恽代英则对毛泽东领导的驱张运动十分关注和支持。他将毛泽东拟好的驱张宣言交互助社会员印成传单，广为散发。此外，恽代英还组织进步青年召开声援大会，并派人查抄了张敬尧准备运走的鸦片种子，给毛泽东发动的驱张运动以极大的声援。

武汉利群书社创办后，毛泽东表示要像恽代英学习，也要办一书社，以传播新文化。1920年夏，毛泽东在长沙办起了文化书社。刚开张，毛泽东请恽代英作信用介绍，以便文化书社向外埠订购图书时和利群书社一样，免去押金。恽代英欣然同意。为了帮助办好文化书社，恽代英还为文化书社购进了大量的进步书刊。此后，两个书社联系更多了。书社成员经常往来两地活动，交流思想，互通情况。因此，两书社在互相帮助中发展壮大，而成为当时长沙中上游宣传马克思主义与新文化的两个重要阵地。

1920年秋，恽代英受陈独秀的委托翻译了考茨基的《阶级斗争》。毛泽东读到出版的此书，思想触动很大。此书对毛泽东由激进民主主义者转变为马克思主义者起了极大的促进作用。恽代英此时也已转变为一个马克思主义者。两人交往更多，同心努力，共为振兴中华而奋斗。

毛泽东出席中共一大后返湘按照党的指示开展工人运动，而此时恽代英正在偏僻的川南传播马克思主义的真理。虽相隔遥远，但心心相通。鸿雁传书，互相探求革命真知。在去信中，恽代英较多地谈到了中国的农民问题。并说到了解决农民问题对于中国革命的重要性。他勉励毛泽东去农村开展工作。最初毛泽东还未觉察到开展农村工作的重要性，强调“现在城市工作还忙不过来，怎么能再去搞乡村呢?”由于恽代英的开导，加上其他种种原因，毛泽东很快改变了自己的看法，认识到农民问题对中国革命的极端重要性，积极发动农民运动，成为大革命时期农民革命运动的著名领袖人物。

革命洪流不可挡，并肩战斗更知心。1924年1月国民党一大召开，革命统一战线建立后，毛泽东与恽代英奉党的指示，同去参加改组后的国民党上海执行部的工作。不久，执行部举行第一次执行委员会议，议决毛泽东为组织部秘书兼文科代理主任，恽代英为宣传部秘书，主持编辑《新建设》。其时，两人共处一地，经常讨论中国革命的种种问题，切磋撰文宣传统一战线思想。1926年1月，两人参加了国民党二大，恽当选为国民党中央执行委员，毛则为候补委员。他们与其他共产党人和国民党左派一起共同击败了国民党右派破坏统一战线的阴谋。会后，毛泽东主持了国民党中央第六届农民运动讲习所的工作。而恽代英则担任了黄埔军校政治总教官。两人经常邀请对方去自己主持的单位给学员讲课。

1927年初，两位战友再度在武汉相逢。毛主持中央农委和武昌农民运动讲习所的工作。恽主持武汉军校的政治工作。同样，两人仍互邀请对方到自己的单位讲学。

当蒋介石发动四一二反革命政变后，毛泽东、恽代英立即和40多名国民党中央委员、国民政府委员一起联名发表讨蒋通电。当武汉的军阀夏斗寅步蒋后尘制造叛乱时，毛泽东当即将农讲所的学员编入由恽代英任党代表的中央独立师，参加讨伐夏斗寅的战斗。

大革命失败后，恽代英参加了反抗国民党屠杀政策的南昌起义、广州起义、毛泽东则发动了湘赣边界的秋收起义。虽然彼此从此再未相见，但是两人在革命斗争中建立起来的友谊却日渐深厚。

1930年5月在上海从事党的地下工作的恽代英因叛徒顾顺章的出卖而被捕入狱，不久壮烈牺牲。噩耗传来，毛泽东十分悲痛。后来，毛泽东以苏维埃临时中央政府主席身份签署了通缉叛徒顾顺章的通缉令，号召革命人民缉捕叛徒顾顺章，为恽代英等死难烈士报仇。

1943年，毛泽东在延安从百忙中抽空接见了恽代英的四弟恽子强和儿子恽希仲。毛泽东无不怀念地对他们说：“代英是个好同志，是我党最优秀的党员。”“你要向你的父亲学习，继承他的遗志，为人民解放事业而奋斗。”毛泽东的话不仅勉励了后人，也对恽代英予以了高度评价。①

毛泽东与恽代英在五四新文化运动中交往相识，在往后的革命斗争中两人的友谊日臻深笃。为追寻真理而走到一起，为拯救中华而相互信任，相互支持、帮助。两人对革命、对人民鞠躬尽瘁，死而后已。他们两人所结成的这种革命情谊的确比金子还珍贵。

①王列平:《志同道合的知交》,《湖南党史》1997年第5期。

8.忠言逆耳　既责人也责己

《史记·留侯世家》中说："且'忠言逆耳利于行，毒药苦口利于病'，愿沛公听樊哙言。"的确，"忠言逆耳"，好心规劝的话由于说得太直率，或者说打中了对方的痛处，是不容听得进的。而作为真正的朋友，应当是相互规过的诤友。只有经常互相提醒提醒，正视自己的缺点，改正自己的缺点，思想、学习、工作才会进步更快。毛泽东与新民学会的会友交往中共同约定：彼此一定要"互相规过；勿漠视会友之过失与苦痛而不顾；宜虚心容纳别人的劝戒"。他不仅在会章中就这种"相互规过"的做法作了明确要求，而且，他在与会友的交往中忠实地履行这一会章中的规定。

1920年新民学会会员罗学瓒去法国勤工俭学后，他根据平时自己读书、思考问题，就给毛泽东写了一封专门谈思想方法的信。罗学瓒在信中结合"中国人求学"问题中的"四种迷惑"作分析，他写道：第一宗错误，是感情用事。无论处事接物，都拿感情的好恶，来断定事物之是非。这可以称作"感情迷"。第二宗错误，就是无普遍的观察，总是挪一部分推断全体。这可称作"部分迷"。第三宗错误，就是无因果的观察，总是拿一时现象，推断全局。这可叫做"一时迷"。第四宗错误，是不观察对象的事实，"每以主观所有去笼罩一切。"这可叫做"主观迷"。罗学瓒接着说："这四种迷惑，无论何人，总有舍不掉的。连我自己，也免不掉的。这真是思想界混乱的原因。总而言之，中国人大多数还是没有科学的头脑。我从前不信学哲学要从数学入手，到如今才懂得这句话是不错的，才知道伦理学为一切科学之科学的道理。"毛泽东收到罗学瓒这封专谈思想认识论问题的来信后，极为高兴，他称赞信中"所论各节，透澈之至"。非常赞同罗学瓒分析"四种迷"中所体现的辩证思维观点。并且，毛泽东联系自己的思想认识问题在回信中与会友交换了看法，自我解剖，说出了自己思想认识上的不足。毛泽东在信中说："四种迷，说得最透澈，安得将你的话印刷四万万张遍中国人每人给一张就好。感情的生活，在人生原是很要紧，但不可拿感情来论事。以部分概全体，是空间的误认。以一时概永久，是时间的误认。以主观概客观，是感情和空间的合同误认。四者通是犯了伦理的错误。我近来常和朋友发生激烈的争辩，均不出四者范围。我自信我于后三者的错误尚少，惟感情一项，颇不能免。惟我的感情不是像你所说的那些例子，乃是对人的问题。我常觉得有站在言论界上的人，我不佩服他，或发觉他人格上有缺点，他发出来的议论，我便有些不大相信。以人废言，我自知这是我的一个短处，日后务要矫正。我于后三者于说话高兴时或激烈时也时常错误，不过自己却知道是错误，所谓明知故犯罢了。"根据罗学瓒信中提出的问题，毛泽东联系实际，特别是自己的思想实际，推心置腹地与罗交换看法，从而加深了友谊，更重要的是，自己的思想认识水平也提高了。

毛泽东与会友的交往，总是以思想品德上的开诚相见，互相规过，互相砥砺为重。毛泽东与彭璜的交往也是最有说服力的一例。两人的友谊是建立在共同的追求与信念基础之上的，而不是停留在一般的私交上。毛泽东 1921 年写给彭璜的一封信，则表现了二人之间的坦诚交往。

在 1921 年元旦新民学会会员在长沙召开的新年大会上，会员们就学会的共同目的、个人的进行计划、个人的生活方法、个性与批评等问题作了开诚布公的交流。毛泽东、彭璜都就会议提出的问题介绍了自己的情况。会议过去 20 多天后，毛泽东也许觉得言犹未尽，便给彭璜写了一信，就两人交往中所发现的缺点开展了批评与自我批评，以求相互勉励，共同进步。毛泽东在信中首先肯定与赞扬彭璜身上的优点，说彭璜"高志有勇，体力坚强，朋辈中所少"。之后，他直率地，也可以说是毫不留情面地指出了彭璜的为人处世方面存在十个缺点，有待克服。这些缺点有："一、言语欠爽快，态度欠明快，谦恭过多而真面过少。二、感情及意气用事而理智无权。三、时起猜疑，又不愿明释。四、观察批判，一以主观的而少客观的。五、略有不服善之处。六、略有虚荣心。七、略有骄气。八、少自省，明于责人而暗于责己。九、少条理而多大言。十、自视过高，看事过易。"从信中这些话，可以看出，毛泽东指出彭璜身上存在的这些缺点，内容涉及之广，下笔言词之直率，确为朋友间书信中所少见。然而，毛泽东也不只是一味数落朋友的条条缺点，毫无自知之明、自省、自察、自责之意。在批评、帮助朋友克服缺点的同时，毛泽东也毫不隐瞒地摆出了自己的缺点：“弟常常觉得一个人总有缺点，君子只是能改过，断无生而无过。兄之缺点，弟观察未必的当。然除一、三两条及第五条自信所犯不多外，其余弟一概都有。”又说：“弟有一最大缺点而不好意思向人公开者，即意弱是也。兄常谓我意志强，实则我有自知之明：知最弱莫如我之意志！我平日态度不对，向人总是，讨人嫌恶，兄或谓为意强，实则正是弱的表现。”信中，毛泽东还提出了朋友之间交往的几条原则：“待朋友：做事以事论，私交以私交论，做事论理论法，私交私情。”“力只可用于法，用于法则有效；力不可用于私人之交谊，用于私人之交谊则绝对无效。岂惟无效，反动随之矣。”毛泽东与彭璜“互相规过”，言辞恳切，态度率真，其精神着实令人钦敬。

与朋友相互规过，真诚交往，在几十年的人生经历中所养成的这种良好习惯，到新中国成立后毛泽东与老友的交往中仍保持着。1958 年 7 月，当年毛泽东的同窗好友，也是新民学会会员的周世钊当选为湖南省副省长，分管教育。初次担负要职，思绪万千，心中既有欣喜也有些胆怯。10 月 17 日，周世钊写信给毛泽东披露心扉。25 日毛泽东即复信给周世钊，写道：“元兄：赐书收到，十月十七的信，读了高兴。受任新职，不要拈轻怕重，而要拈重鄙轻。古人有云：贤者在位，能者在职，二者不可得而兼。我看你这个人是可以兼的。年年月月日日时时感到自己能力不行，实则是因为一不甚认识自己；二不甚理解客观事物——那些留学生们，大教授们，人事纠纷，复杂心理，看不起你，口中不说，目笑存之，如此等类。这些社会常态，几乎人人要经历的。此外，自己缺乏从政经验，临事而惧，陈力而后就列，这是好的。这些都是事实，可以理解的。我认为聪明、老实二义，足以解决一切困难问题。这点似乎同你谈过。聪谓多问多思，实谓实事求是。持之以恒，行之有素，总是比较能够做好事情的。你的勇气，看来比过去大有增加。士别三日，应当刮目相看了。我又讲了这一大篇，无非加一点油，添一点醋而已。”这封信对周世钊的敦品、特长、优点及不足之处作了言简意赅的评述。周世钊接到信后，深感：“毛主席的信，给了我精神上极大鼓舞，工作上的极大帮助。”

毛泽东与朋友之间坦诚地交心，认真、严肃地开展批评与自我批评，事迹感人。记得毛泽东与周世钊还有这样一段谈话。毛泽东与周世钊谈到做思想工作，说首先要注意的一个问题，就是怎样看一个人。每一个人，只要不是反革命，都有优点和缺点。一般说，每个人的优点是主要的，缺点是次要的。做思想工作，还要能相互交心，相互信任，才会有话谈，才能谈得通，才会有成效。做思想工作如此，交朋友则更需彼此诚心相待，既要做挚友，更要成诤友。

9. 道不同　不必强友所难

萧子升，字旭东，后改名萧瑜，湖南湘乡人。1910 年秋，在湘乡县东山高等小学堂读书时与毛泽东相识。1914 年至 1915 年萧子升又与毛泽东在湖南第一师范同学，两人交往甚多，感情融洽，成为挚友。观《毛泽东早期文稿》，可以发现，1915 年 6 月至 1916 年 7 月的一年时间内，毛泽东写给萧子升的信件就达 11 封之多，可见二人友情甚厚。然而，到 1920 年底，两位老友因思想认识上的严重分歧，而最后导致思想上出现了深深“裂痕”，结果，只好分道扬镳。1927 年夏，第一次大革命失败后，萧子升转向了已叛变革命的国民党，成为国民党的官吏，走上了与毛泽东根本对立的政治道路。1976 年 11 月，萧子升病逝于乌拉圭。叙述毛泽东与肖子升从相识到交友，最后到分手的这段经历，的确能使人深思。

相识相知成好友。1910 年秋，毛泽东考入湘乡东山高等小学堂。由于该校学生家庭大多富有，因此对农家出身的毛泽东是瞧不起的。而却有例外，正在此校读书的萧子升，虽出身于书香门第，家中亦颇富裕，但他并不歧视毛泽东，相反，他对聪明好学、思想活跃的毛泽东特别看重，乐意与毛泽东接近、交往。

毛泽东与萧子升同来长沙后，两人交往日趋频繁，同在湖南第一师范读书。虽然萧子升比毛泽东高三个年级，但他佩服毛泽东的才华，而毛泽东也非常欣赏萧子升的学识与才干。两人交往甚密，经常在一起讨论问题。有时又一起吟诗作对，或交换作文阅读、修改。有时则评议时政。对于在第一师范的这段学习生活，后来萧子升在回忆中曾写道："尽管我们的性格、背景和个人习惯均不同，并且毫不迟疑地互相批评，我们从未真正吵过嘴。事实上，我们很喜欢对方，而且互相尊敬。彼此批评一通后，我们总是笑笑就了事了，我们常常开玩笑，因为那样可以放松一下。这些观念和习惯的细小差别丝毫也不影响我们的严肃讨论。每天下午我们都进行一次长谈，通常没有固定的题目，而是当时想到什么就说什么，当然更多的是讨论我们刚从报上读到的最新消息。"①由于萧子升与毛泽东都是勤奋好思的学生，两人常常结伴去老师杨昌济寓所讨教，因此，都成了杨昌济的得意弟子。老师的看重更加深了两人的友谊。

1915 年秋，萧子升从一师毕业，应聘去长沙修业学校教书，后转楚怡学校任教。毛泽东并未因萧子升的离校而中断交往，相反，两人交往更密切了。毛泽东遇到生活中的困难，萧子升热情相助。萧子升遇到学问、工作、生活上的问题，也常邀毛泽东去商量解决。当然，他们更多的是讨论问题，有时为一个问题争得面红耳赤，有时为找到共同的观点又感到欣喜万分。

毛泽东与萧子升在学业上互相勉励，相互提携，友谊深厚，确实可大书一笔。1915 年秋，毛泽东与老师徐特立、杨昌济一起为反对袁世凯称帝，编印了反袁的小册子。因萧子升书法好，毛泽东给他写信，请他题写书名。"近校中印发汤康梁三先生的书文，封面当署'汤康梁三先生之时局痛言'十一字，仰吾兄翰赐书为幸"，萧子升慨然应约，写好并亲自送到一师。

1917 年夏，萧子升请毛泽东为他的名曰《一切入一》自订学习杂记本题词，并请其作序，毛泽东欣然命笔，在序中，毛泽东系统地阐述了自己的学习方法和经验，如他说："今夫百丈之台，其始则一石耳！由是而二石焉，由是而三石、四石，以至于万石焉。学问亦然。今日记一事，明日悟一理，积久而成学。高以至基，洪由纤起，在手人之求之而已……庇千山之材而为一台，汇百家之说而成一学，取精用宏，根茂实盛，此与夫执一先生之言而妹妹自悦者，区以别矣。虽然，台积而高，学积而博，可以为至矣，而未矣。有台而不坚，有学而不精，无以异乎

①萧瑜：《我和毛泽东的一段曲折经历》，昆仑出版社 1989 年版，第 51 页。

无台与学也。学如何精，视乎积之道而已矣。积之之道，在有条理。”对毛泽东在序中所谈到这些做学问之道，萧子升没有一句不赞同的。

毛泽东不仅与萧子升在读有字之书的学习活动中交流、切磋，增进学识，而且，毛泽东与萧子升相邀到社会上去读“无字之书”，即开展社会调查活动。两人认为，久居省城，深感中国社会积弱多病，但又不知缘由何在，他们商定必须深入社会底层，特别到农村，访贫问苦，才能找到中国贫弱的症结。于是，两人于1917年暑假结束徒步到湖南五县去“游学”。他们从长沙出发，脚穿草鞋，身背包袱、雨伞，不带分文，去游历了宁乡、安化、益阳、沅江、长沙五县。

游学路上，他们每到一地，就给一些学校、商店、大户或农户写对联，写信，接受一点馈赠，作为路费。萧子升有点拿不下面子，只写不送。毛泽东则放下知识分子架子，利用送对联的机会，广泛地接触社会各阶层人士，调查当地历史、地理、民情、风俗等情况，从中了解社会世态，熟悉风土习尚，获取新的知识。例如，在去宁乡沩山的路上，毛泽东与萧子升和一位曾在衙门当过门房的老人拉家常。老人说，我在衙门当门房时经常看到，谁想打赢官司，就得送钱给县官，谁给的钱多，县官就帮谁说话。没钱的人，再有理，状纸写得再好，也打不赢。老人一席话，使两人思想受到很大震动，了解到了“衙门八字开，有理无钱莫进来”的官场腐朽内幕。

“游学”路上，毛泽东与萧子升克服了重重困难。口渴了，就在路旁溪水边捧起凉水喝；走累了，就跳到池塘里洗洗澡；走到前不着村，后不着店的地方时，就露宿野外。的确，难以忘怀的“游学”生活给他们增添了无穷的乐趣。

毛泽东与萧子升采用“游学”方式，游历了长沙、宁乡、安化、益阳、沅江五县，计时一个多月，行程900多华里。这次出游，给两人都留下了深刻印象。萧子升后来专门就此事写了《我和毛泽东的一段曲折经历》的回忆录，详细地记述了此次难忘的往事。毛泽东在1936年同斯诺的交谈中也回忆说：一年夏天，“我们开始在湖南徒步旅行，游历了五个县。一个名叫萧瑜的学生与我同行。我们走遍了这五个县，没有花一个铜板。农民给我们吃的，给我们地方睡觉，所到之处，都受到款待和欢迎。”他还回忆说，萧子升有点“放不下架子，只写对子，不送对子，我帮他听差，只好去送对子。人家拿钱，一块也好，一串也好，我总不争，不受对子只拿钱的我就不要。一共搞得光洋八十多块。”①

辛苦而有趣的游历生活更加增进了毛泽东与萧子升的友谊。1917 年冬，为了结交更多的青年朋友共同学习，探讨改造中国社会之方法，并砥砺个人品行之目的，毛泽东与萧子升、蔡和森等发起组织新民学会。由于毛、萧二人出色的才干与学识，在 1918 年 4 月的成立会上，萧子升被推选为总干事，毛泽东被推选为干事。新民学会成立后，它对湖南政治形势的发展产生了很大影响。比如它对湖南新文化运动的勃兴出力甚大。这与毛泽东、萧子升等人的积极活动，相互支持是分不开的。

为了使学会会员走去湖南，走向全国，并去世界其他国家学习，求真知，毛泽东与萧子升、蔡和森等人全力发动和组织了湖南学生赴法勤工俭学运动。到 1919 年初，当留法筹备工作已基本完成，毛泽东与萧子升也到了暂时分离的时候。毛泽东有种种考虑，拟暂不出国，留在国内，以加强会员之间的联络。萧子升则和其他一些会员从上海出发赴法国。毛泽东当时特意从北京赶到上海送行。临别时，二人互嘱珍重，并互通音信，保持联系。这次分别，可以说是毛泽东、萧子升相识 9 年以来第一次长时间的别离。

萧子升留法后，毛泽东留在长沙，成为新民学会的实际领导者，主持学会的全部工作。萧子升与蔡和森则成了旅法新民学会会员的组织领导者。虽然远隔重洋，毛泽东与萧子升彼此保持通信联系，介绍各自的思想，生活与学习工作情况。也就是萧子升留法后的这段时日里，两位老友在思想上的距离越拉越大了。

在围绕改造中国的手段问题上，萧子升在 1920 年 8 月给毛泽东的信中，提出自己“主张温和的革命——以教育为工具的革命，为人民谋全体福利的革命——以工会合社为实行改革革命之方法，其意颇不认俄式——马克思式——革命为正当，而倾向于无政府——无强权——蒲鲁东式之新式革命，此较和而缓，虽缓然和。”这时，在逐步转变为马克思主义者的毛泽东；他的观点与萧子升有了严重的分歧。1920 年 12 月 1 日在给萧子升并诸会友的信中，毛泽东明确表示不赞同萧子升的意见。他指出，用教育的方法，一要有钱，二要有人，三要有机关。现在无产阶级什么也没有，资产阶级不但有机关，而且有议会、政府、军队、警察、银行、工厂

① 斯诺:《西行漫记》,生活。读书·新知三联书店 1979 年版,第 122 页。

……因此，共产党非取政权，且不能安息于其宇下，更安能握得其教育权？……教育的方法是不行的。我看俄国式的革命，是无可如何的山穷水尽诸路皆走不通了的一个变计。并不是有更好的方法弃而不采。到 1921 年时，毛泽东与萧子升在思想上的分歧已发展到不可调和的程度。两人“越谈越崩”。萧子升在回忆中说，这段时间，“我们的谈话弄得两人都很伤心，甚至潸然泪下，因为我们无法找到互相协调的基础。我无法接受毛泽东的观点，而我的答复也不能使他满意。几个月来，我们被这种无结果的讨论所折磨，但双方都以友情为重，谁也没有口出恶言。因为我们不能弄出一个共同的行动计划，双方都感到真正的遗憾和伤心。”①

事实也证明，尽管两人都十分珍惜他们之间多年的友情，但政见上的严重分歧，终究使他们难以保持在萧子升留法以前的那种友好关系。虽然毛泽东与萧子升在 1924 年以前还偶有书信来往，但两人在思想上已成“陌路人”，只得分道扬镳了。

1927 年第一次大革命失败，萧子升投入到国民党的怀抱后，就成为“国民党的官吏”，后来还当台北故宫博物院的院长，与毛泽东断绝了来往。毛泽东对萧子升早年的友情却未能忘记。新中国成立后，毛泽东曾嘱新民学会老同学写信给萧子升，要他回国工作。萧子升却没有答应。1976 年 11 月 21 日萧子升客死乌拉圭，生前留下遗嘱：“死后骨灰和萧夫人骨灰同放一处，如可能，运回湖南祖坟处与其原配康宁夫人遗骨同葬一处。”可见，萧子升生前虽固执地不愿回乡，但他对祖国大陆和家乡还是十分怀念的。

毛泽东与萧子升从交友到分手，一段曲折离奇的人生经历，之中有朋友相处时的快慰，也有朋友分手后的忧伤。毛泽东是个有情有义的人，尽管思想政见上的严重分歧，但他仍念旧，惦记友人。然而，最终两人分手后再没相见。从两人交友的故事中，我们是能得到深刻启示的，古人云：“人生贵知心，定交无暮早”。毛泽东与萧子升的分手最终在道不同志不合，因此，相交甚久，最终还是分手了。从中也可以看出，毛泽东对友人的忠诚，毛泽东交友的思想品位之高洁。

---

①萧瑜:《我和毛泽东的一段特殊经历》,昆仑出版社 1989 年版,第 158 页。

第四章

战友情怀　坦荡热忱

毛泽东一生中交往最多的人是与自己同生死共患难的革命战友。他与战友交往的原则是：从不以领袖自居，自以为是；从不拉帮结派，压制、打击他人。他注重双方坦诚的交心与彼此的关心与帮助。

1. 第一代领导集体中最早最亲密的合作者

在毛泽东与刘少奇发生原则上的意见分歧之前，两人有长达几十年的交往历史，他们是中共第一代领导集体中最早最真诚的合作者。

毛泽东与刘少奇的家乡相隔不远。刘少奇于五四运动后赴俄留学，在莫斯科东方大学读书。他与毛泽东初次相见是在 1922 年 8 月，时值刘少奇从俄国回国。陈独秀派刘少奇回湘，加强工人运动。8 月，刘少奇与担任中共湘区执行委员会书记的毛泽东相会于长沙城外的清水塘畔。考虑到区委机关人手紧，毛泽东很需要一位助手，于是就把刘少奇安排在中国劳动组合书记部湖南分部工作。9 月，毛泽东为加强对安源路矿工人运动的领导，派刘少奇前往安源，担任工人俱乐部主任。刘少奇遵循毛泽东的指示，与李立三等人加强对安源工人运动的正确领导，从而使工人罢工取得了胜利，工人运动得到了蓬勃发展。从上可见，在中共创立初期，在开展火热的革命斗争中，刘少奇成了毛泽东最得力的助手与最亲密的合作者。

大革命时期，毛泽东已是中共中央的重要领导人，刘少奇主要从事工人运动。大革命失败后，毛泽东成功地开创了农村包围城市的道路，建立了井冈山革命根据地。其时，党内连续发生了几次“左”倾错误，尤其是王明的“左”倾教条主义的错误对革命危害最大。毛泽东对“左”倾错误予以了坚决抵制，并由此而受到了“左”倾错误路线的打击，被撤销了其在党内与红军内的领导职务，但毛泽东并未因此而放弃自己的正确主张。此时，在国统区领导工人运动的刘少奇由于坚持正确的斗争策略而被“左”倾教条主义者扣上“右倾机会主义”的帽子，而遭受批判打击。刘少奇也并未因受到错误打击而停止斗争。1933 年 2 月，两位战友相逢在江西瑞金。患难中相逢，分外亲热，他们相互激励对方，坚持真理，坚持斗争。

1935年1月的遵义会议上，刘少奇旗帜鲜明地支持毛泽东的正确意见，他还以巨大的政治勇气，尖锐地提出了要从政治路线方面纠正“左”倾错误。刘少奇在遵义会议上的表现，给毛泽东留下了深刻印象。1966年10月，当刘少奇受到不公正待遇时，毛泽东仍动情地说：“在遵义会议上，他（刘少奇）表现还是不错的。在那个时候，这是很宝贵的。”①刘少奇在遵义会议后，在红五军团传达会议精神，他说：最近我们红军遭受了不应有的损失，这都是在左倾机会主义路线排斥毛泽东同志领导造成的。现在好了，毛泽东同志又回到中央来了，我们红军有希望了，我们党有希望了。”②长征途中，刘少奇又坚定地站在毛泽东一边，参加了反对张国焘分裂主义的斗争。红军到达陕北后，刘少奇担负了领导白区工作的重任，任中共中央北方局书记。刘少奇在党的白区代表会议上系统总结党在白区工作的经验。毛泽东对刘少奇在白区的工作中所取得的成绩予以充分肯定。毛泽东认为刘少奇系统地指出党过去在白区工作中所犯的“左”的错误，“他是一针见血的医生”。对刘少奇在白区代表会议上所提出的党的白区工作的一整套策略思想和指导原则，毛泽东予以了高度评价。刘少奇关于白区工作的策略思想和指导原则，从一个重要方面丰富和发展了毛泽东思想。也正是因为在白区工作上的重要建树，刘少奇越来越受到毛泽东的青睐。1938年中共六届六中全会期间，毛泽东推荐刘少奇担任中原局书记，把负责开拓华中抗日根据地的重任交给了他。刘少奇没有辜负中央与毛泽东的重托，在担任中原局书记期间，他忠实地按照中央与毛泽东的战略部署办事，在华中坚持与发展了革命斗争，开拓了党在华北工作的新局面。

在往后的斗争岁月中，刘少奇着重抓了党的思想建设工作。1939年7月，他到延安马列学院作了论共产党员修养的演讲。1941年他在华中工作时，又给党员讲了《论党内斗争》等课。刘少奇一系列的演讲，以及提出的加强党的建设的主张，引起了毛泽东的高度重视。毛泽东称赞后来出版的《论党内斗争》，“理论地又实际地解决了党内斗争这个重大问题”。他还号召党内同志要向刘少奇学习。

1943年初，刘少奇回到延安。为了欢迎刘少奇从华中前线归来，毛泽东与朱德

①唐振南等：《刘少奇与毛泽东》，湖南人民出版社1998年版，第103页。

②《刘少奇年谱》，中央文献出版社1996年版，第140页。

等召开了盛大的欢迎会。同年 3 月，中共政治局在延安召开了一个对中国共产党日后的路线和历史都产生重大影响的会议，因为此会对中央领导机构与最高层的人事作了重大调整。毛泽东第一次担任中共中央主席，刘少奇也是第一次担任中央书记处书记，进入中共最高领导核心。这次会上，刘少奇还被任命为军委副主席之一，任中央组织委员会书记，兼任中央研究局局长。

1945 年在党的七大上，刘少奇作了《关于修改党章的报告》。报告首次对毛泽东思想作了全面系统科学的阐述，并把毛泽东思想作为党的指导思想第一次写进了党章。

党的七大后，刘少奇成为毛泽东的第一助手。毛泽东外出期间，党中央的工作，就由刘少奇代理。1945 年 8 月底，毛泽东赴重庆与蒋介石进行谈判，而刘少奇则在延安配合谈判斗争。毛泽东、周恩来与刘少奇等保持着密切联系，桌面上的和平谈判与战场上的武装斗争可谓配合得天衣无缝。在毛泽东赴重庆谈判期间，刘少奇着眼中国革命的大局，向毛泽东提出了“向北推进，向南防御”的战略大转移方针。毛泽东收到刘少奇发来的电报后，立即复电表示赞同，并指出：“东北及热河、察哈尔控制在手，全党团结一致，什么也不怕。”在毛泽东赴重庆谈判期间，刘少奇担负主持中共中央日常工作的重任。他的敬业精神与工作成绩得到了毛泽东的充分肯定。

1947 年 3 月，由于国民党军队进攻陕甘宁边区，为了粉碎敌人的进攻，并争取革命的胜利，中央决定书记处五位书记分为两套班子。毛泽东、周恩来、任弼时组成中央前敌委员会，留在陕北，主持中共中央和中央军委工作；刘少奇、朱德、董必武组成中共中央工作委员会，以刘少奇为书记，前往华北，担负中共中央委托的工作。

1948 年 4 月 30 日，刘少奇、朱德到达河北阜平县城南庄，参加毛泽东主持的中央书记处扩大会议。分别一年多，毛泽东与刘少奇久别重逢，分外高兴，以致两人禁不住拥抱在一起。

新中国成立之后，毛泽东担任中央人民政府主席，刘少奇任第一副主席。1956 年，在党的八大召开前夕，高岗、饶漱石，破坏党内团结，企图“拱倒刘少奇”。毛泽东严肃批评了高、饶的严重错误，揭穿了他们散布刘少奇有“圈圈”的谎言。

毛泽东在各大军区负责人会议上表彰刘少奇，说：少奇同志是大公无私的，是正派的。高、饶搞分裂，是“刮阴风，点阴火，一股地下水”。党的八大召开时，毛泽东当选为中共中央主席，刘少奇当选为第一副主席。1958年11月召开的党的八届六中全会上，毛泽东正式提出了他不作下一届中华人民共和国主席的建议，得到了全会的同意。

总之，毛泽东与刘少奇在新中国成立后一些原则问题未发生分歧的40多年中，可以说，两人是第一代领导集体中最早的合作者及主要成员。两人的来往书信，共同探讨中国革命与建设的理论，成了他们纯真友谊的见证。在几十年中，两人互相关心，互相支持。亲密合作，的确留下了许多动人的故事，值得我们去传诵、去回味。

2. 同甘共苦 情意相连

毛泽东与周恩来从相识到共事长达半个世纪。两人都是中共第一代领导集体的主要成员。他们也是国际知名的杰出的领袖人物。两人在近50年的中国革命斗争与建设事业中，精诚合作，同甘共苦，以诚相待，关心体贴对方。两人友谊深厚，在共产党内树立了人际交往的典范。

1924年在广州召开的国民党一大，标志着第一次国共合作的实现。毛泽东与周恩来都为第一次国共合作的建立作出了重要的贡献。1924年5月黄埔军校成立后，在军校担任政治教育的周恩来于11月接任了政治部主任的职务。其时，毛泽东担任国民党中央代理宣传部长事务。在广州，毛泽东与周恩来相识。1925年底，毛泽东和周恩来、吴玉章等人一起，为国民党二大的召开做筹备工作。他们共商要利用这次大会对国民党右派予以打击，扩大左派的势力。但陈独秀为首的中央没有采纳他们的意见，致使这次大会没有达到预期的目的。

国民党二大以后，蒋介石加紧与右派勾结，策划排共、反共的阴谋。1926 年 3 月 20 日，蒋介石以“中山舰要炮轰黄埔军校”“共产党要暴动”等谣言为幌子，一手制造了“中山舰事件”，逮捕了海军局代局长、中共党员李之龙和第一军中的数十名中共党员。毛泽东与周恩来闻讯后，两人一起到国民革命军第二军副党代表、中共党员李富春家中商讨对策，他们都主张一定要以革命的行动来反击蒋介石破坏革命统一战线的行径。两人还向陈独秀为首的中央建议，把第一军中被迫退出来的中共党员派到其他军队中去，建立叶挺独立团式的部队，但他们的正确主张没有被陈独秀所接受。

1926 年 5 月，毛泽东在广州主持第六届农民运动讲习所的工作。毛泽东为了丰富学员的课程内容，曾邀请周恩来来讲习所讲课。周恩来所作的《农民运动与军事运动》的演讲，受到了学员们的一致好评。

在广州工作期间，毛泽东与周恩来团结协作，互相支持。他们在中国革命的一些重大问题上有着共同的见解与主张，彼此都留下了深刻印象，革命情谊也随之增强。周恩来就曾夸奖毛泽东在从事农民运动方面所做出的艰辛努力，他说：“1925 年五卅运动以后，工人运动、农民运动在全国得到了空前的大发展，规模之大是过去所从来没有的。从这个运动中，能看到革命的发展是走向农民的革命战争，能看到革命发展这个全局的，在我们党内的代表是毛泽东同志。他接办农民运动讲习所，进行农民土地问题的调查研究，出了二十几种小册子。历届讲习所的学生后来分散到湖南、湖北和其他各地，发动了广大的农民运动。①

大革命失败后，毛泽东领导和发动了湘赣边界的秋收起义，此后在井冈山建立了革命根据地。而周恩来在领导南昌起义失败后，辗转各地抵达上海，留在中央机关工作。在中共六大，毛、周都被选为中央委员。在六届一中全会上，周恩来进入中央政治局，被选为常委委员。1928 年 10 月他从苏联回国，成为中央工作的实际主持人。其时，作为毛泽东的上级领导的周恩来并未因地位的转换而淡泊与毛泽东的交往情谊。相反，两人的合作更紧密了。

中共六大前后，正值革命根据地的斗争处于严重困难的时候。正是在患难之

①路海江等编著:《毛泽东和他同时代的人》,河南人民出版社 1992 年版,第 190 页。

时，主持中央工作的周恩来对毛泽东所开展的斗争以有力支持。1929 年 2 月，共产国际指示中共中央，红军只能分散存在，如果集中，容易被敌人消灭，并提出要调朱德、毛泽东去学习。对此指示，周恩来予以了抵制，他在起草的中央二月来信中明确指出这一主张是不正确的。3 月，周恩来在起草的中央致贺龙及湘鄂西前委的指示信中，介绍了毛泽东在三湾改编中把党支部建立在连上的经验，以供贺龙参考。6 月，在给贺龙的信中，又向贺龙介绍了毛泽东提出的“十六字诀”的游击战争的战术原则。9 月，在陈毅起草的《关于朱毛军的历史及其状况的报告》上，周恩来特地加了编者按，热情称赞朱德、毛泽东在红四军等所创造的建党、建军的经验，认为他们创造的革命经验，在中国都是“别开生面”，在过去所没有看过听过的。周恩来还要求各地红军、各地党组织学习红四军的经验。

从 1930 年 8 月周恩来从莫斯科返回上海至 1935 年 1 月遵义会议召开之前，由于党内连续出现了三次“左”倾错误路线，毛泽东与周恩来坚持抵制，从而受到了“左”倾教条主义者的批判。特别是毛泽东受到的打击更大。在 1932 年 10 月的宁都会议上，撤了毛泽东红军第一方面军政治委员的职务，指责毛对“夺取中心城市”方针“消极怠工”，要毛回后方专做政府工作。这次会上，临时中央局决定由周恩来接替毛泽东负战争领导的责任。周恩来对此处理意见颇不赞成。他认为会议“对毛的批评过分”，不同意毛泽东离开前方。周恩来极力挽留毛泽东留在前方负指挥战争责任。尽管临时中央局未采纳周恩来的意见，但他设法保护毛泽东，在斗争实践中尊重毛泽东的意见。宁都会议后，当毛泽东“奉命”离开宁都时，周恩来骑马为毛泽东送行，并向毛泽东表示，希望他尽快回到红军来。周恩来还自称是“代理政委”，真心期待毛泽东能官复原职。

红军长征开始后，毛泽东与周恩来的交往更多、更知心了。1935 年 1 月的遵义会议上，身为三人军事小组成员的周恩来挺身而出，一方面，主动承担了责任，另一方面则批评了博古、李德的“左”倾军事指挥的错误，坚决赞成毛泽东出来领导红军今后的行动。对于周恩来在遵义会议上的作用，毛泽东予以了充分肯定，认为“恩来起了重要作用”。遵义会议后，中央组成了由周恩来、毛泽东、王稼祥组成的新的三人军事小组，代表党中央全权指挥军事。遵义会议确立了毛泽东在全党的领导地位，周恩来则成为了毛泽东正确军事指挥的帮助者与执行者。遵义会议后，毛泽东与周恩来建立了新的，而且是更加牢固的合作关系与朋友关系，两人在工作中互相支持，在生活上互相关照，共同为推进中国革命胜利地进程作出了不可磨灭的贡献。

在后来的长征途中，周恩来因积劳成疾，患肝脓疡，连日发高烧，不能进食。毛泽东十分关心他的病情，时时探望，并派人为他找医生治疗，千方百计想使周恩来能尽快痊愈。

长征胜利到达陕北后，周恩来协助毛泽东开展各项工作。西安事变发生后，周恩来受中央与毛泽东的委托，帮助和平解决了事变。全民族抗战爆发后，他又根据中央和毛泽东的指示，到武汉、重庆等地开展统战工作与领导白区党的工作。周恩来在工作中取得的重大成绩，得到了中央与毛泽东的充分肯定。

1945年，在党的七届一中全会上，毛泽东与周恩来都被选为中央政治局委员和中央书记处书记，他们与刘少奇、朱德、任弼时一起组成了中央第一代领导集体的核心。在往后的岁月中，毛泽东与周恩来的战友情意更深了，两人的心贴得更紧了。

在毛泽东赴重庆谈判的40多天中，在重庆的周恩来对毛泽东的关照可谓是无微不至。周恩来考虑到保护毛泽东的安全不只是出于对朋友的关心，更是作为党交给自己的一项艰巨任务来完成。他亲自检查飞机上毛泽东的座位与安全带，到重庆后又亲自检查毛泽东的住处。周恩来反复叮嘱警卫人员，不论在任何情况下，都要确保毛泽东的安全。在重庆谈判期间，周恩来与毛泽东形影不离，每当毛泽东外出，他都同车陪同。在毛泽东的住所，他甚至连床上、床下、枕头都亲自细心检查，在椅子上也先坐一坐，再让毛泽东进去坐。在宴会上，当人们争先恐后向毛泽东敬酒时，周恩来都一一接过酒来，替毛泽东喝完。的确，毛泽东对周恩来的真诚情意，感动不已。

新中国成立以后，毛泽东与周恩来都成了党和国家的重要领导人，他们共同为国家的建设与人民的幸福而操劳，两人在社会主义建设大业中更加深了相互的理解与信任，两人的关系更融洽了。

在“文化大革命”的动乱年代，起初，周恩来颇不能理解毛泽东发动“文化大革命”的意图，但他并未由此而破坏党内团结。1967年，江青等人重翻历史旧案，想借历史上莫须有的“伍豪事件”，打倒周恩来。毛泽东在此问题上，态度是极其明确的，他对江青等人的诬陷周恩来的做法予以了严肃批评，并就此批示：“此事早已弄清，是国民党造谣诬蔑。”在“文化大革命”的动乱年代，周恩来尽力维护毛泽东的领袖地位，在毛泽东的支持下，又主持中央的日常工作，保护老干部，并努力抓国民经济的发展工作。当周恩来再次受到江青等人的排挤、打击，妄图乱中夺权时，病中的毛泽东仍支持周恩来的工作。毛泽东曾批评王洪文等人，说：总理还是总理，四届人大的筹备工作和人事安排仍由总理主持安排。即使在这样特殊的动乱年代，两位老战友仍心心相通，互相表示了对对方、对党的事业的无限忠诚与高度负责任的精神。

近半个世纪的沧桑岁月，毛泽东与周恩来共同为新中国的诞生与人民的幸福而艰苦奋斗，在斗争中他们结下了牢不可破的战友情谊。不能说两人相处的岁月中，没有产生过思想上的分歧，也不能说他们的职位高低没有发生过相互的转换，但不管情况如何，然而他们以诚相待、互相关照的战友情怀始终未变。对这一点，美国的著名作家和记者哈里森也看到了。他在《长征——闻所未闻的故事》一书中，指出：“遵义会议还标志着毛泽东和周恩来的政治大联合。从此以后，他们一辈子保持了这种伙伴关系。”

3. 朱毛不可分 革命一条心

毛泽东与朱德的交往与友谊，亦长达半个世纪，曾经历了血和水、胜利和失败、曲折与辉煌的严峻考验。“朱毛”、“朱毛”，这是特定的中国革命历史年代所形成的一个伟大称谓，它也是象征毛泽东与朱德同志情感与战友情谊的历史见证。“朱毛不可分”，这是毛泽东说他和朱德的友谊关系时说过的话。的确，“朱毛”是不可分的。井冈山斗争时期，“朱毛”二字在红四军中就写成了一个字；长征路上，面对张国焘要挟朱德反对毛泽东的恐吓，朱德义正辞严地反驳斥道：“你可以把我劈成两半，但却割不断我和毛泽东的关系。”至晚年，毛泽东仍时时提到“朱毛”的称呼。他对朱德说，你是朱，我是毛，没有朱，哪有毛，朱毛，朱毛，朱在先嘛。毛泽东称赞朱德“度量大如海，意志坚如钢”，是“人民的光荣”。即使在“文化大革命”的动乱年代，毛泽东还严厉斥责林彪一伙迫害朱德的恶行。有一次，毛泽东问朱德：你究竟是黑司令还是红司令？朱德回答说：“人家说是黑司令。”毛泽东听后，说：“这就很怪。你当总司令，我当党代表，你是黑司令，我是什么？我开始说你是红司令，中间说你是红司令，现在还说你是红司令。”①战友情深，日久弥坚。

朱毛会师井冈，这是人所共知的历史佳话。1927 年 9 月，毛泽东发动湘赣边界秋收起义后，率队伍进军井冈山。12 月，当革命的“家”安在茨坪不久，就派何长工前往长沙，要他与湖南省委取得联络，同时，相机寻找南昌起义军朱德余部。当朱德听说毛泽东率部在井冈山建立根据地后，便派毛泽覃到井冈山与毛泽东联系。这样在 1927 年底两支革命队伍就发生了联系。1928 年 4 月，湘南暴动失败后，朱德即率部到井冈山与毛泽东会合。4 月 24 日，在宁冈的龙江书院，朱毛相会了。两人见面，格外兴奋，这次相会，也从此开始了长达半个世纪的亲密合作生涯。5 月 4 日，两支队伍在砻市召开会师大会。陈毅在会上宣布将两支队伍合编为工农革命军第四军，毛泽东任党代表、朱德任军长，王尔琢任参谋长，会场一时掌声雷动。井冈山会师，将毛泽东与朱德的名字紧紧联在一起，并从此开始了中国工农红军武装斗争的新篇章。朱毛结合，的确成了一个伟大的结合。

朱毛会师井冈后，部队迅速粉碎了敌人对井冈山革命根据地的第二次“进剿”。5 月下旬，部队改称为中国工农红军第四军。在粉碎国民党军队的“进剿”的战争中，朱、毛总结了游击战的基本战术原则，即“敌进我退，敌驻我扰，敌疲我打，敌退我追”的“十六字诀”。在随后国民党军队发动的对井冈山革命根据地进行再次“进剿”的斗争中，朱德与毛泽东联系抵制执行“左”倾错误政策的湖南省委的命令，在与国民党军队作战中，既打击了敌人，也减少了红军所受的损失，恢复与巩固了井冈山革命根据地。斗争中，朱毛团结得更紧密了。

1930 年 11 月，蒋介石调集 20 万兵力，组织对红军和苏区“围剿”，声言要在

①朱敏：《回忆我的父亲朱德委员长》，中国少年儿童出版社 1978 年版，第 35 页。

三至六个月内消灭红军。朱德和毛泽东清醒地分析敌情，采用“诱敌深入”的作战方针，最终取得了粉碎蒋介石第一次“围剿”根据地的胜利。这一次可以说是两人第一次也是最后一次独立的、不受干扰地指挥的作战。在第二次、第三次反“围剿”斗争中，毛泽东、朱德顶住“左”倾教条主义者的压力，拒不执行错误的军事战略战术，仍根据敌情的实际情况，采取机动灵活的游击战的原则，集中优势兵力，各个击破，而取得了胜利。斗争的胜利，更坚定了两人对革命必胜的信念，同时，也更加增强了坚持在实战中形成的正确的作战原则的信心。

正当中央苏区形势在向好的方向发展之时，以王明为代表的“左”倾教条主义的错误路线却推行到了苏区。“左”倾教条主义者不从实际出发，违背苏区与红军作战的实际情况，对毛泽东与朱德在实践中所总结的一整套行之有效的路线、方针与作战原则加以彻底否定。他们将毛泽东的正确主张批判为“狭隘的经验论”，是代表“富农路线”，“一贯右倾机会主义”，并将毛泽东排挤出红军的领导岗位。对“左”倾教条主义者的错误做法，朱德表示坚决反对，在参加的宁都会议上，他多次表态：“毛泽东同志离开军职，我是举手不赞成的。”朱德由于维护毛泽东的正确主张，也受到了“左”倾教条主义者的排挤，处境十分艰难。毛泽东也深知这一点，他曾对康克清说：“他（指朱德），也难哪！请你转告总司令，他要保重啊！”

在 1935 年 1 月的遵义会议上，早已对“左”倾错误心存怨恨的朱德在会上积极发言，表态明确地支持毛泽东。他的“这次发言时却声色俱厉地追究临时中央的错误，谴责他们排斥了毛泽东同志，依靠外国人李德弄得丢掉根据地，牺牲了多少人命！他说：‘如果继续这样的领导，我们就不能再跟着走下去了！’”①朱德还说：“我从井冈山开始，就是跟着毛泽东同志革命的，今后我永远跟着毛泽东同志革命到底。”朱德后来还在回忆中说：“到遵义会议时，我才彻底地树立起这个思想，因为无数成功的经验和失败的教训，证明毛主席的路线是正确的，领导是高明的，毛主席的思想是马克思主义的，是最适合中国革命实际的指导思想。因此，我就下定决心，一心一意跟着毛泽东干革命。拜毛主席为老师，拥护他担任我们的领袖。”②遵

①伍修权：《毛泽东沧桑》，第 113—114 页。

②《回忆朱德》，中央文献出版社 1992 年版，第 255 页。

义会议，对毛泽东与朱德交往的关系来说，的确是一个日臻完美的里程碑。

1935年6月，朱德、毛泽东领导的中央红军经万苦千辛，在川西懋功与张国焘率领的红四方面军会合。两军会师，朱、毛感到由衷的高兴。然而，未曾料到的是，两人却面临一场坚决反对张国焘的分裂红军的活动，而使两人经受斗争的严峻考验。1935年8月，中央军委决定红一、四方面军混合编队，分为左、右两路军北上。左路军由时任红军总司令的朱德与红军总政委的张国焘率领，右路军则由毛泽东与周恩来率领，分别从卓克基和毛儿盖北上，经过草地北上。8月下旬，左路军过草地，抵达黄河上游的噶曲，队伍很快即可与右路军会师。但此时张国焘却以噶曲河水上涨为由，令左路军南返阿坝。对张国焘的错误决定，朱德与刘伯承等表示坚决反对。因此，他们与张国焘之间发生了激烈争执。张国焘见说服不了朱德，便采取行动，带着特务营软禁了朱德，而朱德毫不畏惧，当面斥责张国焘说："毛泽东同志的领导是正确的，北上抗日是中央的决议，我是举手赞成的，我不能反对它！""你可以把我劈成两半，但你却割不断我和毛泽东同志的关系。朱毛朱毛，外国人都以为朱毛是一个人。哪有朱反对毛的！"张国焘对朱德的正确意见不予采纳，相反，却一意孤行，加紧分裂红军的活动。9月中旬，在阿坝，张国焘主持召开的川康省委扩大会议上，他攻击中央和毛泽东的北上方针是错误的，并煽动别人围攻朱德，硬逼朱德在会上表态，朱德正气凛然地说："中央北上抗日的决定，我是赞成并举了手的。我绝不能反对自己亲自参加作出的决定，如果硬要我发表声明，那我就声明一下：我是拥护党中央北上抗日的决定的。"

会后，张国焘采取阴谋手段加害于朱德等人。他把朱德与刘伯承调离司令部分开行军，把朱德安排到前线部队，跟着军部行军、宿营，实际上已撤了朱、刘的职务。尽管如此，跟着红四方面军南下的朱德与刘伯承并未停止斗争。他们一再劝说红四方面军指战员要顾大局，讲团结，北上抗日。在张国焘南下计划遭挫以后，朱德在左路军中的处境有了明显改善。中央作出的《关于张国焘同志成立第二"中央"的决定》，对朱德来说，更增强了斗争的信心。1936年6月，贺龙等率领的红二、六军团长征抵达甘孜，与红四方面军会师。会师后，根据中央电令，红二、六等团改编为红二方面军。朱德与贺龙、刘伯承、任弼时、关向应等共同努力，终于迫使张国焘同意北上。7月上旬，红二、四方面军分为左中右三路纵队北上，10月抵达甘肃会宁，与红一方面军胜利会师。11月底，朱德与毛泽东在中共中央所在地陕北保安会面。经患难后的战友相逢，心情都很激动。毛泽东对朱德同张国焘的斗争给予高度评价，说：你斗争得有理有节，“临大节而不辱，度量大如海，意志坚如钢。”①事后，毛泽东在回想这段历史时，他还对陈毅说过以下这段话，高度赞扬朱德为长征胜利所做出的重大贡献。他说：“总司令当时是‘临大节而不辱’。这种伟大的人格与高尚的革命品质，是我们每个同志提高修养的标准。在革命形势顺利发展下面做一个英雄好汉是容易的，但到了革命遭受挫折和严重失败的关头，能不能坚持？当党内发生严重分歧时，能不能站在党的立场坚持党的路线，领导全党来挽救革命？就很难讲了。但我们在总司令身上可以找到这种常人难得的高贵品质。”②

在八年全国艰苦抗战中，以及解放战争时期，毛泽东与朱德并肩战斗，如在边区遭受严重困难之际，两人都是大生产运动和根据地经济建设的组织者和领导者，又是大生产运动的参与者。在延安整风运动中，朱德点名批评王明，协助毛泽东抓好整风运动，坚决拥护毛泽东的领袖地位。在党的七大，两人同时选进中共书记处，成为中共第一代领导集体的核心成员。到毛泽东赴重庆谈判时，朱德留在延安，为配合毛泽东的谈判，指挥军队与国民党展开较量，从而有力地支持毛泽东的谈判斗争。在辽沈、淮海、平津三大战役中，毛泽东认真听取朱德的意见，“打大歼灭战”，共同组织与国民党军队的军事大决战，最终赢来了中国革命的辉煌胜利。

新中国成立后，毛泽东与朱德为了国家的建设与人民的富强而呕心沥血，共同奋斗，两人在人民心中树起了两座不朽的丰碑。

斯人已逝，然毛泽东与朱德两位历史巨人为中国革命与建设所做出的巨大贡献，将为人民永远铭记。毛泽东与朱德在50年的共事中，两人休戚与共，艰苦共尝，一个是军长，一个是党代表；一个是总司令，一个是政治委员；一个是中央与国家主席，一个是委员长。两人相互尊重，精诚合作，生死与共，的确为后人提供了共同效力于自己的国家与人民的光辉典范。

---

①鲁杰:《毛泽东与朱德》,北京出版社1998年版,第234页。

①《回忆朱德》,中央文献出版社1992年版,第29页。

4. “我当你的保皇派”

毛泽东与贺龙相识于红军长征后。由于两人都是湖南人，又都在当时颇有声名的缘故，因而在中国共产党成立之前，两人都熟知对方的一些情况。当时在长沙读书与从事革命活动的毛泽东就听说过 1916 年贺龙在家乡发动农民起来造反，用两把菜刀闹革命，攻占县城，解救广大贫苦农民的故事。毛泽东称赞贺龙是一位传奇式的人物、一位农民起义军的领袖和英雄。后来，当毛泽东领导湘赣边界秋收起义，进行三湾改编时，他还用贺龙两把菜刀闹革命的故事来激励起义队伍的士气。贺龙对毛泽东的早年活动也是熟知的。贺龙读到自己当年投奔共产党的原因时，他说到其中就有对毛泽东的敬仰。“自从 1916 年以后，在我们湖南人中就听说有毛泽东，诲人不倦，常与青年学生或群众讲话，湖南的学生都说毛泽东是天才，是革命领袖，而和我说这些的人，又是我们县里有学问的人。因而我对毛泽东敬仰得很，认为他是一个了不起的人物。”①

在大革命时期，贺龙任国民革命军第八军第六师师长兼湘西镇守使。其时，贺龙通过自己的观察与了解，他已对共产党有了较深的了解与认识，他表示拥护中共的主张，欢迎中共派人到他部队去工作。虽然毛泽东未曾与贺龙谋面，但毛泽东还是派出了中共党员陈章甫到贺龙部队联系如何共同参与北伐，配合作战的问题。

贺龙于 1927 年 9 月加入共产党。在创建湘鄂两革命根据地的斗争中，他曾以毛泽东与朱德建立的井冈山革命根据地为榜样，认真学习其建党、建军和建设根据地的经验，从而使湘鄂两根据地的革命形势得到了很快发展。

1936 年 7 月，贺龙、任弼时率红二、六军团长征到达川北甘孜，与红四方面军

①路海江等编著:《毛泽东和他同时代的人》,河南人民出版社 1992 年版,第 253 页。

会师。会师后，中央电令红二、六军团组成红二方面军，由贺龙任总指挥，任弼时任政委。此前，张国焘已开始公开反对中央与毛泽东北上抗日、分裂红军的活动。两军会合后，张国焘想拉贺龙一起与中央和毛泽东分庭抗礼，于是，派人给贺龙及部队送来了反党小册子《国焘讲座》。贺龙坚决反对张国焘分裂党、分裂红军的错误主张，他命令下属烧掉张送来的反党小册子，并立即收回已下发的部分小册子。贺龙明确表示，中央和毛泽东北上的主张是正确的，“我虽然没见过毛泽东同志，但从我切身的经验教训中，从湘鄂西和湘鄂川黔的革命出发，从读到他写的文章中，深知他是我们的正确领导者。我们二方面军坚决拥护毛泽东，永远跟着毛泽东！[①]“谁要不听从毛主席，反对毛主席，他是天王老子也不行。”由于党中央的努力争取，朱德、贺龙、任弼时等人一致的抵制行动，迫使张国焘不得不取消错误主张，而同意北上。1936年10月，红军三大主力会师于甘肃会宁，胜利结束了长征。贺龙高兴极了，他说：“这下子真要见到毛主席了，以后的路就好走了。我们都集合在毛主席的大旗下面，革命一定会发展，一定会胜利。”

毛泽东与贺龙终于在陕北保安县城会面了。二人都很激动，紧紧握手，相见恨晚。1936年12月12日西安事变爆发后，党内不少领导干部兴奋异常，纷纷要求杀掉蒋介石。毛泽东为首的中央决定，不能杀蒋，只能和平解决事变。对毛泽东的正确主张，贺龙坚决拥护。七七事变后，中国进入到以国共合作为基础的全民族抗战。对红军改编，改变番号，摘下红五星、红领章，统称为八路军，红军的不少干部战士有些想不通。贺龙针对此情况，对干部战士做思想疏导工作。他指出这是党的决定，是毛主席的命令，是为了抗日救国的大局，为了执行党的决定，执行毛主席的命令，就是叫穿花裤子我也穿。[①]1937年8月在党召开的洛川会议上，贺龙坚决拥护党确定的全面抗战的路线，以及深入敌后，广泛开展游击战争的方针。会后，他带八路军一二〇师深入晋西北开辟敌后根据地。不久，晋西北抗日根据地建立起来了。在根据地内，为了减轻农民的负担，贺龙组织部队，一面与日军作战，一方面保护老百姓与帮助老百姓抢收。此外，他还发动部队开展生产自救，自己动

①李智舜编著:《毛泽东与十大元帅》,中共中央党校出版社1993年版,第126页。

①宋一秀、杨梅编著:《毛泽东的人际世界》,中央文献出版社2000年版,第282页。

手，丰衣足食，发展经济，保障供给。经过贺龙的组织与发动，根据地内的八路军开展大生产，不仅解决了自己的给养问题，而且帮助延安战胜经济中的困难，贺龙就经常从敌后收集物资运送到延安。这种生产自救，又顾全大局的高尚风格多次受到毛泽东的表扬。

在延安整风运动中，贺龙忠实地执行毛泽东为首的党中央关于整风运动的指示。1942年6月，贺龙特地到陕甘宁边区各单位学习小组长联席会议上讲话，要求大家服从党的集中领导，拥护党的领袖毛泽东，安心学习，自我反省，搞好整风。7月，他又为《战斗月刊》创刊号写《发刊词》，要求大家："要遵照中央及毛泽东的指示，与一切教条主义、空谈议论、死板公式、无稽之谈作斗争。""我们的要求：要实话不要空话，材料愈确切愈好，道听途说、捕风捉影者不要；文章越通俗愈简洁愈好，长篇大论，言之无物者不要"。不难看出，贺龙写的发刊词，认真贯彻了毛泽东提出的反对不正之学风的基本精神。

贺龙尊重毛泽东，努力学习毛泽东思想。同时，他也在生活上非常关心、照顾毛泽东。在解放战争初期，在毛泽东率领党中央转战陕北的岁月里，生活非常困难。尽管贺龙在晋绥的生活也很艰苦，却惦记着毛泽东。有一次他去毛泽东那里开会，实在没有什么东西好带，恰好有人送了几斤糖，贺龙一点不留，送给毛泽东。他认为毛泽东太辛苦了。毛泽东从延安撤出后，转战陕北，十分艰苦，也很危险，贺龙一直挂记着毛泽东的安全。当战士们从战场上缴获到两匹好马后，立即派人给毛泽东送去，供毛泽东行军时作坐骑。1948年3月，毛泽东一行来到兴县蔡家崖晋绥军区司令部，贺龙请毛泽东住进了自己的窑洞，而自己则住进了另外一间偏房里。贺龙陪毛泽东给晋绥干部讲话。贺龙亲自布置会场，甚至毛泽东坐的椅子他都亲自坐坐，看牢实不牢实。每天晚上，贺龙亲自带领警卫战士为毛泽东站岗放哨，一直守护在毛泽东的身边。贺龙的深情厚意，令毛泽东深受感动。

贺龙人品高尚，不固执己见，能从善如流，毛泽东对其也是有高度评价的。1948年夏，贺龙到河北西柏坡参加中央财经工作会议。会上，贺龙根据自己在西北地区工作的经验来推断并解决全国性的问题，这样做，肯定有失偏颇。会后，毛泽东与人谈到对待富农政策时，说贺龙同志对这个问题的看法有些片面性，希望他好好地、全面地思考问题的实质。过了几天，贺龙到了毛泽东住处作了一次深谈。贺龙认真地反省了自己的思想认识问题，毛泽东同意贺龙对自己思想认识的分析，后来，毛泽东一再与人提起，说："贺龙是一位聪明的同志。尤其是他坦率、直爽、不隐讳；知错就纠，知过就改。"[①]可见，贺龙为人厚道，人品笃实，给毛泽东留下了深刻的印象。

新中国成立后，贺龙更加尊重毛泽东，努力为党工作。毛泽东对贺龙也是十分信任的。1960 年毛泽东将主持军委日常工作的大权交与贺龙。贺龙在主持工作期间，积极贯彻中央的部署，狠抓部队的战备训练，部队建设起色很大，毛泽东对此十分赞赏，他曾多次出席部队的大比武活动。同时，贺龙还先后担任了西南军区司令员、国务院副总理、中央军委副主席、国防委员会副主席、国防工委主任、国家体委主任，贺龙还是八届中央政治局委员，1955 年又被授予元帅军衔。贺龙并经常陪同毛泽东视察部队、工厂、学校、接见外宾等。可见贺龙与毛泽东在新中国成立后仍保持着密切的交往，关系也非常融洽。

在"文化大革命"动乱的年代里，贺龙受到了林彪一伙的残酷迫害。林彪一伙无中生有，向毛泽东写信诬告贺龙，以此搬掉贺龙这个篡党夺权道路上的障碍。在如此尖锐的斗争形势下，毛泽东充分信任自己的战友。1966 年 9 月，毛泽东在中南海找贺龙谈话，先将林彪一伙写的诬告信拿给贺龙看。等贺龙看完了，毛泽东笑着说："不要紧张，我对你是了解的。我对你还是过去的三条：忠于党、忠于人民，对敌斗争狠，能联系群众。贺龙很坦然，他向毛泽东请示："是不是找他们谈谈？"毛泽东摇摇头，指了指信说："有什么好谈的？"他还风趣地对贺龙说："我当你的保皇派。"然而，林彪一伙背着毛泽东，将贺龙迫害致死。林彪集团被粉碎后，毛泽东在一次会议上说要为贺龙平反昭雪，他连声说：翻案，翻案，翻案！1974 年毛泽东和邓小平谈话说：要给贺龙平反。邓小平立即在政治局会议上作了传达。9 月底，中共中央即发出了为贺龙恢复名誉的通知，推倒了林彪一伙强加在贺龙身上的一切诬蔑不实之词。

贺龙人品高尚，对党、对人民无比忠诚，毛泽东慧眼识忠臣，他对贺龙无比信任，大胆使用。两人多年的交往是坦荡、真诚的，两人建立起来的战友情谊也是亲密无间的。

---

①李智舜编著：《毛泽东与十大元帅》，中共中央党校出版社 1993 年版，第 131 页。

5. 彼此信任　关怀备至

王稼祥于1925年10月去苏联莫斯科中山大学和红色教授学院学习，1928年加入中国共产党。他和毛泽东有过40多年的交往。在那战火纷飞的年代里，在新中国成立以后的建设岁月中，两人的交往经受了血与火的考验。王稼祥曾奉命执行“左”倾错误路线，对毛泽东实行过打击，但他识大局，服真理，知错就改，与时俱进；而毛泽东不论何时，他都以博大的胸怀面对眼前发生的一切，与王稼祥友好相处，并对他关怀备至。毛泽东认为，他与王稼祥并不存在任何半点个人的恩怨，对一位能严于律己，不搞阴谋诡计的人，是应当原谅和关照的。

毛泽东与王稼祥第一次会面正值党内“左”倾错误在党内贯彻之时。1931年4月，王稼祥作为中共六届四中全会后组成的中央派出的代表团成员到了江西宁都县，与毛泽东会面了。王稼祥参加了在青塘召开的苏区中央局会议。他和任弼时在会上传达了王明主持召开的六届四中全会的决议精神。虽然此决议完全贯彻了王明“左”倾教条主义的错误路线与方针，因王稼祥也是奉命行事，因此，刚见面的毛泽东并未由此而对王稼祥产生反感，特别是王稼祥为人谦和，虚心学习的态度，在毛泽东的脑海中留下了较深的印象。虽然王稼祥是代表中央来到苏区的，但他诚恳地向毛泽东表示：“泽东同志，我刚从白区来，很多情况不了解，对打仗更是外行，听了你们的发言，深受启发，会后我再向你专门请教，可以吗？”会后他还向毛泽东表示：“毛委员，我早就看过你写的《中国社会各阶级的分析》、《湖南农民运动考察报告》和《井冈山的斗争》等重要文章，真是得益匪浅。”①

王稼祥是奉王明之命来苏区贯彻“左”倾错误路线的。由于他还缺乏实际斗争

---

①朱仲丽：《毛泽东王稼祥在我的生活中》，中共中央党校出版社1995年版，第27页。

的经验，书生气较重，因此，他也不顾实际地在一些场合错误地批判过毛泽东在苏区的革命经验，如说毛泽东的正确做法是“狭隘的经验论”、“富农路线”，是右倾错误，等等。但王稼祥并不固执己见，他善于听取他人意见，自觉服从真理。特别是毛泽东与他的多次交谈，摆事实，讲道理，以理服人，使王稼祥思想认识发生了重大的转变。后来，王稼祥在回忆中写道：“在龙冈地区，我第一次见到领袖毛主席，……相见了几次面，他就给我留下一个这样的印象，他同我在中国和俄国所遇见的领导人是不相同的，有其独特的地方，虽然我当时还掌握不住这些独特的地方。只觉得他所说的道理，既是那样简单明了，又是那样的有力并具有说服力。”①

经过一段时间的接触和了解，王稼祥对毛泽东的正确主张，及军事才能感到由衷的佩服。对毛泽东开辟的中国革命新道路的理论，他也完全赞成。1932 年 9 月，苏区中央局在宁都召开会议，贯彻执行临时中央的“左”倾错误进攻路线，批判毛泽东的军事路线是“纯粹防御路线”“游击主义”“主要的危险”等。与会多数人屈服于临时中央与主持人的压力，不敢支持毛泽东，会议决定撤销毛泽东的红一方面军总政委的职务，决定要毛专做政府工作。而在会上王稼祥不怕孤立，勇敢地站出来支持毛泽东。他说：“众所周知，我也是四中全会后由中央派来苏区的，我对中央指示也一直是服从和执行的。但是我从几次反‘围剿’的胜利中，以及从攻打赣州的教训中，逐步认识到毛泽东同志的思想主张，是符合红军和苏区实际情况的，他提出的战略思想和战术原则，已经被实践证明为行之有效的东西。他的指挥决策也一再被证明是正确的。红军和苏区之所以有今天这样的局面，是与毛泽东同志的正确领导分不开的。因此，我认为毛泽东同志仍然应该留在前线，继续指挥红军作战。即将开始的第四次反‘围剿’，正需要毛泽东这样的指挥者与领导人。总之，我的意见是：大敌当前，不可易将；指挥重任，非地莫属。”虽然，一向谦和的王稼祥，此次力排众议，出语惊人，但是他的意见未被会议采纳。会后，毛和王心情都很沉重。毛也劝慰王稼祥：“你我是少数，不服从也不行，我只好到后方去了。好在革命不分前方后方，哪里工作都是一样。你就别争了吧！军事上有什么问题，你们还可以随时来找我。”真是患难见真情，王稼祥听了这番话，更加敬重毛

①朱仲丽：《毛泽东王稼祥在我的生活中》，中共中央党校出版社 1995 年版，第 23 页。

泽东。此后，王稼祥从“左”倾错误路线的禁锢下分离出来，坚定地站在毛泽东的正确主张一边。

在红军第五次反“围剿”斗争中，“左”倾教条主义者李德凭借其在欧洲战场指挥作战的经验，不顾实际地指挥红军硬拼死打。对李德的军事洋教条，王稼祥极为反感，在一次中央会议上他大胆地指出：“像李德这样指挥红军，哪能不打败仗!”最后，由于“左”倾教条主义者的瞎指挥，致使红军在第五次反“围剿”中遭到失败，被迫进行长征。由于王稼祥在反“围剿”斗争中被敌机扔的炸弹炸伤，长征时不得不坐在担架上随队伍行进。此时，毛泽东也因身患疾病而坐担架。长征途中，两人朝夕相处，推心置腹，在红军第五次反“围剿”失利的经验教训，以及有关中国革命与红军的前途等问题上，取得了一致的意见。王稼祥告诉毛泽东，目前这种状况不能再继续下去了，应该撤掉博古与李德的军事指挥权。毛泽东完全赞同他的意见。王稼祥后来又找张闻天、聂荣臻等商量，提议由中央召开一次专门会议来总结经验教训，批判“左”倾军事教条主义的错误，应该由毛泽东重新出来统率部队。接着，王稼祥又找了朱德、周恩来等人交换意见，得到了他们的支持。

1935年1月，中共中央政治局就在遵义召开扩大会议，专门讨论红军的军事问题，批判“左”倾教条主义的错误。会上，毛泽东在博古报告第五次反“围剿”情况后作了重要发言，他以无可争辩的事实，对王明“左”倾冒险主义和教条主义错误，作了透彻的全面的分析与批判，毛泽东发言后，王稼祥紧接着发言，表示完全赞成并坚决支持毛泽东的意见，又严肃地批评了李德与博古军事思想的错误。最后他郑重建议：立即改组中央的军事指挥机构，取消李德和博古的军事指挥权。遵义会议纠正了“左”倾冒险军事路线，改组了党和军队的领导，确立了毛泽东在全党、全军的领导地位，使中国革命又朝着正确的方向前进了。对王稼祥在遵义会议上所作出的特殊贡献，毛泽东评价甚高。他常说：“遵义会议是一个关键，对中国革命的影响非常之大。但是，大家要知道，如果没有洛甫、王稼祥两个同志从第三次左倾路线分化出来，就不可能开好遵义会议。同志们把好的账放在我的名下，但绝不能忘记他们两个人。”在遵义会议上，“王稼祥投了关键的一票，没有他不行”。

红军到达陕北后，为了向共产国际汇报工作并疗伤，中央派王稼祥暂去苏联莫斯科工作一段时间。1938年8月，王稼祥从苏联回国，时值王明鼓吹右倾错误之时。当时王明从苏联回国后不回延安参加中共六届六中全会，反而无理要求党到武汉去开会。共产党的中央会议，为什么要去国民党地区开呢？对此，毛泽东很气愤，王明当时想拉拢王稼祥，拍电报要他去武汉，想单独向王稼祥透露共产国际给中央的指示，以及国际讨论“中国问题”的情况。对王明的邀请，王稼祥严词拒绝，立即回电给王明：请你按时来延安参加六中全会，听取共产国际重要指示的传达。你应该服从中央的意见，否则一切后果由你自己负责。毛泽东与王稼祥，以及中央其他领导人的共同斗争，终于迫使王明到延安参加全会。会上，对王明右倾错误作了严肃的批判。

中共六届六中全会后，王稼祥任中央军委副主席、总政治部主任，兼八路军总政治部主任，协助毛泽东处理中央军政大事。其间，王稼祥帮中央起草了许多重要文件。1943年6月，有一次，毛泽东来到王稼祥住处，要王写一篇纪念中国共产党诞生22周年和抗战六周年的文章。王稼祥满口答应，不到一周，他写了一篇《中国共产党与中国民族解放的道路》的文章，文中第一次明确提出了“毛泽东思想”这一概念，并阐述了它的科学含义。文中明确提出：“以毛泽东思想为代表的中国共产党主义，是以马克思列宁主义的理论为基础，研究了中国的现实，积蓄了中共22年的实际经验，经过了党内党外的曲折斗争而形成起来的。……毛泽东思想与党内存在过和存在着的教条主义与机械搬运的公式主义，曾进行过不调和的斗争，同时又反对了那些脱离马克思列宁主义基础的错误观点。”毛泽东很重视此文，他看过后即电话告诉王稼祥：“文章看过了，写得很好，准备交给《解放日报》发表。”后来，文章在《解放日报》发表，并成为党内整风学习的文件，影响很大。

1945年召开中共七大，王稼祥因病未能出席。因王稼祥原来犯过“左”倾教条主义错误，加上许多代表不了解王稼祥的功劳，在第一次投票选举中央委员会时，王稼祥落选了，对此，毛泽东感到意外。在6月10日的会议上毛泽东专门向代表们介绍了王稼祥的功劳。毛泽东指出王稼祥在苏区反“围剿”斗争中，在遵义会议上，都是有功劳的。他说，虽然王稼祥在工作中有缺点，但是他也做了许多好事。最后，毛泽东说：昨天选举正式中央委员，他没有当选，所以主席团把他作为候补中央委员的第一名候选人，希望大家选他。代表们听了毛泽东的讲话后，增进了对王稼祥的全面了解，王稼祥获得了全数票。毛泽东的宽宏大度，确实令王稼祥深受感动。

新中国成立后，在1956年9月召开的中共八届一中全会上，王稼祥获全票当选为中央书记处书记。王稼祥对此心存不安，他找到毛泽东说："主席，这次八届一中全会选我为中央书记处的书记，这是个重任，我有愧接受，请党中央把我这个位置让给比我对党更有贡献的同志来担任，因为，30年代初期，我犯过教条主义错误，我诚恳地希望党中央同意我这个要求。"毛泽东笑着说："你为什么不能担当书记处的书记？早就该当了，你为党做的贡献还少吗？不要谦让了！"此后，王稼祥更加努力为党工作。1958年全国掀起的"大跃进"高潮对国民经济造成严重的冲击。王稼祥对"大跃进"的问题发表了自己的看法，特别是他认为农村目前阶段搞各取所需，实行敞开吃饭、吃饭不要钱等制度，完全是错误的。毛泽东知道了王稼祥的意见。后来在中央下发的《关于人民公社的十八个问题》文件时，毛泽东请王稼祥亲自过目后再下发。

"文化大命"十年内乱中，王稼祥与其他老干部一样遭受了错误打击，但王稼祥并未由此而丧失对党与人民的信任。九一三事件后，他写信给毛泽东汇报自己的思想，并拥护中央的决策，痛斥林彪的罪行。毛泽东读信后，深有感慨。他对王稼祥的一生作了高度评价，并叫周恩来在中央召开的会议上作详细传达。毛泽东说："王稼祥同志写了一份报告给我，这样的老干部只讲过，不讲功，很难得，应该很快让他出来工作。他是有功的人。他犯错误跟张闻天同志不一样，他是教条主义中第一个站出来支持我的。遵义会议上他投了关键的一票。王稼祥功大于过。遵义会议后，成立了三人军事领导小组嘛，我嘛，你嘛（指周恩来同志），还有王稼祥嘛，夺了王明等人的军权。'三和一少'不是他搞的嘛，他只是提一个建议，是王明他们在国外的会议上搞的嘛。"随后，王稼祥经毛泽东批示参加了老中央委员学习班。后来，在党的十大，经毛泽东提名，王稼祥又当选为中央委员。

从毛泽东与王稼祥交往的史事中，可以看到，两人虽然在几十年的革命与建设的岁月中，发生过思想上的分歧与斗争，但两人都襟怀坦白，公正无私，忠诚党与人民的事业。尤其是毛泽东对王稼祥的关心、爱护与器重，表现了一位伟大的无产阶级革命领袖的高尚人品。

第五章

肝胆相照　风雨同舟

党外民主人士曾与共产党一起度过那段风雨如晦的艰难岁月。毛泽东尊重历史，他视党外人士为自己的知心朋友。真诚相处，善待友朋，不分彼此，视为家人，这就是毛泽东与党外人士交往的基本原则。

1. 德高望重 理当厚待

宋庆龄，孙中山的夫人，民主革命时期，是坚定的国民党左派代表人物之一。新中国成立后，由于她德高望重，曾历任全国政协副主席、中央人民政府副主席、国家副主席和全国人大常委会副委员长等职。对宋庆龄，毛泽东是非常敬重的，两人的友谊是尤为深厚的。早在20个世纪20年代就建立了革命的友谊。他们真诚合作，彼此关心，这种交往与友情一直保持终生。两人的友谊也是中国现代史上重要人物交往中的一段佳话。

毛泽东与宋庆龄是在1924年1月在广州召开的中国国民党第一次全国代表大会上相识的。当时，毛泽东作为中共代表出席并参加了此次大会，并参与了改组国民党的领导工作。宋庆龄作为孙中山的得力助手，又是国民党中著名的左派代表，与廖仲恺、何香凝参加大会，也担任了大会的领导工作。毛泽东与宋庆龄在这个特殊的年代相识，两人都赞同孙中山提出的联俄、联共、扶助农工的三大政策，并坚决拥护孙中山重新解释的新三民主义。由于彼此观点、见解相同，故互认为知己、同志。1926年1月，毛泽东又和宋庆龄一起出席了国民党二大。会上，两人与其他与会的共产党员和国民党左派一起同国民党右派进行了坚决的斗争。在这次大会上，宋庆龄当选为国民党中央执委会执行委员，毛泽东被选为候补中央执行委员，并主持宣传部工作。1927年3月，毛泽东与宋庆龄又一同出席了在汉口召开的国民党二届三中全会。通过他们的共同努力，会议重申了孙中山的三大政策，并通过了《统一党的领导机关案》，该法案对日益膨胀的蒋介石的权力作了限制。在会上，宋庆龄当选为中央执委五人主席团成员。同月，武汉国民政府成立，宋庆龄被任命为国民政府委员，毛泽东被任命为国民政府土地委员会五个委员之一。4月12日，蒋介石发动了叛变革命的政变，在上海大肆屠杀共产党人与工人群众。4月18日，他还发布命令通缉共产党人与国民党左派和其他著名人士190多人。在蒋介石叛变革命之际，宋庆龄与毛泽东等人联名在4月22日汉口的《民国日报》发表通电，声讨蒋介石，痛斥蒋介石是“总理之叛徒”。7月15日，汪精卫步蒋介石之后尘，也制造事件，叛变了革命。对他的叛卖行径，毛泽东与宋庆龄等22名国民党中央委员义无反顾，不惧高压、联名发表《中央委员宣言》，痛斥蒋、汪的反革命罪行。

尖锐、复杂的革命斗争，使毛泽东与宋庆龄的革命情谊有了进一步的加深。大革命失败后，毛泽东根据中共中央的指示回湖南领导了湘赣边界的秋收暴动，后来，把工农起义队伍带上了井冈山。宋庆龄则离开武汉赴苏联进行访问。两人在汉口一别竟是18年。其间，尽管相隔遥远，但互相还保持了书信来往，互致问候，珍重友谊。

1936年初，美国记者斯诺想揭开抗日根据地的“神秘面纱”，向世人报道真实的共产党人抗战的情况。当时，他设法找到了宋庆龄，希望她帮助联络。宋庆龄欣然应允。她用药水给在延安的毛泽东写了一封信，介绍了斯诺等人前来采访的要求。斯诺通过宋庆龄的引见，成功地进行了采访，写成了《西行漫记》一书，第一次全面、系统、真实地介绍了毛泽东和他领导的中国革命。

为了促成抗日民族统一战线的建立，1936年10月，中共中央派潘汉年来上海，与国民党商谈合作事宜。潘到上海，首先拜会宋庆龄。他向宋庆龄呈送了毛泽东给她的信。信中写道：

庆龄先生左右：

武汉分别，忽近十年。每从报端及外来同志口中得知先生革命救国的言论行动，引起我们无限的敬爱。一九二七年后，真能继续孙中山先生革命救国之精神的，只有先生与我们的同志们。目前停止内战联合抗日之呼声虽已普及全国，然而统率大兵之蒋氏及国民党中央迄今尚无彻底悔祸之心。这种违反孙中山先生革命的三民主义与三大政策之行为，实为国民党大多数党员所不容许而应立起纠正才是。因此，我想到要唤醒国民党中枢诸负责人员，觉悟于亡国之可怕与民意之不可侮，迅速改变其错误政策，是尚有赖于先生利用国民党中委之资格作具体实际之活动。兹派潘汉年同志前来面申具体组织统一战线之意见，并与先生商酌公开活动之办法，到时敬求接洽，予以指导。付上我们致国民党中央的信以作参考。同时请先生介绍与先生比较接近的诸国民党中枢人员，如吴稚晖、孔祥熙、李石曾、蔡元培、孙科诸先生，与汉年同志一谈，不胜感幸。

顺问

近安

毛泽东

"九一八"五周年纪念日

从此信，可以看出，两人虽久未谋面，但心是相通的。毛泽东对宋庆龄高度的信任与敬重，溢于言表。而宋庆龄收信后便四处奔走，为国共第二次携手做了大量工作。

1937年11月，上海沦入日本侵略者之手，毛泽东十分惦念宋庆龄的安危，嘱她赶快转移去香港。后宋从上海赴港，继续开展抗日救亡活动。抗日战争胜利后，毛泽东等为了促进国内和平的实现，系人民安危于一身赴重庆和谈。宋庆龄闻老友抵渝，在1945年9月6日设宴招待毛泽东、周恩来、王若飞等人。9日，宋庆龄又由王安娜陪同，到上清寺桂园会见毛泽东。毛泽东亲自出门迎接，并与她亲切交谈。两人从北伐战争、十年内战、八年三国抗战谈到孙中山的《建国大纲》，以及目前国内的局势与国家的前途、命运。当宋庆龄看到面带倦容，且不停地抽烟，就劝毛泽东多保重身体，喝点咖啡，少吸一些烟，毛点头同意。宋告辞时，毛又起身将她送到大门外。可见，毛泽东对这位革命信仰坚定，爱国心极为炽热的老友是非常敬重与钦佩的。

蒋介石破坏双十协定，最后又发动了全面内战。然而，违反民意的蒋介石只能是搬起石头砸自己的脚，仅三年时间，蒋家王朝就垮台了。在革命即将取得全国胜利之际，1949年1月，毛泽东为商讨建国大计，又想到了老友宋庆龄。他嘱方方、潘汉年等派可靠人士将亲自拟定的电报送给住在上海的宋庆龄。电报内容如下：

庆龄先生：

中国革命胜利的形势已使反动派濒临死亡的末日，沪上环境如何，至所系念。新的政治协商会议将在华北召开。中国人民革命历尽艰辛，中山先生遗志迄今始告实现，至祈先生命驾北来，参加此一人民历史伟大的事业，并对于如何建设新中国予以指导。至于如何由沪北上，已告梦醒与汉年、仲华切商，总期以安全为第一。谨电致意，伫盼回音。

为了确保宋庆龄的安全，并迎接她北上，中共中央特作出指示：第一，必须秘密进行，而且不能冒失；第二，必须孙夫人完全同意，不能稍涉勉强。如有危险，宁可不动。上海于1949年5月解放。此时，毛泽东又派邓颖超、廖梦醒，专程由北平赴上海，邀请宋庆龄赴北平共商国是。邓、廖二人还带去了毛泽东与周恩来写给宋庆龄的亲笔信。信上说：

庆龄先生：

重庆违教，忽近四年。仰望之诚，与日俱积。兹者全国革命胜利在即，建设大计，亟待商筹，特派邓颖超同志趋前致候，专诚欢迎先生北上。敬希命驾莅平，以便就近请教。至祈勿却为盼！专此。敬颂

大安！

毛泽东

一九四九年六月十九日

可见，字里行间洋溢着对宋庆龄的敬佩、信任与期待。这封信，给宋庆龄带来极大的喜悦与鼓舞，她不顾身体不适，欣然同意北上，到北平参加全国人民政治协商会议。宋庆龄在邓颖超的陪同下，于8月28日抵达北平。获悉宋庆龄来北平，毛泽东、朱德、周恩来等党中央领导人亲自去车站迎接。

8月28日这天，毛泽东很早就身边工作人员打招呼，要到火车站去迎接宋庆龄，让给他准备衣服。一吃过饭，他就赶快更衣，换上那套平时不大穿，只有迎送知名人士才穿的浅色衣服。尽管到前门火车站的路途不远，在毛泽东的多次催促下，还是提前出发了。

下午4时15分，宋庆龄乘坐的专车进站。车刚刚停稳，毛泽东就走上车厢，亲自欢迎宋庆龄下车。毛泽东伸出双手，与宋庆龄握手，并说："欢迎你，欢迎你，一路辛苦了。"宋庆龄高兴地说："谢谢你们的邀请，我向你们祝贺。"毛泽东说："欢迎你来和我们一起筹建新中国的大业。"宋庆龄说："祝贺中国共产党在你的领导下取得伟大胜利。"①

当晚，毛泽东设宴为宋庆龄洗尘，热烈欢迎她前来共商国家建设大计。9月21日至30日，宋庆龄出席了毛泽东主持的全国政协第一次全体会议。毛泽东致词，宋庆龄也发表了热情洋溢的讲话。会上，毛泽东当选为中央人民政府主席，宋庆龄

①岚叟、李丁：《毛泽东与宋庆龄》。

当选为中央人民政府副主席。10月1日，毛泽东与宋庆龄同时登上天安门城楼，参加开国大典。此情此景，毛、宋二人无比激动。

新中国成立后，毛泽东与宋庆龄都担任了党和国家的重要职务，国事繁忙，但两人仍保持密切的来往与诚挚的友谊。在宋庆龄的住所里，她一直挂着孙中山、毛泽东的画像。宋庆龄每年还给毛泽东寄贺年片，有时送些礼品，表示问候。1952年10月，宋庆龄给毛泽东送去她写的《为新中国而奋斗》一书。毛泽东极为高兴，当即写信致谢。1956年元旦，毛泽东又收到宋庆龄寄来的贺年片，十分高兴，提笔给宋庆龄写了一封既生动有趣又热情洋溢的信。毛泽东写道："亲爱的大姐：贺年片早已收到，甚为高兴，深致感谢！江青到外国医疗去了，尚未回来。你好吗？睡眠尚好吧。我仍如旧，十分能吃，七分能睡，最近几年大概还不至于见上帝，然而甚矣吾衰矣。望你好生保养身体。"寥寥数语，既体现了毛泽东革命的乐观精神和对战友的诚挚情意溢于言表，读后令人感到十分亲切。

1957年4月，刘少奇到上海视察工作时，前往宋庆龄住所看望。在谈话中，宋庆龄诚恳表示："我希望参加共产党。"刘少奇听了十分高兴。但他认为这是件大事，须请示毛泽东与中央。后来，经毛泽东与党中央研究，要刘少奇向她转达了以下意见：中央认真讨论了你的入党要求，从现在的情况看，你暂时在党外对革命所起的作用更大些，虽然你没有入党，我们党的一切大事，都随时告诉你，你都可以参与。宋庆龄表示理解毛泽东与中央的意见。实际上，毛泽东与中央一直将宋庆龄作党内负责同志看待，所有大事都告诉她，听取她的意见。

1957年11月，毛泽东和宋庆龄分别任正副团长，率中国代表团赴莫斯科参加庆祝苏联十月革命胜利40周年的活动。11月20日，毛、宋同乘一架飞机回国，毛泽东让宋庆龄坐头等舱，自己坐二等舱。宋说："你是主席，你坐头等舱。"毛说："你是国母，应该你坐。"就这样，宋坐头等舱，毛坐二等舱回国了。[1]

1959年至1961年三年经济困难时期，当宋庆龄得知毛泽东七个月没有吃一口肉，经常以青菜粗粮充饥，她深为日理万机的毛泽东的身体担忧，特意从上海给毛泽东带来了一网兜螃蟹，要他补养一下身体。毛泽东对此深受感动。毛泽东对宋庆

---

①路海江等编著：《毛泽东和他同时代的人》，河南人民出版社1992年版，第315页。

龄也非常关心与敬重。1961 年 5 月 11 日他专门前往上海淮海中路宋庆龄寓所看望，并赠送给她绣有梅花图案的高级地毯。在毛泽东等中央领导人的关怀下，1963 年宋庆龄由上海迁居北京后海北沿 46 号。这里原是清宣统皇帝的父亲醇亲王载沣的府邸。亭台楼阁，花木葱茏，环境幽雅。宋庆龄就是在这里度过了幸福的晚年。

毛泽东与宋庆龄在革命斗争的风雨中相识，并结下深厚友情。毛泽东敬重、关心宋庆龄，事迹感人。而宋庆龄对毛泽东也非常关爱、拥戴。两人能终生保持纯洁的革命友情，十分难得。

2. 九三学社应该发展

九三学社于 1945 年 9 月 3 日在重庆正式成立。九三学社的成立与毛泽东为首的共产党人的指导、关怀是分不开的。说到九三学社的主席许德珩，他和毛泽东曾结下过深厚的朋友情意。

毛泽东与许德珩相识于“五四”时期。那时，许德珩在北京大学读书，他是著名的学生运动领袖之一。许德珩当时常去北京大学图书馆看书。1918 年 6 月，毛泽东因组织新民学会会员赴法留学来北京，为解决生计问题，就在北京大学图书馆当助理员。两人在图书馆相识，并经常一起交谈读书体会，研究社会问题。由于志趣相投，两人结交为朋友。他们都经李大钊的介绍加入“少年中国学会”，两人和邓中夏、高君宇等人还共同发起组织了“北京大学平民教育讲演团”，发动爱国学生深入海淀、长辛店等处，向工人、农民传播革命思想。

五四运动前夕，毛泽东回湖南开展革命运动，从此两人一别长达 20 多年。尽管人各一方，但矢志救国之心都未变。许德珩曾参加五四爱国运动，参与了火烧赵家楼、痛打卖国贼章宗祥的事件。1927 年大革命失败后，许德珩参加了中共领导的革命文化团队之一——中国社会科学家联盟，坚持与共产党合作。

1936年秋末冬初，许德珩在北京大学当教授。当时，毛泽东率红一方面军胜利结束长征到达陕北。刚到陕北，红军条件十分艰苦。此时，人虽在北京的许德珩，心里却挂念着为拯救民族出苦难之中的毛泽东的处境。许德珩与北京中共地下党的干部徐冰取得联系。他向徐冰打听毛泽东在陕北的境况。他问徐冰：陕北现在最缺什么。徐冰告诉他："现在延安由于国民党反动派的封锁，物质供应困难，日用品和吃的都比较缺乏，尤其没有布鞋穿，大家都穿草鞋，也没有怀表。"许德珩与夫人劳君展（当年毛泽东在一师求学时的同学，新民学会的会员）听到这些，心中十分焦急，连忙拿出自己的一点积蓄，决定买些日用品和食品送给毛泽东。劳君展到东安市场买了十几只火腿、30多双布鞋、12块怀表，托徐冰转交给毛泽东。由于徐冰未随便车送东西去陕北，而是托人转交。而当时的转交者并不知是许德珩夫妇所送，只知是大学教授。而毛泽东接了这份辗转而来的贵重礼品，心里十分高兴，但又不知何人所赠，只知是北京大学教授所赠。1936年11月2日，在收到东西不久，即向北京大学的教授写信致谢，信中写道：

各位教授先生们：

收到惠赠各物（火腿、时表等），衷心感谢，不胜荣幸！我们与你们之间，精神上完全是一致的。我们的敌人只有一个，就是日本帝国主义，我们正准备迅速地进到团结全国出兵抗日，我们与你们见面之期已不远了。为驱逐日本帝国主义而奋斗，为中华民主共和国而奋斗，这是全国人民的旗帜，也就是我们与你们共同的旗帜！谨致民族革命的敬礼！

毛泽东

十一月二日

抗战后期，许德珩在重庆与一些知识界名流潘菽、黎锦熙等人组织"民主科学座谈会"，时常讨论时局。抗战胜利不久，为争取和平，毛泽东准备来重庆与蒋介石谈判。闻此消息，许德珩夫妇非常高兴，急于与老友会面。

9月10日，来重庆不久的毛泽东发请帖邀许德珩到重庆八路军办事处吃午饭。一见面，毛泽东高兴不已，他一手拉着许德珩，一手拉着劳君展，笑着说："想不到我们在这里见面了。"三人相逢，有说不完的知心话，他们从回忆在长沙的生活起，又谈到了在北大的往事。许德珩夫妇还向毛泽东讲述了赴法勤工俭学及回国后的工作、生活情况。毛泽东则向他们介绍了自己20多年来的斗争生活，毛泽东风趣地说："你们知道我这个人怎么会打仗呢？我是逢山开路，遇水搭桥。"毛泽东还介绍了延安的生产与生活情况。他说："经过大生产运动，现在陕北人民的生活显著好转，基本上达到了丰衣足食。回想初到陕北时，生活是相当艰苦的。北平的教授先生知道我们物质缺乏，还给我们送来火腿、怀表和布鞋，真是令人感动。"[①]此时，劳君展才把1936年买东西送给毛泽东的经过说了出来。毛泽东这才恍然大悟，"原来那东西还是你们送的呀！早就收到了，让他们吃了，用了，我也吃了。多谢！多谢！"

随后，毛泽东与许德珩谈起重庆知识界的情况。许德珩向毛泽东谈到了"民主与科学座谈会"的情况。毛泽东对这样的活动大贺赞赏，说："既然有许多人参加，就把座谈会办成一个永久性的政治组织。"许还是担心参加的人数少了点。毛泽东却认为"即使少也不要紧，你们都是些科学文教界有影响的代表人物，经常在报上发表意见和看法，不是也能起到很大的作用吗？"这天午宴来作陪的有周恩来等人。吃罢午饭，许德珩夫妇起身向毛泽东告辞时，劳君展特意关照毛泽东说："重庆气候不好，山城不可久留，早作归计为好。"毛泽东知其中心意，心领神会，一笑而别。

在毛泽东的关怀下，1945年9月3日，九三学社在重庆正式成立，许德珩当选为中央主席。1949年初，全国政协会议正加紧筹备。毛泽东指示要九三学社向新政协筹备会写一报告，参与新中国的成立工作，成为中国的八个民主党派之一。1949年底，沈钧儒认为"人民救国会"已完成其历史使命，宣布解散。当时，九三学社的一些人也认为该组织已完成了历史使命，提议解散。在解散的决定即将作出时，毛泽东访问苏联后回到北京，他得知此情况后说："人民救国会"已经解散了，是很可惜的，九三学社就不要再解散了，并指派中央有关领导同志向许德珩等人讲述民主党派在新中国成立后的地位和作用，指出九三学社不仅不能解散，而且还应该发展。在毛泽东的关怀下，九三学社作为中共的朋友和助手，在中国社会主义革命和建设中作出了新的贡献。[①]

新中国成立后，毛泽东与许德珩仍保持着密切的关系。在制定国家的有关方针政策时，毛泽东能认真听取许德珩的意见。记得许德珩担任水产部部长后，有一次

①孙琴安：《毛泽东与名人》，江苏人民出版社1993年版，第340页。

去舟山群岛视察渔业。舟山群岛地处东陲，是大陆同台湾争夺渔民的重要捕渔区。海峡两岸的渔船都可以行驶到舟山群岛外边。许德珩视察时发现一个情况，即：台湾的渔船一遇到大陆的渔船，就请大陆的渔民喝酒，送日用品，而大陆政府则全然相反，卖给渔民的绳索、毛竹的价格，不但不降低，还要加价，政府一共加收到50万元之多，渔民们对此颇有意见。许德珩觉得这种做法不妥，就与水产部其他领导商量，作出决定，把多赚的50万元退还给渔民，渔民对此感到非常高兴。

后来邓小平得知此事后，一次，当许德珩、毛泽东、邓小平碰巧在一起时，邓小平便当着许德珩的面，向毛泽东说起这件事。毛泽东听了，忙点点头，说："应该这么办。"显然，毛泽东是赞同许德珩的做法的。其实，道理很简单，因为他们都感到政府的政策应该对人民有利。

岁月久长，点点滴滴，却反映了毛泽东与许德珩的亲密友谊。他们的友好合作关系，实际上折射出共产党同民主党派的亲密关系，确实是"肝胆相照，荣辱与共"。

3. 彼此交心　贵在真诚

翻开《毛泽东书信选集》，就可发现，毛泽东写给黄炎培的信就有十多封。仅从这一点就可想见两人的交往是非同一般的。

黄炎培是中国现代史上的著名教育家，他曾在20世纪30年代发起过职业教育运动，影响波及全国。1940年他在重庆参与组织中国民主政团同盟。1945年底又发起建立中国民主建国会，为该组织的主要负责人。毛泽东虽然在20世纪20年代就已知晓黄炎培的名声，但真正两人见面则是在20多年后的1945年7月，黄炎培作为国民参政会的参政员代表之一访问延安，毛泽东与他有了第一次的真诚长谈。此后，两人交往越来越频繁，书信往来不断，几乎到了无话不谈的地步。

①路海江等编著:《毛泽东和他同时代的人》,河南人民出版社1992年版,第375页。

记得7月4日下午，毛泽东在百忙中专诚邀请黄炎培和冷遹请到家里作客，整整长谈了一个下午。毛泽东向黄炎培介绍了延安的整风运动，说通过整顿三风，从多年的革命实践中，觉悟到过去的种种错误，就错在中了主观主义、宗派主义和党八股的毒害。他们还探讨了教育学中的一些问题。后来，毛泽东说起黄炎培来延安有好几天了，延安的一切都很感兴趣，并参观了不少地方。因此，毛泽东问黄炎培有何感想。听到此，黄炎培坦率地说："我生60多年，耳闻的不说，所亲眼看到的，真所谓'其兴也勃焉，其亡也忽焉'。一人、一家、一团体、一地方乃至一国，不少单位都没有能跳出这周期率的支配力。大凡初时聚精会神，没有一事不用心，没有一人不卖力，也许那时艰难困苦，只有从万死中觅取一生。继而环境渐渐好转了，精神也渐渐放下了。有的因为历时长久，自然地惰性发作，由少数演为多数，到风气养成，虽有大力，无法扭转，并且无法补救。也有因为区域一步步扩大了，它的扩大，有的出于自然发展；有的为功业欲驱使，强求发展，到干部人才渐渐竭蹶，艰于应付的时候，环境倒越加复杂起来了，控制力不免薄弱了。一部历史，'政怠宦成'的也有，'人亡政息'的也有，'求荣取辱'的也有。总之，没有能跳出这个周期率。中共诸君从过去到现在，我略略了解了的，就是希望找出一条新路，来跳出这个周期率的支配。"黄炎培的这席话，的确是耿耿诤言，语重心长。

毛泽东听了这席话，感慨万千，他高兴地答道："我们已经找到了新路，我们能跳出这周期率。这条新路，就是民主。只有让人民来监督政府，政府才不敢松懈，只有人人起来负责，才不会人亡政息。"毛泽东的话可谓掷地有声，真乃至理名言。黄炎培听到这番话，深表赞同，说："这话是对的，只有把大政方针决之于公众，个人功业欲才不会发生。只有把每个地方的事，公之于每个地方的人，才能使得地地得人，人人得事。把民主来打破这周期率，怕是有效的。"①

短短的五天访问，对黄炎培来说，感受甚深，他似乎从毛泽东等共产党人的身上看到了中国光明灿烂的前景。回来后，黄炎培将在延安的所见所闻，写了《延安归来》一书，在大后方出版。此书如实地向民众介绍了毛泽东为首的共产党人在陕北励精图治，以求报效国家的所作所为，以及边区的新气象，当时此书的出版引起

①于俊道等编:《毛泽东交往录》,人民出版社1991年版,第32页。

了极大的震动。

自从延安之行与毛泽东谈话甚为投缘，真诚交心起，黄炎培就对毛泽东等共产党人产生了好感，并逐渐结下了深情厚谊。1945年8月28日，毛泽东赴重庆参加和谈，在留渝的43天中，黄炎培与毛泽东就有十多次的会晤与聚宴。

1949年2月，黄炎培在地下党帮助下，逃脱了国民党特务的严密监视，辗转多处最后到达北平，展开了他人生历程中崭新的一页。毛泽东对黄炎培、沈钧儒等民主党派的领袖人物能以国事为重，以民主事业为重，来北平一起筹划新中国的建设蓝图，甚是高兴。他亲去机场迎接，还在百忙中设宴单独邀请黄炎培畅叙别情，纵谈时局，直至夜深。后来，毛泽东又多次邀集黄炎培等民主党派负责人共商人民政治协商会议的筹备工作。毛泽东希望黄炎培多在民族工商业中作工作，为解放上海出力。

正当新中国即将宣告成立之时，美国国务院发表了关于美国与中国关系的“白皮书”。白皮书歪曲历史，颠倒黑白，黄炎培对此极为愤慨，他立即写了批驳文章发表在《人民日报》和《展望》周刊。并以民主建国会的名义发表声明，予以驳斥。文章刚发表，毛泽东就看到了并立即写信给黄炎培说：

任之先生：

民建发言人对白皮书的声明写得极好，这对于民族资产阶级的教育作用当是极大的。民建的这一类文件（生动的、积极的、有原则的、有前途的、有希望的），当使民建建立自己的主动性，而这种主动性是一个政党必不可少的。此致

敬礼！

毛泽东

八月二十四日

黄炎培见到毛泽东的信后，异常兴奋，立即给毛泽东写了回信，“希望主席时时指教”。

毛泽东接到黄炎培的复信后，隔天又第二次给黄炎培写信，重加勖勉，信中写道：

任之先生：

八月二十四日大示敬悉，很高兴。民建此次声明，不但是对白皮书的，而且说清了民族资产阶级所以存在发展的道理，即建立了理论，因此建立了民建的主动性，极有利于今后的合作。民建办事采用民主方式亦是很好的，很有必要的。此种

方式，看似缓慢，实则迅速，大家思想弄通了，一致了，以后的事情就好办了。

谨致祝贺！

毛泽东

八月二十六日

新中国成立后，黄炎培担任了政务院副总理兼轻工业部部长。身负重任的黄炎培决心要为国家为人民勤奋工作。毛泽东则从思想上、工作上予以热情的指导与帮助。在土改中，黄炎培曾收到不少工商界人士的告状信，他怀着不安的心情向毛泽东与党中央禀报。毛泽东对他的作法没有随意加以批评和指责，而是诚恳地通过各种方式以事实启发他的思想觉悟。与此同时，他亲笔给黄炎培又写了几封信，回答各类问题，又把各地土改材料送给他看。当黄炎培提到要下乡考察时，毛泽东十分支持，并写信给中共华东局第一书记饶漱石和陈丕显，予以关照。信中说："黄炎培先生收到许多地主向他告状的信，我将华东局去年十二月所发关于纠正肃反工作中缺点的指示及一月四日关于纠正土改工作中缺点的指示送给他看，他比较懂得了一些。黄先生准备于本月内赴苏南各地去巡视，我已嘱他和你们接洽，到时望将全面情况和他详谈。"临行前，毛泽东又邀黄炎培面谈，告诉他："苏南已土改地区，可择好者、坏者各看一二考察之。"

在新中国成立初期开展的"三反""五反"运动中，当时，有不少工商业者，害怕挨整，怀有严重的恐惧心理，担心被政府没收。因此，对生产经营无信心，抱着吃光花光的消极态度，上海一度出现了咖啡馆、舞厅和饭馆比往常要热闹的"三多"现象。黄炎培及时向毛泽东汇报，并建议毛泽东和其他领导人作些鼓舞人士的报告，宣讲政策，打消工商业者的顾虑。毛泽东对此高度重视，他约黄炎培面谈，更详细地询问有关情况，宣讲党和政府的方针、政策。黄炎培对毛泽东的谈话精神，也心领神会。后来他在日记中写道："毛泽东约谈，对民建会的方针、路线都有明确指示。如对民族资产阶级的作用，私人资本发展的限制，吸收会员的对象，以及'三反''五反'运动后选择会员的标准等重要问题都有指示。对民建会员的学习问题也指出：马列主义要学习，但一般人首先应该学习并接受共同纲领。"

黄炎培作为国家领导人之一，特别是作为民主党派的主要负责人之一，积极参加了历次运动，他总是结合实际情况，提出问题，发表自己的看法，并宣传共产党的政策。1952年9月初，民建工商业者将举行会员大会，黄炎培事先认真地写出了题为《三反五反运动结束以后怎样发挥毛主席对民建方针指示的精神》。他特地把讲稿先送毛泽东审阅。毛泽东接到讲稿后帮黄炎培仔细地修改，并热情洋溢地回信说："讲稿用意甚好，惟觉太激进了一点，资产阶级多数人恐受不了，因此遵嘱作了某些修改，是否妥当，还祈考虑酌定。"毛泽东对讲稿的修改主要有以下几处：一、毛泽东将讲稿中的"资本家应充分接受工人阶级思想"改为"资本家应充分接受工人阶级和国营经济的领导"。二、毛泽东将讲稿中的用"工人阶级思想"教育改造资本家，改为用"爱国主义的思想，共同纲领的思想"教育改造资本家；把帮助资本家"改造思想"，改为帮助资本家"改造那些坏思想，那些不合乎爱国主义和共同纲领的思想，即所谓'五毒'思想"。三、在讲稿中"资产阶级分子有坏的，也有好的"一句话后，毛泽东加写了"就资产阶级的大多数人来说，一个人的思想中有坏的方面，也有好的方面。我们应该帮助他们去掉坏的方面，发展好的方面"。四、在讲稿最后一段，毛泽东加写了一段话："我们在现阶段对于资产阶级的多数人的要求是如此。但在中国的条件下，资产阶级中的少数人，那些有远见的人们，可能超过上述要求，而接受工人阶级的基本思想，即社会主义思想，而对社会主义事业发生兴趣。他们一面开工厂，并不要求马上变更自己的成分和事业；一面看到社会主义事业对于人类的伟大贡献，想在将来做一个社会主义者，这种人是可能的有的，我们应该表示欢迎。"毛泽东在信中诚恳地开导黄炎培："要求资产阶级接受工人阶级的基本思想，例如消灭剥削，消灭阶级，消灭个人主义，接受马克思主义的宇宙观，或者如先生所说'没有劳动就没有生活，不从劳动以外求生活，不从自力以外求生活'，这就是要求资产阶级接受社会主义。这些对少数进步分子来说，是可能的，当作一个阶级，则不宜这样要求，至少在第一个五年计划时期不宜如此宣传。""当作一个阶级，在现阶段，我们只应当责成他们接受工人阶级的领导，亦即接受共同纲领，而不宜过此限度。""在现阶段，允许资产阶级存在，但须经营有益于国家人民的事业，不犯'五毒'，这就是工人阶级对于资产阶级的领导，也就是《共同纲领》所规定的。超过这个限度，而要求资产阶级接受工人阶级的思想，或者说，不许资产阶级想剥削赚钱的事情，只许他们和工人一样想'没有劳动就没有生活'的事情，只想社会主义，不想资本主义，那是不可能的，也是不应该的。""对于资产阶级中的少数人，那些有远见的人们，我同意先生的意见，可以向他们宣传社会主义，使他们对社会主义事业发生兴趣，我想这是可行的，也是有益的。”“先生近来思想前进甚快，例如北戴河信上所说国家主权的思想，此次所说社会主义的思想，都表示这一点，但在现在却是言之过早，在少数人想想是可以的，见之实行则是不可以的。因为先生对于我的高度的信任，故率陈鄙见如右，是否有当，还祈审察赐教。”

毛泽东的信和修改稿，黄炎培读了感慨万千，思想上受到极大震动。当晚他就写信给毛泽东：“讲稿承亲赐斧削，对资产阶级一方面照顾到多数不能接受，而一方面拿来鼓励少数前进分子，这样才符合新民主主义精神，不仅改正了讲稿，同时改正了我的思想，敬谨接受之下，不尽地感谢！”

黄炎培作为民主党派的主要负责人之一，全身心地参加国家大事的讨论，关心国家的建设大计，精神感人，1955 年 11 月，在住院动手术的黄炎培还念念不忘对资本主义工商业改造一事，在病榻上写信给毛泽东：“我准备这副老机器活动力完全恢复以后，将发挥新的精神，重新投入战斗部队，为光荣地执行主席又一次对工商业社会主义改造的珍贵指示努力。”毛泽东收信后立即回信嘉勉说：“从医院给我的信收到。尊恙全愈，极为高兴。尚望注意保养，恢复健康。工商界改造工作有进步，令人快慰。惟须加强教育，使之普及到大中小城市的各行各业。看来在工商界是可以采用自我批评这个方法的，这次工商联合会讨论的经验可以推广。”

毛泽东与黄炎培这位民主党派的主要负责人的真诚交往，来往书信之多，言辞之恳切，友情之深厚，这在同辈人中也是不多见的。明代海瑞有诗云：“丈夫所志在经国，期使四海皆衽席。”毛、黄两人如此真诚交友，并无任何私念，完全是为着这个国家，为着国家的事业，为着人民的安康、幸福。

4. 善采良策　共渡难关

民主人士中不乏一些爱国忧民，敢于直言的仁人志士。无论是在民主革命时期还是在社会主义革命与建设时期，这些人都是共产党的忠实朋友，他们都希望通过自己的呼声与建议，能帮助共产党战胜困难，为人民谋利益，为国家谋富强。毛泽东，作为共产党的领袖，对这些人是非常敬重的，对他们的建议与意见也是十分重视，且善于采纳的。

在全民族抗日战争时期的陕甘宁边区，有一位著名的开明人士，他亲眼目睹了共产党人在陕北为抗战胜利而励精图治的种种善行，在共产党的抗日民族统一战线政策的感召下，毅然与共产党人忠诚合作。为了共同战胜根据地所遇到的困难，1941 年他向共产党领导的边区政府提出了“精兵简政”的意见，被中共中央采纳。他，就是当时党外的知名人士李鼎铭。他从第一次聆听毛泽东在陕甘宁边区第二届一次参政会的演说起，到 1947 年 12 月逝世止，长达六年多的时间里，他与毛泽东保持了密切的交往，成了亲密朋友。

1941 年 11 月 6 日至 21 日，陕甘宁边区第二届参议会议，在延安大礼堂隆重开幕。这次参议会，是边区民主建政的空前盛会。在新选出的参议员和候补参议员中，有工人、农民、中共干部、党外民主人士，大家济济一堂，共商边区大事。

毛泽东出席了会议的开幕式，并发表了约 30 分钟的重要演说。毛泽东在演说中指出：“今天边区参议会开幕，是有重大意义的。参议会的目的，只有一个，就是打倒日本帝国主义，建设新民主主义的中国，也就是革命的三民主义的中国。”“中国共产党的主张就是要团结全国一切抗日力量打倒日本帝国主义，要和全国一切抗日的党派、阶级、民族合作，只要不是汉奸，都要联合一致，共同奋斗。”毛泽东还在讲演中批评一部分共产党员不善于同党外人士实行民主合作，还保存一种狭隘的关门主义和宗派主义的作风，也还不明白共产党员有义务同抗日的党外人士实行民主合作，无权力排除这些党外人士的道理。他说：“共产党的这个同党外人士实行民主合作的原则是固定不移的，是永远不变的。只要社会上还有党存在，加入共产党的人总是少数，党外人士总是多数，所以党员总是要和党外人士合作，现在就应该在参议会中好好实行起来。”

在座的参议员中，有一位个子不高，而两眼炯炯有神，拄着拐杖的老人，他就是米脂县参议员李鼎铭。毛泽东的一席话深深打动了他的心。他受毛泽东演说的鼓舞，根据陕甘宁边区所遇到的财政困难与老百姓负担过重的情况，以高度对老百姓负责的责任感，不顾别人的反对，向大会提交了精兵简政的提案。提案中写道：“政府应彻底计划经济，实行精兵简政主义，避免入不敷出，经济紊乱之现象。”提案中还说到了提出的理由与实施的办法。他认为理由如下：“军事政治之建立，必须以经济力量为基础，在今日人民困苦，资源薄弱之状况下，欲求不因经济枯竭而限制军政发展，亦不因军政发展而伤害经济命脉，唯有政府彻底计划经济，实行精兵简政主义，量入为出，制定预算，以求得相依相助，平衡发展之效果。”在实施的办法中，他提出了“在财政经济力量范围内和不妨碍抗战力量条件下，对于军事实行精兵主义，加强战斗力，以兵皆能战，战必能胜为原则，避免老弱残疾滥竽充数现象。对于政府应实行简政主义，充实政府机构，以人少事精，胜任职责为原则，避免机关庞大，冗员充塞，浪费人力，财力等现象”“提倡节约、廉洁作风，避免不应有的浪费现象”等办法。

李鼎铭的提案，实乃良策，可是，却遭到了一些人的反对与批评，他们认为：“提倡精兵主义，部队就不能发展”，甚至有人怀疑李鼎铭提案的动机。但毛泽东对此提案特别重视，他从中看到了这是解决目前各个抗日根据地存在的病症的一剂良方。他认真地把提案一字一句地抄在笔记本上，同时还加了一段批语：这个办法很好，恰恰是改进我们的机关主义，官僚主义、形式主义的对症药①。

后来，当“精兵简政”提案提交大会讨论时，李鼎铭先生刚发完言，毛泽东就站起来，一边鼓掌一边走到台前，极其深刻而生动地阐述了实行精兵简政的必要性，并对一些不正确的批评进行了反批评。

“精兵简政”议案最后在会上通过了。为此，毛泽东还为《解放日报》写了《一个极其重要的政策》的社论。毛泽东详细阐述了要在根据地推行精兵简政的理由。他要求“各抗日根据地的全体同志必须认识，今后的物质困难必然更甚于目前，我们必须克服这个困难，我们的重要的办法之一就是精兵简政”。不久，中共中央也发出了实行精兵简政的指示，要求各抗日根据地为了长期斗争，准备胜利反攻，必须普遍实行精兵简政。这样，精兵简政就成为了中国共产党为战胜困难而提出的十大政策之一。1944年，毛泽东在《为人民服务》一文还念念不忘李鼎铭这一良策所产生的积极作用。他高度评价说：“‘精兵简政’这一条意见，就是党外人

①胡真编:《中国第一人——毛泽东》,湖南人民出版社1999年版,第277页。

士李鼎铭先生提出来的，他提得好，对人民有好处，我们就采用了。”

经毛泽东的提议，在这次参议会上，李鼎铭被选举为陕甘宁边区政府副主席。不久，他由米脂县搬到延安时，将全部家产献给了当地政府。毛泽东听到此事，派车把李鼎铭接到杨家岭自己住的土窑洞里。他关切地说：还是留一点吧。李鼎铭说，一点也不留。毛泽东哈哈大笑着说：“你真是开明人士。”

毛泽东与李鼎铭由此结为挚友。毛泽东对李鼎铭很关心。他每次来杨家岭，毛泽东再忙，也要接见，给他讲国内外抗战的形势。毛泽东还指示有关部门要在生活中多加关照。毛泽东还经常到边区政府看望他。李鼎铭的大儿子在国民党统治区当差，他想叫大儿子弃暗投明，到延安参加革命工作。经毛泽东同意，边区政府经过一番周折，将他的大儿子全家接回了延安。

毛泽东关怀李鼎铭，而李鼎铭也很关心毛泽东的健康状况。在延安有段时间中，毛泽东在长征途中所患的关节病复发，吃了不少西药仍未见效。李鼎铭得知情况后很着急，他来到杨家岭给毛泽东看病探脉，说吃几服中药能有效。当时卫生处有的医生不大相信中医，不同意毛泽东服中药。毛泽东认为还是试试为好。果然，服了几副中药后病好多了。后来，毛泽东有病时常请李鼎铭给他开药处方。有时李鼎铭还用按摩的方法结合起来为毛泽东治病，结果，疗效都很好。在给毛泽东治病时，两人还讨论中医、中药治病的原理与方法问题。有一次，毛泽东问李鼎铭：现在延安有些西医看不起中医，你看边区的医药卫生事业应该如何发展？李鼎铭说：中西医各有长处，只有团结起来，才能求得进步。毛泽东说：这个办法好，以后中西医一定要结合起来。从此以后，毛泽东常在一些会议上谈中医的好处，并称赞李鼎铭医术高明，要求人们尊重中医，支持中医，号召西医向中医学习，实行中西医结合。毛泽东还介绍李鼎铭给周恩来、朱德、林伯渠、谢觉哉、王稼祥等人看病。在毛泽东的倡导下，陕甘宁边区还成立了中医研究会等组织与中医保健站。李鼎铭不仅兼任中医训练班主任，并被推举为中医研究会会长①。

1947年12月11日，李鼎铭先生病逝，边区政府隆重举行追悼大会。毛泽东写挽词以示追悼。挽词为：“李鼎铭先生与其他和李先生一样的开明绅士，在中国人

①路海江等编著：《毛泽东和他同时代的人》，湖南人民出版社1992年版，第371页。

民民族主义斗争的困难时期，在日本帝国主义者进攻中国时期，在美帝国主义者援助蒋介石匪帮举行反革命内战时期，抱着正义感，毅然和中国共产党合作，为人民民主事业作了许多有益的工作。一切反对帝国主义侵略，反对蒋介石独裁，赞助人民革命战争，同情消灭封建制度，实现土地改革的真正爱国的民主的开明绅士，无论过去与现在，都是中国民族革命统一战线的一分子。对于李鼎铭先生的逝世，表示我们的哀悼之意。”

善纳良策，李鼎铭提出“精兵简政”的方案，毛泽东全力支持，并由此而开始两人友好交往的故事，的确感人。

毛泽东对民主党派的意见非常重视，这里再提及毛泽东与沈钧儒共商“送瘟神”一事。

新中国成立初期，担任最高人民法院院长的沈钧儒由于年高体弱，党和政府安排他去太湖疗养。疗养期间，他发现在长江中下游各省血吸虫病流行极为严重。特别是在农村，小小的血吸虫像瘟神一样威胁着农村广大劳动人民的生存与健康。看到这些，沈钧儒心急如焚。1953 年 9 月 16 日，沈钧儒给毛泽东写了一封信，反映这一情况，并附了有关材料。不久，信和材料转到了毛泽东的手里。回首往事，毛泽东陷入了沉思。1949 年解放军在渡江作战和水上练兵时曾有一些战士感染了血吸虫病。新中国成立后，党和政府已派出大批医务人员到血吸虫病区进行调查与初步防治。但是并不彻底，任务还相当繁重。中国共产党是执政为民的党，理应关心百姓疾苦。因此，毛泽东对这件关系着农村千百万劳动人民身体健康的大事极为关心。他想，必须根除血吸虫病。于是，他提笔给沈钧儒写了以下信件，信中说：

沈院长：

九月十六日给我的信及附件，已收到阅悉。血吸虫病危害甚大，必须着重防治。大函及附件已交习仲勋同志负责处理。此复。

顺致

敬意

毛泽东

九月二十七日

在毛泽东的关怀下，根除血吸虫病的工作，进展很快。1958年6月30日《人民日报》在头版头条位置报道了血吸虫病重点疫区江西省余江县根本消灭血吸虫病的情况。毛泽东读了此篇报导，夜不能寐，写下了脍炙人口的诗篇《七律二首·送瘟神》。诗中写道：“春风杨柳万千条，六亿神州尽舜尧”，“借问瘟君欲何往，纸船明烛照天烧”。沈钧儒看到《人民日报》上的报导，心情异常兴奋，连声对工作人员说：好！好！全国要都这样那该多好啊！

从毛泽东与李鼎铭、沈钧儒这些民主党派中的长者、贤者交往的故事中，我们可以看到，毛泽东是善于采纳于国于民有利的良策的。古代之帝王善于纳谏，善用人才，促进了统治地位的巩固与社会的进步。而毛泽东作为人民领袖，他与民主党派的领导人交友，善于听取他们的意见，则对革命的胜利与人民的安康、幸福发挥了重要的作用。

5. 以诗相劝　风物长宜放眼量

柳亚子是第一次国共合作时著名的国民党左派的代表之一，也是中国颇负声望的爱国诗人。毛泽东与柳亚子交往几十年，友谊深笃。由于毛泽东也是现代中国的杰出诗人。因此，两人的交往更多地体现在“诗交”中，更有意义的是，毛泽东还通过作诗这种形式来开导老友，振作精神，为国为民出力。

1927年，蒋介石发动四一二政变，不久，革命形势便逆转直下，5月15日，为免遭迫害，柳亚子去日本游历。同年，毛泽东及其战友为了反抗国民党反动派的屠杀政策，即离开城市，领导了著名的湘赣边界的秋收起义。将工农起义军带上井冈山后，由于毛泽东坚持正确的革命主张，而遭到党内“左”倾错误路线的打击，并受到“左”倾分子的排挤而离开了红军的领导岗位。1929年，毛泽东被安排到福建红四军工作。其时，在上海，毛泽东被击毙的谣言四处流布，回到上海居住的柳亚子根本不相信这是事实，他以《存殁口号》为题，以诗来表达自己对毛泽东领导的革命斗争的关心之情，诗中写道：

神烈峰头墓草青，湘南赤帜正纵横。

人间毁誉原休问，并世支那两列宁。

显然，诗中“存殁”之意含孙殁毛存之意。“两列宁”，诗人自注为“指孙中山先生和毛润之同志”，在中国历史这恐怕是第一人，也是第一次将孙毛二人视作列宁并列，因此，柳诗一发表，便在知识界引起了轰动。

1933年，毛泽东又回到红军的领导岗位，与此同时，他还领导红军粉碎了蒋介石及其军队发动的对红军的第一次军事“围剿”。听到这些消息，柳亚子又兴奋不已，写诗表达自己的心情。诗中说：

平原门下亦寻常，脱颖如何竟处囊。

十万大军凭谁握，登坛拜旗看毛郎。

“毛郎，乃润之也”。柳亚子在诗尾这样注道。可见，柳亚子的诗的发表，从道义上支持了毛泽东。

同样，自从毛泽东与柳亚子相识，并结下深厚友情后，毛泽东也十分惦记着他的处境，特别佩服他的做人骨节。1937年6月，一次偶然的机会，毛泽东在翻看何香凝托人送来的《双清词集》时，意外地发现了集内柳亚子为何香凝所撰的书幅。毛泽东念友心切，在写给何香凝的信中就特别提到柳亚子说：

“看了柳亚子先生题画，如见其人，便时乞为致意。像这样有骨气的旧文人，可惜太少，得一二个，拿句老话说叫做人中麟凤，只不知他现时的政治意见如何？”

可见，毛泽东对柳亚子的骨气是倍加肯定的。尤其是，柳亚子坚持民主革命立场，誓不向蒋介石国民党低头的革命精神，毛泽东更加钦佩。当皖南事变发生后，柳亚子对蒋介石坐视河山遭人蹂躏，而制造国共分裂的恶行予以了抨击。蒋介石恼羞成怒，开除了柳亚子的国民党党籍。柳亚子毫不退缩，他在香港发表宣言，以一位老同盟会会员和国民党元老的身份，宣布正式开除蒋介石的国民党党籍。柳亚子的这一举措令人大惊，此事传到延安后，毛泽东对柳亚子更加怀念。1944年底，柳亚子在重庆出席郭沫若举行的宴会上，他又一语惊人：“世界的光明在莫斯科，中国的光明在延安”。当时，在重庆的周恩来将此话及柳亚子的近况告诉毛泽东时，毛泽东对老友的关切与思念之情油然而生。毛泽东连夜挑灯写信，信中说：

亚子兄：

广州别后，十八年中，你的灾难也受得够了，但是没有把你压倒，还是屹然独立的，为你并为中国人民庆贺！“云天倘许同忧国，粤海难忘共饮茶”，这是你几年前为我写的诗，我却至今做不出半句来回答你。看见照片，样子老一些，精神还好罢，没有病罢？很想有见面的机会，不知能如愿否？敬祝

健康！

毛泽东上

一九四四年十一月二十一日

从信中的口气可见，毛泽东完全是一种以晚辈对前辈的尊敬、关心口吻来写的。

柳亚子接信后，心情也十分激动，他在复信中写道：“誓以心肝酬党国，岂贪姓家上旗常？平生管乐襟期在，倘遇桓昭试一匡？”显然，回信表达了自己愿与毛泽东结管乐之襟期，以奠明日华夏之决心。

1945 年 8 月，毛泽东应蒋介石之邀，去重庆参加和谈。毛泽东和柳亚子终于在十多年后于山城见面了。两位诗友相见，确有说不完的知心话。柳亚子后来也回忆说：“直到明天（30 日）下午，毛先生亲自到来，我和他单独谈了一次话，觉得他这次是抱着大仁、大智、大勇三者的信念而来的，单凭他伟大的人格，就觉得世界上没有不能感化的人，没有不能解决的事件。经过这次的谈话，使把我心中的疑团全部打破，变得非常乐观了。总之，我信任毛先生，便信任中国内部没有存在着不能解决的问题，还不必诉之于武力了。”当晚，柳亚子还于枕上作诗一首，送给毛泽东，诗中有“阔别羊城十九秋，重逢握手喜渝州”。诗中称赞毛泽东到重庆来谈判是有“弥天大勇”，是“霖雨苍生”。当然，诗中也透露了柳亚子对国家美好前途的实现想得太天真之意。为此，在 10 月 2 日，毛泽东又约柳亚子见面，与他一起分析了时局，并对中国未来之命运作了详尽的预测。柳亚子被毛泽东摆事实、讲道理的一番谈话折服了。在这次会谈中，柳亚子向毛泽东索诗。毛泽东便以气势磅礴的《沁园春·雪》赠柳亚子。随词，毛泽东还写有一信一并送交柳亚子。信中写道：

亚子先生吾兄道席：

迭示均悉。最后一信慨乎言之，感念最深。赤膊上阵，有时可行，作为经常办

法则有缺点，先生业已了如指掌。目前发表文章、谈话，仍嫌过早。人选种种均谈不到，置之脑后为佳。初到陕北看见大雪时，填过一首词，似于先生诗格略近，录呈审正。

敬颂

道安

毛泽东

十月七日

柳亚子收到词与信，十分高兴，也和了一首词给毛泽东。当时两人的词在重庆各报发表，曾在山城引起轰动。

革命节节胜利，到 1949 年初，全国解放在即。柳亚子应毛泽东电召北行，行前赋诗，对新中国成立充满信心，“六十三龄万里程，前途真喜向光明。”

由于毛泽东工作太忙之故，暂时还顾不上安排柳亚子的工作。柳亚子见许多民主党派负责人都在为全国解放而奔波，而自己却无所事事，加上自己的家乡还未解放，心中不免伤感，并有些情绪，他便写了两首诗托人给毛泽东送去，诗中表达了自己的“退隐”之意。诗中说：

开天辟地君真健，说项依刘我大难。

夺席谈经非五鹿，无车弹铗怨冯驩。

头颅早悔平生贱，肝胆宁忘一寸丹。

安得南征驰捷报，分湖便是子陵滩。

显而易见，柳亚子在诗中竟以无车而弹铗的冯自况，颇有些个人情绪，准备步严子陵的后尘回江南故乡隐居了。毛泽东收到诗后，已觉察到柳亚子的退隐之意，他曾对身边的工作人员说：“我这位老诗友的倔脾气又上来了，要退隐是假，有牢骚才是真，看来还得好好和他谈谈，以便更好地发挥他的积极性啊！”①

毛泽东知道，柳亚子社会声望很高，是位对中国革命有过贡献的党外民主人士，虽然在思想上还存留着旧知识分子的毛病，但他的思想主流是爱国的，他是能和共产党忠诚合作的。如何帮助他呢？毛泽东想到了作诗。4 月 29 日，便写了一道

①唐春元等编著：《毛泽东的说服与攻心之道》，湖南人民出版社 2002 年版，第 288 页。

题为《和柳亚子先生》的诗。诗中写道：

饮茶粤海未能忘，索句渝州叶正黄。

三十一年还旧国，落花时节读华章。

牢骚太盛防肠断，风物长宜放眼量。

莫道昆明池水浅，观鱼胜过富春江。

毛泽东通过这首诗非常策略地劝柳亚子要心胸宽广，眼光要看得远一些。诗中既肯定了柳亚子的历史功绩，也委婉地批评了闹个人情绪的错误认识。

柳亚子见到毛泽东写给自己的诗后，很受感动。他以诗人的气质，接受了毛泽东的规劝。愿意留下来为建设新中国服务。

1950年10月1日，毛泽东邀柳亚子登天安门城楼参加国庆观礼。3日，于怀仁堂观西南、新疆等地文工团联合演出歌舞晚会。应毛泽东之命，即席赋浣溪沙一阕，曰：

火树银花不夜天，弟兄姊妹舞翩跹，歌声唱彻月儿圆。

不是一人能领导，那容百族共骈阗？良宵盛会喜空前！

毛泽东乃步其韵奉和：

长夜难明赤县天，百年魔怪舞翩跹，人民五亿不团圆。

一唱雄鸡天下白，万方乐奏有于阗，诗人兴会更无前。

两位诗人，一唱一和，心领神会，其情谊已臻于顶峰。

11月，柳亚子从颐和园移居城内的北京饭店。翌年9月，正式定居于北长街八十九号。住宅为一宽敞明亮，环境非常优雅的四合院。毛泽东为之新居题名为“上天下地之庐”。此句从柳亚子在重庆时和毛泽东《沁园春·雪》一词“君与我，上天下地，把握今朝”之句演化而来，它也反映了二人不寻常的友谊。

住在北京，柳亚子与毛泽东接触的机会多了。毛泽东有次曾鼓励柳亚子说：你现在可以赤膊上阵发表文章、讲话。现在与国民党时代不一样了，你的人身安全是有保证的，你的意见是会受到尊重的。[①]“赤膊上阵”本是毛泽东当年在重庆与柳亚子谈话中提到的一句话。毛泽东针对柳亚子抨击国民党的政策言辞激烈之做法，劝他有时不要赤膊上阵。如今，旧话重提，柳亚子倍感亲切，他表示：“我一定要

①唐春元等编著：《毛泽东的说服与攻心之道》，湖南人民出版社2002年版，第291页。

按照毛主席说的去做，要尽力做一些对人民、对政府有利的工作。”

毛泽东与柳亚子，长达数年，以诗交往，形式新颖，友情深厚。毛泽东通过诗，交流思想；通过诗，做通老友的思想工作。两人的这段友谊史可成为人类友谊史上的一段佳话。

6. 三顾特园　推心置腹谈国事

张澜是抗战胜利之初国内最大的民主党派——民盟的领袖人物。其时，张澜客居于重庆上清寺特园。当时，其住处特园被爱国民主人士雅称为“民主之家”。1945年8月底，毛泽东到重庆与蒋介石进行和谈时，曾三次上特园，与张澜等民主党派的主要负责人见面。毛泽东非常尊重张澜。与他促膝长谈，共商国是，都为国家与中华民族的前途操心。毛泽东与张澜的友好交往，体现出了一种民主和谐的气氛，令张澜与其他民主人士感动不已。

1945年8月28日，为了促成国内和平的实现，不顾个人安危，以国家、民族利益为重的毛泽东与周恩来、王若飞一起坐飞机从延安飞到重庆。飞机降落在重庆九龙坡机场。机场里，各界知名人士组成了较大的欢迎队伍。毛泽东和周恩来、王若飞下飞机后，便挥手向欢迎的人群致谢，并和熟识的人士一一握手。当毛泽东在人丛中发现了银髯飘拂的张澜，连忙上前，同他握手，一见如故地说：“你是张表老，你好！”张澜连忙说：“润之先生好！你奔走国事，欢迎你光临重庆！”毛泽东紧紧拉住张澜的手不放，说：“大热天气，你还亲自到机场来，真是不敢当，不敢当！”毛泽东推重张澜从领导四川的保路运动起，一直为国内实现和平民主奋斗至今，张澜早在“五四”时期就从少年中国学会的负责人王光祈口中得知毛泽东的有关情况介绍。因此，两人不约而同地说：“神交已久”。在机场，毛泽东一行与张澜、张治中、邵力子、郭沫若等人一起照相，毛泽东还在机场发表了简短的谈话。

随后，便乘车往住地重庆桂园。

毛泽东到重庆后，为了交流思想，宣传介绍共产党关于处理国事问题的大政方针与政策，颇想与民主党派的负责人一起交谈交谈。30日上午，他对周恩来说：“恩来，这次到重庆，很想与各民主党派的领袖交朋友，特别是民盟领袖张澜，就是张表佬先生详谈详谈。他对很多问题的看法是有见地的，而且与我们党的主张也比较接近，应该很好发挥他们的作用。前日在机场，由于人多，只匆匆地见了一面，来不及深谈。我想今天下午到特园，拜访张表佬，并请谈谈如何建国的问题。请您去安排一下好吗?”①

周恩来与张澜是老朋友了，在重庆工作期间，他曾经常出入特园。他遵毛泽东指示，立即驱车去特园。他告诉张澜与夫人鲜英：下午，毛泽东要来特园造访。张澜对毛泽东的来访，喜出望外，但觉得有些过意不去，便对周恩来说：“润之先生操心国事，极尽辛劳，应该在他方便的时候，我们去拜望他才是，不应劳他造访。”周恩来忙说：“表佬，您就别谦让了，主席的意思是他亲自来。但是，您家隔壁就是国民党特务头子戴笠的巢穴，所以，请你们不要对外人讲毛泽东要来，也不必在门口迎候，以免引起特务的注意而节外生枝。”最后，两人商定，张澜与毛泽东晤谈的地点不在大客厅，而选在静僻的张澜的卧室内。

8月30日下午3时，毛泽东在周恩来的陪同下，准时到达特园。

一见面，毛泽东首先向张澜转达了总司令朱德对老师的问候，转达了吴玉章对老友的问候。接着，毛泽东与周恩来就由鲜英领进了张澜的卧室。

张澜理解毛泽东来重庆谈判之诚意，但他认为这样做，有所危意，因为，他考虑到重庆的现状与蒋介石的秉性，有所不安地对毛泽东说：“这明明是蒋介石演的假戏啊！国共两党要谈判嘛，你们可以像过去那样，派恩来先生，加上若飞先生，来谈就行了。何必动润之先生的大驾呀！”鲜英索性道明了他们主要担心毛泽东来渝的安全。

周恩来原定下午还要回国民党谈判代表会谈有关军事、政治方面问题，便起身告退。卧室内只剩下毛泽东与张澜两人。张澜对毛泽东说：“蒋介石演的是鸿门宴。他哪里会顾得上一点信义！前几年，我曾对他说：‘只有实行民主，中国才有希望！’当时，他竟威胁我说：‘只有共产党才实行民主！’现在国际形势一变，他

①唐春元:《毛泽东政治战略》,黑龙江人民出版社1998年版,第263页。

居然也喊起‘民主，民主’来了。”听到此，毛泽东风趣地说：“民主也成了蒋介石的时髦货！他要演民主的假戏，我们就来他一个假戏真演，让全国人民当观众，看出真假，分出是非，这场戏也就大有价值了！”张澜领悟道：“蒋介石要是真的回心转意，弄假成真，化干戈为玉帛，那就是全国人民之福呀！”

接着，毛泽东公开地将中国共产党对这次和谈的立场和主张向张澜作了阐释，并重点解释了8月25日中共中央发表的《对目前时局的宣言》中的六项紧急措施。概而言之，即承认解放区的民选政府和抗日军队，划定八路军、新四军、华南抗日纵队接收日军投降的地区，严惩汉奸、解散伪军，公平合理地整编军队，承认各党派的合法地位、保障人民的自由权利，立即召开各党派代表人物的会议。张澜连声称赞：“很公道，很公道！蒋介石要是良知未泯，就应当采纳施行。看起来，这场戏倒是有看头。”

毛泽东与张澜越谈兴致越高，两个半小时在不知不觉中过去了。直到警卫员进来告知张治中为毛泽东举行的晚宴时间已到，两人才结束了第一次会谈。

为了表示自己的盛情美意，张澜夫妇准备设家宴款待毛泽东及中共谈判代表团。9月2日，张澜以中国民主同盟的名义，在“民主之家”特园设宴欢迎毛泽东、周恩来、王若飞。沈钧儒、黄炎培、鲜英、张申府、左舜生等也作陪出席宴会。

毛泽东一进特园，就高兴地说：“这是‘民主之家’，我也回到家里了！”在大客厅里，毛泽东还勉励大家说：“今天，我们聚会在‘民主之家’；今后，我们共同努力，生活在‘民主之国’。”毛泽东在反复强调“和为贵”之后，他同与会的朋友们谈得甚欢，话题内容甚广。家人般的恳谈，其乐也融融。

席间，张澜的夫人鲜英以主人公的身份，给毛泽东献上了家酿的枣子酒。张澜趁此举杯向毛泽东敬酒，说：“会须一饮三百杯！”闻此言，诗思敏捷的毛泽东征引陶靖节的《饮酒》诗，举杯相邀道：“且共欢此饮！”

宴毕，张澜拿出事先准备好的纪念册，请毛泽东题词留念。毛泽东在纪念册上写下了“光明在望”四个力透纸背的大字。题词启迪着与会者，国家的光明的前途的实现，尽管道路曲折，却甚是光明的。

在宴会后，张澜一再提醒毛泽东要注意安全。他指出蒋介石是一个骗子，他对这次和谈是没有诚意的。因此，须提高警惕，早作打算。毛泽东点点头，非常感谢张澜对他的关心。毛泽东表示：不管蒋介石他怎么想，我们共产党人对和谈是有诚意和信心的。共产党有诚意，说明事情已有一半把握，现在就看国民党方面了。

毛泽东第三次造访特园是9月15日。其时，和平谈判正陷入僵局，毛泽东显得有些心情不佳。他到特园后，就和张澜在卧室内密谈。

毛泽东向张澜介绍了国共谈判的近况，认为有些问题，如承认各党派的合法地位，保障人民自由权利，召开政治会议，以及有关国民大会、联合政府之类，已大体有了眉目。属于关键性的解放区的人民政权同人民军队问题，国民党则说什么“根本与国家政令军令之统一背道而驰”。实际上，使谈判陷于停顿，借此在美国的帮助下，阳为运兵接收，实则准备内战。张澜听完推心置腹地对毛泽东说：“在‘五四’以后，为了摆脱北洋军阀的统治，使人民能够过问政事，我曾经同吴玉老（即吴玉章）在川北推行过地方自治，深知政权、军权对于人民的重要性。国民党丧失民心，全国人民把希望寄托给你们。你们当坚持的，一定要坚持，好为中国保存一些干净土！”毛泽东点头称是。①

交谈中，张澜又提醒毛泽东说：“润之，现在是你们国共双方关起门来谈判，谈得怎样，结果一无所知。我认为，已经谈拢了的，就应当把它公布出来，让大家知道，免得蒋介石今后不认账。”毛泽东认为此意见甚好，当即考虑对策。张澜感到义所当为，毅然对毛泽东说：“你们如有不便，由我来给国共双方写一封公开信，把这些问题摊开在全国人民面前，好受到全国人民的监督和推动。”毛泽东欣然采纳，当面赞誉张澜是“老成谋国”。

几天后，张澜以中国民主同盟主席的身份写了《给国共两党领袖的公开信》，送交《新民报》与《华西晚报》上发表。张澜在公开信中谈道：

国共团结问题，关系整个国家民族前途甚大，自润之先生来渝，双方商谈已愈十日，不惟国人倾耳静待好章，即盟邦友好，亦莫不期待中国内部问题有一圆满透彻之解决。……政治必须彻底民主，此为国人一致之要求。纵国共双方存有若干特殊问题，不妨事先商论，但所作成之解决方案，必须不与国人公意相违。如团结仅有空名，统一徒具形式，则于根绝内争一点，窃恐贡献无多。……目前军事问题，

①《重庆谈判纪实》（1945年8月—10月），重庆出版社1983年版，第443页。

积极须着眼于国防，确保国家之自由、独立；消及须着眼于化除畛域，保障国家之和平建设。……”①张澜的公开信发表后，影响甚大，因为它将国共两党和谈的真相昭示于天下，把问题提到全国人民面前，以接受全国人民的监督与检查，使蒋介石不敢背信弃义，否则，将遭到人民的一致反对。

国共和谈经 43 天的紧张谈判，10 月 10 日，国共双方在会谈纪要上签字。10 月 11 日上午，毛泽东离开重庆飞往延安。在机场，当毛泽东看到前来送行的张澜夫妇，立刻排开记者群，过来与他们热情话别。张澜见到毛泽东，高兴不已地说：“哪天中国实现民主了，我还要到延安去看望你哟！”毛泽东连声说：“欢迎欢迎”，并说“要用延安的川菜来招待”。飞机飞远了，但张澜仍遥望毛泽东远去的方向，其心也与之俱去也。

民主党派在民主革命时期，为了国家的独立与国内和平民主的实现，与共产党风雨同舟，共同奋斗，这段历史是不能忽视的。毛泽东在当年重庆谈判期间，三顾特园“民主之家”，与民盟主席张澜推心置腹，促膝长谈，共商国是，力促国内和平民主的早日实现。这一事实，充分表现了毛泽东对民主党派领袖的关心与尊重。两人的亲密交往不只是一种私人情谊，更重要的，它是中国共产党人与民主党派肝胆相照，患难与共的历史见证。

7.我们是一家人家里的事大家商量着办

正如一首歌中唱到的：“五十六个民族五十六朵花，五十六个民族就是一个家。”56 个民族是一个团结友爱的大家庭，这是中国几千年的历史所形成的。我们尊重历史，就必须尊重这个大家庭中的每个成员，因为他们都为中华民族的繁荣昌

①唐春元：《毛泽东政治战略》，黑龙江人民出版社 1998 年版，第 267 页。

盛作出了自己的贡献。同样，海外的华侨，也是我们中华民族大家庭的骨肉兄弟。他们旅居海外，但心系祖国，关心祖国的革命与建设事业，他们以某种特殊的方式，对国家的独立与富强作出了重大的贡献，对此，我们也是应当铭记的。

毛泽东作为中国共产党与共和国的领袖人物，他是个杰出的马克思主义者，因此，他尊重历史，尤其是尊重少数民族发展的历史。他也十分关心海外华侨的境况，与其领袖人物保持着密切的联系，他希望通过华侨领袖团结广大爱国侨胞，为民族的振兴与国家的富强共同努力。

阿沛·阿旺晋美是旧中国西藏的一名地方政府的高级行政长官。他是藏族人。他曾回忆说新中国成立后曾有十多次受到毛泽东的接见，其中多次受到毛泽东单独接见并聆听他的亲切教诲。

1951年5月1日，在天安门城楼上同首都人民欢度“五一”国际劳动节时，他第一次见到毛泽东。当时阿沛·阿旺晋美是作为西藏地方政府响应毛泽东和中央人民政府的号召，派来北京同中央人民政府全权代表就和平解放西藏事宜进行谈判的五个全权代表的首席代表。阿沛·阿旺晋美于4月22日抵京后，周恩来亲自去火车站迎接，并说代表毛泽东来欢迎各位代表。5月1日那天，他接到了毛泽东在天安门城楼上接见他的通知。上午10时，他由中央人民政府民族事务委员会主任、中央人民政府首席全权代表李维汉陪同，在城楼上见到毛泽东。他向毛泽东敬献了洁白的长哈达。毛泽东见到阿沛·阿旺晋美后，一双有力的大手紧紧握住他的手，满面笑容，十分亲切地说：“谢谢你，欢迎你们到北京来。我们是一家人。家里的事情，大家商量着办，就能办好。祝你们谈判顺利，取得成功。祝你们在北京生活愉快。①短短几句话，却像股暖流温暖了阿沛·阿旺晋美的心田。

1951年5月23日，《关于和平解放西藏办法的协议》在北京签订。此协议的签订确实是西藏历史的重大转折，也是中华民族大家庭的一件大喜事。次日，毛泽东专门在中南海勤政殿举行隆重宴会，庆祝协议的签订。宴会前，毛泽东接见了参加谈判的全体代表。在宴会上，毛泽东要阿沛·阿旺晋美坐在他的右边，第十世班禅大师坐在他的左边。毛泽东不停地给他们夹菜，问寒问暖，使阿沛·阿旺晋美等人十分感动。

---

①阿沛·阿旺晋美:《永记毛主席的恩情》,《人民日报》1993年12月26日第5版。

1954 年 9 月，第一次全国人民代表大会在京召开。第十四世达赖喇嘛·丹增加措和第十世班禅额尔德尼·确吉坚赞被推选为西藏代表出席了此次盛会。阿沛·阿旺晋美作为西藏代表之一和达赖喇嘛随行官员领导小组负责人，在出席大会的同时，协助达赖喇嘛处理政治事务。他清楚地记得，毛泽东不仅正式会见达赖喇嘛和班禅大师两次，并且分别亲临他们的住处看望和交谈。在交谈中毛泽东提出，在西藏不再按协议规定成立军政委员会，可成立自治区筹备委员会，为实行区域自治做准备，请他们考虑。毛泽东的提议实际上是代表中央政府提出的一个重大决策，立即得到达赖喇嘛和班禅大师以及双方的随行官员和昌都地区人民解放委员会的代表一致赞成和衷心拥护。

1956 年 4 月，当西藏自治区筹备委员会成立时，中央政府派出了以陈毅为团长的代表团去西藏祝贺。陈毅带去了毛泽东亲笔题写的“祝贺西藏自治区筹备委员会的成立”的锦旗。对此，阿沛·阿旺晋美深受鼓舞。

1964 年，阿沛·阿旺晋美又一次见到了毛泽东。毛泽东对他说：经过民主改革，农奴翻了身，从农奴和奴隶中涌现了一大批干部，成立自治区的条件成熟了。你们应考虑正式成立自治区，实现西藏人民当家作主的权利。并说具体如何办，请周总理同你们商量。在西藏工委领导下经过各方努力筹备，于 1965 年 9 月 1 日正式成立了西藏自治区。①

阿沛·阿旺晋美还回忆说：1966 年“文化大革命”开始时，他在西藏自治区人民委员会工作。红卫兵给他送大字报，要他作检查，受到了一定的冲击。不久，根据毛泽东和周恩来的决定，要阿沛·阿旺晋美常住北京工作。这实际上在保护他。10 月 1 日，在天安门城楼，毛泽东还关切地询问他的身体怎样。后来，毛泽东多次接见红卫兵，他都被邀陪同。1971 年 10 月 1 日，在天安门城楼上毛泽东还特意把他介绍给西哈努克亲王说，这是西藏的领导人，也是国家领导人。阿沛·阿旺晋美最后一次见到毛泽东是 1972 年 1 月，毛泽东参加陈毅的追悼会。当毛泽东见到阿沛·阿旺晋美时，他拉着阿沛·阿旺晋美的手说：身体好吗，要多保重呀！阿沛·阿旺晋美连连道谢，并祝毛泽东健康长寿。毛泽东说咱们彼此吧！

---

①阿沛·阿旺晋美：《永记毛主席的恩情》，《人民日报》1993 年 12 月 26 日第 5 版。

斯人已逝，然而，阿沛·阿旺晋美永远不会忘记毛泽东对他，对西藏人民的关怀之情。

陈嘉庚是中国现代著名的爱国华侨领袖。他和毛泽东之间也曾结下了深厚友谊。毛泽东称赞他为“华侨旗帜，民族光辉”，而陈嘉庚在20世纪40年代初就认定毛泽东为人民的救星。

1937年，全国抗日战争爆发后，海外广大华侨掀起了支援祖国抗战的爱国热潮。陈嘉庚领导组织了“南洋华侨筹赈祖国难民总会”，动员南洋华侨通过捐款等各种方式支援祖国的抗战。尽管如此，陈嘉庚却因自己未能亲来祖国慰劳抗战将士和受苦民众而感到不安。1939年冬他发起组织“南洋华侨回国慰问考察团”，共50人，于1940年3月抵达重庆。到重庆后，考察团受到中共和第十八集团军驻渝办事处人员的欢迎。中共领导叶剑英、林伯渠、董必武和邓颖超曾到陈嘉庚寓所拜访，并在中共驻渝办事处举行欢迎茶会。在茶会上，陈嘉庚介绍了南洋华侨总会成立情况，并表示华侨热爱祖国，支援抗战。国共两党彼此不发生内战，否则，将为亲者痛，仇者快，华侨将会大失所望。他希望两党以救亡为前提，这是国家、民族之幸事。陈嘉庚还表示自己想去延安看看，询问交通是否方便，行程如何？叶剑英一一相告，并说，到西安后可到八路军十八集团办事处联系，一切方便。事隔两天，陈嘉庚就接到毛泽东来电，邀他前往延安会晤。

蒋介石在重庆闻知陈嘉庚要往延安去考察，嘱其“勿受其欺骗”，并乘机诋毁共产党的抗战业绩。但陈嘉庚不为蒋所惑，于5月31日抵达延安。到延安时他受到各界人士3000多人的欢迎。

到延安的第二天，毛泽东在杨家岭的窑洞里会见了陈嘉庚，并和他进行了第一次长谈。毛泽东设晚宴招待了陈嘉庚。这次会见给陈留下了终生难忘的印象。后来他回忆说，共产党领袖所住的窑洞如此简朴，是意想不到的。毛泽东作为共产党的领袖却平易近人，衣着朴素，与下属关系融洽，平等待人，也是前所未见的。陈嘉庚在延安期间，毛泽东又几次到他的住所，与他交谈，或同午饭，或同晚餐。在交谈中，陈嘉庚一再表明海外华侨希望国共两党加强团结，一致对外的意愿。毛泽东则向他讲述了共产党团结抗日的诚意。并请陈嘉庚将此意转达给蒋介石。毛泽东还表示不负海外侨胞的厚望，希望陈嘉庚回南洋后，向海外侨胞如实报告在延安的见闻。陈嘉庚一一答应。陈嘉庚还回忆说，有一天晚上，毛与他共进晚餐后，又来到陪同陈来延安的一个国民党科长的住处，同这位科长交谈到很晚才回去。这件事对陈嘉庚感触很深，他说毛泽东能与一个小科长“长谈若是”，“足见其虚怀若谷”。

延安之行，陈嘉庚感受很深，他曾对随团的人说：我对延安的印象，不是只凭毛泽东、朱德等共产党领袖们的介绍。我也同从集美、厦大和南洋到陕北参加革命的青年交谈，并且实地参观、访问，了解那里的政治、军事、经济和民生，把在延安观察到的和国民党统治区相比较，就越来越觉得延安是中国的革命所在。我未往延安时，对中国的前途甚为悲观，以为中国的救星尚未出世，或还在学校读书。其实此人已经四五十岁了，而且做了很多大事了，此人现在延安，他就是毛主席。”① 从此，他对毛泽东和共产党心向往之，矢志不移。

后来，陈嘉庚还到山西、河南等地考察，沿途介绍了在延安的所见所闻，这自然引起了蒋介石的忌恨。陈嘉庚对蒋介石制造分裂的言行甚为不满，他也为祖国的前途忧虑。1940 年 12 月，他回到新加坡。1945 年抗战胜利后他从避难地印度返回新加坡。在重庆的同乡好友为陈嘉庚安全脱险还举行了庆祝大会。毛泽东为大会送来了条幅以求祝贺，条幅上写着：“华侨旗帜，民族光辉”。陈嘉庚对毛泽东也非常敬仰，他在自己家里的客厅里挂了一张毛泽东画像，这是南洋公开悬挂的第一张毛泽东画像。

当陈嘉庚听说毛泽东要去重庆参加和谈，他担心毛泽东受害，拍电报劝他不要前往。对陈嘉庚的关心，毛泽东心存感激。

当蒋介石撕毁政协协议，悍然发动内战后，陈嘉庚坚定地站在共产党和人民一边，反对蒋介石打内战，声援毛泽东领导的革命斗争。1948 年 5 月 4 日，他代表新加坡华侨，致电毛泽东，响应中共召开新政协和成立民主联合政府的建议，声明否认蒋介石为中国总统。

1949 年 1 月，毛泽东致电陈嘉庚，邀其回国参加即将召开的政治协商会议，共商国是。电文如下：

嘉庚先生：

中国人民解放斗争日益接近全国胜利，需召开新的政治协商会议，建立民主联合政府，团结全国人民及海外侨胞力量，完成中国人民独立解放事业。为此亟待各民主党派及各界领袖共同商讨。先生南侨硕望，人望所归，谨请命驾北来，参加会

①庄明理：《华侨旗帜民族光辉——毛泽东和陈嘉庚》。

议。肃电欢迎，并祈赐复。

毛泽东

一九四九年一月二十日

陈嘉庚接电后当即复电表示愿意北上参加政协会议。4月底，他和庄明理一起动身离开新加坡，途经香港，乘船北上。6月3日抵天津。6月4日抵达北平，受到董必武等人的热烈欢迎。6月7日，周恩来亲自接陈嘉庚去西山与毛泽东晤谈。会见时，朱德、刘少奇等也在座。延安一别，即去9年，故人重逢，纷外亲切。陈嘉庚对解放大军胜利过江，南京、上海相继解放表示祝贺；他还向毛泽东介绍了南洋华侨的情况，并请求毛泽东派得力的文才武将去管理好福建。毛泽东告诉他，已决定派张鼎丞、叶飞前往福建。陈点头表示满意。后来，陈嘉庚参加筹备政协会议，被选为第一届政协常委、中央人民政府委员。10月1日，他同毛泽东一起登上天安门城楼，参加开国大典。

1950年，陈嘉庚回国定居，他把全部财产贡献出来，用于建设厦门大学新校舍和集美学校。1952年在建立集美解放纪念碑时，他写信请毛泽东为纪念碑题字，毛泽东欣然命笔，寄去手迹，并给陈嘉庚写信，表示问候。信上说：

陈委员：

惠书早已上到，迟复为歉！遵嘱写了集美解放纪念碑七字，未知合用否？先生近日身体如何，时以为念！

顺致

敬意

毛泽东

一九五二年五月十六日

不久，陈嘉庚回信给毛泽东，建议修筑鹰厦铁路。毛泽东亲自批转铁道部部长滕代远处理。鹰厦铁路于1956年底建成通车。

阿沛·阿旺晋美与陈嘉庚是中国少数民族与海外侨胞中的领袖人物，也是其优秀代表，毛泽东与他们忠诚交往，结为好友，这充分体现了毛泽东人民领袖爱人民的博大胸怀，以及平易近人的生活作风，从毛泽东与他们交往的故事中也可以看出，这实际上体现了中国共产党人与国内少数民族，以及爱国侨胞的一种血肉联系。

第六章　虚怀若谷　化敌为友

曾经与革命、与自己为敌，而后来却成了同盟者与友人，毛泽东与这些人交往，讲究的是既往不咎，虚怀若谷，宽容大度。

1. 既往不咎　爱国同心

冯玉祥，行伍出身，曾担任国民党一级陆军上将。北洋军阀时期，他担任过陕西、河南的督军。陆军检阅使，参加过旧军阀的混战。在 1924 年第二次直奉战争中冯玉祥发动北京政变，曾电邀孙中山北上。第一次大革命失败后，冯玉祥曾从中调停，疏通蒋介石与汪精卫的关系，参与蒋、汪发起的反共活动。后来，冯玉祥又成了国民党新军阀中的一员大将，任第三集团军司令。因为与蒋介石集团发生利害冲突，举兵讨蒋，先后爆发了蒋冯战争。在此次战争中，冯失败后，于 1931 年又参加反蒋各派组织发动的中原大战，最终，被蒋介石击败。1931 年九一八事变后，已下野的冯玉祥积极主张抗日，抵御外敌入侵。为此，他坚决反对国民政府的不抵抗政策和蒋介石的专制独裁统治。1933 年 5 月，他与国民党将领方振武、吉鸿章联合抗日，共同在张家口组织了察哈尔抗日同盟军，并任总司令，在察哈尔、绥远一带抗击日军。对这样一位曾是北洋军阀、国民党新军阀中的重要将领，又参与策划过反共活动的国民党要人，究竟采取何种态度来对待他呢？毛泽东认为冯玉祥虽反对过共产党，但他有强烈的爱国心与民主精神，他曾倾向孙中山的广东国民政府，策应北伐，曾有过拥护革命的一面。对这样的人，毛泽东的做法是，宽宏大量，对以往的错事既往不咎，为了扩大革命的统一战线，壮大革命势力，必须与冯玉祥联合，共同救国。

毛泽东得悉冯玉祥与方振武、吉鸿昌联合抗日发起察、绥抗战的消息后，就非常高兴。1936 年 8 月，中共中央发表《致中国国民党书》，希望国民党转变政策，联合抗日。其时，毛泽东特地派专人将《致中国国民党书》送给时任国民政府军事委员会副委员长冯玉祥。不久，毛泽东又以个人名义给冯玉祥写信表达了中国共产党愿意与他联合一致抗战的意愿，开始了两人的直接联系。信中写道：

焕章先生：

从报纸从广播从沪宁友人得悉先生一腔抗日救亡之义愤，虽没有和先生见面，等于见了一样。

在亡国惨祸面前，不分党派信仰将同遭浩劫，因此合作救亡是天经地义。

……

目前急务似无急于停止内战。诚得先生登高一呼，众山齐应，今日停战，明日红军与西北“剿共”各军立可开进于绥远战场。否则，长城淞沪诸役前车可鉴，日蹙国百里，虽噬脐而无及矣！泽东与先生处虽异地，心实无间，倘得不吝教诲，锡以圭针，敢不拜赐！敝方抗日救国纲领，具见八月二十五日致中国国民党书，前曾遣人付上，谅承鉴察，有何评判，愿接高见。

先生老部下董振堂诸君，大有进步，堪以告慰。书不尽意。

肃颂

勋祺

毛泽东　手启

十二月五日

毛泽东的信给冯玉祥以极大鼓舞。在1937年2月国民党召开的五届三中全会上，他与宋庆龄等14人，向全会提出了恢复孙中山“联俄、联共、扶助农工”三大政策的提案，呼吁国民党蒋介石停止内战，联共抗日。1938年，当毛泽东发表《论持久战》一文后，冯玉祥看后深为赞佩，他利用自己的“三户印刷所”大批翻印，宣传《论持久战》中的思想。

1941年11月14日，冯玉祥60寿辰时，重庆《新华日报》刊登各方面发来的贺电、贺词和寿文。毛泽东、朱德、彭德怀等中共领导人，还专门从延安发出贺电。周恩来还代表中共著文并亲笔题写“寿冯焕章先生六十大庆”，称誉冯玉祥“为人所不敢为，说人所不敢说”，“屹然成为抗战的中流砥柱”“丰功伟业，已举世闻名”。对此，冯玉祥心存感激。

1945年8月28日，为了争取国内和平的实现，毛泽东与周恩来、王若飞赴重庆谈判。对毛泽东的到来，冯玉祥由衷地表示欢迎。鉴于当时环境，他不便前往，特派夫人李德全代表他去机场迎接。毛泽东到重庆后风尘未洗，就立即去看望这位为抗日奔走呼号、为民主劳碌奔波的冯玉祥。

冯玉祥对毛泽东、周恩来、王若飞的来访尤为感动，决定去回拜。30日下午，他带着女儿颖达去桂园张治中公馆毛泽东的临时住地拜访。不料毛泽东等因事外出，但特地给冯玉祥留下了各自的名片。毛泽东的名片是亲自用毛笔书写的。冯玉祥在名片背后写上“卅日下午四时往治部长公馆”，贴在当天的日记上，珍藏起来，以作留念。

9月1日，重庆各界对毛泽东来渝谈判表示欢迎，特在中苏文化协会开欢迎会。冯玉祥首先在会上讲话：“今天这个大会，正好实现了孙总理提出的‘联俄、联共、扶助农工’的三大政策，同时，又显示了全国人民团结一致，和平建国的决心和信心。”

为了表示自己对毛泽东来渝的一片诚心，欢迎会后，冯玉祥决定为毛泽东接风洗尘，邀请来家便宴。他吩咐上清寺康庄冯委员办事处人员写好请帖送往桂园毛泽东住所，并要自己在乡间住所歇台子抗倭楼的张厨师来亲自做湖南口味的菜。并对副官说：“叫老张搞好一点，丰盛一些。”冯玉祥向来有一规矩，不管宴会大小，招待客人是谁，从来不备烟酒。而这次他却破例买来了名贵烟草，对毛泽东的到来，以示敬意。

毛泽东由周恩来、张治中等陪同来到康庄办事处后，冯玉祥与夫人迎上前去，与毛泽东等客人互致问好。冯玉祥连连说：“毛先生为了中华民族的统一和富强，不顾个人的辛劳与安危，飞抵重庆，奔走和平，实为玉祥所敬佩！”毛泽东恭手相谢：“承蒙焕章先生如此之厚待，润之是荣幸之至呀！”接着，毛泽东转达了总司令朱德对冯玉祥的问候，又详细地向冯阐述了8月25日中共中央《关于目前时局的宣言》。毛泽东说：“宣言中指出了在日本帝国主义投降以后，我全民族面前的重大任务是：巩固国内的统一，建设独立、自由与富强的新中国。并提出了和平、民主、团结三大口号。”

冯玉祥对毛泽东的谈话，非常赞赏，连声称赞说：“很好，很好。这就要看蒋介石的态度了。如果他能以国家大局为重，从人民利益出发，就该回心转意采纳施行，那就是全国亿万人民之大幸啊！”

席间，冯玉祥与夫人先后与毛泽东、周恩来、张治中等一一碰杯，交谈亲切，气氛热烈。应冯玉祥的要求，毛泽东介绍了延安和解放区各方面的情况，深受冯玉祥的赞扬。毛泽东又说：“焕章先生的丰功伟绩，已举世所闻名。尤其在抗战期间，你为反对投降，坚持抗战，呼吁团结，反对内战做出了不懈的努力。不负国人所望。”

毛泽东的高度评价使冯玉祥深受鞭策和鼓舞，当即表示：“我愿为中国实现和平与民主奋斗到底!”

在黑暗笼罩、独裁统治下的重庆，冯玉祥为毛泽东设宴，成为当时重庆的头条重要新闻。对此，国民党右派与特务对冯玉祥大肆攻击造谣污蔑。面对黑暗势力，冯玉祥并未屈服，反独裁，争取和平、民主的信心却更加坚定。

冯玉祥的爱国正义行动越来越为蒋介石所不容，迫害起来越厉害。在万般无奈之下，他只得离渝赴美。在美国，冯玉祥通过写文章、演讲等进行反对蒋介石打内战，争取和平民主的斗争。

1948 年 4 月 30 日，中共中央发布了关于召开新政治协商会议的号召。毛泽东、周恩来并未忘记冯玉祥这位坚强的民主斗士，亲自致信邀请他回国参加新政治协商会议的筹备工作。

毛泽东、周恩来为使冯玉祥摆脱国民党的阻挠，及时参加新政治协商会议，指示东北局财政负责人钱之光拨专款向苏联租用“胜利”号轮船，迎接冯玉祥经苏联回国。由于中途轮船突然失火，抢救不及，冯玉祥不幸遇难。

对冯玉祥的逝世，毛泽东深感悲痛，致电冯玉祥家属，表示悼念，热情赞誉冯玉祥是“置身民主，功在国家”。冯玉祥遇难一周年之际，中共中央还在北平隆重举行追悼会，毛泽东亲笔题：“冯玉祥将军逝世周年纪念谨致悼意!”表达了对冯玉祥的深切怀念之情。

人非圣贤，孰能无过。冯玉祥在一生中曾走过不少的弯路，也做过错事，然而他是一位著名的爱国将领，他晚年仍致力于国内和平民主的事业。对这样的人，毛泽东并不苛求他，更多的却是尊重他、关心他、爱护他，因为，两人在一根本点上是相通的，即两人都赤诚爱国。

2. 仁至义尽 以国家、民族利益为重

傅作义是国民党中一位身经百战的高级将领。抗战时期，从 1933 年长城抗战，到 1945 年日本投降，他一直战斗在抗日战争的最前线，称得上是一位抗日勇将。然而，在蒋介石发动全面内战后，他却公开通电共产党，指责共产党没有按蒋介石“就地驻防命令”行事，要共产党承担内战责任。接着，他与共产党所领导的军队真枪真刀地干了三年。在这三年里，解放军歼灭其军队无数，但也有许多解放军战士也倒在傅作义的军队的枪口下。从这一点来说，傅作义对人民是有血债的。1949 年 1 月，在内外交困的情况下，傅作义在北平率 50 余万官兵举行起义，接受共产党的和平改编。对这样一位人生经历复杂多变的国民党的党国要人，特别是他还与共产党的军队交过手，对人民欠下了血债的人，毛泽东如何处置对待呢?

在 20 世纪 30 年代中期，毛泽东就与傅作义有了交往。其时，傅作义正率部发起绥远抗战。当时任中华苏维埃共和国主席的毛泽东派人给傅作义送去一封信，信中说道：“日本帝国主义卧榻之侧，岂容他人鼾睡！先生北方领袖，爱国宁肯后人? 保卫绥远，保卫西北，保卫华北，先生之责，亦红军及全国人民之责也。今之大计，退则亡，抗则存；自相煎艾则亡，举国奋战则存。弟等频年呼吁，要求全国各界一致联合，共同抗日，组织国防政府、抗日联军。幸人心未死，应者日多，抗日图存，光明渐启。近日红军渐次集中，力量加厚，先生如能毅然抗战，弟等决为后援。亟望互派代表，速定大计，为救亡图存而努力，知先生必有同心也。”可见，毛泽东对傅作义领导的抗战，评价甚高，且给予有力支持，这不能不令傅作义感动不已。1937 年初，当毛泽东得悉傅作义部在百灵庙全歼日伪军，收复百灵庙，取得大捷的消息后，当即发去贺电，称赞傅领导的绥远抗战是中国人民抗日的先声，并密派南汉宸前往绥远慰劳，赠送锦旗一面。

为了继续合作，完成抗日大业，1936年10月，毛泽东又密派彭雨峰到绥远同傅作义会谈抗日事宜，信中写道：

宜生主席先生勋鉴：

日寇西侵，国难日亟。先生统率师旅捍卫边疆，今夏小试锋芒，已使敌人退避三舍。观乎报载以死继之之言，跃然民族英雄之抱负，四万万人闻之，神为之王，气为之北，诚属可贺可敬。红军远涉万里，急驱而前，所求者救中国，所事者抗日寇。今春渡河东进，原以冀察为目的地，以日寇为正面敌，不幸不见谅于阎蒋两生，是以引军西学，从事各方抗日统一战线之促进。目前情势，日寇侵绥如箭在弦上，华北长江同时告急。但国内统一战线粗有成就，南京当局亦有转向抗日趋势，红军主力之三个方面军已集中于陕甘宁地区，一俟取得各方谅解，划定抗日防线，即行配合友军出动抗战。红军虽志切抗战，但在未得友军谅解，尤其在未得抗战地区之友军及地方行政长官之谅解以前，决不贸然向抗战阵地开进。在已得正式谅解而向抗战阵地开进与实行抗战时，自当以其全力为友军之助，而绝不丝毫妨碍共同抗战之友军及其后方之安全与秩序。兹派彭雨峰同志来绥，与先生接洽一切，乞以先生之意见见教，并希建立直接通讯关系。

……

毛泽东

十月二十五日

显然，毛泽东的来信，使傅作义受到了莫大鼓舞。毛泽东来信前后，傅作义与毛泽东联系密切。傅曾派人去延安晋见长沙等中共中央领导人，请共产党派干部与进步青年来帮助抗日工作。毛泽东也派了干部去傅部，加强双方的交流与合作。由于两人关系融洽，就引起了蒋介石、阎锡山等人的怀疑与不满，阎锡山说：“傅宜生赤化了。”

但就是这位与共产党人联手抗战，甚至说是被“赤化”了的傅作义，在1946年6月蒋介石发动全面内战后，却与人民为敌，倒向蒋介石一边，率部参与反人民的内战。1948年底，在人民解放军于新保安等地消灭傅作义精锐之师三十五军后，傅作义情绪一落千丈，认为“我的政治生命完了。”寝食难安，辗转反侧，再三考虑，傅作义决定举行和平起义，接受共产党的改编。

对傅作义之举措，毛泽东认为此事非小可，须周密处置。在公布头等战犯名单时，傅作义的名字也列在其中。毛泽东的用意很清楚，就在于揭露蒋介石的和谈阴谋，也可以防止蒋介石加害傅作义。当然，像傅作义这样的战犯不惩罚不可能，其出路就是缴械投降，立功赎罪。后来，毛泽东还发电指示北平地下党："傅虽列为战犯，但与蒋介石有矛盾，仍要争取。"12 月 31 日，根据毛泽东的决策，中共中央军委发电报指示北平地下党转告傅作义，请他派有地位能负责的代表和张东荪一道出城到平津前线司令部进行谈判。随即又指示林彪认真做傅作义的工作，并派人将中共中央和平解决北平问题的意图当面直接告诉傅作义。

经过种种努力，1949 年 1 月 31 日，人民解放军进北平接防，正式宣告北平和平解放。北平解放后，议定由傅作义就北平和平解放向全国发出通电。为此事，傅作义想亲自去拜见毛泽东。2 月 22 日，傅作义等人来到西柏坡。在西柏坡招待所前，周恩来早早在此迎候。见到周恩来，傅作义语调低沉地道："作义戎马半生，除抗日战争外，我是罪恶累累，罪该万死。今后我要在共产党的领导之下，立功赎罪，以求得人民宽恕。"

周恩来对傅作义说："傅先生以人民的利益为重，和平解决了北平问题，避免了一场灾难性的战争。否则，就会给人民带来巨大的损失。"接着，周恩来还表示了欢迎傅作义参加政协会议。并说："你既是有党派，也是有功将领，参加会议，是有代表性的。"①

周恩来将会见情况报告了毛泽东。毛泽东听后高兴的，说："情绪好就好，我们希望的就是他有一个好情绪。不要让他来，而是我去看他。"

次日，毛泽东乘车前往招待所，知道毛泽东要来，傅作义已在门口等候。见到毛泽东，他上前几步，紧紧握住了毛泽东的手。毛泽东也亲切地握着傅作义的手，风趣幽默地说："过去我们在战场上见面，清清楚楚；今天我们是姑舅亲戚，难舍难分。蒋介石一辈子要码头，最后还是你把他甩掉了。"傅作义深感内疚地说："毛先生，我是 43 名战犯之一，我有罪。"毛泽东说："你有功！我要谢谢你，中国共产党要谢谢你，你做了一件大好事。人民是永远也不会忘掉你的！"

①李豫编：《毛泽东与国民党高级将领》，解放军文艺出版社 1998 年版，第 155 页。

在会客室里，毛泽东接着对傅作义谈道："傅将军不愧是位军事家。对北平的和平解放当机立断，决心下得很快，没有拖泥带水。傅将军，这次北平和平解放，出乎我们预料之外，我们本来打算是想让傅将军在解放军攻城时，能够里应外合，配合解放军攻城就可以了。我原来估计中央军是蒋介石的嫡系部队；而傅将军不属于蒋介石的嫡系，中央军可能闹事，不听傅将军指挥，现在看，北平和平解放的情况，比我们估计的要好得多。"

谈话中，毛泽东一再高度评价了傅作义举行和平起义之壮举，认为他确为人民立了功。而对毛泽东的评价，傅作义颇不安神，他旧话重提："我从前对毛先生进行过直接的人身侮辱，指名道姓地骂过毛先生，还吹过大话，像我这样一个旧军阀，罪恶严重的人，实难宽恕。"周恩来听到此，爽朗一笑，插话说："过去两军对峙，互动干戈，那是难免的事；现在已经坐到一起来了，这样就很好嘛。我们的朱总司令和贺龙同志，在旧军队中干过，现在他们都是我们党和军队的高级领导，我们全党全国和全国人民都很尊敬他们嘛。过去的事情，作为一段历史就算过去了。"

毛泽东接过周恩来的话特别强调说："既往不咎，这也是我们共产党的一贯政策。以前，傅将军的屁股坐在国民党反动派一边，打内战是坏事，这是事实。但是，傅将军你现在的屁股已经坐到中国人民这一边来了，这是好事。我们欢迎你，人民也欢迎你，你就不必多虑了。"说到这里，毛泽东停了一会儿，又说："和平解放北平，你带了个好头，立了大功。假如说你过去有过错的话，那么现在功过权衡，还是功大于过，也是有功人员。对你的部下来说也是为他们做了一件大好事。保护了他们的生命财产和家庭团聚。特别是北平，是举世闻名的文化古都，英法联军欺负我们，烧毁了圆明园，破坏了许多名胜古迹。如果我们中国人民自己把紫禁城打毁了，闻名古都都被破坏了，子孙后代会骂我们的。"①

这次与毛泽东促膝长谈，对傅作义思想触动极大，他看到了只有共产党人才具有的那种宽广胸怀。1949 年 3 月底，傅作义与邓宝珊将军到毛泽东居住地香山双清别墅，第二次登门拜访毛泽东。在这次谈话中，傅作义特地提到了自己想到绥远省去工作的请求，并说自己想当个省水利局长，好好治理河套地区的水利。邓宝珊也

①李豫编：《毛泽东与国民党高级将领》，解放军文艺出版社 1998 年版，第 156—158 页。

帮他说道：“宜生从小就立志为民众做事，他主政绥远时，在河套地区大兴水利，大办屯垦，老百姓很欢迎。”傅作义接着说：“搞水利可以直接为人民办事。我想去修水利，办农垦。”毛泽东没有答应傅作义的要求，说：“省的水利局长，对于你是太小了，不够你施展才能的。如果傅将军对水利建设工作感兴趣，那就当新中国的水利部长，治理治理全中国的水利。”“在这方面，傅将军也是一个军事家，对军事工作也很有研究，也还要参加新中国中央人民政府国防委员会的工作，共同研究国防方面和军事方面的问题，可以在国防委员会当副主席。”

傅作义将军后半生爱国，热爱社会主义，愿意与共产党同心协力，建设国家，经全国人民代表大会常委会决定，后来，他当上国家的水利部和水电部部长，并担任了第一、二、三届全国人大代表，国防委员会副主席。

从毛泽东与傅作义的交往中，我们可以看出，毛泽东对这位曾对人民欠下血债的国民党将领，不是一棍子打死，对他的过去不是全盘否定。毛泽东尊重历史，用人所长，宽宏大度，颇能容人，真正体现了共产党人以国家、民族利益为重的宽广胸怀。

3. 回到祖国怀抱　一切好商量

在新中国成立前，毛泽东与李宗仁在政治上一直处于势不两立的对抗关系。然而，在 1965 年 7 月，孤居海外的李宗仁携夫人回到祖国怀抱后，毛泽东和李宗仁由敌对的关系转为了朋友的关系。

李宗仁，早年毕业于广西陆军学堂，第一次大革命时期他担任国民革命军第七军军长，大革命失败后，摇身一变，变为国民党第四集团军总司令，并担任武汉政治分会副主席。1934 年 11 月，红军第五次反“围剿”失利被迫进行长征，经过湘桂边境时，李宗仁曾率部堵截红军。红军在冲破李宗仁所设置的封锁线时，伤亡一万余人。全国抗日战争爆发后，李宗仁历任第五战区司令长官，率部进行台儿庄战役，重挫日军，取得了国民党战场自抗战开始以后的第一次大胜利。

蒋介石发动全面内战后，李宗仁参与内战。1948 年他担任国民党政府副总统，1949 年 1 月代总统。迫于国民党惨败之形势，李宗仁曾两次致函毛泽东，要求与中共和谈。此时李宗仁的用意是很清楚的，就是要争得一个喘息之机，形成南北朝的局面，再乘机倒蒋，使桂系控制国民党政权，统治半个中国，进而伺机从中共手中夺取全中国。毛泽东对李宗仁的真实意图是非常明白的。为了使李宗仁的假戏真做，迫使他认清形势，中国共产党提出了八项和谈条件，并欢迎李宗仁派人来和谈。4 月 1 日，国民党政府派了以张治中为首席谈判代表的和谈代表团，通过几轮艰苦的谈判，已达成了协定。但是在协定上签字问题上，李宗仁瞻前顾后，特别是考虑自己的退路，便退缩了。4 月 20 日，李宗仁、何应钦正式复电北平国民党和谈代表张治中等人，声明不同意签字。21 日，解放军以摧枯拉朽之势，摧毁国民党军队的千里江防，4 月 23 日，南京总统府被解放军占领，蒋家王朝宣告垮台。在解放军的隆隆声中，李宗仁仓皇逃离南京。1949 年 12 月，李宗仁经香港飞抵美国，在美国旅居十多年。

身在异国，孤独寂寞，思念国家与故乡之情油然而生。后经得力助手程思远从中联络，多方努力，排除重重险阻，李宗仁夫妇于 1965 年 7 月 18 日顺利飞抵祖国首都北京。周恩来、陈毅等一大批党与国家领导人，还有民主党派负责人与民主人士去机场迎接李宗仁。李宗仁见到周恩来等人，激动不已，半天说不出话。周恩来说："你回来了，我们欢迎你。"在机场，李宗仁宣读了回国声明，声明中称："16 年来，我以海外待罪之身，感于我全国人民在中国共产党和毛主席英明领导之下，使国家蒸蒸日上……凡是在海外的中国人，除少数顽固派，期望追随我全国人民之后，参加社会主义建设，并欲对一切有关爱国反帝事业有所贡献。今后自誓有生之日，即是报效祖国之年，耿耿此心，载日可表。"7 月 20 日晚，周恩来在人民大会堂设宴招待李宗仁夫妇。李宗仁深感自己"一方面感到惭愧，一方面感到欢欣鼓舞"。"中国共产党和国家领导人不咎既往，欢迎我回到祖国，这种宽大精神，更使我感动。"

7 月 26 日，在北京东郊参观一家纺织厂的李宗仁夫妇突然接到通知说，毛泽东正在中南海等待接见他们。李宗仁赶到中南海游泳池旁的休息室时，毛泽东已经迎出门外，紧紧地同李宗仁夫妇，以及随行的程思远握手。当李宗仁夫妇坐下后，毛泽东带着浓重的湖南口音对李宗仁夫妇与程思远说："你们回来了，很好，欢迎你们。"

李宗仁表示感谢之后说："这几天我们在北京地区参观访问，亲眼看到祖国社会主义建设的伟大成果，感触颇深。我们为祖国的日益强大而感到十分高兴。"

毛泽东说："祖国比过去强大了一些，但还不很强大。我们至少要再建设二三十年，才能真正强大起来。"

接着，李宗仁夫妇与程思远，分别谈到了海外许多人士都怀念伟大的社会主义祖国，他们都渴望回到祖国来。毛泽东表示："跑到海外的，凡是愿意回来的，我们都欢迎。他们回来，我们都以礼相待。"毛泽东还建议李宗仁夫妇到全国各地走走看看，李宗仁对此十分乐意。

听了毛泽东的这一席话，李宗仁从内心深处感到温暖。他觉得毛泽东今天在这里以礼相待一位在战场上被自已所领导的军民打败了的敌手，既不翻旧账，也不咎既往，这本身不就是对海外人士的一个亲切有力的呼唤么？

在谈话间，毛泽东还幽默地对李宗仁说："德邻先生，你这一次归国，是误上贼船了。台湾当局口口声声叫我们作'匪'，还叫大陆作'匪'区，你不是误上贼船是什么呢！"

程思远听到这些话，连忙替李宗仁答道："我们搭上这一条船，已登彼岸。"

谈话之后，毛泽东在中南海丰泽园设宴。在入席前的谈话中，李宗仁对台湾问题久悬不决忧虑，毛泽东理解李宗仁的心情，充满信心地对他说："德邻先生，不要急，台湾总有一天回到祖国来的，这是不可逆转的历史潮流。"

在宴会中，毛泽东和李宗仁夫妇，以及程思远谈了许多问题。宴会前毛泽东还与李宗仁一起合题留念。宴会气氛热烈，这确使李宗仁很受感动。

7 月 31 日与 8 月 6 日，刘少奇与邓小平，以及全国政协相继宴请李宗仁夫妇。李宗仁对此感谢万分，在讲话中说道："我在十多年前就写信对海外的朋友们说，天下大势已定，我们国民党人和海外爱国人士应该本着服输的精神，让中国共产党和毛主席领导建国。国家建设好了，我们大家都有份。我后来觉得与其坐而言，何如起而行，所以决定身先回国，深望此一行动能引起台湾军政人员和海外爱国人士同声响应，相率来归，促成国家的最后统一，耿耿此心，想为海内外所共谅。”

后来，中央统战部安排李宗仁夫妇到北戴河疗养，并到东北等地参观访问，让他们感受一下祖国建设的新气象。

1966 年国庆节，毛泽东邀请李宗仁上天安门，并有意在城楼中间与他热情握手。这样做，毛泽东就是要让所有的人都能看到这一历史性的会见，以充分体现党的统一战线政策是坚定不移的。同时，在“文化大革命”开始之际，这也起了保护李宗仁的作用。

1968 年 1 月，李宗仁患癌症住院，在生命垂危之际，他叫人将自己珍藏了几十年的酒与一封信带给毛泽东。信中，他一方面对党与国家在他回归祖国后所给予的各种照顾，表示感谢。另一方面，他表示：“我在 1965 年毅然从海外回到祖国，所走的这一条路是走对了。在这个伟大的时代，我深深地感到能成为中国人民的一分子是一个无比的光荣。在我快要离开人世的最后一刻，我还深以留在台湾和海外的国民党人和一切爱国的知识分子的前途为念。他们目前只有一条路，就是同我一样回到祖国怀抱。”

毛泽东与李宗仁的交往，坦诚相待，真正体现共产党“爱国一家，不分先后”的统战政策。毛泽东等中共领导人给李宗仁以如此礼遇，充分体现了共产党人不计前嫌，容人、大度，以国家利益为重的宽广胸怀。它在海外人士中产生了巨大影响，也对实现祖国统一大业起了积极作用。

4. 既是挚友 又是诤友

张治中是国民党内一位富于传奇性与戏剧性的著名人物。1916 年张治中投身于保定军校学习，就与蒋介石成为同学。从那时起，至 1949 年 3 月底，为国共和谈之事，赴浙江奉化溪口最后一次面见蒋介石止，在长达 30 多年的时间中，他与蒋介石结下了血肉难分的联系。蒋介石对张治中一贯赏识，且大加提拔，委以要职，予以重用。在蒋介石掌权的20多年中，张治中成了蒋介石的心腹爱将，国民党最高决策层的要人。而张治中对蒋介石，几十年来，亦是竭智尽忠，忠心不贰，时时维护蒋介石的声望与地位。不难推测，依据张、蒋二人的密切关系，张治中的政治态度也许会同蒋介石如出一辙，并无二致。然而，事实并非如此，张治中虽多次率兵打仗，但他从未与共产党的军队交过手，打过仗。在八年全国抗战与解放战争时期，他受蒋介石与国民党政府的委派，出任国民党方面的主要谈判代表，和毛泽东、周恩来，以及许多红军将领打交道。所接触的中共领导人，人数之多，交往之频繁，关系之融洽，恐怕在国民党内再找不出第二人。重庆谈判中，张治中亲自接送毛泽东往返于重庆、延安之间。1946年春，又一次同马歇尔、周恩来为整军谈判一事再去延安。“三到延安”，这也成为历史的佳话。

从张治中送毛泽东从重庆返回延安开始，两人成了最知心的朋友。可以说，他们既是挚友，又是诤友。两人交往的故事，确实给人留下了深深的启迪。

毛泽东去重庆和谈时，张治中与赫尔利同去延安迎接毛泽东。到重庆后，由于社会环境复杂，为了确保毛泽东的安全，周恩来考虑到最理想的住所莫过于张治中的官邸——桂园。因它离中共代表团驻地曾家岩50号与红岩村都不远，地点适中，又在马路边，汽车进去方便，而且马路对面就是蒋介石的侍从室，蒋介石自己在城内的官邸也在对面院内，这一带戒备森严，特务不敢轻举妄动。当周恩来将此想法婉转地告诉张治中时，不料，张治中早已想到了这一点，他立即爽快地答应了。

为了让毛泽东住好、休息好，张治中将全家迁到一训练团的小院暂住，还特别留下自己家庭晚辈、当时任政治部门的张家惠在桂园接待事务工作。同时，另派洪兴华专为毛泽东和随行人员等洗衣和做清洁卫生工作。张治中又专门抽调了政治部特务营手枪排担任警卫，并对警卫人员再三强调：“保卫毛泽东主席，要胜过我十倍。”

谈判结束后，毛泽东要返回延安，周恩来又找到张治中说：“让毛泽东主席一个人回去我可不放心！”张治中当即表示：“我既然接毛先生来，当然要负责送回去。”10月8日晚，张治中还为毛泽东举行盛大的欢宴晚会。张治中在致词中说道：只要双方有诚心，互谅互信，就能解决协定中所规定的任务。他又说：“我今天请大家到这里来，一方面是为了对毛先生这次惠然莅临重庆表示最崇高的敬意；同时也为了毛先生这40天的辛苦现在回去了表示欢送之意。”毛泽东接着致答词，他说：“我们互谏互信，共同一致，克服困难，一定可以建设新中国!”

张治中送毛泽东抵达延安后，张治中看到民众欢迎的热烈场面，深受感动。为了表示感谢，中共中央与边区政府在杨家岭举行盛大宴会，宴请张治中。首先朱德致欢迎词，随即张治中讲话时说：“毛先生此次去重庆，造成了普遍的最良好的印象，同时，也获得了很大的成就！此次谈判是全中国人民和全世界人士所期望的，没有毛先生去重庆，便不会有今天的结果，不但解决了两党间的一些问题，并初步奠定了中国国内和平、建国的基础。”

12日清晨，毛泽东等中央领导人与张治中共进早餐。席间，毛泽东笑着说：“重庆谈判，承你热情接待，感激得很呢。在你们重庆，你用上好酒席招待我们。可是你来延安，我只能以小米招待你，实在抱歉得很呀!”

第二天，毛泽东亲自送张治中去飞机场。在车上，毛泽东笑着对张治中说：“我在重庆调查过，大家都说你在政治部和青年团能做到民主领导，也不要钱，干部都愿意接受你的领导，我还知道你是真正希望和平的人。”张治中问：“何以见得?”毛泽东举例说：“有事实为证，第一，你把《扫荡报》改名为《和平日报》。《扫荡报》是在江西围攻我们时办的，你要改名字，一定有些人很不赞成的。第二，你把康泽办的一个集中营撤销了，是做了一件好事。”

张治中没料到毛泽东对他做的这些有利于和平的事知道如此清楚，心里更增添了对毛泽东的敬重，后来他在回忆录中写道：“从1945年8月我第一次到延安与毛会面之后，他给了我深刻的印象，以后多接触一次，印象就更加深一层。这些都充分说明了他的细心和诚挚，给我留下不可磨灭的印象。”

蒋介石违背人民意愿，悍然发动全面内战，最后导致惨败。大势已去，加上周恩来等人的真心诚意的挽留，张治中痛定思痛，在1949年4月北平和谈破裂后，便决定留在北京。6月27日，他针对台湾国民党的造谣生事，发表了《对时局的声明》。毛泽东对张治中的行动表示理解与坚决支持。1949年9月，毛泽东邀请张治中参加新政协，并在中央人民政府中担任职务。对此，张治中感激地对毛泽东说：“过去这一阶段的政权是我们负责的，今已失败，成为过去了，我这个人也应成为过去了。”毛泽东笑了笑说：“过去的阶段从你发表了声明，等于过了年三十，今后还应从年初一做起。”张治中会意地点头称是。

新中国成立之初，张治中亲眼目睹了共产党领导人民建立了新生的政权，并开始了国家的各项建设。新的国家政权如此有效率、有作为，这一切使得张治中“多少年来内心的郁积为之一扫而空，精神上得到解放，对共产党更是热爱和敬佩。”

由同情共产党到“诚心诚意地接受中国共产党和毛主席的领导”，思想感情上的升华便转化为新中国服务的具体行动中。

1949年9月21日，新政协第一次会议开幕。张治中作为特邀代表参加了这次盛会。这次盛会的一项重要议题，即讨论通过中华人民共和国国旗与国徽的图案。当时，应征提交的提案有2000多种，最后，经审查小组审查，提出他们认为最合适的三幅，那就是红旗为红底，象征革命，左上方一颗大星，象征共产党的领导，旗中一横杠或二横杠或三横杠，一横杠代表黄河，二横杠代表长江、黄河，三横杠加珠江，都是象征中国文化发源地。在小组开会时，张治中曾举出许多理由表示反对，但是没有结果。再过几天就要由大会作决定了。张治中想到此事非同小可，有必要直接向毛泽东陈述自己的意见。在向毛泽东报告之前，他联想到在政协筹备会召开前夕，他曾就国家名号问题向毛泽东反映过意见。当时，中央意见拟用“中华人民民主共和国”的国名，张治中对毛泽东说：“‘共和’这个词的本身就包含了‘民主’的意思，何必重复？不如干脆就叫‘中华人民共和国’”。毛泽东觉得张治中的说法有理，建议大家采纳。经筹委会反复讨论，终于最后决定采用“中华人民共和国”的国名。张治中心想，毛泽东这次是否仍会听取他的意见呢？其实，毛泽东也十分关心上述问题的讨论。在大会作决定前，毛泽东邀清了一些军人代表召开座谈会，张治中也参加了。会中，张治中试探着问毛泽东：“现在大家都在议论国旗图案，你的意见呢？”“我同意一颗星一条黄河的那种，你觉得如何？”毛泽东征询张治中的意见，“我反对。红地国旗代表国家和革命，中间这一杠，不变成分裂国家、分裂革命了吗？同时以一杠代表黄河也不科学，地图上哪有以一杠代表河流的？在老百姓看来，这一杠还会联想到是一根棍子，像孙悟空的金箍棒。”张治中直言相谏，越说越激动。毛泽东沉思片刻，慎重地说：“你说的倒是一个严重的问题。不过，有些人主张采用这一图案，也举出不少理由。这样吧，我们再约一些代表来专题研究此问题，你也来。”过了两天，毛泽东约了四五十人座谈，张治中也到了。他到会后，看到代表大都是文艺界的，特别是美术界的一些画家。毛泽东首先发言说：“我知道反对这‘黄河’的在大会里恐怕要占四分之一到三分之一，以四分之三到三分之二的赞成人数，通过是没有问题的。但是这样不够圆满，我们一定选一幅让全场通过才好，大家想想吧。”说到这里，毛泽东把发给大家参考的图案翻出第三十二号解释说：这是五星红旗的图案，问大家“这个怎么样？”张治中首先表示赞成。到会的大多数代表也说“好”。只有两三个人提出异议：“这四颗小星是代表工、农、小资产阶级、民族资产阶级四个阶级，将来进入社会主义，后两个阶级没有了，国旗不是又要改了吗？”张治中听到这些话，心想，这也是一个问题。毛泽东听到个别人的意见，非常敏捷地对与会的代表说：“我们把说明改一改好不好？不说四小星代表四个阶级，就是五星红旗象征中国人民革命大团结！”毛泽东的发言，使大家都很高兴，一致报以热烈的掌声。后来，大会对此方案一致顺利通过。对这件事，张治中感触很深，照说，有四分之三到三分之二的人数赞成便是多数，但是毛泽东为代表的共产党人连少数人的意见也照顾到了，这意味着什么，这就是真正的民主精神。

1949 年 10 月，中央人民政府委员会成立并举行第一次会议后拟发表公报。公报原文只写了主席、副主席的名字，56 位委员的名字没有列上。张治中在讨论公报时提出：“这是正式公告，关系到国内外观感，应该把 56 位委员的姓名同时发表。”对张治中所提意见，毛泽东非常赞同，认为这样写可以表现我们中央人民政府的强大阵容。

1954 年 9 月，第一届全国人民代表大会第一次会议开幕前，张治中得知毛泽东不准备在大会上讲话，他想，这恐怕不妥。于是，就通过周恩来、彭真建议要毛泽东在会上讲话。后来，两人转告张：“毛泽东仍不愿讲话。”张治中性急得很，迫不及待地写了封信给毛泽东。信中措词略带质问意味，大意说：“您作为人民领袖，又是共和国的缔造者之一，这次会议是中国历史上第一次人民代表的会议，怎能不说话呢？”过了两天，在一集会上，张治中见到毛泽东。毛泽东笑着对他说：“就是你一个人希望我讲话。”“不是我个人，是全体代表，全国人民都希望听到您的讲话。”这次交谈后，毛泽东还是不同意讲话。可是，在开幕式上，毛泽东还是讲了话，话虽简短，但既全面，又扼要，有力量。“领导我们事业的核心力量是中国共产党，指导我们事业的理论基础是马克思列宁主义。”代表们听到这激动人心的讲话，都深受鼓舞。开幕式后，毛泽东在休息期间遇到了张治中，说：“还是你胜利了！本来我不准备讲话，只因开幕式是我主持，就拿起笔来想写，谁知越写越多，就成了一篇讲话了。”

第一届人民代表大会刚开过，张治中就提出一书面建议，即人大常委会委员每年应该出去视察，了解地方情况，听取群众意见。此建议由彭真秘书长转交给刘少奇委员长。后来，毛泽东也看到了，并主张全国人大代表，还有全国政协委员都应该去外地视察，做调查研究工作。

有一次，在会议休息室里，有人讲到视察的事是由张治中建议才实行的，张治中听到后笑着说：“建议视察的范围已经主席宣传扩大了。”毛泽东听到后随即用幽默的语调说：“他这个人专做好事，做了许多好事。”

可以说，从三到延安起，张治中与毛泽东的接触越来越频繁，两人的友情也不断加深。张治中自己也感到，多次的交往，他和毛泽东已成为交情甚笃的朋友。毛泽东很欣赏张治中的待人处事；张治中则钦佩毛泽东的宽宏大度，平易近人。每每回想起与毛泽东接触、交往的情景，张治中心中就自然地萌发出一种对毛泽东的崇敬之情。毛泽东胸怀豁达，和蔼可亲的领袖风范，着实令张治中感动不已。记得1952年的夏天，张治中刚从西安回到北京，他正想去看望毛泽东，顺便汇报一下自己在西北的工作。而毛泽东却闻风先到了他家，垂向殷勤，一谈就是两个多小时。毛泽东待人诚恳，对张治中关怀备至，这是他永远不能忘怀的。张治中清楚地记得，毛泽东为了照顾他的生活，总是把各地送来的食品，派人分送给他一份。最有趣的一次是山东胶州一农业合作社送给毛泽东几颗大白菜，毛泽东特别分送给他一棵。张治中叫夫人称了一下，这棵白菜足有27.8斤。妻子舍不得吃，就用沙土把它栽在一个大花盆内，摆在客厅中间，足足放了几个月。

特别是在1958年大跃进年代中，毛泽东与张治中的交往与友情，可谓达到了顶峰。这年，毛泽东视察大江南北，特别邀请张治中同行。两人到了鄂、皖、苏、浙、沪等各省市视察。一路上，两人谈笑风生，兴致极高。虽只有20日的视察，但张治中觉得收获极大，“二十日来如坐春风化雨中”。

从毛泽东与张治中交往的史事中，我们看到了两人高尚的人品与德行，他们都待人以诚，心地坦荡。我们更看到了作为执政党领袖的毛泽东的从善如流，虚心采纳意见的宽广胸怀。为政者，从谏如流，国之昌矣，民之福矣。毛泽东与张治中的交往，算得上是真正的挚友与诤友。

5. 在斗争中求团结 在团结中求自主

阎锡山，曾任国民党军一级陆军上将。早年曾参加过同盟会。1911 年辛亥革命后任山西省都督。1927 年四一二反革命政变后阎锡山投靠蒋介石集团，担任国民党政府第二集团军总司令、陆海空军副总司令。1930 年他联合冯玉祥等讨伐蒋介石，企图夺取国民党政府的最后权力，失败后逃往大连。1932 年，他又担任太原绥靖主任。1935 年 10 月，工农红军长征到达陕北后，阎锡山极力派军队阻挠红军开赴前线抗日。显然，视地盘为命根子的阎锡山是担心共产党借抗日为名，抢占他的地盘。为了扩大抗日民族统一战线，增强抗日的势力，促使阎锡山转变与红军对抗的立场，走向联合抗日，毛泽东对阎锡山做了不少的争取工作，而且取得了显著的成效。

1936 年 2 月，当毛泽东工农红军抗日先锋军东渡黄河到达山西境内，受到阎锡山军队阻拦，红军与阎军交战后，为了保存国防实力，避免内战，毛泽东决定把红军撤回黄河东岸，并于 5 月 5 日发出红军回师通电。通电要求国民党政府“在全国范围，首先在陕甘晋停止内战，双方互派代表磋商抗日救亡的具体办法”，以促成全国一致抗日局面的形成。

为了促使阎锡山在日、蒋压迫下起来抗日，表明红军联合抗日，停止内战之态度，毛泽东决定将交战中俘虏的阎军和缴获的枪械全部归还阎锡山，同时他从俘虏中找出阎锡山部一团长郭登瀛，与郭谈话，要郭将自己的亲笔信带给阎锡山。最后，毛泽东还反复叮嘱郭，要他转告阎锡山：“只要伯川先生愿意停止内战，共同抗日，一切都好商量。”

毛泽东在给阎锡山的信中写道：

伯川先生：

敝军西渡，表示停止内战，促致贵部及蒋氏的觉悟，达到共同抗日之目的。微日通电或恐未达，抄上一份，托郭团长带回，即祈审览。

救国大计，非一手一足之烈所能集事。敝军抗日被阻，然此志如昨，千回百折，非达目的不止，亦料先生等终有觉悟的一日。侧闻蒋氏迫先生日甚，强制晋军二度入陕，而以其中央军监视其后，是蒋氏迄无悔祸之心，汉奸卖国贼无与为匹，三晋军民必有同慨。先生如能与敝方联合一致，抗日反蒋，则敝方同志甚愿与晋军立于共同战线，除此中国人民之公敌。

郭团长及贵军官兵一律优待，同属国人，胜之不武，敝方绝无骄矜之心，武器弹药，楚失楚得，谅先生及贵军领袖亦当不致有所芥蒂也。今遣郭团长返晋，面致手书，如有所教，乞令郭君再来，以便沟通两方，成立谅解，对付共同之公敌。吉县县长暂留此间，稍缓亦当令其返晋。国难日亟，谅三晋贤者决难坐视也。

专此。即颂

勋祺。不一！

毛泽东

五月二十日

看了毛泽东的信，阎锡山不能不佩服毛泽东的博大胸怀。为了争取阎锡山能尽快与红军联合抗日，首先在山西建立抗日民族统一战线，毛泽东又分别致书晋绥军对阎有影响的高级将领杨效欧、李生达等，谆谆告诫：“日事相斫，停战议和，共赴国难，实为今日之天经地义。”“盼商之百川先生派遣代表，共商大计，以利于国家民族”。随后，毛泽东又给阎的老搭档——山西省政府主席赵戴文写信，指出：“红军者，抗日讨逆之先锋，非欲与晋军为敌人。”后来，毛泽东又分别致书宋哲元、傅作义，试图通过两人与阎的老关系，与阎锡山直接打交道。

毛泽东发出的信息，从四面八方传到了阎锡山那里。阎锡山虽然没有正式复信，但他已被毛泽东联合抗日的诚意所感动。随后，他派人与中共中央建立了秘密联系。毛泽东派彭雪枫作为驻太原办事处主任，专门负责与阎锡山联络。

西安事变发生后，中共中央从中华民族的整体利益出发，主张和平解决。在蒋介石答应抗日的前提下，将蒋释放，促蒋抗日。此时，日军逼近晋境，阎锡山也向张、杨发电，主张“共维大局”。毛泽东得悉此事后，立即致信阎锡山，赞赏其态度，并促其进一步坚定抗日决心。毛泽东在信中说：

伯川副委员长勋鉴：

陕变突起，事出非常。从电讯中知我公反对内战，有“共维大局”之语，至理名言，曷胜钦佩。敝方主张详删皓两电，抄陈台鉴。敝方为大局计，不主决裂，亦丝毫不求报复南京，愿与我公及全国各方调停于宁陕之间，诚以非如此则损失尽属国家，而所得则尽在日本。目前宁军攻陕甚急，愿我公出以有力之调停手段。至于红军，只要南京停止“剿共”政策，赞同统一战线，一致抗日，并划定适宜之防地，决不向南京管辖境内进攻。对我公领导之晋绥方面，前遣彭雨峰晋谒，已将鄙意奉陈。数月来我公及傅将军在绥东英勇抗敌，与开放民众爱国运动，取消防共会，尤为敬佩之至。惟现宁陕相持甚急，如宁方坚持进攻而无丝毫转圜之余地，则红军势难坐视。战争范围扩大，所需于我方协助之处甚多。如何使晋绥陕甘四省亲密团结，联成一气，俾对国事发言更为有力之处，敬祈锡示南针。

……

公祺！

毛泽东 敬上

十二月二十二日

信中毛泽东还谈到了双方建立电台与徒步通信站，以加强联系之事。毛泽东的信对阎锡山产生了较大的影响，随着抗日民族统一战线的形成，阎锡山加强了与中共中央的联系，同意由红军改编的八路军先出山西抗战。不久，阎锡山也解除了对陕北的经济封锁，双方开始了商业往来。7月14日，毛泽东又派周小舟带亲笔信给阎锡山，提出与阎商谈进一步合作抗日之办法。

7月28日，阎锡山函复毛泽东：“周小舟君抵并，持诵大札，并还及先生抗日主张，至为敬佩。国事危急，非集合全国人力不足以渡此难关，愿与先生同赴国难也。”31日，阎锡山会见彭雪枫，表示：“从今日始，你可以用红军和中共中央代表的名义，公开进行活动。”至此，经过毛泽东与中共中央的努力工作。红军与阎锡山部队联合抗日的局面终于形成了。

随着日军的大举进犯山西，阎锡山部节节败退，后来连同其大本营也一起撤过了黄河，到秋林镇安营扎寨。相反，八路军却越战越勇，队伍不断发展壮大，这种形势使得军阀出身的阎锡山对抗战逐渐失去信心，而对共产党力量的壮大感到害怕，他担心威胁到自己在山西的统治。1939 年 12 月，正当各地国民党内的顽固派掀起第一次反共高潮的紧急关头，阎锡山也紧锣密鼓，制造了晋西事变，集中两个军又四个师的兵力，企图消灭我决死队。我军英勇反击，于翌年 2 月底，全部肃清了晋西北地区阎军，给阎锡山以迎头痛击。为了不扩大战事，毛泽东指示彭德怀前往秋林，当面向阎锡山讲明利害关系，做调解工作。后来，毛泽东又派萧劲光和王若飞持他的亲笔信到秋林进一步调停，面陈中共关于新旧军团结拥阎抗日的主张，并劝阎，“不要敬酒不吃吃罚酒，我们也不是好惹的”。当阎锡山读到毛泽东的信中写有“人不犯我，我不犯人，人若犯我，我必犯人”这四句话，他提出能否把最后一句改一下，改成“我必自卫”。在原则问题上，萧、王当然不会轻易让步。事后，二人向毛泽东汇报时，毛泽东斩钉截铁地说：“一个字也不能改，就是要坚持‘人若犯我，我必犯人！’”经过反复谈判，阎锡山又接受了中共的主张，达成了不再进攻八路军防地和陕甘宁边区的君子协定，同意双方继续派代表具体协商联合抗日和划分防区的细节问题。这些协议的签定，减少了磨擦，对于当时的团结抗日，对于边区的巩固，都是有利的。

毛泽东与阎锡山的交往，既有友谊，也有原则的斗争。为了民族的利益，讲信义，我们可以当朋友。若不以国事为重，背信弃义，那就只有针锋相对，这就是在斗争中求团结，在团结中求自主。

6. 大度容人　以礼待之

程潜与毛泽东是同乡，早年曾参加同盟会与武昌起义，北伐战争时，他是第六军军长。然而在大革命失败后，他成了南京国民政府中的高官，担任过国民党湘鄂临时委员会主席、第一战区司令长官、湖南省政府主席，以及国民党战地党政委员会副主任委员等职。毛泽东对程潜这位国民党的高官、元老，一直未能忘记做其争取工作。1949 年 8 月，当程潜率国民党官兵举行起义，使湖南得到和平解放后，毛泽东欣喜万分，立即致电程潜、陈明仁等人，电文中称："诸公率三湘健儿，脱离反动阵营，参加人民革命，义声昭著，全国欢迎，南望湘云，谨致祝贺。尚望团结部属，与人民解放军亲密合作，并准备改编为人民解放军，以革命精神教育部队，改变作风，力求进步，为消灭残匪，解放全国人民而奋斗。"可见，毛泽东对程潜之义举，评价甚高。说到毛泽东与程潜的交往，尽管程潜曾站到过人民的对立面，犯有过错，但毛泽东却不咎既往，以礼相待。特别是在新中国成立后，毛泽东对程潜政治上信任，生活上关怀，这令许多民主人深受感动。

说到毛泽东与程潜的交往，其中之大事莫过于劝说程潜和平起义，站到人民一边。1949 年 1 月，蒋介石见大势已去，再次玩弄"和谈"阴谋。以毛泽东为代表的共产党人识破了其阴谋，提出要"和谈"，必须以我方提出的八条为谈判条件。其时，任湖南省政府主席的程潜心事重重，他与蒋介石、桂系有矛盾，不愿再与其共事，图自谋出路。他与中共湖南地下省工委联系，对中共八项和平条件，除第一条惩办战犯有疑虑外，其余皆认可。他认为自己被列入战犯，恐怕将来共产党取得全国政权后对自己这样的国民党高官是会要严惩的。正在程潜为前途担忧，为目前处境不安的情况下，老友章士钊带来了毛泽东对他的问候。章士钊特别转告毛泽东的意见：只要能和平举事，站到人民一边，决不会当战犯看待，而且将予以礼遇。

通过毛泽东与中共中央军委周密的安排，多方疏导，程潜终于打消了思想上的疑虑。当程潜写了和平起义备忘录转交毛泽东后，毛泽东于 1949 年 7 月 4 日复电程潜，电文如下：

颂云先生勋鉴：

备忘录诵悉，先生决心采取反蒋反桂及和平解决湖南问题之方针，极为佩慰。所提军事小组、联合机构及保存贵部予以整编教育等项意见均属可行，此间已派李明灏兄至汉口林彪将军处，请先生派员至汉与林将军面洽，商定军事小组、联合机构及军事处置诸项问题。…为着迅赴事功打击桂系，贵处派员以速为宜。如遇桂系压迫，先生可权宜处置一切。只要先生决心站在人民方面，反美反蒋反桂，先生权宜处置，敝方均能谅解。诸事待理，借重之处尚多。此间已嘱林彪将军与贵处妥为联络矣。

毛泽东

七月四日

程潜收到毛泽东的复电后，兴奋不已，随即告知陈明仁。两人速商谈了起义的准备工作。不久，毛泽东又派人与程潜联系起义的具体事宜，并再次复电给程潜、陈明仁、电文称："凡对解放军进军及革命工作有利的事，均可商量办理。此次两先生毅然脱离伪政府，参加人民解放事业，大义昭著，薄海同钦。南望湘云，谨致祝贺。"当毛泽东接到程潜正式起义通电后，又复电以示欢迎与庆贺。

毛泽东非常重视争取程潜起义，用和平方法解决湖南问题之重大作用。1949 年 8 月 6 日他在起草中央给华中局与湖南省委的电报中指出：争取程潜、陈明仁及其一派站在我们方面，对于"分化台湾及宋希濂等部，有极大的政治作用。对于顺利地接管湖南及改造程、陈系统则有直接作用。你们对此要当作一项重要工作去做。""在将来接收省政府及改编军队时，除陈明仁应任军职外，应给程潜及其一派中的开明分子以位置，并吸收他们参加工作。其办法为组织湖南军政委员会，由两方面的人成立，以程潜为主席，以我们的人为副主席。湖南省政府亦照此方式组织，成为统一战线的临时过渡机构。"遵照毛泽东的指示，8 月 29 日，湖南人民军政委员会正式成立，程潜任主任委员，中共湖南省委书记黄克诚任副主任委员。

程潜、陈明仁率兵起义，倒向人民一边，湖南得到和平解放，毛泽东对程潜此举赞佩有加。毛泽东认为，对人民做了好事、而且是大好事的人，人民是不会忘记的。

1949 年 8 月下旬，中共中央、毛泽东发出电报，邀请程潜出席在北平召开的中国人民政治协商会议。程潜一行动身来京后，毛泽东又函告周恩来："程潜 9 月 2 日抵汉口，四日由汉动身来平，请即令铁道部注意沿途保护照料，不可疏忽。问准时到达时刻，请周组织一批人员欢迎，并先安排好住处……"

9 月 7 日，程潜抵达北平，毛泽东亲自和朱德、周恩来、林伯渠等一起到车站去迎接。毛泽东亲自来迎，这令程潜感动不已。8 日，毛泽东在中南海举行晚宴，为程潜接风洗尘。毛泽东祝酒时说："程潜将军，陈明仁将军率领全体官兵，宣布起义，和平解放了长沙，保护了人民的生命财产，带了一个好头，也给湖南省、长沙市的人民做了一件好事……你们立了功，向你们祝贺，向你们致敬!"周恩来接着说："这次颂公和子良将军率部起义，对蒋介石是个沉重的打击，这在全世界许多国家中都有很大反响。你们为推进解放全中国立了大功，湖南人民感谢你们，我们向你们表示真诚的敬意。"程潜见此情景，非常激动，高举酒杯说道："辽沈、淮海战役后，国民党大势已去，使我看到了希望。平津战役中傅作义先生和后来的我们所选择的道路，都是历史的必然。今朝蒙润之先生盛情款待，我深感受之有愧。不过在我有生之年，十分愿追随各位，为建设祖国，造福人民做些好事。"

9月19日上午，毛泽东又专程去程潜下榻的北京饭店看望程潜。午餐后，毛泽东又邀请程潜、陈明仁和张元济、陈叔通等同游天坛公园，作陪的有刘伯承、陈毅、粟裕等高级将领。

天坛之游后，毛泽东还多次单独邀程潜到家中做客。两人共吃家乡饭，畅叙心中事。

程潜来京后，毛泽东特别关心的还有一件事，即对程潜的工作安排。为此，在新政协开幕的前一天，毛泽东约政协会议特邀代表、程潜的族弟程星龄到中南海菊香书屋单独谈话。毛泽东说："今天我请你来商量一下，对颂公怎样安排为好。我原先打算请颂公当西南招抚使，后来感到不那么恰当，现在形势发展得很快，不需要这么一个机构了。中央决定分设几个大区，其中有中南军政委员会，属四野作战地区。我们有个党的问题，还有个部队的问题，准备由四野司令员林彪当中南军政委员会主席，想请颂公屈就副主席。颂公是老前辈，他从事革命时，我们还是学生。林彪比我更年轻，论班辈这样安排就感到有些为难。请你先考虑一下，再同颂公婉商。"毛泽东诚挚谦和的话使程星龄吃惊不小，他当即回话："颂公这次来北平，承蒙主席这么优待，他的感激心情不是言语所能形容的。关于工作，主席怎么安排，他一定欣然从命，这一点我很清楚，请主席放心。"毛泽东说："不，还是请你同颂公商量一下，明天回我的信。"

程星龄回到住所，将毛泽东的话转告给程潜时，程潜激动地说："我这个多年与共产党为敌之人，刚投向人民，就受到毛主席如此殷切关怀，怎么还会有意见，只觉自愧!”他接着不无感慨地说：“我同蒋介石共事一二十年，蒋的机密从来没有让我与闻过。这次一到北平，毛主席就把极其重大机密的解放军向西南大进军的计划给我看，征询我的意见，对我真是推心置腹！这也可看出，毛泽东确如行严（即章士钊）所讲的襟怀宏伟，一代伟人呀!”

毛泽东不仅为程潜的工作作妥善安排，而且对他的旧部关系的处理与生活等问题都予以细心关照。毛泽东对程星龄还说过：“颂公在军政界搞得久，旧部多，这些旧部需要安插而又可以安插的，我们尽可能地予以安插。可能还有人向他要点钱，或者他自己想送点钱给老朋友、老部下，都是得替他设想到，免得他为难。现在决定由政府每月送给他特别贵大米五万斤（币制改革后，折合人民币5000元。）任其开支，不受任何限制。”“颂公是老年人了，免不了留恋家乡，他在长沙有所房子，我们在北京也替他准备了一所房子。他在湖南有个职务，在北京也有职务，可以在长沙住，也可以在北京住，只要参加一些重要会议，不要搞具体工作，让他过好晚年。”程潜听到这些话后，十分受感动。

为了照顾好程潜的生活，毛泽东还安排程潜的大女儿程熙在家照顾父亲，要她不要急于出去工作，毛泽东对程熙说：将来一定给你安排工作。1951年，毛泽东还抽暇陪同程潜、王季范、程星龄游览十三陵，并与他们合影留念。1952年金秋，毛泽东还特邀程潜到中南海划船游览。毛泽东还亲自操桨划船，这更令程潜受宠若惊。

在第一次政协会议上，程潜当选为第一届全国政协委员，还当选为中央人民政府委员。此后程潜还担任了军事委员会副主席、全国人大副委员长、湖南省省长、民革中央副主席等职。对毛泽东与人民的深情关怀，程潜铭记在心。他表示：“我们今后的任务，就是在共产党、毛主席领导下，尽一切努力来实现人民政协的共同纲领，以建设民主、繁荣的新湖南。”

毛泽东与程潜交往的故事，着实令人感动。毛泽东不咎程潜之历史过错，敬重他，重用他，关心他，对这一点，当时身边的人有点不可理解，而毛泽东曾向他们袒露自己的心迹：“什么是朋友？国民党恐怖最厉害的时候，我们两个还保持着联系！这还不是朋友吗？共产党人要够朋友，什么时候都不能忘了朋友。”

第七章

尊重关心　厚待贤人

专家、学者乃国家、民族之宝贵财富。身为革命领袖、国家主席的毛泽东深知人才难得。他求贤若渴，尊重、关心、爱护、体贴贤人，与其一道，共谋民族事业之兴盛。

1. 关心支持 创学术之新风

周谷城是蜚声海内外的著名历史学家。周谷城不仅在中外史学研究中，成果卓著，而且，他在哲学、社会学、教育学、美学等研究领域，也取得了丰硕的学术成果。他之所以能获得如此卓越的学术成就，固然与他刻苦治学，数十年如一日分不开。不过，其中也与毛泽东对他学术研究的关心、支持分不开。在长达半个世纪的时间里，毛泽东以他的革命实践、高尚人品以及浓浓的故人情谊，影响和鼓励着周谷城，给周谷城一生留下了难忘的印象。

毛泽东与周谷城相识于 1921 年。当时，任湖南一师校长的易培基推行教育改革，选聘了一批具有新思想的教员。刚从北京高等师范毕业的周谷城被聘来一师任教。毛泽东在湖南一师附小任主事，后兼任师范部国文教员，与周谷城同事，他们的交往从此开始了。

周谷城回忆说，一天晚上，毛泽东到他的住所闲谈，看到书架上摆有英文版和德文版的《资本论》，脸上露出高兴的神色。他手指着《资本论》，笑着对周谷城说："你看这些，不怕惹麻烦吗？"周谷城随口答道："该不会惹什么麻烦吧！"这次闲谈，两人找到了思想认识上的共同点。

周谷城还记得毛泽东经常到一师大礼堂给工人、农民讲报告的情景。有一次，毛泽东在夏曦的陪同下，赤足穿着草鞋，裤脚高卷，打着有力的手势，运用生动的比喻向工农群众和革命师生宣传阶级斗争的道理。他说："阶级斗争是没有妥协、没有中立的余地的。比如，一条大河，你在里面游泳，老不靠岸，既不爬上那一边，也不爬上这一边，终究是被水淹死的。阶级斗争中，资产阶级与无产阶级之间，没有中立之余地。要么站在资产阶级一边，要么站在无产阶级一边。而站在资产阶级一边，终究要被无产阶级消灭。"毛泽东当年说的话深深印在周谷城的脑海中。

此后，周谷城受毛泽东革命思想的影响，参加了大革命时期的湖南农民运动。他担任省农讲所讲师，陆续发表了一些研究农村经济的文章。1927年春，周谷城到武汉，在国民革命军总政治部工作，他把自己在湖南省农讲所写的一篇题为《农村社会之新观察》的讲稿拿给毛泽东看，毛泽东认真阅读后，对周谷城说："这篇文章是花了功夫的，最好在报上发表。"在毛泽东的鼓励、帮助下，这篇文章终于发表了，并引起了较大的反响。

大革命失败后，毛泽东与周谷城从此中断了联系。虽然音讯不通，然二人还相互记挂着对方的处境。

1945年8月，毛泽东在重庆和谈。一天，中苏文化友好协会举行毛泽东的茶话会。周谷城闻讯便早早站在门口等候。一见毛泽东来了，即上前紧握着毛泽东的双手，毛泽东一眼认出了眼前的老朋友，随即用乡音大声问道："你是周谷城先生吗？"周谷城答道："是的。"毛泽东以手作势说："18年了？"眼里饱含着泪水，周谷城此时也流出了泪。毛泽东未忘老友，这使周谷城深受感动。

新中国成立后，毛泽东多次邀请周谷城到中南海作客，朋友叙谈，纵论古今，情意绵绵。在闲谈中，毛泽东总是关心着周谷城的学术研究，鼓励他做学问要敢于破除陈见，勇创新说，坚持真理。

20世纪50年代中期周谷城发表了一系列关于形式逻辑与辩证法研究的新见解，特别是他的"辩证法是主，形式逻辑是从，主从虽有别，却时刻不能分离的"的"主从"说，对于当时学术界流行的"高低级"说，无疑是一种挑战，因而由周谷城发表的论形式逻辑与辩证法关系的文章，引发了50年代哲学界的一场大讨论，这场讨论参加人数之多，时间之长是新中国成立以来空前的。

周谷城的文章一发表，毛泽东就注意到了。毛泽东十分欣赏周谷城这篇文章的探索精神与提出的新见解。

1957年2月，毛泽东召集中央报刊、作家协会、科学院负责人开会，在谈到批评更有说服力时，毛泽东举例说，《新建设》上周谷城写了一篇逻辑问题的文章，我看就写得很不错。

1957年春，毛泽东与叶剑英、刘伯承、贺龙几位元帅，以及徐特立、林伯渠等几位老人一起到了上海。正在展览馆电影院楼下西厅准备晚宴时，毛泽东派人用专车把周谷城从家里接去。周谷城走进客厅，向在座的各位一一招呼之后，毛泽东手持一本《新建设》，对周谷城说："关于逻辑，你说得最明确。"周谷城说："不得了，火炮似的批评冲起来，我受不了。"毛泽东又说："有什么受不了，辩论就是嘛！"周谷城说："我的意见很少人赞成，我很孤立，成了众矢之的。"毛泽东说："你的意见，有人赞成，并不孤立。"周谷城说："怕不见得，如果有人赞成，那当然可以鼓励我。"毛泽东说："人民大学里的一个刊物，好像是《教学与研究》上，有人写文章，引了你的意见。"周谷城说："我没看见。"毛泽东说："我可以叫人寄给你看看。"

这次周谷城与毛泽东面谈时，毛泽东一再鼓励周谷城："不要怕，要积极地写。"吃饭时，毛泽东很风趣地说："我请客，周谷城同我坐。"周谷城坐在毛泽东的右边。席间，周谷城随便向毛泽东谈了一件往事，说他"在五四运动时，曾同清华大学学生开过一次两小时的辩论会，主张人类社会中不应有单独的知识分子阶级存在"。毛泽东沉默了一会说："嗳，几十年的马克思主义训练啊！"意思是周谷城接触马克思主义很早。

1957 年 4 月 10 日，毛泽东召见《人民日报》负责人和有关人员开会，在谈到哲学界正在讨论的形式逻辑问题时，毛泽东说："周谷城的观点比较对。"还谈他"曾告诉周谷城，人大有个王方铭，同他的观点相同"。

毛泽东对周谷城勇于独立深思，勇于发表新见的行动是非常赞赏的，也是积极支持的。1957 年 4 月 11 日，他先把周谷城接到中南海，然后又根据周的提议，把在北京的哲学界的贺麟、郑昕、冯友兰、金岳霖等教授接到中南海，后又把胡绳和人民大学王方铭也召来一起讨论学术问题。毛泽东首先发言谈自己的革命实路，他说："中国革命开始时很困难，陈独秀、王明、李立三、瞿秋白、张国焘等人跟着别人跑，使中国革命遭受一个又一个的失败。直到 1949 年，我们眼看就要过长江的时候，还有人阻止，说千万不能过长江，过了，就会引起美国出兵，中国就有可能出现南北朝。如果我们听了他们的话，中国倒真可能出现南北朝。"毛泽东继续说："后来我会见了阻止我们过长江的人，他的第一句话就说：'胜利者是不应该受责备的。'"毛泽东说："我没有听他的话，他并不责怪我，反而肯定我们是胜利者。"毛泽东又概括地说："可见实事求是、独立思考，是非常重要的。中国革命的胜利可以说是实事求是、独立思考的胜利。陈独秀、王明、李立三、瞿秋白、张国焘；都不能实事求是、独立思考，都盲目地跟着别人的指挥棒转，所以他们只能把中国革命引向失败。”最后，毛泽东把话锋转到搞科学研究上来，说：“领导革命必须实事求是，独立思考；搞科学研究，也必须实事求是，独立思考。千万不能把自己的脑袋长在别人的脖子上。对老师不要迷信，青出于蓝，而胜于蓝。老师的成功和优点，应该学习，应该继承发扬；老师的缺点和错误，要善意地批评指出。”

毛泽东的这一番语重心长的话对周谷城，以及在场的其他学者启示尤深，鼓舞尤大。大家都表示要认真贯彻“双百方针”，促进学术的发展。谈话后，毛泽东留在场的学者吃晚饭。开始进餐时，毛泽东戏谑地笑着说：“今天我请老朋友周谷城先生吃饭，请大家作陪。”这对周谷城来说，尤感兴奋。

1958 年4 月 15 日。《人民日报》刊登了马特的《关于逻辑问题的讨论》一文，马文是对逻辑讨论情况的综述，但带有倾向性，而且把逻辑的争论看作“两条不同学术路线的斗争”，批评周谷城，王方铭的观点，“是一条逻辑理论的修正主义路线。”

1958 年 6 月 14 日，《人民日报》又刊载了周谷城《六论形式逻辑与辩证法——略答马特》的文章文中，周谷城谈了以下观点：一是逻辑的物质基础并不等于逻辑本身；二是规律和规则等却为形式逻辑所不能少；三是要使认识与实践发生关系；四是不要制造反对辩证法的理由；五是形式逻辑要靠拢唯物辩证法。周谷城的观点与马特文中的观点针锋相对。

周谷城《六论形式逻辑与辩证法——略答马特》的文章刚一刊出，毛泽东就看了，很感兴趣，并立即用长途电话请周谷城从上海到北京中南海来。电话是上海市委转达的。就在 6 月 17 日，毛泽东在中南海露天游泳池旁同周谷城专就逻辑问题进行了长谈。毛泽东说：“问题移到《人民日报》上来了，讨论可能展开。”周谷城说：“我把形式逻辑与辩证法联在一起讲，却又把它们严格划分，恐怕不易有人信。”毛泽东用英语风趣地说：“formal logic 本来就是 formal 的，要把它同辩证法混同，甚至改成辩证法，是不可能的。它是一门独立的学问，大家都要学一点。”周谷城说：“中学高年班，大学初年班学一点是很好的。只是怕教不好，学不到手。”毛泽东又说：“懂不懂，当然也有人感觉得是问题。但入了门，学了一点，自己在生活实践中要用，总可搞通的。”他还对周谷城说：“最好把西方哲学家所讲的逻辑，每一个人的，都给写一篇或几篇说明介绍的文章”，“从古到今，来它个系统的叙述。”这件工作，大概毛泽东希望周谷城能做，不知何故，周谷城未能积极去做。毛泽东又对周谷城说：“最好把所有的逻辑书，不论是新的或旧的，过去的或现在的，一律搜齐，印成大部丛书，在前面写几句按语式的话，作为导言。”毛泽东也希望周谷城能同有关出版社联系进行此项工作，但也不知何故，周谷城也未积极进行。对这两件事，周谷城感到内疚。

后来，出版社给周谷城来信，说《形式逻辑与辩证法》一书要出版了，目录也寄给了周谷城，但不是出逻辑大部丛书，而只是几篇辩论文章，周谷城不知按语式的导言还要不要，于是向毛泽东写信。毛泽东在回信中说：

谷城兄：

两次热情的信，都已收到，甚谢！大著出版，可资快读。我对逻辑无多研究，不能有所论列，问题还在讨论中，由我插入一手，似乎也不适宜；作序的事，不拟应命，可获谅解否？敬复。

顺颂

教安！

毛泽东

一九五八年七月二十八日

“无多研究，不能有所论列”，这是毛泽东谦逊之词，是说他不愿发表具体意见，以勉妨碍了学术界的自由讨论。

毛泽东关心周谷城的学术研究，即使在“文化大革命”动乱的年代，也未忘记。“文化大革命”初期，周谷城也受到了极大的政治冲击，他被造反派关进了牛棚。但毛泽东仍记得这位关入“牛棚”中的朋友。一天，复旦大学工宣队把周谷城从牛棚接出来，去市府礼堂听毛泽东的讲话录音。他清晰地听到毛泽东在讲话中说到了以下几句话：“周谷城的世界通史还没有写完，书还是要让他继续写下去的。”听到这些话，身在困境中的周谷城深受感动。后来，毛泽东就对周谷城采取了保护政策，使他免受了折腾之苦。

毛泽东关心周谷城，周谷城也对毛泽东充满无限敬意。1976 年 9 月 9 日，毛泽东与世长辞，周谷城心情悲痛，夜不能寐，挥泪作《哀悼毛泽东逝世》七律一首，诗曰：

阴沉一霎朔风号，领袖惊传别我曹。
抢地吁天呼不应，伤心惨目泪如潮。
五洲魑魅焰仍在，百国工农志不挠。
且化悲哀为力量，继承遗志夺高标。

学术是学者的生命。周谷城在新中国成立后之所以能在以往研究的基础上，取得了更加令人瞩目的学术成就，而毛泽东对他的关心、支持，应当说是一种强大的精神推动力。

2. 求同存异 重在友情

郭沫若是中国著名的史学家、诗人，考古学家、古文字学家和社会活动家。长期以来，毛泽东与这位学术大师交往甚多，关系非同寻常。

两人的最初交往可以追溯到大革命时期。1926 年 3 月 23 日，郭沫若由上海抵达广州，当天，他如约去林伯渠家拜访。不料，林伯渠不在，但在林家却遇到了来访的毛泽东。1937 年，郭沫若曾回忆与毛泽东初次见面的情景："在祖涵房内，遇见了毛泽东。太史公对于留候张良的赞语说：'余以为其人必魁梧奇伟，至见其图，状貌妇人好女。'吾于毛泽东亦云然。人字形的短发，分披在鬓，目光谦抑而潜沉，脸皮嫩黄而细致，说话声音很低而娓娓。"①

后来，毛泽东在广州主持第六届农讲所的工作，毛泽东曾邀请郭沫若到讲习所给学员讲课。北伐战争开始后，身为北伐军总政治部副主任、秘书长的郭沫若随军

①路海江著编著：《毛泽东和他同时代的人》，河南人民出版社 1992 年版，第 391 页。

出征。北伐军攻下武昌后，毛泽东与郭沫若在此相会了。

1927年蒋介石发动反革命的四一二政事变后，郭沫若参加了南昌起义。毛泽东在汉口参加中共八七会议后，即回湖南发动秋收起义。自此二人天各一方，音信不通，郭沫若后来遭国民党通缉逃亡日本，潜心研究中国古代史；毛泽东在秋收起义失败后即率起义部队上了井冈山。直到全国抗战爆发，二人才重新取得了联系。

1938年夏，毛泽东与中共中央决定：以郭沫若为鲁迅的继承者，为中国文化界的领袖。这说明中国共产党人对郭沫若学术研究的殷切期望，也对其在中国文化界的地位与影响给予充分的肯定。1939年7月，郭沫若的父亲去世，毛泽东闻讯后，特地送去挽联："先生为有道后生，衡门潜隐，克享遐龄，明德通玄超往古；哲嗣乃文坛宗匠，戎幕奋飞，共驱日寇，丰功勒石励来兹。"

郭沫若从日本归国后，为抗战之需要，他将战国时期魏国信陵君和安釐王的宠姬如姬窃符救赵的故事编成话剧《虎符》，以此宣传复国思想。此外，他还创作了《棠棣之花》与《屈原》等历史剧，以弘扬抗日爱国之精神，《虎符》写成后，郭沫若托人将它带给了毛泽东。毛泽东读后于1944年1月写信给他，赞扬他所做的工作，说："收到《虎符》，全篇读过，深为感动。你做了许多十分有益的革命的文化工作，我向你表示庆贺。"后来，毛泽东在给齐燕铭等人写信中，再次称赞说："郭沫若在历史话剧方面做了很好的工作。"

1944年4月，郭沫若为纪念李自成领导农民起义胜利300周年，专写了一篇史论文章《甲申三百年祭》。此文以马列观点为指导，叙述了李自成起义军在攻入北京推翻明朝以后，若干首领生活腐化，产生内耗，以致陷入失败的过程，并分析其成败的经验教训。此文于1944年3月在重庆《新华日报》连载。

《甲申三百年祭》发表后，很快传到延安，受到了毛泽东的高度重视，为了引起全党同志的鉴戒，毛泽东将它作为整风运动学习的文件之一。毛泽东在一次党的高级干部会议上强调："近日我们印了郭沫若论李自成的文章，也是叫同志们引为鉴戒，不要重犯胜利时骄傲的错误。"不久，延安还特地将《甲申三百年祭》与《屈原》印成单行本，供党员干部学习。同年8月，周恩来托林伯渠从延安带了这两本小册子，交给郭沫若，郭极为感激，当天即给毛泽东、周恩来写信，感谢他们的鼓励。毛泽东收信后，于1944年11月21日给郭沫若回信，说：

沫若兄：

大示读悉。奖饰过分，十分不敢当，但当努力学习，以副故人期望。武昌分手后，成天在工作堆里，没有读书钻研机会，故对于你的成就，觉得羡慕。你的《甲申三百年祭》，我们把它当作整风文件看待。小胜即骄傲，大胜更骄傲，一次又一次吃亏，如何避免此种毛病，实在值得注意。倘能经过大手笔写一篇太平军经验，会是很有益的；但不敢作正式提议，恐怕太累你。最近看了《反正前后》，和我那时在湖南经历的，几乎一模一样，不成熟的资产阶级革命，那样的结局是不可避免的。此次抗日战争，应该是成熟了的罢，国际条件是很好的，国内靠我们努力。我虽然兢兢业业，生怕出岔子，但说不定岔子从什么地方跑来；你看到了什么错误缺点，希望随时示知。你的史论、史剧有大益于中国人民，只嫌其少，不嫌其多，精神决不会白费的，希望继续努力。恩来同志到后，此间近情当已获悉，兹不一一。我们大家都想和你见面，不知有此机会否？

谨祝

健康、愉快与精神焕发！

毛泽东 上

一九四四年十一月二十一日于延安

毛泽东的这封信，高度评价了郭沫若的学术成就，娓娓写来，言辞恳切，平和亲切，情感真挚。既谈私交，又说革命事业，令人感动。

在分别18年后，1945年8月毛泽东去重庆和谈，在山城与郭沫若见面了。二人相见，欣喜之情，难于言表。郭沫若见毛泽东没戴手表，随身带着一只旧怀表，就随手将自己戴的手表送给了毛泽东。毛泽东非常珍惜这块手表，从未更换过。这块表成了毛、郭深厚友谊的见证。

在重庆，毛泽东与郭沫若多次见面，畅谈甚欢。毛泽东回延安不久，重庆《新民报晚刊》副刊发表了毛泽东的词作《沁园春·雪》，霎时轰动了山城。当时，在蒋介石的授意下，一批御用文人以“唱和”为名，攻击毛泽东与共产党。郭沫若对此极为愤慨，也写了两首和词发表在《新民报晚刊》的副刊上，竭力为毛泽东辩护，批驳反动文人的无耻论调。词中有：“说甚帝王，道甚英雄，皮相轻飘。看古今成败，片言狱折；恭宽信敏，无器民滔。岂等沛风？还殊易水，气度雍容格调高。开生面，是堂堂大雅，谢绝妖娆。”等语。郭的和词在当时的山城激起了强烈的社会反响。

略述几例，可见在新中国成立之前，毛泽东与郭沫若就在革命战争的岁月中结下了深厚的战友情谊。

新中国成立后，毛泽东与郭沫若的友谊更趋笃实。两人在写诗作词与讨论学术问题方面交往甚多，成了值得称道的诗友与挚友。

1959年，毛泽东写了《到韶山》《登庐山》两首七律，托胡乔木交郭沫若审阅。毛泽东在给胡乔木的信中写道："诗两首，请你送给郭沫若同志一阅，看有什么毛病没有？加以笔削，是为至要。郭沫若读了毛泽东的诗，就给胡乔木写信，信中说："主席诗《登庐山》第二句'欲上逶迤'四字，读起来似有踟蹰不进之感。拟易为'坦道蜿蜒'，不识何如。"9月10日，郭沫若又给胡乔木写信，说："主席诗'热风吹雨洒南天'句，我也仔细反复吟咏了多遍，觉得和上句'冷眼向洋观世界'不大谐协。如改为'热情挥雨洒山川'以表示大跃进，似较鲜明，不识何如。古有成语，曰'挥汗成雨'。"

胡乔木接郭沫若两信后，即转呈毛泽东。毛泽东阅后即受了启发，他在给胡乔木的信中说："沫若同志两信都读，给了我启发。两诗又改了一点字句，请再送郭沫若一观，请他再予审改，以其意见告我为盼。"

郭沫若接到了毛泽东再次寄来的诗，提了一些意见后又转交毛泽东。毛泽东确定根据郭沫若以及其他人的意见，对自己的诗又作了修改。

1961年1月，郭沫若在看了戏曲《孙悟空三打白骨精》后，写了一首七律，题为《看〈孙悟空三打白骨精〉》，诗云：

人妖颠倒是非淆，对敌慈悲对友刁。
咒念金箍闻万遍，精逃白骨累三遭。
千刀当剐唐僧肉，一拔何亏大圣毛。
教育及时堪赞赏，猪犹智慧胜愚曹。

诗写完后，郭沫若托人将诗送给毛泽东，毛泽东阅后即写了一首七律，题为《和郭沫若同志》，诗云：

一从大地起风雷，便有精生白骨堆。

僧是愚氓犹可训，妖为鬼域必成灾。

金猴奋起千钧棒，玉宇澄清万里埃。

今日欢呼孙大圣，只缘妖雾又重来。

郭沫若读了毛泽东的诗后，当即用毛诗的原韵，又和了一首，诗云：

赖有晴空霹雳雷，不教白骨聚成堆。

九天四海澄迷雾，八十一番弭大灾。

僧受推磨知悔恨，猪期振奋报涓埃。

金睛火眼无容赦，哪怕妖精亿度来！

郭沫若又将此诗送给毛泽东评阅，毛泽东看后，说："和诗好，不要'千万当剐唐僧肉了。对中间派采取了统一战线政策，这就好了。"

1962 年底，中国共产党与苏共中央展开了理论上的论战，郭沫若有感而发，写了一首《满江红》的词，发表在《光明日报》的副刊《东风》上。毛泽东看到后，十分高兴，即和一首，题为《满江红·和郭沫若同志》，如今，毛泽东写的这首词即悬挂在毛泽东纪念堂的墙上，它成了两位伟人友谊的见证。

毛泽东敬重郭沫若，但也不是凡他写的诗、词，或学术著作中的观点，毛泽东皆欣赏、赞同，上面一例已作说明。我们还可看看以下事例。郭沫若写了《十批判书》，该书主要评析了先秦诸子的思想，书中的思想倾向明显地表现为扬儒抑法与褒秦贬孔，毛泽东爱读郭沫若的《十批判书》，但毛泽东不同意书中的观点，早在青年求学时期，毛泽东写了《商鞅徙木立信论》，对以商鞅的代表的法家思想予以了肯定。五四时期，毛泽东坚决反孔。延安时期，毛泽东强调孔孟有部分真理，但他认为儒家与法家思想不可同日而语。20 世纪 50 年代末，毛泽东尊法反儒，扬秦贬孔。因此，他的学术观点与郭沫若相左。毛泽东毫不隐瞒自己的观点，1968 年 10 月，毛泽东在中共八届十二中全会闭幕式的讲话中说："拥护孔夫子的，我们在座的有郭老，范老基本上也是有点崇孔罗，因为你那个书上有孔夫子的像哪。冯友兰就是拥护孔夫子的罗。我这个人比较有点偏向，就不那么高兴孔夫子。看了说孔夫子是代表奴隶主、旧贵族，我偏向这一方面，而不赞成孔夫子是代表那个时候新兴地主阶级。因此，我跟郭老在这一点上不那么对。你那个《十批判书》崇儒反法，在这一点上我也不那么赞成。但是，在范老的书上，对于法家是给了地位的。

就是申不害、韩非这一派，还有商鞅、李斯、荀卿传下来的。这些古董我也不劝同志们回去研究。”①

毛泽东与郭沫若，一个是人民领袖，一个是大学者，两个相识早，友情深，两人相互尊重，友好相处。虽然两人在学术问题的观点上有相左之处，但是，直抒己见，充分讨论，求大同，存小异，以友情为重，以弘扬中华民族的优秀传统文化精神为重。两人交往，给人启示尤深。

3. 无微不至 敬重关心老画家

齐白石，现代书画家、篆刻家。早年曾为木工，后结交当地文人，学习绘画、诗文、篆刻、书法，以卖画、刻印为生。55 岁后定居北京，专业卖画、刻印。由于其艺术成就卓著，他在新中国成立后曾任中国美术家协会主席、北京中国画院名誉院长、中央美术学院名誉教授，1955 年获得国际和平奖。1963 年被评为世界十大文化名人之一。毛泽东和齐白石是湘潭同乡，一位是领袖人物，一位是艺术大师，两人慕名已久，然相见却在新中国成立之后。

1949 年 1 月，北京解放了。饱经旧时代沧桑的已达 86 岁高龄的画家齐白石，从此步入了幸福的晚年。他的艺术成就从此得到了党和政府的高度重视。毛泽东由西柏坡进北京城不久，曾亲笔写信给齐白石，字里行间充满了人民领袖对老画家的尊敬之情，信中还邀请齐白石以无党派人士身份参加新政协会议，共商建国大计。②齐白石看了毛泽东的信后，高兴得一夜没有合眼。为了表达对毛泽东这位人民领袖的爱戴之情，齐白石精心镌刻了朱、白两纹寿山石名章，赶在开国大典前夕，呈送毛泽东。

①陈晋:《毛泽东读书笔记解析》,广东人民出版社 1996 年版,第 1149—1150 页。

②于俊道等编著:《毛泽东交往录》,人民出版社 1991 年版,第 142 页。

1950年3月的一天，奉毛泽东之嘱托，章士钊邀请齐白石进中南海丰泽园与毛泽东相会。这是两人初次会面，自然，两人心情都很激动。在毛泽东的寓所里，由于是同乡人，耳熟能详的乡音拉近了彼此的距离，两人用湘潭话谈天说地，论古道今，相见恨晚。丰泽园内种有两株海棠，有三丈多高，正值鲜花盛开之际。毛、齐、章兴高采烈地观赏了艳丽动人的海棠。兴致所至，章士钊即兴吟出了七绝诗，为毛、齐称道。晚上，毛泽东又邀齐白石与章士钊共进晚餐，这令齐白石十分感动。①同年夏天，毛泽东又派秘书田家英到西城跨车胡同看望齐白石。第二天，毛泽东又将齐白石接到中南海叙谈数小时之久，谈话后毛泽东留齐白石吃饭。席间，毛泽东还告诉他，国务院将聘请他担任中央文史馆馆员。齐白石回到家里，兴奋异常，他将毛泽东与他交往的每一个细节都告诉给家人。他说，因为都是湘潭人，口音一致，每句话都听得真真切切。毛泽东给他夹很烂的菜，敬他几杯葡萄酒。临别时，作陪的朱德还亲自送他上车。

齐白石后来对人常常说起："我一辈子见过有地位有名望的人，不计其数，哪有像毛主席那样的诚挚待人，和蔼可亲，何况是人民的领袖，国家的元首呢？"为了感谢毛泽东对他的敬重与款待，齐白石把自己用了半个世纪的石砚，以及从自己历年自存的精品中，抽出两件送给毛泽东。一件是1937年写的篆联："海为龙世界，云是鹤故乡。"一件是立轴鹰幅，画中巨鹰雄立，顾盼生姿，颇有叱咤风云之气魄。齐白石分别在礼品上题款再送给毛泽东。毛泽东收到礼品后，以礼回谢。

1952年国庆节期间，齐白石和几位画家联合绘制了《普天同庆》画一幅送给毛泽东。毛泽东收到画后，即写信给齐白石，表示感谢。毛泽东写道：

白石先生：

承赠《普天同庆》绘画一轴，业已收到，甚为感谢！并向共同创作者徐石雪、于非闇、汪慎生、胡佩衡、溥毅斋、溥雪斋、关松房诸先生致谢意。

毛泽东

一九五二年十月五日

有一天，齐白石在茶宝斋作画，很多人围着他，问他见到毛主席没有。他回

①路海江等编著：《毛泽东和他同时代的人》，河南人民出版社1992年版，第424页。

答："见过，早上起床洗过脸，天天见到毛主席。"大家听后感到诧异，他又补充一句："我家有毛主席的像嘛！"大家才恍然大悟①。

1953年，对齐白石来说，可谓双喜临门，这一年，他荣获"人民艺术家"光荣称号，又恰逢90大寿。当周恩来得知此事后，特地在中南海怀仁堂为齐白石庆贺90大寿，并由木偶剧团作专场演出。毛泽东特意为齐白石90寿辰送去四件贺礼：一坛湖南特产茶油寒菌；一对湖南王开文笔铺特制纯羊毫书画笔；一苗东北野参和一架鹿茸。收到礼物后，齐白石非常感激。他对家人说："毛主席太看得起我了，送这么重的礼物。古人讲蔗境弥甘，我如今可享这份清福了。"为了再次感谢毛泽东对他的盛情，齐白石随即作画两幅：一幅为《旭日春松白鹤图》，旭日象征毛泽东与党的光明与温暖，老松白鹤是祝愿毛泽东健康长寿。一幅为《祝融朝日图》，祝融朝日意指红太阳出在湖南的意思。齐白石还书写了毛泽东《沁园春·雪》词一首。

1954年9月，齐白石参加了第一届全国人民代表大会。他仔细聆听了毛泽东作的开幕词，感慨万分。他对家人谈自己的感受，说："《诗经》上说：'济济多士，文王以宁'，哪里能和这次大会比？立宪立宪，搞了几十年，如今真有人民的宪法了，这是五福临门的宪法。我可要把《诗经》上以'文王以宁'改为'中国以宁'了。"边说，边写下了毛泽东在开幕词中所告诫代表的八个字："老老实实，勤勤恳恳。"

1957年，95岁高龄的齐白石重病缠身，毛泽东闻悉他的病情后，特派秘书田家英多次去探望，并托他转让自己的建议：从心所欲，静屋休养，要节劳，少见客。在齐白石弥留之际，他留下了遗言：将自己珍藏的字画、作品和用过的东西，献给毛泽东。

敬老尊贤，这是毛泽东一生中信守的人际交往原则。对齐白石这位德高望重，才艺超人的艺术家，自己的家乡人，毛泽东敬重、关心有加。

---

①于俊道等编著：《毛泽东交往录》，人民出版社1991年版，第142页。

4. 相互信赖　报效祖国

提到沈雁冰，人们都知道他又叫茅盾，他是国内外享有盛誉的著名作家。他写的《子夜》《蚀》《虹》《霜叶红如二月花》《林家铺子》等小说，都是脍炙人口的优秀文学作品。然而，人们却很少知道，他还是中国共产党资格最老的党员之一。1921年就参加了中国共产党的核心党小组——上海共产主义小组。就是从党的创立时期起，毛泽东与他相识，交往，两人结下了真挚的友谊。

毛泽东与茅盾相识于1923年夏天。其时，茅盾是中共上海地方兼区（江浙）委员会执行委员兼国民运动委员会委员长。8月5日，茅盾出席上海地方兼区执委会第六次会议。毛泽东以中央委员的身份也列席了。二人在会上相见，都很高兴。毛泽东说："我是《小说月报》的老读者，对你的大名，我是久仰呀！"茅盾知道毛泽东是代表中央出席会议，因此，希望他多作指导。会议通过了四项协议，其中之一就是"密令金佛庄相机作反战宣传，如果他带的一营要上阵，打仗时应设法保存实力"。金佛庄当时在杭州夏超的警备团担任营长，是中国共产党员。茅盾对通过此项决议印象深刻。后来，他回忆说："这是根据毛泽东的提议而作出的决议。由此可见毛泽东早年就注意共产党掌握枪杆子的问题了。"①

1926年1月，毛泽东与茅盾都参加了在广州召开的国民党第二次全国代表大会。散会后茅盾收拾行李，准备回上海。这时，中共广东区委书记陈延年找到他，提出他和恽代英都留在广州工作，并让他到国民党中央宣传部任秘书。其时，汪精卫任国民政府主席兼宣传部长。汪感到身兼两职，忙不过来，就请毛泽东代理宣传部长。而当时毛泽东正在广州主持第六届农民运动讲习所的工作，因此，陈延年决

①武在平：《巨人的情怀——毛泽东与中国作家》，中共中央党校出版社1995年版，第74页。

定调茅盾协助毛泽东一起开展宣传工作。记得茅盾到中央宣传部时，他先向毛泽东叙说自己怕不能胜任的想法，毛泽东充分相信他能干好，并说："我这些天正忙着筹备第六期农民运动所，不能天天到宣传部办公。还有，《政治周报》过去是我自己编，开慧当助手；现在可要交给你编了，开慧还要帮我做别的事。毛泽东还请萧楚女暂时也来宣传部帮忙。

毛泽东交给茅盾的第一项工作任务，即以国民党中央的名义，起草一个宣传大纲，向全国宣传国民党二大的精神。茅盾和萧楚女文笔甚好，只用了一天时间，就起草好一份宣传大纲。毛泽东认真审阅了一遍，加上"军队与人民合作"一段，再在文字上略作一些修改，然后对茅盾说："你还是送给汪精卫，请他再看一下。"此宣传大纲后经国民党二届中常会讨论、修改后下发了。此后，茅盾与萧楚女还根据毛泽东的指示草拟过一些其他重要文件。因毛泽东有段时间去视察韶关的农民运动。国民中常委会会议还决定，在毛泽东外去的两周期间，由茅盾代理宣传部的部务。

1926年3月20日，蒋介石制造了反共的"中山舰事件"。对蒋的破坏革命统一战线行为，毛泽东极为愤慨，他深知以后的革命斗争更艰难、更复杂了。由于形势发生变化，上海的党组织让茅盾回去工作。回沪那天，他来向毛泽东辞行。毛泽东对茅盾说："看来汪精卫要下台了，我这代理宣传部长也不用再代理了。"毛泽东还嘱咐茅盾说："上海《民国日报》早为右派所把持，这里的国民党中央在上海没有喉舌，你到上海后赶紧设法办个党报，有了眉目就来信给我！"茅盾说："好的，我努力去办。"3月底，茅盾回到上海。这次到广州工作，虽仅三个月，但茅盾与毛泽东在工作中相互信任，相互支持，两下结下了深厚的友谊。

大革命失败后，茅盾到了日本，继续从事文学创作工作。1930年初，从日本返回上海，参加"左联"，并担任领导工作。1935年底，当他得悉红军胜利结束长征到达陕北，他通过友人的帮助，与鲁迅联名给毛泽东和朱德发出电报，以示庆贺。

时隔五年，向往延安，怀念党组织的茅盾携夫人辗转新疆、西安等地，于1940年5月26日抵达延安。到延安不久，他就去杨家岭毛泽东的住处看望毛泽东。老友重逢，分外高兴，毕竟他们从1926年广州分别已有14年未见面了。茅盾打量着毛泽东，觉得毛泽东仍如十多年前那样亲切随和、谈笑风生。茅盾向毛泽东详细地谈了自己在新疆期间所觉察到的国内政治形势的险恶与从新疆脱险的经过。毛泽东十分认真地听着，脸上充满深深的关切之情。

6月初的一天，毛泽东到茅盾的住处来看望他。毛泽东拿出一本《新民主主义论》送给茅盾，说："刚刚出版。您是大作家，大评论家，请你看后多多批评呵！"毛泽东兴致勃勃地与茅盾谈起了中国的古典文学，并由此说到了对《红楼梦》的评价。毛泽东的深刻见解令茅盾惊叹不已。中午，茅盾留毛泽东吃便饭，在餐桌上，毛泽东问道："你今后搞些什么创作活动？"茅盾说："在新疆呆了一年，使我深感大大落后于沸腾的生活，非常需要补课，我想多读点东西，再到前线、后方走走，体验体验生活。我今后仍想搞我的创作。"毛泽东听后对茅盾说："你的想法很好。我建议你搬到鲁艺去住。鲁艺，需要一面旗帜，你去当这面旗帜罢。"茅盾接着说："旗帜我不够资格，搬去住我乐意，因为我是搞文学的。"

一个多月后，茅盾搬到了鲁艺。不久，毛泽东又把茅盾找到杨家岭作了一次长谈。谈话内容主要涉及到20世纪30年代上海文坛的斗争及抗战以来文艺运动的发展。

大约在9月下旬，张闻天给茅盾送来一份周恩来从重庆发来的电报，大意是：郭沫若等人已退出第三厅，政治部分外组织了一个文化工作委员会，仍由郭沫若主持。为了加强国统区文化战线的力量，希望茅盾来重庆工作。茅盾自觉地接受党中央的工作安排。为了集中精力开展工作，他决定将两个孩子留在延安。临行前，他到杨家岭向毛泽东辞行。他对毛泽东说："我把两个孩子都交给了党，请党来教育他们吧。"毛泽东风趣地说："这很好嘛。你现在把两个包袱扔在这里，就可以轻装上阵了。"10月10日，茅盾夫妇与董必武一起奔赴重庆。

到重庆工作。茅盾与毛泽东身居两地，交往一时中断，然两人的心是相通的。当毛泽东探知茅盾有一段时间患病，十分关心，特意要周恩来带去一信，信中写道：

雁冰兄：

别去忽又好几年了，听说近来多病，不知好一些否？回想在延时，畅谈时间不多，未能多获教益，时以为憾。很想和你见面，不知有此机会否？

敬祝

健康

毛泽东 上

一九四四年十一月二十一日

看到毛泽东的亲笔信，茅盾感动不已。1945 年 8 月 28 日，毛泽东飞抵重庆参加国共和谈。茅盾闻知此事后，在毛泽东抵达山城不久，即携夫人前往毛泽东的住所拜访。后来毛泽东又分别会见各方民主人士，专门约茅盾和马寅初到办事处恳谈了两个小时。谈话中，茅盾就社会各界共同关心的时局问题，特别是内战问题向毛泽东询问对形势的看法。毛泽东坦率地回答说："蒋介石是要打仗的。但是，他不得人心。和平的旗帜在我们手里。他要打我们也不怕。我们有准备。"最后，重庆谈判中国共双方达成了"双十协定"。10 月 11 日，毛泽东与王若飞返回延安。茅盾与张澜、郭沫若等一起去机场送行。

1949 年 7 月，在第一次文代会上，茅盾当选为全国文学工作者协会主席，同时又担任综合性文学创作月刊《人民文学》的主编。《人民文学》创办之时，茅盾想请毛泽东为杂志题写刊名，并题词。不久，毛泽东给茅盾写来一信：

雁冰兄：

示悉。写了一句话，作为题词，未知可用否？封面宜由兄写，或请沫若兄写，不宜要我写。

毛泽东

九月二十三日

毛泽东的题词是："希望有更多好作品出世"。茅盾深知，毛泽东的题词，语重心长，意识到自己的担子不轻。

周恩来当上中央人民政府政务院总理后，曾找茅盾谈话，准备任命他为文化部长。茅盾对此任命心存感激，但又觉有些不合适，认为自己还是想从事文学创作活动。周恩来请他再考虑考虑。后来，毛泽东与周恩来又把茅盾接到中南海谈话。毛泽东笑着说："我跟恩来商量过了，还是要请你出任文化部长。雁冰，你是中外知名的大作家，这第一任文化部长，非你莫属啊！"由于毛、周的诚意相请，茅盾便服从党的安排，出任文化部长。

10 月 1 日，茅盾作为中央人民政府委员会委员，登上天安门城楼，出席开国大典。1957年11月，茅盾随毛泽东出访苏联，与毛泽东一起谒列宁墓、观看演出、会见苏联各界人士等。这可以说是新中国成立后他与毛泽东相聚时间最多的一段日子了。

直至1976年9月9日，毛泽东去世，茅盾曾在毛泽东遗体旁守灵。次年9月，他还写了《沁园春·毛主席逝世周年献词》二首，以表达自己的哀思。词中有“革命导师，继往开来，举世无双。庆贫弱祖国，赖公再造”等句，表达对毛泽东历史功绩的赞颂。

茅盾是位德才兼备的著名作家，几十年来，他与毛泽东相交如此深，友谊如此真挚，这在中国的文学艺术界也是不多见的。毛泽东不以领袖自居，平等待人，平易近人，赢得了茅盾对他的崇敬与信赖。

5.理解尊重　真诚交心

丁玲是毛泽东结识的一位作家朋友，而且，是一位与毛泽东同乡的女作家。在陕北，毛泽东与丁玲有过较多的，且坦诚的交往，毛泽东像父辈那样关心丁玲的生活，特别是关心她的文学创作活动，对她的作品作过许多评论，毛泽东的关心，以及对她作品的评论，对丁玲创作思想与实践活动产生了深刻的影响。

虽然丁玲早在中学读书时就听说毛泽东的声名，但直到1936年她从国民党监狱中出狱，投奔陕北延安后，才与毛泽东第一次见面。丁玲于11月10日抵达中共中央所在地陕北保安时，她受到了中共中央的热烈欢迎。毛泽东、周恩来、张闻天等人还出席了当晚为她举行的欢迎晚会，因为她是第一个到苏区来的知名作家。

过了几天，丁玲到毛泽东住的窑洞进行拜访。二人无拘无束地交谈起来。毛泽东告诉丁玲，他读过丁玲的一些作品，很欣赏她的文笔。他还说：“你的那篇《不是情书》写得很好。”丁玲向毛泽东讲述了在南京和上海的创作生活。毛泽东边听边点头，他对丁玲在国统区的革命创作活动是非常看重的。

几天后的一个傍晚，毛泽东专程去丁玲的住所看望，因为前次的谈话余兴未尽，此次交谈，两人谈得更为投机。谈话气氛十分亲切、融洽。当时与丁玲同住一间窑洞的李夫记下了毛泽东此次走访的实况与自己的感觉：“外边和街上非常地黑，室中只有洋蜡烛光燃漾着。毛泽东坐在她们睡的炕上，同丁玲等闲谈，背靠在墙上，一只脚就跨在炕沿上，不断地吸着香烟，上天下地的乱扯。这情形就好像是一家人吃了晚饭闲谈消遣，而毛泽东就是一个家长。炕下面是可以生火的，当火生好了的时候，毛泽东竟挨近火炕门，在泥地上坐了下去，两膝就‘∧’形的撑在地上。一个最高的革命领袖能够这样的平民化，恐怕全中国只有在苏区才能找到。”“他们谈到过去的朋友，牺牲了的革命同伴以及出卖了党和同志们的叛徒；他们谈到湖南的乡情与安徽的名胜，旧小说和新文学。毛泽东旧文学的根底极好，而且也是一个出色的诗词家。他看过《红楼梦》，据丁玲告诉我说，他曾做了一篇关于《红楼梦》的文章，有好几万字长。毛泽东说贾宝玉是可以转变成为一个革命者的。”

两人还谈了许多，李夫记录到：“从我个人的眼光看来，毛泽东似乎就是丁玲的父亲，而丁玲也就是他的一个喜欢的大女儿。据我所知，丁玲对毛泽东非常钦佩，曾说他确是中国唯一的一个革命领袖。”①

在谈话中，毛泽东问丁玲：“你想做些什么事呀？”丁玲毫不犹豫地说：“当红军。”毛泽东笑着说：“好呀，还赶得上，可能还有最后一仗。那就跟着杨尚昆他们领导的前方总政治部上前线去吧！”

1936年11月25日，由丁玲主持了一个有30多人参加的文艺团体的筹备会。22日，该团体召开成立大会。毛泽东等领导人参加了大会。会上，由毛泽东提议，全体与会人员通过，该文艺团体定名为“中国文艺协会”。毛泽东在会上的讲话中高度称赞说：“中国文艺协会的成立，这是近十年来苏维埃运动的创举。”会上，丁玲当选为中国文协主任。

也就在此时，毛泽东同意了丁玲要当红军的请求。11月23日，丁玲以红军战

---

①胡真编:《中国第一人——毛泽东》,湖南人民出版社1999年版,第201—202页。

士的身份上了陇东前线。每天六七十里山路的急行军，住伙房，宿马号，与红军干部战士生活、战斗在一起，体验着红军生活。在前线，丁玲结识了任弼时、彭德怀、贺龙、左权、萧克等红军将领，她写下了《到前线去》《彭德怀速写》《记左权同志话山城堡之战》《南下军中之一页日记》等描写红军战斗生活的作品。丁玲在前方所表现的极大的革命创作热情，令毛泽东十分高兴。12 月底毛泽东赠送丁玲《临江仙》词一首，用军队电报发到前线交给丁玲本人，词云：

壁上红旗飘落照，西风漫卷孤城。保安人物一时新，洞中开宴会，招待出牢人。

纤笔一枝谁与似？三千毛瑟精兵。阵图开向陇山东，昨天文小姐，今日武将军。

1937 年 1 月，丁玲陪同美国进步女作家史沫特莱从前线回延安。毛泽东见到丁玲很高兴，他亲自书写前述所写词《临江仙》全文送给丁玲，并向她宣布了任职命令：任命丁玲为中央红军警卫团政治处副主任。丁玲十分感谢毛泽东对她的关心与培养。不过，她有些担心：“当主任，我能行吗？”毛泽东肯定地回答：“你能行，不会就学嘛！你总愿意学习吧！天下无难事，只怕有心人。你想当红军，说明你愿意学习红军。只要肯学，一切都可以学会的。我们闹革命，搞武装斗争，开始也不会嘛！还不是学中干，干中学，慢慢就学会了？”丁玲仍面带难色，说：“我是愿意学的，到陕北来什么都要学，可这是我当领导，当主任啊！”毛泽东继续开导说：“当领导也难，也不难，只要钻进去什么都好办了。我看当好主任无非是抓那么几条嘛！首要的是放下架子，深入实际，团结战士，团结干部，搞好各方面的关系；其次要多动脑子，注意学习别的领导好的工作作风和方法，取长补短，把上级的精神吃透，把政策变为群众的运动；再就是严格要求自己，身先士卒，理论联系实际。”毛泽东还告诉丁玲：“你开始做工作，就是要认识人，一个一个去认识他们，了解他们。”丁玲后来回忆与毛泽东的这次交谈。她说：“毛主席教育我首先要认识人，一个一个地去认识。我在政治部当了一个月的副主任，那里的团长、政委、主任同我朝夕相处，我至今仍然记得他们的音容笑貌。这一个月，尽管我什么也没有做，什么也不会做，也做不好，但这一个月的经验，却在我以后工作中产生了影响。”“这时我在感情上开始了很大的变化。”①

①胡真编：《中国第一人——毛泽东》，湖南人民出版社 1999 年版，第 205 页。

丁玲到警卫团工作后，她严格要求自己，与战士们同吃同住在一起，深受干部战士的喜欢。在此期间，她和毛泽东的交往较多。她常去毛住的窑洞聊天。两人都喜欢中国古典文学，话题除了学习、工作外，常常从李白、李商隐谈到韩愈、柳宗元，苏轼与宋词，还有曹雪芹与《红楼梦》。丁玲回忆说："那时我听他谈话，常常感到自己的旧文学底子太薄，不足为他谈话的对手，因为多半是我听、他讲，我以能作为他的听众而感到高兴。但他在文艺工作上，却再三要我们搞大众化。"

全国抗战爆发后，丁玲不肯坐守后方，后与吴奚如商量，组成"西北战地服务团"去前线深入生活。在筹建中，毛泽东十几次找丁玲谈话时说：这个工作重要，对你也很好。到前方去可以接近部队，接近群众，宣传党的政策，扩大党的影响。毛泽东嘱咐丁玲：宣传上要做到群众喜闻乐见，要大众化。旧瓶装新酒，我看新瓶新酒，旧瓶旧酒都可以，只要对抗战有利。

在毛泽东的热情支持、鼓舞下，"西战团"千里征战，成绩斐然。丁玲的名字，以及她的作品也因此受到了中外新闻界、文化界的广泛注意。1938 年 7 月，丁玲率西战团返回延安休整。

毛泽东与丁玲的交往，既有志趣相投的友情，也有领袖与知识分子之间同志式的真诚交心。由于毛泽东是以一个革命领袖的视野来关注文艺问题的。因此，他与丁玲在文艺的价值判断标准等问题上存在的思想分歧逐步显现。丁玲回忆说，1937 年春，毛泽东认为丁玲有点不深入实际了，批评她的住处"有点像文化人的俱乐部"。还有一次，毛泽东说丁玲有"名士气派"，这一说法，批评味道更浓了。

在延安整风期间，丁玲在 1942 年 3 月 9 日的第 98 期《解放日报·文艺副刊》发表了《"三八"节有感》的杂文。此文一发表，毁誉四起。此文的发表，也引起了毛泽东的高度重视，他以一个政治家与革命领袖的眼光审视这篇文章。认为此文思想意识、政治倾向和创作情绪上有严重的失误。创作的情绪似乎主要在"暴露黑暗"，而非"歌颂光明"。尽管如此，毛泽东并未因丁玲一时思想上的失误而全盘否定她做出的成绩。毛泽东认为丁玲通过整风是可以解决思想上的问题的。因此，他把《"三八"节有感》与其后发表不久的王实味的《野百合花》在立场上严格区分。毛泽东说：《"三八"节有感》同《野百合花》不一样。《"三八"节有感》虽然有批评，但还有建议。丁玲同王实味也不同。丁玲是同志，王实味是托派。"毛泽东的话体现了对丁玲的爱护之意。事后，她问毛泽东："为什么你在文章里批评人，人家服气，我写文章批评，人家就不高兴呢?"毛泽东解释说："批评同志要实事求是，讲点辩证法。人家有优点，要肯定嘛。缺点，有几分就说几分，要恳切，不要刻薄。"毛泽东推心置腹的谈话，使丁玲深受感动，她大体上接受了毛泽东的批评意见。

1942 年 5 月，丁玲参加了毛泽东主持的延安文艺座谈会，在座谈会上，毛泽东作了重要讲话。在讲话中，他指明了无产阶级文艺的方向和道路。他特别强调："革命文化是整个革命事业的一部分，是齿轮和螺丝钉。"他强调文学艺术是为人民大众的，首先是为工农兵的。丁玲听了毛泽东的讲话，深受教育，非常赞同毛泽东的讲话精神。之后，她有意识地去了解工农兵，描写工农兵，发表了《田保霖》《三日杂记》《民间艺人李卜》等作品、毛泽东以无比欣慰的眼光注视着丁玲在思想上的进步。7 月 1 日，丁玲收到了毛泽东写来的信，来信写道：

丁玲、欧阳山二同志：

快要天亮了，你们的文章引得我在洗澡后睡觉前一口气读完，我替中国人民庆祝，替你们两位的新写作作风庆祝！合作社会议要我讲一次话，毫无材料，不知从何讲起，除了感谢你们的文章之外，我还想多知道一点，如果可能的话，今天下午或傍晚拟请你们来我处一叙，不知是否可以?

毛泽东

七月一日早

当日下午，丁玲就和欧阳山应约到毛泽东枣园住所聚谈。毛泽东留二人吃晚饭，席间他对丁玲的新作仍赞不绝口："我一口气读完《田保霖》，很高兴，这是你写工农兵的开始，希望你继续写下去。为你走上新的文学道路而庆祝。"

对于毛泽东的称赞，丁玲清醒地认识到："这是毛泽东鼓励我，为我今后到工农兵中去开放绿灯。他这一句话可以帮助我，使我通行无阻，他是为我今后写文、做人，为文艺工作，给我们铺一条平坦宽广的路。这不只是为我一个人，而且是为许多的文艺工作者。"

1945 年抗战胜利后，丁玲辗转到了晋察冀边区，在这里呆了三年。这期间，她深入河北农村，广泛收集素材，进行描写贴近农村生活的长篇创作。1948 年 6 月，丁玲撰写的长篇小说《太阳照在桑干河上》脱稿问世。这部小说通过华北地区一个村子的土改运动的真实描写，深刻地反映了农村错综复杂的社会矛盾，表现了农村阶级斗争的艰巨性和复杂性。由于小说真实地描写火热的农村斗争生活。因此，反响很好。当时，正在西柏坡为新中国建立日理万机的毛泽东从胡乔木等人那里听到丁玲创作的长篇小说的消息，毛泽东很高兴地对他们说："丁玲是个好同志，就是少一点基层锻炼，有机会当上几年县委书记，那就更好了。"胡乔木告诉毛泽东，丁玲的小说写得好，个别地方作些修改，就可以发表了。"是呀，这是个好同志——"毛泽东把丁玲"少一点基层锻炼"的话，又重说了一遍。

毛泽东，一个懂文艺的湘籍无产阶级政治家，丁玲，一个懂政治的湘籍女作家，二人在陕北的窑洞中相识，且来往密切。虽然毛泽东的地位高，年龄大，丁玲是个向往革命，积极参加革命的女作家，但两人无论谈古论今，无论直率的批评，或思想上的交锋，都是战友般的推心置腹，也充满了父女般的深厚感情。两人这段不平常的交往经历，的确发人深省，使人细细回味。

6. 尊重科学　不耻下问

新中国成立后，毛泽东与众多的科学家有过交往。凡与毛泽东有过接触、交往的科学家，都对毛泽东关心中国科技事业的发展，尊重科学、虚心求教的学习态度留下了深刻印象。著名的物理学家杨振宁就深有感慨地说："毛主席是20世纪的伟人之一，他给我最深刻的印象是，他是一位领导人，同时又是一位高级学者。"

毛泽东高瞻远瞩，他从整个国家建设的大局出发，与科学家友好交往，从而摸清中国的资源底细与科研现状。制定符合国情的科学发展规划。新中国成立初期，李四光任地质部长。毛泽东与李四光有过多次交往。1953年，他指示地质部，认为地质部应成为党的地质调查研究工作部。1956年，毛泽东又指出：地质部应做地下情况的侦察部，它的工作搞不好，一马挡路，万马不能前行，要提交一个五年计划，一个十年计划。毛泽东对李四光创立的地质力学是十分重视的。1955年，周恩来遵照毛泽东的指示，支持地质部成立地质力学研究室。后来研究室发展成了专门的地质力学研究所。

毛泽东非常关心中国的石油工业的发展。早在中国第一个五年计划制定时，他就注意了此问题。有一天，毛泽东与周恩来一起会见李四光，共同讨论中国天然石油的远景问题。李四光根据多年的地质勘探调查，以及根据自己数十年来地质力学的研究，他从新华夏构造体系的观点出发，向毛泽东、周恩来分析了中国的地质条件，指出在我国辽阔的领域内，天然石油资源的蕴藏量应当是丰富的。松辽平原、包括渤海湾在内的华北平原、江汉平原和北部湾，还有黄海、东海和南海，都有“有经济价值的沉积物”。毛泽东听了高兴地笑了，当即与周恩来一起作了关于开展石油普查勘采的指示。根据毛泽东的指示，李四光团结地质部广大干部、科技人员，开展了大规模的石油勘探调查，全国组织石油大会战，终于在中国找到了大油田。1959年大庆油田出油了。事后，毛泽东对李四光为中国石油工业的发展所作出的巨大贡献给予充分肯定。1964年三届人大会议期间，毛泽东单独接见了李四光，夸他的“太极拳打得准。”毛泽东向李四光解释说：你那个地质力学的太极拳打得准。言下之意，是对李四光运用地质力学理论，用新华夏构造体系找到石油的高度评价。

对毛泽东重视中国科技的发展这一点，遗传学家谈家桢有过以下的回忆：1957年初，毛泽东有一次单独接见了谈家桢。毛泽东勉励他要在党的“双百”方针指导下，一定要把遗传学研究工作搞起来，要坚持真理，不要怕。毛泽东还说：过去我们学习苏联，有些地方不很对头，现在大家搞嘛，可不要怕。当谈家桢谈到苏联有人错误地将学术问题同政治问题混为一谈，用行政命令的办法解决遗传学的两派争论。这些人把从西方发展起来的现代遗传学说成是“资产阶级遗传学”，把“基因学说”说成是“资产阶级唯心主义的捏造”。这些人还强制推行一种学派，又压制另一种学派。这种错误思潮与做法，对中国的遗传学研究产生了负面影响。毛泽东听到谈家桢所介绍的这些情况，一再勉励他“不要怕”，按照党的“双百”方针来解决遗传学研究工作中遇到的阻碍。毛泽东还说：有困难，我们一起来解决。一定要把遗传学搞上去！

毛泽东在病重期间，他仍关心遗传学的研究。1974 年冬，他还特意嘱咐王震在路过上海时捎个口信给谈家桢，询问为什么这几年没有见到谈发表的文章，并充分肯定谈过去写的文章，有些观点还是正确的。并鼓励谈家桢要用马克思主义观点指导遗传学的研究。

毛泽东关心中国石油工业、遗传学学科的发展，他还十分关心中国的原子能的发展。物理学家钱三强就回忆到 1955 年 1 月，毛泽东与刘少奇、周恩来等领导人找钱三强、李四光等人专题研究中国原子能的发展问题。毛泽东饶有兴趣地向钱三强等人询问各种问题，并表示："今天，我们这些人当小学生，就原子能有关问题，请你们来上一课。"他听了钱三强等人的情况介绍与简单的仪器现场演示后，语重心长地说："我们的国家，现在已经知道有铀矿，进一步勘探，一定会找到更多的铀矿来。我们也训练了一些人，科学研究也有了一定的基础，创造了一定条件。过去几年，其他事情很多，还来不及抓这件事。这件事总是要抓的。现在到时候了，该抓了。只要排上日程，认真抓一下，一定可以搞起来。"毛泽东还反复强调说："现在苏联对我们援助，我们一定要搞好。我们自己干，也一定能干好！我们只要有人，有资源，什么奇迹都可以创造出来。"毛泽东的话极大地鼓励了钱三强、李四光等人的信心。离此次谈话不到十年，中国第一颗原子弹爆炸了，两年后，中国第一颗氢弹又爆炸成功，成为了世界上从原子弹到氢弹发展最快的国家。

毛泽东与科学家交往，谈论得最多的除了关心中国科技事业发展的问题之外，他虚心求教，与科学家共同探讨科学技术问题，这也是谈话中一个重要的内容。毛泽东总是强调自己在学习科技方面，还需要补课。记得 1952 年毛泽东在一次会议上见到李四光，劈头就问：你那个山字形构造是怎么回事，你是不是给我讲一讲？李四光很惊异，心想，毛泽东日理万机，怎么对地质力学上这样一个专业性很强的概念都注意到了？李四光详细地给毛泽东介绍了山字形构造的原理，毛泽东听得津津有味 。即使在"文化大革命"时期，毛泽东还对李四光说："我很想看看你写的东西。"后来，李四光叫人把自己写的《天文、地质、古生物》文集共七卷送给了毛泽东。

对气象学，毛泽东也很感兴趣。他找这方面的专家谈话，向他们索书阅读。1964 年他约气象学家竺可桢谈话。他说，过去曾读过竺可桢的论文《论我国气候的几个特点及与粮食作物生产的关系》，考虑到农业八字宪法：水、肥、土、密、保、管、种、工尚有缺点，还应加上光和气。毛泽东对于太阳光如何将水与二氧化碳化合成碳水化合物这一问题很感兴趣，他不停地向竺可桢询问。竺可桢的深入浅出的讲述原理，使毛泽东听得入了迷。谈话中，毛泽东还向竺可桢索取近著阅读。竺可桢回家后，就叫人给毛泽东送去了自己写的论文《历史时期气候的波动》与《物候学》一书。

毛泽东虚心向科学家请教，讨论学术问题，以丰富自己的知识面，对这一点，杨振宁有以下的回忆。那是 1973 年夏，毛泽东会见了他。一见面，毛泽东就问杨振宁近段在物理学方面研究什么，当杨告诉毛泽东正在研究基本粒子的结构的时候，毛泽东很感兴趣。“使我感到惊奇的是，他显然是一直密切注意着当代高能物理学的某些发展情况，特别是基本粒子是否可分的问题。”杨振宁还谈到：“我们的谈话涉及到许多方面。比如，他告诉我，中国古代哲学家也曾推测过物质的结构，他还引用了一些古典著作中的话，我很乐于了解这些著作，因为我原先还不知道有这些东西。谈话间，毛主席问我：‘在你们的领域里对‘理论’这个词和‘思想’这个词是如何用的？’啊，我可未曾想过这两个词之间的区别，因此我不得不想一想。经过一番思考之后，我作了一个未能说清问题的答复。接着我们就讨论这两个词在日常中文和英文中的含义，以便同它们在物理学学术方面的含义作比较。这两个词的含义的区别是细微的，这次讨论没有得出任何具体的结论，但是都给我留下了深刻的印象。毛主席还同我讨论了不同程度的概念问题，并非常仔细地把他要用的每一个词句都用得确切。”①

这里还值得一提的是，1963 年，日本物理学家坂田昌一发表文章，提出了“基本粒子并不是最后的不可分的粒子”的观点，毛泽东读了他的文章，赞成坂田昌一的观点。为了进一步讨论坂田的观点，1964 年 8 月 23 日，毛泽东特地约于光远与时任北大副校长的周培源来住所谈话。这次毛泽东与他们一直谈了三个钟头。毛泽东视野开阔，思维敏捷，语言生动，他从坂田的文章谈起，对许多问题作了详尽的阐述。毛泽东在与于、周二人讨论中，就坂田的观点阐述了自己的看法，他说：世

①郭思敏：《我眼中的毛泽东》，河北人民出版社 1990 年版，第 273 页。

界是无限的。世界在时间上、空间上都是无穷无尽的。在太阳系外有千千万万个恒星，它们组成银河系。银河系外又有千千万万个银河系。宇宙从大的方面看来是无限的。宇宙从小的方面看来也是无限的。不但原子可分，原子核也可以分，电子也可以分，而且可以无限分割下去。毛泽东还与两人讨论说：现在我们对许多事情都还认识不清楚，我们对太阳搞不十分清楚，从太阳到地球中间这一块地方现在也还搞不清楚，地球上的气候变化也不清楚，关于冰川问题还在争论，细胞产生之前究竟是什么？究竟怎样从非细胞变成细胞？许多事情认识不清楚，这就需要我们去探索、去研究。[①]毛泽东就是在与于、周二人的讨论中，充分地表述自己的观点，也提出了自己的疑问。

毛泽东在与于、周二人的讨论中，他还特别强调在实践基础上的认识的发现，把辩证法贯穿于认识过程。毛泽东说：我们对世界的认识是无穷尽的。要不然，物理学这门学科就不再发展了。世界上的一切都在变。物理学也在变，牛顿力学也在变。世界上从原来没有牛顿力学到有牛顿力学，以后又从牛顿力学到相对论。这本身就是辩证法。如果我们的认识是有穷尽的，我们已经把一切都认识到了，还要我们这些人干什么？讨论中，于、周二人既提问题，请毛泽东作答，他们也就毛泽东提的问题发表自己的意见。这种平和的、探讨式的学术讨论，对讨论双方启示尤深，这种平和的、无拘无束的讨论，更融洽了领袖与科学家的交往情谊。

毛泽东关心中国的科学事业，与科学家交朋友，他关心他们的科研工作，也关心他们的思想与生活。毛泽东每次接见科学家，总是和他们像老朋友谈家常一样，平易近人，和蔼可亲，总要询问他们的工作有何困难和障碍，有困难一起解决。1969 年 5 月，毛泽东在接见各地群众代表时，特别把陪同接见的李四光拉到自己身边，向他问好，并关心地询问："军代表在工作中听不听取你的意见？"每次与科学家会面，毛泽东总要留他们一起聚聚，吃顿饭，留个影，联络感情。对毛泽东的亲切关怀，凡见过毛泽东的科学家都是难以忘怀的。

尊重知识，尊重人才，重视科技，振兴中华，毛泽东与科学家的友好交往，正充分地体现了这一点。

---

①郭思敏:《我眼中的毛泽东》,河北人民出版社 1990 年版,第 215 页。

第八章

真诚交往　不泯其功

他们有的人曾是自己仰慕的名人，有的人曾做过自己的顶头上司，有的人曾是自己的战友，而这些人，由于种种原因，后来都和自己产生了思想上的深深裂痕。毛泽东与这些人的交往，真诚率直，不泯其功。

1. 真诚相见 厌事尊人

毛泽东和陈独秀都是中国共产党的创始人和党的领袖人物。两人都曾经连任过五届党的领袖，陈独秀从一大到五大都是党的最高领导人。毛泽东则从中共六大后期到十大，成了党的最高领袖人物。众所周知，在第一次大革命的中后期，陈独秀犯了右倾机会主义错误，对革命造成了严重危害，毛泽东与之进行了坚决的斗争。然而，在陈独秀对中国革命作出重大贡献和犯错误之时，毛泽东一直与他有过真诚的交往，两人友情甚深。毛泽东对陈独秀的评价，总的来说，就是实事求是，不抹其功。

毛泽东受陈独秀发起的新文化运动的影响，学习新文化，传播新思想，热烈地追求真理，陈独秀成了毛泽东心目中崇拜的人物。1915 年 9 月 15 日，陈独秀在上海创办了著名的《青年杂志》。《新青年》以介绍西方新思想，抨击中国的封建主义为宗旨，高举民主与科学的大旗，发动了一场崭新的文化运动。这场运动在国内产生了深远影响。毛泽东当时在湖南第一师范读书，当他从老师杨昌济手中获得《新青年》后，便如饥似渴地进行学习。许多年后，他还回忆说："《新青年》是有名的新文化运动的杂志，由陈独秀主编。我在师范学校学习的时候，就开始读这个杂志了。我非常钦佩胡适和陈独秀的文章。他们代替了已经被我抛弃的梁启超和康有为，一时成了我的楷模。""他（陈独秀）对我的影响也许超过其他任何人"。正是在陈独秀《新青年》的影响下，毛泽东开始了思想上的重要转变。毛泽东在《新青年》上发表了《体育之研究》一文。文中，毛泽东提出为了救国救民，必须培养德智体三育并重的人才。正是在《新青年》的影响下，1918 年 4 月，毛泽东和蔡元培在长沙建立了新民学会。他和会友们经常讨论国家与世界局势，努力探索改造中国与世界的道路与方法。

1918年8月，为筹组新民学会会员留法勤工俭学运动，毛泽东到了北京，经杨昌济的引荐，由北京大学图书馆馆长李大钊安排在馆内当管理员。经李大钊介绍，毛泽东认识了北大文科学长陈独秀，通过短暂的接触，陈独秀知识渊博，对中国的社会问题分析透彻，见解深刻，毛泽东十分佩服。

在1919年爆发的五四反帝爱国运动中，陈独秀积极支持学生的正义行动。此外，他还亲自写了《对日外交的根本罪恶》和《为山东问题敬告各方面》等文章，揭露和痛斥日本帝国主义和封建军阀的罪行，号召人民起来斗争。6月11日，陈独秀亲自到北京前门外“新世界”游艺场向群众散发传单，遭到警察逮捕而入狱。当毛泽东获悉陈入狱的消息后，他于1919年7月14日在《湘江评论》创刊号发表了他撰写的《陈独秀之被捕及营救》一文，高度评价陈独秀在当时所起的重要思想指导作用，称赞陈独秀是“思想界的明星”，“陈君所说的话，头脑稍为清楚的听得，莫不人人各如其意中所欲出”。陈独秀大倡民主与科学，毛泽东认为“陈君所标揭的，就是这两样”。他热情赞颂陈独秀的勇敢斗争精神，毛泽东在文中写道：“我祝陈君万岁！我祝陈君至坚至高的精神万岁！”陈独秀在各方的营救下获释，毛泽东闻此喜讯，高兴万分。对毛泽东等人的声援，陈独秀后来在与毛泽东的交谈中也是心存感激的。

毛泽东在陈独秀的思想影响下，更加热烈地追求新思想，并迅速地走上马克思主义的道路。1919年底，毛泽东为驱逐军阀张敬尧出湖南，他率驱张代表团到北京，寻求各方支持。在北京，毛泽东再次与陈独秀相逢。两人进行了亲切交谈，毛泽东和陈独秀谈到了自己在长沙创办的《湘江评论》，特别是提到了在此刊物上连载的《民众大联合》长文。陈独秀听到此，忙称赞说，听胡适说起，此文写得甚好，“眼光很远大，议论也很痛快，确是现今的重要文字”。交谈中，两人还商讨了工读互助的事。1920年2月，陈独秀回到上海，3月，毛泽东与陈独秀等联合在上海《申报》上刊登了《上海工读互助团募捐启》，申明其发起工读互助团的目的在于：使有新思想的男女“解除旧社会、旧家庭等等经济上、意志上的束缚，而另外产生一种新生活，新组织出来，以实行那半工半读、互助协助的办法”。5月，毛泽东到上海，第三次去拜访陈独秀。毛泽东在交谈中提到了组织一个“改造湖南联盟”的计划。陈独秀听后表示积极的支持。此外，他还同毛泽东谈了自己的建党设想。陈独秀又向毛泽东谈了自己刚刚读毕的《共产党宣言》《阶级斗争》《社会主义史》的感受，这些话使毛泽东的思想受到极大震动。临别时，毛泽东与陈独秀谈到了准备回湖南办一家文化书社，宣传、介绍新思想，陈独秀立即表示给予帮助。随后，陈独秀到上海亚东图书馆为文化书社作了300元的营业额往来的担保。毛泽东亲自拿着陈的保单到亚东图书馆联系，不久，就回长沙办起了文化书社。

1920年夏天，毛泽东由沪回到长沙，其时，他逐渐转变为一个坚定的马克思主义者。1936年他在与斯诺的谈话中还提到陈独秀的谈话对他思想上的深刻影响，他说："陈独秀说他自己信仰的那些话，在我一生中可能是关键性的一个时期，对我产生了深刻的影响。""所以，到1920年夏天，在理论上，而且在某种程度的行动上，我已成为一个马克思主义者了。"

1920年8月，陈独秀与李达、李汉俊等人在上海成立了中国第一个共产主义小组党早期组织，即上海党早期组织。上海小组成立后，陈独秀即以它为核心小组，联络并通知北京、长沙、武汉、济南等地的共产主义者，建立党早期组织。陈独秀亲自给毛泽东写信，嘱他在湖南建立党的组织，并寄了一些进步报刊给毛泽东。1920年10月，中国社会主义青年团在上海成立，陈独秀又给毛泽东寄去了社会主义青年团章程，并介绍了上海共产主义小组的组织发展情况。毛泽东接到陈独秀的来信和寄来的团章后，马上在湖南建立了秘密的党早期组织。

对陈独秀为建党所作出的贡献，毛泽东是充分肯定的。他在1945年写的《"七大"工作方针》中说道：陈独秀"是五四运动时期的总司令，整个运动实际上是他领导的，他与周围的一群人，如李大钊同志等，是起了大作用的。我们那个时期学习作白话文，听他说什么文章要加标点符号，这是一大发明，又听他说世界上有马克思主义。我们是他们那一代人的学生。五四运动替中国共产党准备了干部。那个时候有《新青年》杂志，是陈独秀主编的。被这个杂志和五四运动警醒起来的人，后来有一部分进了共产党。这些人受陈独秀和他周围一群人的影响很大，可以说是由他们集合起来，这才成立了党"。

当时，陈独秀对毛泽东组建的湖南党组织的工作也是非常支持的。1921年秋天，毛泽东曾委托去上海的屈子健带一封信给陈独秀，要求陈独秀派一人来湘工作。陈独秀接信后，派张秋人来湖南工作，并又托屈子健带回给毛泽东的复信。

1921 年冬，陈独秀在签发的《中央局通告》中，要求上海、北京、广州、武汉、长沙发展党、团员 30 多人，以便成立地方执行委员会。毛泽东等人接到通告后，积极活动，很快发展了 40 多名党员，并在衡阳、常德、岳阳等地建立了党的小组。在此基础上，1922 年 5 月，毛泽东等人成立了中共湘区委员会。到中共二大召开时，全国有 195 名党员，湖南占了约五分之一。而且，湖南的工人运动在毛泽东的发动下，也开展得有声有色，对此，陈独秀多次表扬湖南党的工作做得好。由于陈独秀十分赞赏毛泽东的才华与能力，1923 年 5 月，陈独秀调毛泽东去上海，参加中央局的领导工作。6 月，中共三大在广州召开，陈独秀主持大会。毛泽东也参加了会议，陈独秀在报告中再次表扬了湖南党的工作和工运工作。他说："在湖南几乎拥有三万人以上的工会，都在我们控制之下。""上海的同志为党做的工作太少了；北京的同志由于不了解党组织，造成了很多困难；湖北的同志没有及时防止冲突，因而工人的力量未能增加。只有湖南的同志，可以说工作得很好。"显然，批评上海的同志当然包括批评自己；北京的同志涉及李大钊这位老朋友，因此，陈独秀强调了客观原因：批评湖北实际上是批评张国焘，二七罢工的失败，张有不可推卸的责任；至于湖南，陈独秀对毛泽东的工作是非常满意的。在中共三大上，陈独秀、毛泽东同被推为中央执行委员会委员。陈独秀任委员长，毛泽东为秘书。三大的组织法规定："本党一切函件须由委员长及秘书签字"，这样，毛泽东与陈独秀此时已经一起承担党中央领导工作的重任。

在中央局工作的这段日子里，毛泽东尽心协助陈独秀主持中央工作，两人交往密切，配合默契，友谊深笃。其时，他们根据三大决议，将主要精力集中在促成第一次国共合作的建立。国民党一大召开，国民党改组成功后，从 1924 年 4 月至 11 月，陈独秀与毛泽东代表中央联名发表了《中共中央通告第十三号——关于"五一"、"五四"、"五五"、"五七"之纪念宣言》、《中共中央通告第十四号——声讨吴佩孚、萧耀南破坏革命，逮捕许白昊等》《中共中央通告第十五号——关于江浙军阀战争问题》《中共中央通告第二十一号——加强党务工作，对孙中山参加北方和会的态度》等文告，宣传和重申了中国共产党关于国共合作的路线、方针、政策。在长达半年多的共事中，从陈独秀与毛泽东共同发表的通告来看，两人思想是相通的。彼此尚无意见分歧。

不过，随着革命的深入，毛泽东与陈独秀在思想上逐渐产生了隔膜，出现了分歧。孙中山逝世后，国民党内右派开始破坏统一战线，反对共产党员加入国民党，挑起事端。毛泽东提出要反击右派的进攻，同时要坚持党在统一战线中心独立性，但陈独秀不以为然，向右派作妥协。1925 年春，毛泽东因病请假离沪回湘养病。他深入到自己的家乡——韶山，与妻子杨开慧一道开展农民运动。通过与农民的接触，毛泽东看到了农民在中国革命中的重大作用。他认为，中国革命离开了农民的有力支持，就不可能胜利。而陈独秀在对待农民问题上，和毛泽东不一致了。陈独秀过分夸大了农民落后性的一面，说他们散漫，难以加入革命，甚至他附和国民党右派的论调，斥责农民运动“过火”“糟得很”。毛泽东通过到湖南湘潭等五县调查，说农民运动“好得很”，陈独秀拒绝在党报上刊载毛泽东写的《湖南农民运动考察报告》。

在无产阶级领导权问题上，两人的思想分歧也日益明显，陈独秀一味迁就国民党，认为中国工人阶级人数少，不易形成强大力量，应放弃无产阶级领导权。而毛泽东在写的《中国社会各阶级的分析》中，通过对社会各阶级状况的分析，认为中国“工人阶级人数虽不多，却是中国新的生产力的代表者，是近代中国最进步的阶级”。他认定中国革命必须在无产阶级及其政党的领导下才能取得胜利。当然，在对待中国革命的前途，对武装斗争的问题等，毛泽东与陈独秀的思想分歧也越来越大。后来，陈独秀发展到在中共五大公开地压制毛泽东的正确意见，最后，他犯了严重的右倾机会主义错误，毛泽东却坚持自己的正确意见。从此，两人便分道扬镳了。

第一次大革命失败后，中共召开八七会议，总结大革命失败的教训。在会议上，毛泽东多次发言，批评了陈独秀的右倾机会主义错误。然而，陈独秀未能接受党的批评教育。1929 年 11 月中央政治局作出了开除陈独秀党籍的决定。1932 年 10 月陈独秀被国民党逮捕入狱，至 1937 年 8 月才被释放。

陈独秀从南京监狱出来后，他闻知毛泽东代表的共产党人制定了抗日民族统一战线的政策，他表示拥护，并通过李维汉找中共联系，表示愿意在中共领导下工作。毛泽东获悉此消息后，也表示了自己的态度，一是他对陈独秀是有感情的，他尊重过去那段友好交往的历史。二是对陈独秀这样的人回来工作，也应坚持党的原则。毛泽东指出：中共不拒绝同过去犯过错误而现在真心悔悟，愿意抗日的人联合，而且竭诚欢迎他们的转变。陈独秀等“托派”分子能够实现下列三个条件时，亦愿意与之联合抗日：第一，公开放弃并坚决反对“托派”全部理论与行动，并公开声明同“托派”组织脱离关系，承认自己过去加入“托派”的错误；第二，公开表示拥护抗日民族统一战线政策；第三，在实际行动中表示这种拥护的诚意。其他关系，则在上述三个条件实现后，再行考虑。①后来，陈独秀没有全部接受中共的三个条件，加上王明等人从中作梗，陈独秀最终未能回延安工作。

尽管如此，但陈独秀对毛泽东的革命斗争精神仍佩服不已。当他得知毛泽东在领导湘赣边界秋收起义失败，把工农革命军带往井冈山革命根据地的消息后，他赞赏这一行动，说这是“中国共产党之排除帝国主义在中国势力和没收地主的土地给农民”的见证。“中国共产党所主张的苏维埃政制，已经不是乌托邦而有了俄国的经验，他不但是走社会主义道路的保障，同时，也是空前的最高度的民主主义政制，任何资产阶级小资产阶级政权所不能召集的彻底民主的国民会议，只有它能够召集”。

毛泽东一直都没忘记陈独秀对自己思想曾产生过的深刻影响，也一直没忘记陈独秀对中国革命曾作出过重大贡献。他对陈独秀的评价历来是客观、公正的，他并不因陈独秀犯过严重错误就抹煞过去的功劳，也不因陈独秀犯过严错误就放弃对他的争取。1945年在中共六届七中全会通过的《关于党的若干历史问题的决议》中，毛泽东就肯定了陈独秀领导的中国共产党在大革命前期和中期是正确的。在中共七大上，毛泽东在作的《关于七大工作方针》的报告中，他实事求是地评价了陈独秀的功过是非。他说：陈独秀在某些方面好像俄国的普列汉诺夫，做了启蒙运动的工作，创造了党。但他在思想上不如普列汉诺夫。普列汉诺夫在俄国做过很好的马克思主义宣传。陈独秀则不然，甚至有些很不正确的言论，但是他创造了党，有功劳。

陈独秀与毛泽东，一位是中国共产党的前期领袖人物，一位则是后来的最高领导人。一位脱离了党的组织，从正确滑向了错误的深坑，一位在晚年也犯过严重错误，但他毕竟是一个无产阶级领袖所犯的错误，他仍然忠于自己的政党，忠于人

①路海江等编者：《毛泽东和他同时代的人》，河南人民出版社1992年版，第277页。

民。作为后者的毛泽东与陈独秀一生中的交往，可以说是坦诚的，也是诚心诚意的。他像尊敬自己的老师那样尊敬陈独秀，但当陈独秀犯了严重错误时，他也不留情面地批评过陈独秀的错误。当然，这种批评，完全出于对陈的爱护，是希望他正视、纠正错误，继续为党和人民工作。

2. 尊重、支持与谅解比什么都重要

瞿秋白是中国共产党的早期领袖之一。毛泽东作为共产党的领导人之一，自然，两人有过交往。而且，两人的关系甚为友好。在20世纪20年代末期，瞿秋白犯过“左”倾盲动主义的错误，他主持的中央临时政治局曾对坚持正确意见的毛泽东进行过打击。但毛泽东并未就此而与瞿秋白积怨。事后，两人仍保持着良好的战友关系。对两人真诚交往的事迹，后人理当永远传诵。

早在1923年于广州召开的中国共产党第三次全国代表大会上，毛泽东与瞿秋白相识了。两人都赞同与孙中山领导的国民党合作，以推进国民革命的进行。他们不赞成张国焘等人的“左”倾关门主义主张。最后，大会通过了瞿秋白起草的党纲。最后，毛泽东当选为中央执行委员，瞿秋白当选为候补执行委员。在中共领导机构中，毛泽东任中央局委员和秘书，瞿秋白任中央教育宣传委员会委员。会后，两人又去上海共同参加中央的领导工作。1924年1月，毛泽东和瞿秋白一同出席了在广州召开的国民党第一次全国代表大会。并且，两人都当选为国民党中央执行委员会候补委员。可见，毛泽东与瞿秋白在推动第一次国共合作的形成过程中，都作出了积极的贡献。

不仅如此，毛泽东与瞿秋白在中国共产党内部是最先注意农民问题的有远见的领导人。毛泽东最早在湖南组织发动农民运动，并对中国社会各阶级的状况作过详细的调查研究，写出了《中国社会各阶级的分析》一文。文中特别提出要在共产党

的领导下，关心农民的痛苦，实行激进的土地政策，依靠无产阶级，发动广大的农民群众，以团结真正的朋友，打击革命的敌人。瞿秋白早在1922年底就撰文介绍了自己旅俄期间所了解到的苏俄政府的农民政策。他在为中共三大起草的党纲草案中就提出："不得农民参加，革命便不能成功。"毛泽东与瞿秋白在农民问题上意见的一致性，显然与陈独秀的看法相左。但两人仍坚持自己的关于农民问题的主张。1926年5月，毛泽东主持广州第六届农民运动讲习所的工作，他特意邀请瞿秋白去讲课。瞿秋白为学员讲授了《国民革命中之农民问题》，指出革命成败的关键在于能否解决农民问题、土地问题。提出实行耕地农民组织自卫军，农民要参加政权，实行乡村政权归农民等，许多想法和毛泽东略同①。

但是，毛泽东与瞿秋白在农运方面所开展的各项工作，却为陈独秀所不容。陈独秀主持的中共四届三中全会通过的《决议案》中，指责农民运动"过左"，限制农民协会"不能带有阶级色彩"。瞿秋白对此予以抵制，他在布置党内宣传工作时，指出：要依据毛泽东1926年9月写的《国民革命与农民运动》的意见，增添宣传内容。在毛泽东与瞿秋白的密切配合下，有力地抵制了陈独秀等人对农民运动的责难，推动了农民运动向纵深发展。1926年11月，中共中央成立了以毛泽东为书记的农民运动委员会。

针对党内外对农民运动进行种种斥责的论调，为了驳斥之，1927年初，毛泽东调查了湖南长沙等五县的农民运动，写成了《湖南农民运动考察报告》。报告在湖南省委机关刊物《战士》周刊上发表。随后，毛泽东将报告寄给中央，陈独秀反对毛泽东的观点，拒绝在中央机关刊物上发表。但瞿秋白却十分赞赏毛泽东的观点，对陈独秀的这一做法异常气愤，他说："目前党内，特别是在中央，有些同志不敢支持已经开始的农民革命斗争，反而横加指责，今天一个过火，明天一个越轨，这不行。毛泽东同志这篇文章，是亲自下去做了几十天的实地调查，很有说服力的文章。"②他不顾陈独秀等人的反对，即以高度的革命热情，推荐和评价了毛泽东所作的报告。并将此报告交给党的出版机构——长江书店，印成小册子，取名为《湖南

①路海红等编著:《毛泽东和他同时代的人》,河南人民出版社1992年版,第105页。

②路海红等编著:《毛泽东和他同时代的人》,河南人民出版社1992年版,第106页。

农民革命》，发放到各地。4月11日，瞿秋白还为毛泽东调查报告写了序言。他在序中写道："中国革命家都要代表三万万九千万农民说话做事，到前线去奋斗，毛泽东不过开始罢了。中国的革命者个个都应当读一读毛泽东这本书，和读彭湃的《海丰农民运动》一样。"

瞿秋白不仅自己爱看毛泽东写的调查报告，他还推荐给家人阅读。1927年7月，妻子杨之华由沪来到武汉，一见到她，瞿秋白就从抽屉里取出《湖南农民革命》等三本书给她，说："这是我在武汉与你的见面礼。"他特别拿起毛泽东的《湖南农民革命》，说："这是一本好书，人人应该读几遍，希望你也好好读。"

由上可见，在农民问题这一中国革命的核心问题上，毛泽东和瞿秋白是心心相通的。瞿秋白是毛泽东从事农民运动的最坚定、最有力的支持者。

1927年8月7日，中央紧急会议在汉举行，瞿秋白主持会议。这次会议在中国革命的危急关头，总结大革命失败的经验教训，批判与纠正了陈独秀等为代表的右倾机会主义错误，确定了实行土地革命和武装反抗国民党反动派的总方针。并把发动湘赣鄂粤四省农民举行秋收起义作为当时党的主要任务。毛泽东出席了这次会议。他在会上多次发言批评陈独秀的右倾错误，指出"今后党的上级机关应尽心听取下级的报告"，"要非常注意军事，须知政权是由枪杆子中取得的"。会议选举了临时中央政府治局，瞿秋白当选为委员，毛泽东当选为候补委员。瞿秋白后来还当选为政治局常委，主持中央工作。毛泽东在会后作为中央特派员，回湖南领导秋收起义。

由于党内一部分同志对国民党反动派屠杀政策的仇恨和对陈独秀右倾错误的愤怒而滋长起来的小资产阶级急性病，最后发展为"左"倾盲动主义错误。1927年11月，在瞿秋白主持下，中央临时政治局召开了扩大会议。会议通过的决议在关于革命性质和党对资产阶级、小资产阶级的政策，在对革命形势的估量，以及对党在"现时的总策略"等问题上都犯了"左"的错误。11月扩大会议认为毛泽东在领导秋收起义中，违背中央策略，没有攻占长沙，是"单纯军事行动"，没有提出土地革命的政纲，"没有执行屠杀土豪劣绅的策略"，据此决定撤销彭公达、毛泽东等人省委委员资格"。毛泽东对省委的错误"应负严重的责任，应予开除中央临时政治局候补委员。"左"倾盲动主义错误受到了毛泽东等党内许多同志的抵制。到1928年初许多地方即停止执行。

在1928年6月于莫斯科召开中共六大及其后，瞿秋白任中共驻共产国际代表团团长等职。他在莫斯科中山大学作报告时，还要求中国同学认真学习毛泽东的《湖南农民运动考察报告》和彭湃的《海丰农民运动》，他高度称颂毛、彭是当时中国工农群众爱戴、敬重的领袖，是湖南和广东农民中的“王”，号召学员要学习毛泽东和彭湃的革命精神。

1931年1月，王明“左”倾教条主义路线在党内占统治地位后，瞿秋白与毛泽东都受到了王明等人的打击。

1934年1月，瞿秋白从上海赴中央苏区，与毛泽东再次相会。在中华苏维埃第二次全国代表大会上，毛泽东当选为中华苏维埃共和国第二届中央执委会主席；瞿秋白当选为中央执委会主席团委员，任中央教育部长。在中央苏区，二人交往较多。毛泽东常去瞿办的图书馆看书，并经常交换对一些重大革命问题的看法。有时，二人还互相做诗酬唱。

1934年10月，中央红军开始长征。组织上考虑到瞿秋白身患肺病，就留他在中央苏区。当红军到达遵义时，毛泽东还牵挂着瞿秋白等老战友，他还特地打电报给中央苏区中央局，妥善安顿瞿秋白同志。

1935年6月18日，因叛徒出卖，瞿秋白在福建长汀被国民党军队俘虏，最后英勇就义。

当毛泽东在长征途中闻知此消息，非常悲痛，他对冯雪峰说：“不仅是你失去了一个好朋友，我也失去了一个好朋友。”毛泽东长征到达延安后，鲁迅曾托冯雪峰把瞿秋白著的《海上述林》带给毛泽东。毛泽东认真读了此书。1936年，毛泽东与斯诺会见中还缅怀瞿秋白这位党的早期领导人。他说：“在莫斯科，支部的创始人有瞿秋白等人。”1939年，他与老友萧三还谈到牺牲的蔡和森与瞿秋白等人。他说：“特别是蔡和森和瞿秋白，正值壮年有为之时，不幸牺牲，可痛可惜。”

后来在不同的场合，毛泽东与人谈话时都提到了瞿秋白，他说是教条主义搞宗派，把瞿秋白等人留在苏区，最后被敌人杀掉了。

1945年，中共中央在六届七中全会作出的《关于若干历史问题的决议》中，对瞿秋白一生的革命经历，给予了充分肯定。决议指出，瞿秋白“是当时党内有威信的领导者之一，他在被打击以后，仍继续做了许多有益的工作（主要是在文化方面），在 1935 年 6 月也英勇牺牲在敌人的屠刀之下”，“他的无产阶级英勇气概，乃是永远值得我们纪念的”。

1950 年，瞿秋白的妻子杨之华得知中央将出《瞿秋白文集》，她给毛泽东写信，希望他能作个序。毛泽东收到信后，心想，即使再忙，也要写！于是，毛泽东为即将出版的《瞿秋白文集》作序。序中写道：“瞿秋白同志死去十五年了。在他生前，许多人不了解他，或者反对他，但他为人民工作的勇气并没有挫下来。他在革命困难的年月里坚持了英雄的立场，宁愿向刽子手的屠刀走去，不愿屈服。他的这种为人民工作的精神，这种临难不屈的意志和他在文字中保存下来的思想，将永远活着，不会死去。瞿秋白同志是肯用脑子想问题的，他是有思想的。他的遗集的出版，将有益于青年们，有益于人民的事业，特别是在文化事业方面。”写完序后，毛泽东还给杨之华附了一信，信中说：

之华同志：

来信收到。瞿秋白同志文集出版，甚好。写了几句话，不知可用否？此复，顺祝

健康

毛泽东

十二月卅日

毛泽东作的序，热情地赞扬了瞿秋白不屈不挠的革命斗争精神，同时也表达了自己对昔日战友的深深怀念。尽管他们之间也发生过一段不愉快的往事，但毛泽东认为两人的革命情谊是永存的。

3. 宽宏大量　诚以待人

毛泽东与李立三同为湖南人，他们在早年就相识并开始了交往。两人后来都成了中国共产党的领袖人物。他们的关系中，既有合作共事的友谊，但也发生过矛盾

与斗争。毛泽东在与李立三交往中，始终坚持这样一种态度：不论两人的关系发生怎样的变化，他总是宽宏大量，善待他人。

关于毛泽东与李立三的最初交往，毛泽东在1936年与斯诺的交谈中曾说到一些情况：1915年暑假后，在湖南第一师范读书的毛泽东想结交一些志同道合的青年朋友一起讨论学习，讨论人生、讨论国家的大事，为此，他发出了《廿八画生征友启事》，“我指明要结交能刻苦耐劳、意志坚定、随时准备为国捐躯的青年。我从这个广告得到的回答一共有三个半人。一个回答来自罗章龙，他后来参加了共产党，接着又转向了。两个回答来自后来变成极端反动的青年。‘半’个回答来自一个没有明白表示意见青年，名叫李立三。李立三听了我说的话之后，没有提出任何具体建议就走了。我们的友谊始终没有发展起来。”①这恐怕是毛泽东关于最初与李立三有过交往而留下的记载。

1919年底，李立三与蔡和森等人一起赴法国勤工俭学，两年后回国。1921年11月他加入中国共产党。回湘后，李立三拿着中共中央的介绍信去找中共湖南支部（中共湘区委员会的前身）的负责人毛泽东，两人从此成了党内同志。在愉快的气氛中，李立三向毛泽东介绍了去法国勤工俭学的学习、工作与参加革命斗争的情况。毛泽东也讲述了近来的工作情况，以及湖南的革命形势。他热情地欢迎李立三回湘参加革命工作。毛泽东在交谈中还谈到湖南党支部目前正在认真贯彻中共一大的决议精神，集中力量开展工人运动。毛泽东还特别向李立三介绍了安源煤矿工人的斗争情况，希望李立三能到安源煤矿去从事工人运动。毛泽东又说：我们可以利用平民教育的形式，争取公开的活动，与工人群众接近，再逐步将他们发动组织起来。李立三表示赞同毛泽东的意见与建议。几天后，李立三来到安源，他以湖南劳动组合书记部代表的身份，深入到工人之中，他以合法的平民教育作掩护开展工人运动。首先筹办平民学校（学生是工人子弟），接着，又创办了安源第一个工人补习学校。在发动工人运动的基础上，1922年2月秘密建立了中共安源支部，李立三任书记。9月初，毛泽东来到安源，与李立三一起召开支部大会，分析安源工人运动的形势，认为罢工时机已经成熟，对罢工的策略作了指示。9月11日，毛泽东又

①埃德加·斯诺：《西行漫记》，生活·读书·新知三联书店1979年版，第122—123页。

派刘少奇来安源，协助李立三领导罢工斗争。当晚，李立三在支部会上传达了毛泽东的指示信，罢工中，必然依靠工人群众的坚固的团体和坚强的斗志，必须运用“哀兵必胜”的道理，提出“哀而动人”的口号，作“义无反顾”的斗争，同时争取社会舆论的同情和支持。

9月14日，在毛泽东、李立三、刘少奇的领导下，震惊中外的安源煤矿工人万余人举行了声势浩大的大罢工，罢工历经五天，最后取得了胜利。

后来，李立三被党组织派往武汉、上海等地从事工人运动。1926年5月，李立三在广州参加了全国第三次劳动大会。会上，他当选为全国总工会执行委员与组织部长。当时，毛泽东正在广州担任第六届农民运动讲习所所长，负责培训农运干部。毛泽东曾邀李立三去讲课。李立三向学员讲了《中国职工运动》和《苏俄情况》，受到好评。1927年4月，李立三与毛泽东出席了中共五大，李立三当选为中央政治局委员。7月，正值大革命失败，根据共产国际代表鲍罗廷的提议，李立三进入中央临时政治局常委，并被派往九江、南昌开展革命活动。1928年6月李立三赴莫斯科参加中共六大，当选为政治局候补委员，不久又被选为政治局委员，1928年11月任政治局常委，担任中央宣传部长和农民委员会书记。从苏联回来后，李立三逐渐成为政治局的主要决策人。

事实证明，中共六大以后，李立三比较注意农村革命根据地的斗争。他曾撰文指出：“朱、毛是革命农民之武装的先锋队，又有无产阶级的政党为之领导。”后来他又在一指示信中指出：“朱、毛几年战争所得战争的经验是：‘分兵以发动群众，集中以应付敌人’，……这些经验很可以作你们的参考。”①

1929年9月，陈毅曾代表红四军前委去上海向主持中央工作的周恩来、李立三汇报工作，李立三在谈话中明确表示支持毛泽东在红四军前委的正确领导，并肯定了毛泽东关于“工农武装割据”思想。

陈毅回到红四军后，他向任红四军前委书记的毛泽东传达了中央指示精神(即中央的“九月指示”)，与中央工作的情况，此时，毛泽东才清楚目前李立三已成为中央的决策人，心中十分欢喜，毛泽东于1929年11月28日提笔给李立三去

①路海江等编著:《毛泽东与同时代的人》,河南人民出版社1992年版,第113页。

了一信：

立三兄：

多久不和你通讯了，陈毅同志来才知道你的情形。我大病三个月，现虽好了，但精神未全复元。开慧和岸英等我时常念及他们，想和他们通讯，不知通信处。闻说泽民在上海，请兄替我通知泽民，要他把开慧的通信处告诉我，并要他写信给我。

我知识饥荒到十分，请你时常寄书报给我，能抽暇写信指导尤幸。

独秀近来行动真岂有此理，中央的驳议文件已经到此，我们当普遍地宣传。

共产主义的敬礼

毛泽东

从此信我们不难看出，李立三作为中央的主要负责人，毛泽东尊敬他，并支持他的工作。同时，作为朋友，毛泽东信任他。虽言语不多，但友情真挚。

至 1930 年上半年，革命形势有了好转，红军发展到十万多人。革命根据地也建立了十几块。此时，国民党新军阀之间忙于混战。在革命走向复兴、客观形势发生有利于革命的变化时，头脑不冷静的李立三重犯“左”倾冒险主义的错误。

关于李立三的“左”倾冒险主义错误，毛泽东向斯诺作了较为详细的介绍。其中，毛泽东谈到：“李立三也和陈独秀一样，对农村苏维埃缺乏信心，他主张对长沙、武汉、南昌那样的战略大城市采取大举进攻的策略。他主张在农村搞‘恐怖’，来打掉地主豪绅气焰；主张工人发动‘强大的攻势’，举行暴动和罢工，使敌人在自己的地盘上陷于瘫痪；主张在苏联支持下从外蒙和满洲展开此面的侧击。”①按照“立三路线”的错误做法，共产党就只能用主要力量搞城市政治罢工和武装暴动，以此作为夺取全国胜利的中心环节。因此，它反对毛泽东的“农村包围城市，武装夺取政权”的道路。主张红军蛮干去攻占城市，从而实现所谓一省或数省的首先胜利。

毛泽东坚持正确的革命路线，遭到了李立三的点名批评，说毛泽东的路线“完全与中央不同”，“他对红军的发展，完全是游击战争的观念”。而游击战争的秘诀

①埃德加·斯诺：《西行漫记》，生活·读书·新知三联书店 1979 年版，第 152 页。

就是逃、跑、走，是乘虚进攻敌人，这已“不适于现在的形势”。现在的红军是需要夺取中心城市，向敌人主力进攻，向交通中心发展。对李立三的错误路线，毛泽东与何孟雄等人予以了有力抵制。当李立三于1930年7月命令毛泽东、朱德率红一军团攻打南昌时，毛泽东与朱德没有机械地执行李立三的指示，而是从实际出发，采取避实就虚的方针，在南昌附近示了一下威即主动撤退，并未实施强攻，这样做就使红军等免遭了重大损失。8月23日，红一、三军团合编为红一方面军，朱德为总司令，毛泽东任总政委，李立三又下令要红一方面军第二次攻打长沙，红军围攻长沙16天，“但总攻不得手”。毛泽东认为红军现有力量，不能再攻中心城市，于是放弃打长沙，“决议向萍（乡、醴、陵）撤退。”部队撤退江西宜春时，毛泽东说服了前来传达中央关于再度占领长沙的战略策略的指示信的长江局代表周以粟。可见，毛泽东在实际行动上抵制了李立三的“左”倾冒险主义错误。1930年9月，在中共六届三中全会上，中央纠正了李立三的“左”倾错误，并撤销了他的政治局常委等职务。

1930年12月，李立三根据共产国际的指示，到苏联莫斯科，在共产国际执委会检讨自己的错误，后来留在苏联工作。1938年在苏联被捕入狱。1939年释放后，他写信给中共中央，要求回国参加抗战，但中央未收到他的来信。在中共七大召开时，李立三已被共产国际停止党籍，在莫斯科参加生产劳动。但毛泽东并没忘记他曾对中国革命有过贡献，仍提议选举李立三为七届中央委员。1946年1月，李立三由苏联回国到东北工作。中共中央北满分局书记陈云接待了他，并向他转达了毛泽东和党中央对他的关怀之意，这令李立三深受感动。陈云还将中央六届七中全会通过的《关于若干历史问题的决议》和毛泽东的一些重要文章交给李立三，希望他认真学一学。李立三读了后，深刻反省自己的错误，说：“对于我这个离开中国革命实际斗争十五年之久的人来说，这真是一次马克思列宁主义的启蒙教育。知道了我犯错误的根本毛病是主观主义。”[①]这年5月，李立三赴延安向党中央汇报工作。毛泽东与刘少奇、朱德等人与李立三进行了长谈。李立三在交谈中再次检讨了自己的路线错误，并汇报了自己10多年来在苏联的学习、工作与改造情况，以及回国后

①路海江等编著:《毛泽东与同时代的人》,河南人民出版社1992年版,第115页。

的感受。他衷心感谢毛泽东和党中央对他的关心与爱护，表示今后要将功补过，为国家与人民效力。毛泽东非常同情他在苏联的遭遇，也对他勇于承认错误和改正错误的态度予以了充分肯定。毛泽东还勉励他放下包袱，大胆工作。谈话后，毛泽东又让人给李立三送去一套干部服，换下他从苏联穿回来的衣服。不久，李立三在延安中央党校大礼堂向几千名中直机干部和党校学员讲话，他认真地作了自我批评，称颂毛泽东思想伟大，延安整风伟大。

新中国成立后，李立三任全国总工会常务副主席兼党组书记、劳动部长、全国政协常委、中央人民政府委员等职。他工作非常努力。在中共八大，李立三将自己准备在大会上用的发言稿呈送毛泽东审阅，毛泽东仅作了一些文字上的润色，批示“可用”。由于毛泽东的关心、爱护，特别是贯彻“惩前毖后，治病救人”的方针，在会上，李立三又被选为中央委员。1958 年，身为工业部副部长的李立三深入工厂作调查研究，提出了“两参一改三结合”的工作思路与方法，即工人参加管理，干部参加劳动；改革不合理的规章制度；领导干部、工人、技术人员相结合。这一工作思路与方法，得到毛泽东的赞赏，批示在全国进行推广①。

功过要分明，是非要分清，友情要尊重，同志要关心，这就是毛泽东与李立三的交往中所体现的无产阶级革命领袖的伟大人格魅力。

4. 成见、分歧与友谊

毛泽东与胡适，虽到晚年，由于政治上的成见与分歧，两人已不通音信，互不往来，但彼此心里还挂记着对方，还未忘记有过友好交往的往事。据《胡适之晚年谈话录》记载，1959 年，当有人向胡适问及他早年与毛泽东的关系时，胡适说：

①路海江等编著:《毛泽东与同时代的人》,河南人民出版社 1992 年版,第 116 页。

“毛泽东在湖南师范毕业后到了北平，他和五个青年上书于我，——这封信，我是交给弟弟竹生保管的。在抗战期间，放在上海，竹生怕失事，把它烧掉了。——当时北京有个工读辅助会，他先在辅助会工读，很苦。”

另据台湾学者唐德刚回忆，胡适在晚年虽对毛泽东的一些旧体诗词有所挑剔，认为它们不合韵律，但他对毛泽东提出的“文字必须改革”的主张和大陆推行的汉字简化方案十分赞赏。①

1954年，因李希凡、蓝翎批判俞平伯有关《红楼梦》研究的文章，而展开了对“胡适派资产阶级唯心论的斗争”。毛泽东也发表了批判胡适资产阶级的学术观点的意见，但他也未全盘否定胡适研究《红楼梦》的学术价值。1964年8月毛泽东在北戴河谈到新旧“红学”时，曾明确指出：“蔡元培对《红楼梦》的观点是不对的，胡适的看法比较对一点。”总的来说，毛泽东对胡适的思想评价是比较客观的。毛泽东对早年与胡适友好交往的往事，并未因政治上的成见、分歧而淡漠、遗忘。

1936年，毛泽东在延安曾对斯诺谈到“五四”时期自己的学习生活与思想状况，他说：“《新青年》是有名的新文化运动的杂志，由陈独秀主编。我在师范学校学习的时候，就开始读这个杂志了。我非常钦佩胡适和陈独秀的文章。他们代替了已经被我抛弃的梁启超和康有为，一时成了我的楷模。”他还谈到：“在这个时候，我的思想是自由主义、民主改良主义、空想社会主义等思想的大杂烩。我憧憬‘19世纪的民主’、乌托邦主义和旧式的自由主义，但是我反对军阀和反对帝国主义是明确无疑的。”从中可见，“五四”时期，毛泽东曾受过陈独秀、胡适等人宣传的西方资产阶级新文化、新思潮的影响，他对胡适非常佩服，并把胡适作为自己的楷模。为什么毛泽东如此高的评价胡适的作用呢？1942年毛泽东在《反对党八股》一文中指出：“五四运动时期，一班新人物反对文言文，提倡白话文，反对旧教条，提倡科学和民主，这些都是很对的。在那时，这个运动是生动活泼的，前进的，革命的。”毛泽东在这里点出的“一班新人物”，当然包括胡适在内。的确，从“五四”前期新文化运动那时起，毛泽东与胡适之间的交往，以及政治思想上的联系与分歧、斗争就已开始了。

①孙琴安等:《毛泽东与名人》,江苏人民出版社1993年版,第362页。

早在湖南第一师范求学时，毛泽东经老师杨昌济的介绍，就成了《新青年》的热心读者。他对陈独秀、胡适发表在《新青年》中的文章细心阅读。据他当时的同学回忆，有一段时间，毛泽东除每天上课、阅报外，他看书看《新青年》，谈话谈《新青年》，思考也思考《新青年》上提出的各种问题。他决心同封建主义思想决裂。1918年9月，毛泽东来到北京，在北大图书馆作助理员，就有了机会去见在北大任教的胡适。其时，胡适是北大的名教授。毛泽东仰慕其声名，在杨昌济的引荐下，曾多次去拜访过胡适。在北大，毛泽东旁听过胡适的讲课，他还参加了胡适等人发起的哲学研究会，当时，毛泽东与在京的新民学会会员还邀请胡适等文化名人一起座谈，由毛泽东等人提出问题，胡适来作解答。

事实说明，毛泽东在北大工作和后来回湖南开展革命活动期间，他都曾以虚心的态度向胡适请教过学理，或就某事听取过胡适的意见，或得到胡适的支持，或受到胡适的思想影响。

1919年初，毛泽东将返湘，临行前，他特意去拜访了胡适。在谈话中，毛泽东列数了军阀张敬尧祸湘残民的罪行，他坦诚地告诉胡适："我说这些，没有别的，无非是想争取胡先生对我们湖南学生驱逐张敬尧的斗争表示支持。"胡适很认真地听了毛泽东的谈话，并表示很关切湖南的学生运动，他说："我们应当尽一切力量予以支持。"

毛泽东回湘不久，即发动省城学生投入五四爱国运动。为此，他创办了《湘江评论》。为了发动民众也投入运动，毛泽东在《湘江评论》上连续发表了《民众的大联合》的长文。胡适看后就在《每周评论》第56期《新刊评介》中作了热情的肯定和高度的评价，认为《从湘江评论》的长处是在议论的一方面。他又特别赞扬《民众大联合》的长文。说："《湘江评论》第二、三、四期的《民众的大联合》一篇大文章，眼光很远大；议论也很痛快，确是现今的重要文字。还有'湘江大事述评'一样，记载湖南的新运动，使我们发生无限的乐观。武人统治之下，能产出这样的一个好兄弟，真是我们意外的欢喜。"可以说胡适这段文字给予毛泽东所发表的文章以极高的评价与支持。

在出洋留学问题上，毛泽东与胡适谈过想法，也征求过胡适的意见。1918年4月，蔡元培、李石曾等人在北京倡导赴法勤工俭学运动。湖南学生积极响应。毛泽东为首的新民学会会员也萌生了去法国留学之意。为了促成此事，毛泽东参与了会员留法的筹备工作。他自己也决定出洋留学。但后来当会员临行前，毛泽东又决定暂不出国。他提出的理由是："我觉得我们要有人到外国去，看些新东西，学些新道理，研究些有用的学问，拿回来改造我们的国家。同时也要有人留在本国，研究本国问题。我觉得关于自己的国家，我所知道的还太少，假使我把时间花费在本国，则对本国更为有利。"1920年3月14日，他在给周世钊的一封信中写道："我觉得求学实在没有'必要在什么地方'的理，'出洋'两字，在好些人只是一种'迷'。中国出过洋的总不下几万乃至几十万，好的实在很少。多数呢？仍旧是'糊涂'，仍旧是'莫名奇妙'，这便是一个具体的证据。我曾以此问过胡适之和黎邵西（即黎锦熙）两位，他们都以我的意见为然，胡适之并且作过一篇《非留学篇》。因此我想暂不出国去，暂时在国内研究各种学问的纲要。"由此可见，毛泽东原来打算要出国留学，但最终决定留在国内。这固然与他重在了解中国国情，研究国内问题，认为这样做对国家民族"更为有利"，但也与胡适的支持颇有关系。

1919年7月，胡适在《每周评论》上发表了《多研究些问题，少谈些主义》的文章，与李大钊进行关于"问题与主义"的讨论。胡适提出的要多研究一些社会问题，并予以解决，这对反对封建主义具有一定的意义。受胡适的影响，毛泽东在长沙发起成立了"问题研究会"。他还向全国有关团体和个人发出《问题研究会章程》，该章程还打算登在《湘江评论》，只是由于军阀张敬尧查封杂志，未能登出。后来，毛泽东认为胡适的说法有片面性，认为"主义"在当时更要宣传，所以，他对"问题研究会"的宗旨也作了修改。

1920年初，毛泽东曾在北京酝酿和筹备湖南工读互助团。在筹办过程中，毛泽东把办学的目的和初步计划，告诉了胡适，并征求他的意见。胡适听后，便对毛泽东说："你的这个设想很好，但'工读互助团'的名字，是否能改一下，换个其他什么名称，或者叫'自修大学'，似乎也不错。"毛泽东受到启发，他在给周世钊的信中说："我想我们在长沙要创办一种新的生活，可以邀请同志，租一所房子，办一个自修大学（这个名字是胡适之先生造的）。我们在这个大学里实行共产的生活"。不过，这里需指出的是，胡适之所以建议把"工读互助团"改名为"自修大学"，其目的是"赞成这种有组织的工作，是因为我希望有了组织可使工读容易实行，我希望用组织来帮助那极平常的工读主义，并不希望用这种组织来'另外产生一种新生活新组织'"。胡适认为这样做，就可以改变那种“瞧不起做工的人”的传统思想，“打破一点轻视工人的心理”。毛泽东在举办自修大学的问题上，与胡适有不一致之处。毛泽东将自修大学的目的规定为“创办一种新的生活”，“实行共产的生活”。而胡适觉得“我以为提倡工读主义的人，与其先替团员规定共产互助的章程，不如早点替他们计划怎样才可以做自修的学问的方法”。尽管两人的意见有不同，但毛泽东在自修大学的取名与拟定学校章程时，还是采纳了胡适提出的一些具体的条件与方法。

1920年4月，毛泽东告别了胡适以及北京的一些友人，离京到了上海去找陈独秀。离京时，他给胡适留下一信。到上海与陈独秀会面并谈及自己的马列主义信仰后，不久，即回到长沙。

其时，军阀张敬尧已被驱逐出湖南，湖南的政治形势有所变化。为了促进湖南的革命运动的开展，毛泽东希望能得到陈独秀、胡适等人的关心与支持。于是，在返回长沙的第二天，又给胡适写了一信：

适之先生：

在沪上一信，达到了么？我前天返湘。湘自张去，气象一新，教育界颇有蓬勃之象。将来湖南有多点须借重先生，俟时机到，当详细奉商，暂不多赘。此颂

教安①

为了先将湖南的问题解决好，毛泽东写了《反对统一》一文，发表在1920年10月10日上海的《时事新报》副刊《学灯》上。文章通过分析中国多年来不能振兴的状况，论证了各省自决自治是建设真正中国唯一的办法。在该文的结尾，他还借胡适的话来进行发挥，他说：“胡适之先生有二十年不谈政治的主张，我现在主张二十年不谈中央政治，各省人用全力注意到自己的省，采省门罗主义，各省关上各省的大门，大门以外，一概不理。国庆是庆中华民国，我实在老不高兴他。特为趁这国庆，表示我一点反对统一的意见，而希望有一种‘省庆’发生。”②

①孙琴安等:《毛泽东与名人》,江苏人民出版社1993年版,第357页。

②孙琴安等:《毛泽东与名人》,江苏人民出版社1993年版,第357页。

由于胡适是新文化运动中的名人，加上颇有学问功底，因此，毛泽东后来在长沙创办文化书社时，他把胡适的著作也作为书社销售的重点书，如胡适的《尝试集》《胡适短篇小说》《中国哲学史大纲》等都在其列。可见，毛泽东此时对胡适还是较为看重的。

但是，随着毛泽东的马克思主义观的确立，特别是成为湖南共产党组织的创建者之后，由于思想政治上的倾向不同，他与胡适的联系少了，关系渐渐疏远了。

1923年，毛泽东写了《外力、军阀与革命》一文。在此文中他提到了胡适，他说："把国内各派势力分析起来，不外三派：革命的民主派，非革命的民主派，反动派。革命的民主派主体当然是国民党，新兴的共产派是和国民党合作的。非革命的民主派，以前是进步党，进步党散了，目前的嫡派只有研究系。胡适黄炎培等新兴的知识阶级派和聂云台穆耦初等新兴的商人派也属于这派。反动派的范围最广，包括直奉皖三派。（目前奉皖虽和国民党合作，但这是不能久的。他们终究是最反动的东西。）三派之中，前三派在稍后的一个时期内是会要合作的，因为反动势力来得太大了，研究系知识派和商人派都会暂放弃他们非革命的主张去和革命的国民党合作，如同共产党暂放弃他们最急进的主张，和较急进的国民党合作一样。所以以后中国政治的形势将成为下式：一方最急进的共产派和缓进的研究系知识派商人派都为了推倒共同敌人和国民党合作，成功一个大的民主派：一方就是反动的军阀派。"在这里，毛泽东对国内各派政治势力作了正确的分析，他将胡适与黄炎培并提，并称之为"新兴的知识阶级派"，属于"非革命的民主派"，但还是属于反对封建军阀统治的"大民主派"，指出其既有民主性的一面，又有非革命的一面，这说明毛泽东已在政治思想上与胡适划清了界限。

到抗日战争胜利前夕，傅斯年、黄炎培等曾以国民参政会参政员的身份到延安商谈国共两党团结、共建国内和平问题，事隔20多年后的毛泽东曾要傅斯年转达他对胡适的问候。1945年8月，参加联合国成立大会的胡适遇到了中共代表董必武。两人就国共两党将在重庆进行和谈的问题作了长谈。毛泽东和中国共产党希望胡适利用自己的地位与影响，为促进国内和平民主建国而尽力。胡适欣闻毛泽东将应蒋介石之邀去重庆进行和平谈判，他于8月24日从美国致电毛泽东：

润之先生：

顷见报载，傅孟真转述兄问候胡适之语，感念旧好，不胜驰念。二十二晚与董必武兄长谈，适陈鄙见，以为中共领袖诸公，今日宜审察世界形势，爱惜中国前途，努力忘记过去，瞻望将来，痛下决心，放弃武力，准备为中国建立一个不靠武力的第二政党。公等若能有此决心，创国内十八年之纠纷一朝解决；而公等二十余年之努力，皆可不致因内战而完全消灭。美国开国之初，吉佛生十余年和平奋斗，其所创之民主党遂于第四届大选获得政权，英国工党五十年前仅得四万五千票，而和平奋斗之结果，今年得一千二百万票，成为绝大多数党。若能持之以耐心毅力，将来和平发展，前途未可限量。万万不可以小不忍而自毁灭！以上为董君致谈话要点，今特陈达，用供考虑。

胡适在电文中希望共产党“放弃武力”，“建立一个不靠武力的第二政党”，专从事议会活动，这一想法在中国肯定是行不通的。要中国共产党放弃武装斗争，这也是不能接受的。后来，胡适也承认自己的这一想法只是一种“天真”的想法。

毛泽东是个看重友情，也是个看重事实的人，他不因政治思想上的成见而抹煞胡适曾对中国文化的发展做出过贡献，他也不因两人的政见上的分歧而忘记早年胡适曾帮助、影响过自己。成见、分歧与友情同在，这就是毛泽东与胡适交往的历史轨迹。

5. 仰慕先生　友善真诚

蔡元培是中国近代史上著名的资产阶级教育家。1912 年他从德国留学回国，任南京临时政府教育总长，倡导教育改革。1917 年，任北京大学校长，提出“兼容并包”的办学方针。第一次大革命失败后，蔡元培曾任南京国民政府的大学院院长，中央研究院长，监察院院长等职。对这样一位声名显赫的人物，毛泽东从青年求学时代起就与他有了间接或直接的往来，而且这种往来一直至蔡元培逝世。追溯毛泽东与蔡元培交往的史实，对研究两人的生平与思想也是非常有意义的。

1917 年，毛泽东正在湖南第一师范求学。当时，给毛泽东等学生讲授伦理学课的杨昌济极力向学生推介了蔡元培的译著。他把 1913 年由商务印书馆出版的蔡元培翻译的《伦理学原理》作为教材。毛泽东于 1935 年与斯诺的谈话中说到这本书。毛泽东回忆说：“读了蔡元培翻译的一本伦理学的书。我受到这本书的启发，写了一篇题为《心之力》的文章，……杨昌济老师从他的唯心主义观点出发，高度赞赏我的那篇文章。他给了我一百分。”

毛泽东读蔡译的《伦理学原理》一书是极为认真的。他对全书的每字每句，几乎都用笔划上了圈点、单杠、双杠、三角、叉等符号。在书的空白处，他写了 150 多条的批注，有表示赞成的，如“此说与吾大合”等；有表示反对的，如“不应以此立说”等；有表示怀疑的，如“此却有一疑问”等。批注的墨迹也有好几种。有的批注长达 800 多字。全书不过 12 万字，但毛泽东在书上作的批注约达 12000 多字，可见他读此书时功夫之深。新中国成立之初，毛泽东还与友人谈起此书，说：“我当时喜欢这本书，有什么意见和感想就随时写在书上。现在看来，这些话，有好些不那么正确了。”又说：“这本书上的道理也不那么正确，它不是纯粹的唯物论，而是心物二元论。只因那时，我们学的都是唯心论一派的学说，一旦接触到一点唯物论的东西，就觉得很新鲜，很有道理，越读越觉得有趣味。它使我对于批判读过的书，分析所接触的问题得到了新的启发和帮助。”

1918 年 6 月，毛泽东从一师毕业。其时正值蔡元培等人在北京发起留法勤工俭学运动。毛泽东积极响应，为筹备新民学会会员去法国留学，他于 8 月到达北京。经蔡元培推荐，到北大图书馆任助理员。在北大，毛泽东利用任职的机会，经常去旁听北大的各门课程。他还参加新闻学研究会、哲学研究会等各种学术团体。

1918 年 10 月 10 日，北大新闻研究会成立，蔡元培在成立会上作了演说。毛泽东参加了此学会。1919 年 2 月 19 日举行改组会时，毛泽东等 26 名会员到会，并听蔡元培讲演。大家共推蔡为会长。1919 年 10 月 16 日举行第一次研究期满式，蔡元培亲临致词，毛泽东等人获得听讲半年的证书。

在蔡元培的支持下，北大又成立了平民教育讲演团，毛泽东也参加了。该团在蔡元培的校长办公室举行成立会。此外，毛泽东还参加北大哲学研究会，蔡元培是该会的实际负责人。

在北大工作期间，毛泽东虚心求教，还常常抽空去拜访一些名流学者。据萧三回忆，毛泽东曾拜访过蔡元培、胡适、陶孟和等人。毛泽东还和在北京的新民学会会员一起邀请蔡元培等座谈，“形式为会友提出问题，请求答复，所谈多学术及人生观问题。”

五四运动期间，毛泽东在湖南领导了反帝反封建的革命运动，为了驱逐军阀张敬尧出湖南，1919 年 12 月，毛泽东率一驱张代表团到达北京，号召各界声援。就在毛泽东开展驱张活动之时，他最敬重的老师杨昌济因病逝世。蔡元培与毛泽东等 29 人联名在《北京大学日刊》上发布启事，“伏冀诸君子知交，慨加赙助。”

1920 年 10 月，罗素等世界学术名流来华访问，湖南省教育会曾举办“学术讲演会”，邀请罗素、蔡元培、吴稚晖、张东荪等人前来讲演。长沙《大公报》特请毛泽东等人作记录，然后供该报刊布，毛泽东正好负责记录蔡元培的讲演内容。长沙《大公报》特意刊载此消息。由毛泽东记录的有两篇：一篇题为《对于学生的希望》，一篇题为《美术的价值》。由于蔡元培说话的绍兴口音较浓，毛泽东特意在《美术的价值》一文前面加了“记者按”，云：“蔡先生的话，有好些听不清楚。此篇所记，只其大略。开首两段，是周世钊先生记出交我的。”

1921 年 8 月，毛泽东在参加中共一大后回到长沙，他利用船山学社的地址和经费，创办了一所学习马克思主义的学校——湖南自修大学。毛泽东在起草的《湖南自修大学组织大纲》中指出，学校宜“采取古代书院与现代学校二者之长，取自动的方法，研究各种学术，以期发明真理造就人才，使文化普及于平民，求学周流于社会”。招生只凭学力，不限资格、学习方法主要是“自己看书，自己思索”“共同讨论，共同研究”，校内设有图书馆，收集各种进步报刊书籍，借学生阅读。

当蔡元培得悉毛泽东创办自修大学的情况后，非常高兴，认为这所大学“注重研究，注重图书馆，实验室，全与我的理想结合”，蔡元培于 1922 年 8 月出版的第五卷第一号《新教育》杂志上题词称赞道：“方今各省皆有建设大学之议，若广列科目，同时并举，师资既非易得，经费亦难猝筹，成立之缓，半由于此。湖南学者乃有自修大学之创设，购置书器，延聘导师，因缘机会，积渐扩张。要以学者自力研究为本旨，学术以外无他鹄的。合吾国书院与西洋研究之长而活用之，其诸可以为各省新设大学之模范者欤?”蔡元培除了题词外，还亲自撰写了《湖南自修大学介绍与说明》，发表于《新教育》。

1930年10月，毛泽东的妻子杨开慧在长沙被国民党军警逮捕后，蔡元培闻讯，立刻联合一些知名人士，联名打电报给何键，要求保释杨开慧。虽然未能奏效，但关心之情真诚可见。

对蔡元培这位颇有爱国心，民主意识强，学识渊博，为人敦厚的社会名流，毛泽东是不会忘记的。

1935年华北事变后，民族危机日趋深重，为了拯救自己的国家，以毛泽东为代表的中共党人首倡建立抗日民族统一战线。1936年9月22日，毛泽东给蔡元培写信，呼吁与各界名流联合抗日。毛泽东在信中写道：

子民先生左右：

五四运动时期北大课堂，旧京集会，湘城讲座，数聆先生之崇论宏议，不期忽忽二十年矣！今日者何日？民族国家存亡绝续之日。老者如先生一辈，中年者如泽东一辈，少年者则今日之学生，不论贫富，不分工农商学，不别信仰尊尚，将群入于异族侵略者之手，河山将非复我之河山，人民将非复我之人民，城郭将非复我之城郭，所谓亡国灭种者，旷古旷世无与伦比，先生将何以处此耶？共产党创议抗日统一战线，国人皆曰可行，知先生亦必曰可行，独于当权在势之衮衮诸公或则曰不可行，或则曰要缓行，盗入门而不拒，虎噬人而不斗，率通国而入于麻木不仁窒息待死之绝境，先生将何以处此耶？孙先生联俄、联共与农工政策，行之于一九二五至一九二七年之第一次大革命而有效，国共两党合作之时期，亦即国民党最革命之时期。孙先生革命政策之毁弃，内战因之而连绵不绝，外患乃溃围决堤滔滔不可收拾矣！八月二十五日共产党致国民党书，虽旧策之重提，实救亡之至计，先生将何以处此耶？读《新文字意见书》，赫然列名于首位者，先生也。二十年后忽见我敬爱之孑民先生，发表了崭然不同于一般新旧顽固党之簇新议论，先生当知见之而欢跃者绝不止我一人，绝不止共产党，必为无数量人也！从同志从朋友称述先生同情抗日救国事业，闻之而欢跃者，更绝不止我一人，绝不止共产党，必为全民族之诚实儿女，毫无疑义也。然而百尺竿头，更进一步，持此大义，起而率先，以光复会同盟会之民族伟人，北京大学、中央研究院之学术领袖，当民族危亡之顷，作狂澜逆挽之谋，不但坐言，而且起行，不但同情，而且倡导，痛责南京当局立即停止内战，放弃其对外退让对内苛求之错误政策，撤废其爱国有罪卖国有赏之亡国方针，发动全国海陆空军，实行真正之抗日作战，恢复孙中山先生革命的三民主义与三大政策精神，拯救四万万五千万同胞于水深火热之境，召集各党各派各界各军之抗日救国代表大会，召集人民选举之全国国会，建立统一对外之国防政府，建立真正之民主共和国，致国家于富强隆盛之域，置民族于自由解放之林。若然，则先生者，必将照耀万世 ，留芳千代，买丝争绣，遍于通国之人，置邮而传，沸于全民之口矣。先生其将不令数千里外曾聆教益之人，稍稍减杀其欢跃之情而更增之增之以至于无已乎？……

寇深祸急，率尔进言。风雨同舟，愿闻明教。

敬颂

道安。不具

毛泽东

1936年10月19日，鲁迅在上海逝世，蔡元培、宋庆龄等组织治丧委员会，蔡元培任主席。毛泽东远在延安，但他也是治丧委员会委员。

同年，斯诺访问延安，采访毛泽东等中共领袖后写了《西行漫记》一书。不久，斯诺夫人又写了《续西行漫记》一书。当两本书出版后，十分关注边区状况的蔡元培将书找来仔细阅读，读后，他于1939年8月6日撰写了札记。他在札记中写道：阅《西行漫记》，美国爱德加·斯诺（Edgar snow）著，吴景崧等十二人译。是书凡十二章：第一，探寻红色的中国；第二，到红色首都去的路上；第三，在保安；第四，一个共产党员的略历；第五，长征；第六，西北的红星；第七，到前线去的路上；第八，在红军中（上）；第九，在红军中（下）；第十，战争与和平；第十一，回到保安去；第十二，回到白色区域。其第三章中，有“共产党的基本政策”，“论对日战争”等节，述毛泽东的意见颇详。第十二章，叙西安事变。

由于蔡元培一生追求民主和科学，致力于民族的文化教育事业，1940年2月5日，在毛泽东等人的发起下，陕甘宁边区自然科学研究会在延安成立。毛泽东亲临讲话，蔡元培等人被选为主席团成员。同年20日，延安各界宪政促进会宣告成立，毛泽东到会作了《新民主主义的宪政》的重要报告，蔡元培又被推选为主席团成员。

仅隔两会十四天，即 1940 年 3 月 5 日，蔡元培在香港逝世，毛泽东于当日从延安发出唁电，向蔡元培的亲属表示慰问：“孑民先生，学界泰斗，人世楷模，遽归道山，震悼曷极！谨电驰唁，尚祈节哀。毛泽东叩。阳。”

1962 年，蔡元培的儿子蔡无忌出席了中共中央举行的一次招待会，陈毅带无忌去见毛泽东，毛泽东热情地握着他的手说：“你的父亲真是好人。”

“学界泰斗”“人世楷模”“真是好人”，这是毛泽东对蔡元培一生的为人与学术成就的高度评价。从中我们也可以看出，毛泽东对蔡元培是特别敬重的。尽管蔡元培在大革命失败后成了南京国民政府中的重要成员，但毛泽东并不由此而怀疑，或贬损蔡元培的人品与学识。相反，他是怀着一种学生对老师，下辈对长辈的尊敬心情来与蔡元培保持着友好交往的。

第九章 坦诚相见　以理服人

有些人可以说是自己的宿敌。与宿敌总有打交道的时候。毛泽东与他们交往，他的态度是不卑不亢，不记怨仇，坦诚相见，以理服人。

1. 理直气和 不卑不亢

毛泽东与蒋介石的交往，可谓充满传奇色彩。早在第一次国共合作期间，他们曾一起在孙中山手下参与国民党的改组工作。不久，毛泽东与蒋介石都进入了改组后的国民党中央领导机构。在第一次大革命时期，毛泽东担任过国民党党部的宣传工作的要职，后来则从事农民运动，曾在广州担任过农民运动讲习所第六届的所长，而蒋介石担任了国民党内的军事工作的要职，曾被任命为东征军总指挥，东征讨伐陈炯明。后来，又当上了国民革命军总司令，参与了北伐战争的指挥工作。然而，令毛泽东当初费解的是，就是这位曾共过事的蒋介石，却突然翻脸背叛了国民革命，他竟向共产党人与革命人民举起了屠刀。随着国内斗争形势的日益发展，昔日共事的蒋介石却已变成自己的强硬的政治对手。当然，令蒋介石当时也难以置信的是，就是这位同在孙中山手下合作共事的毛泽东，竟成了共产党内的最高领袖人物，成为自己一生的死对头，并且成为把他赶到孤岛上的历史巨人。说到毛泽东与蒋介石的交往，我们可以欣赏到毛泽东高超的攻心之道，领略到毛泽东出色的斗争艺术与富有感染力的人格魅力。

毛泽东与蒋介石相识于 1924 年 1 月国民党一大会上。毛泽东作为最先以个人身份加入国民党的共产党员代表参加了国民党一大。蒋介石当时也在会场，但他不是正式代表，只是列席代表，在此之前，虽然彼此知道对方，却未曾谋面。这一次，也只不过见到对方而已，并无交往。

毛泽东被大会主席提议并经大会通过，成了章程审查委员会委员，并在大会上发言。而蒋介石坐在列席位子上听着，他确实不曾想到，也不会意识到，这个满口湖南乡音的青年共产党员代表，竟成为他后来一生的主要政治对手。在国民党一大，毛泽东被选为国民党中央执行委员会候补委员，并被派往上海国民党执行部工作，蒋介石却于此时回到了老家浙江奉化溪口。

毛泽东曾和美国记者斯特朗谈到他与蒋介石的第二次会面。毛泽东说：“我和蒋介石再次见面时，他已是今非昔比，成了手握重兵的新贵了。真是风云多变无常，人世沉浮难定呀！而我呢？在赵恒惕军队的追捕下，疲惫不堪地由湖南逃到了广州。”①

正当毛泽东因在革命的一些重大问题上与陈独秀有分歧，而受到陈的压制之际，蒋介石却声名日盛。蒋介石被国民政府任命为东征军总指挥，依靠国共合作，于 1925 年 10 月率领东征大军出师作战，10 月 14 日，首战告捷，一举攻克陈炯明老巢惠州城。紧接着，东征荡平了陈炯明的军队，大获全胜。蒋介石班师回羊城，已是声名大振，成了英雄。

按照国民党党章规定，一年一度召开全国代表大会。毛泽东积极参加了国民党二大的筹备工作，成为“代表资格审查委员会”的五名委员之一。1926 年 1 月 4 日，国民党二大在广州召开。此时，毛泽东坐在代表席上。而蒋介石则今非昔比，他不仅是代表，而且坐在主席台上，并向大会做了军事情况的报告。蒋介石在会上趾高气扬地宣称：“去年可以统一广东，今年即不难统一中国！”

大会期间，毛泽东和蒋介石相继上台作报告。毛泽东作了《宣传部两年经历状况》的报告；蒋介石向大会提出了《改良士兵经济生活》的议案。国民党二大最后的选举结果，毛泽东仍被选为候补中央执行委员，而蒋介石以最高票数当选了中央执行委员，掌握了国民党的军事大权。此次大会后，毛泽东担任了国民党的代理宣传部长，又兼任国民党中央农民运动委员会委员，并任第六届农民运动讲习所所长。

就在此时，蒋介石挑起事端，制造了排斥共产党人，破坏国共合作的中山舰事件。对蒋介石的逆行，毛泽东表示坚决反对，他曾对斯特朗介绍说：“‘三·二〇事件’发生后，我立即去苏联顾问团住处，正好陈延年也在那里。我向苏联顾问团代理团长季山嘉和陈延年建议，要对蒋介石采取强硬措施，不能让他得寸进尺。我们应马上把广州的所有国民党中央执委、监委委员们，秘密集中在肇庆叶挺独立团，开会通电讨蒋，削其兵权，开除党籍。广西的军事将领李宗仁和蒋有矛盾，再加上

①胡真编：《中国第一人——毛泽东》，湖南人民出版社 1999 年版，第 304 页。

李济深，蒋介石就无力对付了。”但毛泽东的建议并未被中共中央采纳。蒋介石的阴谋得逞了。

1926年5月5日，国民党二届二中全会又在广州开幕。毛泽东作为候补中央执行委员出席了会议，他和蒋介石又一次见面了。不过，此时的蒋更神气了。蒋介石坐在主席台的正中，而毛泽东却坐在台下很不显眼的地方。5月20日，蒋介石主持会议，毛泽东在会上作了《宣传部工作报告》。这次全会后，毛泽东就辞去了国民党中央宣传部代理部长的职务。

1927年蒋介石发动了反共反人民的四一二政变，到这年夏天，第一次大革命失败。从此，背叛革命的蒋介石把共产党人作为自己的主要敌人，决心置于死地而后快。在国民党制造白色恐怖，出重金悬赏毛泽东头颅的内战年代，毛泽东与蒋介石断绝了一切往来。

随着九一八事变的发生，日本侵华的步步逼近，以民族大义为重的共产党人决心停止内争，联合抗日。1936年3月，中断十年的国共关系又得以接通。当闻悉国民党五届二中全会召开的消息，毛泽东决定抛弃前嫌，与蒋介石直接对话，努力促成停止内战，一致抗日。6月20日，中共中央发出《致国民党二中全会书》，提出：“只要你们立即停止进攻红军和苏区，立即动员全国对日抗战，并实现民主自由与制裁汉奸，我们和红军独不妨害你们抗日，而且用一切力量援助你们，并愿和你们密切合作。”“我们随时都准备同贵党任何组织任何中央委员任何军政领袖进行关于合作救国的谈判。”

蒋介石收到中共中央的信，心中难免不受触动，加上日军侵略气焰更甚，这不仅威胁到中华民族的生存，也威胁到蒋介石的统治地位。其时，他于7月10日在国民党五届二中全会公开宣布了中共中央的信。这说明蒋介石对日态度已有所转变，由不抵抗转为逐渐采取强硬态度。

为了促使蒋介石翻然悔悟，加快联合抗日的步伐。毛泽东一面派潘汉年去南京同国民党谈判，同时于1936年12月1日与朱德、周恩来等红军高级将领一起，致信蒋介石，以诚恳的态度，表示愿意联合抗战之意愿。信中写道：

介石先生台鉴：

去年八月以来，共产党、苏维埃与红军曾屡次向先生要求停止内战，一致抗日。自此主张发表后，全国各界不分党派，一致响应。而先生始终孤行已意，先则下令“围剿”，是以有去冬直罗镇之役。今春红军东渡黄河，欲赴冀察前线，先生则又阻之于汾河流域。吾人因不愿国防力量之无谓牺牲，率师西渡，别求抗日途径，一面发表宣言，促先生之觉悟。数月来绥东情势益危，吾人方谓先生将翻然变计，派遣大军实行抗战。孰意先生仅派出汤恩伯之八个团向绥赴援，聊资点缀，而集胡宗南、关麟征、毛炳文、王均、何柱国、王以哲、董英斌、孙震、万耀煌、杨虎臣、马鸿逵、马鸿宾、马步芳、高桂滋、高双成、李仙洲等二百六十个团，其势汹汹，大有非消灭抗日红军荡平抗日苏区不可之势。吾人虽命令红军停止向先生之部队进攻，步步退让，竟不能回先生积恨之心。吾人为自卫计，为保存抗日军队与抗日根据地计，不得已而有十一月二十一日定边山城堡之役。夫全国人民对日寇进攻何等愤恨，对绥远抗日将士之援助何等热烈，而先生则集全力于自相残杀之内战。然而西北各军官佐士兵之心理如何，吾人身在战阵知之甚悉，彼等之心与吾人之心并无二致，亟欲停止自杀之内战，早上抗日之战场。即如先生之嫡系号称劲旅者，亦难逃山城堡之惨败。所以者何，非该军果不能战，特不愿中国人打中国人，宁愿缴枪于红军耳。人心与军心之向背如此，先生何不清夜扪心一思其故耶？今者绥远形势日趋恶化，前线之守土军队为数甚微，长城抗战与上海一二八之役前车可鉴。天下汹汹，为公一人。当前大计只须先生一言而决，今日停止内战，明日红军与先生之西北“剿共”大军，皆可立即从自相残杀之内战战场，开赴抗日阵线，绥远之国防力量，骤增数十倍。是则先生一念之转，一心之发，而国仇可报，国土可保，失地可复，先生亦得为光荣之抗日英雄，图诸凌烟，馨香百世，先生果何故而不出此耶？吾人敢以至诚，再一次地请求先生，当机立断，允许吾人之救国要求，化敌为友，共同抗日，则不特吾人之幸，实全国全民族唯一之出路也。今日之事，抗日降日，二者择一。徘徊歧途，将国为之毁，身为之奴，失通国之人心，遭千秋之辱骂。吾人诚不愿见天下后世之人聚而称曰，亡中国者非他人，蒋介石也，而愿天下后世之人，视先生为能及时改过救国救民之豪杰。语曰，过则勿惮改，又曰，放下屠刀，立地成佛。何去何从，愿先生熟察之。寇深祸亟，言重心危，立马陈词，伫候明教。

就在毛泽东等向蒋介石致信不久，张学良、杨虎城两将军发动了震惊中外的西安事变，毛泽东为首的党中央通过认真分析形势，最后提出了和平解决事变的对策，劝说张、杨两将军，释放蒋介石，促蒋抗日。西安事变的和平解决，成为了时局转换的枢纽。从此，国共结束了内战，中国历史进入国共两党合作抗敌的新时期。

八年艰苦的全国抗战，中国人民终于赢得了抗战的最后胜利。蒋介石反共、反人民的本质难以改变，他急于抢夺抗战胜利的果实，但又苦于国内外各种沉重的压力，只得玩起了和谈的把戏。蒋介石企图通过“和谈”阴谋来达到假和平真内战的目的。

1945 年 8 月 14 日、20 日、23 日连续电邀毛泽东速到重庆“共定大计”。蒋介石在三封电报中装出一副真心企盼和平悯怀天下百姓的模样，说什么“特请先生克日惠临陪都，共同商讨，事关国家大计，幸勿吝驾”。又说“大战方告终结，内争不容再有。深望足下体念国家之艰危，悯怀人民之疾苦，共同戮力，从事建设。如何以建国之功收抗战之果，甚有赖于先生之惠然一行，共定大计，则受益拜惠，岂仅个人而已哉！”还说什么“惟目前各种重要问题，均待与先生面商，时机迫切，仍盼先生能与周恩来先生惠然偕临，则重要问题，方得迅速解决，国家前途实利赖之”。对蒋介石迫不及待地邀毛泽东去重庆和谈之真实用心，毛泽东是心中有数的，是非常清楚的。他曾对叶子龙说：“这是蒋介石迫于国内，国际形势，迫不得已做出的‘假和平、真备战’的缓兵之计。抗战期间蒋介石把精锐兵力放在西南、西北大后方，现在要调到前线抢果实，还有些心有余而力不足；再者，抗战胜利，世界需要和平，过早撕下脸皮就会失之于民，也有些天意难违呀。”

针对蒋介石的“和谈”阴谋，毛泽东决定以革命的两手策略对付蒋介石的反人民的两手策略，他决定亲自赴重庆，争取和平，戳穿蒋介石的假和平，真内战的把戏。对毛泽东要去重庆和蒋介石面对面地谈判，当时，党内有些人非常担心毛泽东的安全问题。对此，毛泽东自有主张。他在政治局的扩大会议上说：“蒋介石三次邀我，这个风险要冒。不去，不利。虽然是假戏，但要假戏真做，不然，内战的帽子就戴到了我的头上，戴到了我们共产党人的头上。这样一来，我们就会失掉一些人心。能谈则谈，谈不成，顶多是坐牢，杀头。就目前看，蒋介石这样做还有很大困难：一是我们有解放区一万万人民，一百万军队和二百万民兵做后盾；二是国统

①李豫编:《毛泽东与国民党高级将领》,解放军文艺出版社 1998 年版,第 19 页。

区觉悟了的人民是反对内战的；三是国民党内部也有一部分人不赞成内战。”[①]毛泽东对此次去和谈充满信心，说：“由于有我们的力量、全国的人心、蒋介石自己的困难、外国的干涉这四个条件，这次去是可以解决一些问题的。”

为了统一全党的思想认识，中央政治局会议还通过了毛泽东起草的中共中央关于和平谈判的通知。毛泽东起草的这个党内通知，在当时意义重大。它不但把中国共产党力争实现国内和平的态度及我党我军所应取的策略方针说得清楚明白，而且取消了各战略区由于毛泽东去重庆谈判而不敢与国民党的进攻做针锋相对斗争的顾虑。

1945年8月28日，毛泽东与周恩来、王若飞从延安飞抵重庆。在重庆的43天中，毛泽东为使和谈取得预期的效果，付出了艰辛的努力。

重庆谈判使得国共两位最高领袖人物坐在一起来讨论战后的国家大事。蒋介石以示友好，向外宣传其德政，28日晚，他在山洞林园别墅设宴为毛泽东等人接风洗尘。晚宴结束后，蒋介石又专程去林园探望毛泽东。其实，蒋介石对此次谈判是毫无诚意，也没做任何准备的。他无任何谈判方案，只是为国民党谈判代表拟定了谈判“三原则”：一、不得于现在政府法统之外来谈改组政府问题；二、不得分期或局部解决，必须现实整个解决一切问题；三、归结于政令、军令之统一，一切必须以此为中心。显然，蒋介石仍要维护国民党的统治地区，特别是在军事问题上是不会迁就共产党人的。对这一点，毛泽东是看得非常清楚的。

在重庆的40多天中，毛泽东与蒋介石在正式场合或非正式场合有过接触、交谈。这种接触与交谈，可以说双方都在斗智、斗勇。

8月29日下午，毛泽东与蒋介石开始正式会谈。起初，蒋介石摆出一副大家风度，对毛泽东说：“政府方面尚未提出具体方案，是为了表明政府对谈判并无一点成见，愿意听取中共方面的一切意见。希望中共本着精诚坦白之精神，提出自己的意见。”听蒋介石如是说，毛泽东十分诚恳地表示：“我们到这儿来，一句话，是为了和平。中共希望通过这次谈判，使内战真正结束，实现永久的和平。”蒋介石不等毛泽东说完，迫不及待地插话说：“中国没有内战。”对蒋的这一断言，毛泽东当即批驳道：“要说中国没有内战，蒋主席恐怕是自欺欺人。”十年内战国民党对红军的军事“围剿”，抗战中的反共摩擦，大量事实都证明内战不但存在，而且一直没有停止。“从‘九一八’事变后，就产生了和平团结的需要。我们表示了，但是没有实现。到‘西安事变’以后，‘七七’抗战以前，才实现了。抗战八年，我们一再表示愿意谈判解决各种摩擦。”毛泽东摆事实，讲道理，弄得蒋介石叫苦不迭。此番谈话后，他在日记中写道“脑筋深受刺激”。

9月2日，毛泽东与蒋介石又进行了一轮谈判。蒋介石仍强调政令军令的统一。其意无非要削弱共产党的地位，剥夺共产党的军权。对蒋的意图，毛泽东是在意料之中的。毛泽东对谈判的态度是非常明确的，共产党可以在一些问题上作让步，甚至作出较大的让步，但在根本的原则问题上，如解放区政权与人民军队等问题却不能轻易让步。

谈判十分艰难，斗争非常激烈。谈判中途即陷入僵局，但蒋介石并不会善罢甘休，他见毛泽东软硬不吃，就要起无赖手段来，将毛泽东拖在重庆，逼毛答应谈判条件。据胡乔木回忆，蒋曾对毛泽东说：“润之此次重庆之行，系普天百姓和平之希望，不可无一结果而归之。若如此，岂不让国人失望之极？再者，什么问题都需要有个过程，谈不拢慢慢谈。要谈，就要谈出个结果。我们还有的是时间吗！”蒋的意思无非要拖住毛泽东，逼他屈服。毛泽东曾在一篇由他审定的谈判代表团致中共中央的电报总结中写道：“目前国共谈判是拖延时间，待其力量布置好，再迫我屈服；但是他们也有很多的困难，美国人民反对直接中国内战，给美国政府的政策以很大的限制，蒋兵力不够，利用敌伪，政治上不利，内部矛盾太多，再有，苏联的态度，及我们力量的强大，都是他们深感头痛的。”①

由于共产党人坚持革命的两手策略。以谈对谈，以打对打，最后，经过43天的艰苦谈判，国共双方签订了会议纪要，即《双十协定》。尽管如此，但蒋介石仍将解除共产党的军队与解放区政权一事暗藏于心。在最后的几天会谈中，他还劝说毛泽东：“共产党最好不要搞军队，如果你们专在政治上竞争，那你们可以被接受。”又说：“国共两党缺一不可，党都有缺点，都有专长，我们可以互相取长补短。只要我们二人能合作，中国的问题就好办，十年之内，总要搞出个名堂，否则，对不起人民。”毛泽东听了这些话，诚恳地说：“对解释区的努力应当承认和帮助，我赞成军队国家化，军队只要为国防服务，党则令力办政治。”毛泽东指明军队国家化，当然也包括国民党军队，对此，蒋介石当然不会同意。

①李豫编：《毛泽东与国民党高级将领》，解放军文艺出版社1998年版，第45页。

10月10日晚，在国府举行的“双十节”招待宴会上，毛泽东与蒋介石举杯互敬，双方都大谈要“和为贵”，11日清晨，毛泽东抓住点滴时间，与蒋介石作最后一次会谈。毛泽东告诉蒋：“在我返回延安以后，周恩来、王若飞，将继续留在重庆，同贵党代表举行商谈，以使《纪要》来予解决之问题，能在召开政治会议之前得到解决。”蒋介石表示首肯。

11日上午9时，毛泽东与蒋介石再次握手，这也是最后一次握手，这也是中国共产党的第一代最高领袖人物与国民党最高统帅最后的一次直接接触。此后，蒋介石背信弃义，挑起了全面内战，而以毛泽东为代表的共产党人领导人民军队英勇还击，最后与国民党军队展开生死大决战。四年后，毛泽东就领导人民军队推翻了蒋家王朝。

从毛泽东与蒋介石的交往史事中，我们可以看出，毛泽东是个非常讲信义的人，也是个不计个人恩怨，待人以诚，以国家、民族利益为重的人。蒋介石在大革命失败后把共产党人视为仇敌，一心要斩尽杀绝之。毛泽东的几位亲人就死在国民党的枪口下。但毛泽东为首的共产党人以大局为重，考虑到国家的前途，在日本帝国主义大举侵华之际，首倡停止内战，一致抗日。在抗战胜利之时，首先考虑的是国内的和平与百姓的安居乐业。而蒋介石不讲信义，造谎言，行恶事，终究是搬起石头砸了自己的脚。

2. 不记怨仇　主动造访

戴季陶与毛泽东于1924年1月都参加了在广州召开的国民党第一次全国代表大会。虽然现在无多少材料证明毛泽东在国民党一大期间与戴季陶有过直接的交往。但是，毛泽东对戴季陶及其思想言论是非常熟识与了解的。在国民党一大上，虽是出于无奈，但戴季陶为国民党改组还是做了不少工作。更由于孙中山对他的器重，又加上他早期开放性的思想，特别是1919年前后他对马克思主义的研究，以及和共产党人陈独秀等的关系，戴季陶在一大上，可谓出尽了风头，他和廖仲恺、谭平山三人曾被国民党中央执监两委推选为党务委员，还担任了国民党中央宣传部长的职务。后来，孙中山又指定他为政治委员会委员，黄埔军校创办时，戴季陶还被孙中山任命为军校政治部主任。

然而，当孙中山逝世后，戴季陶骨子里藏着的排共、反共情绪油然而生。1925年六七月间，他在上海连续发表了《孙文主义之哲学的基础》《国民革命与中国共产党》两本小册子，连同他在广州发表的《民生哲学系统表》，构成了一整套理论体系，这就是“戴季陶主义”，其理论有两大特点：其一，打着孙中山的旗号，阉割孙中山的“联俄、联共、扶助农工”三大政策和新三民主义的革命内容，而将孙中山思想的消极面加以利用和夸大；其二即以维护国民党的纯洁性，攻击中国共产党，排斥工农革命力量。由于戴季陶提出了自己的一整套反对革命，反对共产党的理论，因而成了国民党右派的理论家，戴季陶主义成了国民党右派所举起的一面黑旗。

戴季陶主义出笼后，共产党人对其反动思想观点进行了深刻批判。毛泽东在《政治周报》等报刊上撰文对戴季陶的谬论予以严厉的批驳。他指出，戴季陶把孙中山三民主义的哲学基础归结为唯心论的道统说，这是个严重的歪曲。如果要说孙中山新三民主义的哲学基础，那只能用马克思主义的唯物史观去说明。毛泽东还指出，戴季陶攻击唯物史观，宣扬“纯正的三民主义”，其实质是反对用马克思主义指导中国革命，“反对以阶级斗争学说解释国民党的民生主义”。

戴季陶背叛孙中山的新三民主义后，他便成了国民党右派集团的主要代表。大革命失败后，他成了蒋介石国民党统治集团的主要成员，也是蒋介石的得力助手。一晃过去近20年，到1945年抗战胜利之初，死心塌地跟着蒋介石的戴季陶眼看抗战胜利，共产党的影响比以前更加扩大，力量比以前更加壮大，认为这些构成了对国民党最大的威胁。由此，他忧心忡忡，因为他是蒋介石最贴心的国策顾问，他不得不劝告蒋介石：“战时固艰苦，战后艰苦将十倍于战时，危险亦不可想象。非不可不避免，只在人心知与不知之一转耳。”

戴季陶的忠告使蒋介石冷静下来，开始谋划如何消灭共产党的险恶阴谋。他便玩弄反革命的两手。首先施放和平烟幕弹，邀毛泽东来重庆谈判。对蒋介石的这一阴谋，戴季陶未能完全了解。他从顽固的反共立场出发，坚决反对与共产党和谈，他提醒蒋介石说：“断无视匪为正当人物，以匪徒之言论为正当道理者。而今竟至视为合法之团体，视其人为社会之贤达，趋向之不正，人心之不端如此，安得不使天下之人，群趋于为匪。”对戴的担心，蒋介石笑一笑，他又不好明说自己的险恶用心，只是要戴放心，他仍将按原策划的阴谋行事。他料定毛泽东不会来重庆。

毛泽东亲临重庆和谈，向世人表明了共产党真心诚意争取国内和平的态度，这出乎蒋介石的意料，当毛泽东抵达重庆九龙坡机场时，蒋介石正召集各院院长会议。时任考试院院长的戴季陶也参加了会议。尽管他内心仍如以往对共产党人有顽固的抵触心理，反对与共产党人和谈。然而现在毛泽东来了，他又不得不接受这个事实，只好建议蒋介石要做好准备，认真对待谈判，不要中了共产党的诡计。他表示他自己不准备和以毛泽东为首的中共谈判代表接触。

重庆谈判是国共两党之间的一场严重尖锐的政治斗争。为了人民的利益，为了早日实现国内和平，建设自己的国家，共产党在许多问题上都作了让步，但由于蒋介石缺乏诚意，以至无法达成协议。

为了宣传中国共产党人和平、民主建国的主张，毛泽东与周恩来在谈判期间作了大量的统一战线的工作，他们广泛地接触了各党派和各阶层人士。还会见了国民党的一些上层人物，特别是国民党中顽固反共的人物，如戴季陶这样的人物。

毛泽东要去拜访戴季陶，当时，中共党内一些人都觉得不可理解。他们认为象戴季陶这样的反共专家，从大革命中期起就成了共产党人的冤家对头，平时就势不相立，有什么好拜见的呢？对此，毛泽东解释道：“不错，这些人是反共的。但我到重庆来，还不是为跟反共头子蒋介石谈判吗？国民党现在是右派当权，要解决问题，光找左派不行，他们是赞同与我们合作的，但他们不掌权，解决问题还要找右派，不能放弃和右派接触。”①毛泽东认为，虽然戴季陶不愿与共产党谈判代表接触，但我们主动去找他，他不至于会回避。

1945年8月30日下午3时以后，毛泽东到“陶园”去拜访戴季陶。毛泽东主动登门来访，这是戴意想不到的。他虽然在第一次国共合作时期在广州与毛泽东为政组国民党共过事，但后来戴季陶坚决与共产党人为敌，水火难容。他想不到毛泽

①《重庆谈判纪实(1945年8月—10月)》，重庆出版社1983年版，第428页。

东此次到重庆，竟不记昔日仇怨，屈尊主动造访，这使戴季陶一方面措手不及，另一方面心里也多少有些不安，也受到感动。戴季陶连忙将毛泽东迎进客厅，以礼相待。毛泽东坐定后，便向他介绍了共产党对目前时局的主张；谈话中又讲到了当时全国人民反对打内战，反对专制、独裁，要求实现国内和平、民主的形势，毛泽东还回忆了孙中山在世时，国共两党忠诚合作的昔日往事。毛泽东希望戴季陶能以国家、民族大义为重，为天下苍生免遭战乱之苦，为此国共和谈效力。对于毛泽东的坦诚谈话，戴季陶“局促不安，诺诺连声，好像无地自容似的”。虽然他没有明确表示自己的态度，但内心非常佩服毛泽东过人的胆识与宽广胸怀。

毛泽东似乎发觉戴季陶当时处境的难堪与尴尬。另外，他还要去拜访国民党的其他党国要人，如于右任、白崇禧等，所以没坐多久就告辞了。毛泽东从“陶府”出来，正要去见于右任时，正碰上蒋介石去看戴季陶，小道相逢，蒋介石询问毛泽东去了哪里，毛泽东说去见了戴季陶，蒋介石先是一怔，随后佯作笑脸说：“好，见见好，见见好。”

毛泽东走后，戴季陶回想刚才毛泽东讲的那些话，思想上还是受到了不小的震动。毛泽东寓理于事实中，寓理于情中，他对时局的主张应该说也是有些道理的。特别是毛泽东的大度、容人、谦和，坦诚的态度，给他留下了深刻的印象，而他自己在慌乱中，却没有与毛泽东作任何实质性的，或者说一种坦诚的交谈，心里不免有些遗憾。

不久，作为国民党和谈代表之一的张治中来访，两人谈起毛泽东来重庆谈判，戴季陶也不免要赞许几句。张治中从中劝解说，戴季陶早年同共合作中就与毛泽东共事，有交往，多年不见，这次毛泽东到重庆，亲自登门拜访，是很讲情义的。希望戴季陶能尽地主之谊，与毛泽东“联杯酒之欢”，他还说这样做，“可增进情感，于商谈国事不无裨益。”不然，是一种不顾礼仪的行为，戴犹豫了一阵儿，还是答应了。

过后，戴季陶考虑到自己亲自出面邀请毛泽东多有不便，于是他写了一信给张治中，希望张治中能代约时间宴请毛泽东与其他谈判代表。在信中，他对毛泽东表示敬重，并对上次毛泽东拜访对自己未能与之深谈表示歉意，同时还对毛泽东的重庆之行寄予热切的期望。他在信中说：“前日毛先生惠访，未能畅聆教言，深以为歉！……一别二十年，此二十年一切国民所感受之苦难解决，均系于毛先生此次之欣然惠临重庆，不可不一聚也。……”[①]

张治中即遵戴季陶之嘱，向中共代表团发出请柬，邀请毛泽东、周恩来、王若飞等六七人，在重庆德育斋晚宴。9月13日，毛泽东等应邀前往，“晚七时赴戴季陶院长之宴”。由张治中陪同进入德育斋，戴季陶早在那里等候，双方见面，互敬问候，宾主坐定，说起20年前在国民党中央党部、黄埔军校共事时的情景，双方都不甚感慨。席间，毛泽东较注意讲话时的技巧。毛泽东在会见其他右派人物时，总是妙语连珠，十分巧妙地给他们以批评，但在此时，他考虑到戴季陶的身份，就非常注意统一战线策略，没有批评戴季陶。这实际上是对戴季陶打破蒋介石的禁令，宴请中共代表团的举动的肯定。而戴季陶也一反常态，没有抨击共产党的主张，“公则尤为肃穆，颇不同于寻常宴客之兴会”，也可以说明他对毛泽东的景仰之情及对此次欢宴的郑重态度。

戴季陶，其一生，也不能说他没有半点有益于人民的事。但总的来说，他不能以国家、人民利益为重，他对共产党有偏见。在历史的重要转折关头，他不仅不能和共产党人合作，相反却逆历史的潮流而动，站在了共产党与人民的对立面。与这样一位顽固的国民党右派代表人物相比较，在毛泽东身上却体现了共产党人豁达容人的高风亮节。共产党人以国家，民族利益为重，共产党人没有半点个人的私利可争。毛泽东与戴季陶的交往，显示了毛泽东过人的胆识与气量。对这一点，重庆谈判期间的戴季陶也是不能不佩服的。

3. 不要怕跟国民党顽固派打交道

陈果夫、陈立夫两兄弟在蒋介石为首的国民党内，虽位不显尊，排不到前几位，但政治份量在国民党内有“天下姓蒋，党姓陈”之说，陈氏兄弟主持国民党党务25年，与蒋介石关系非同一般。蒋介石对陈氏兄弟亲之、敬之，但又怕之、忌

①张治中:《我与共产党》,文史资料出版社1980年版,第67页。

之。从陈氏兄弟早年政治上起家的情况中可以得知，在第一次国共合作时期，他们代表了国民党内排共、反共的右派势力。对此，周恩来曾指出：“右派在组织上占了极大的优势，我们在党务方面已毫无地位了。陈果夫、陈立夫便利用他们的地位，在各省发展右派。”在国民党第三次全国代表大会以后，靠党务起家的陈氏兄弟，四面出击，肆意扩张，建立了一个庞大的陈氏王国，简称CC团。CC团的巨大影响和在国民党内所起的作用在民国政坛上足足维持了20年。对陈氏兄弟政治上的发迹与顽固的反共立场，毛泽东是非常清楚的。他也深知，与这样的人交往，非得有过人的胆识与气魄不可。

抗战胜利之初，国内人民翘首以盼，希望实现国内和平。蒋介石假借人民之呼声，施放“和平”烟幕弹，邀请毛泽东来重庆和谈，对即将出现的国共和谈局面，陈氏兄弟却极力诋毁与反对，他们在不同的场合都散布抗战胜利后蒋介石必须先铲除异党，加紧“反共”，陈立夫在一次国民党高级干部举行的茶话会上说：“现在敌人是共产党，对共产党只有杀，怎么还有人说国共合作？”陈氏兄弟多次向蒋介石建议，反共必须旗帜鲜明，政治上不怕撕破脸皮，要把丑话说在前面；军事上实施打击，争取先发制人。对陈氏兄弟这样的顽固“反共”两手，蒋介石通过“和谈”，企图逼共产党人就范，因其用心之险恶与诡秘，不便与陈氏兄弟商量。对此，陈氏兄弟不能理解蒋介石“和谈”之目的，因而，对蒋之做法颇有微词。

毛泽东等人来重庆后，为了真正实现国内和平，并达到民主建国的目的，就广泛地接触各界代表与各方面人士，向他们介绍宣传共产党关于战后和平民主建国之主张。毛泽东提出，此次谈判中还准备找陈氏兄弟这样的右派人物谈谈。对毛泽东的做法，当时，党内有的同志不理解，认为找这样的反共派对话是不妥的。为了做好疏导工作，毛泽东在公开的场合里对代表团的工作人员说：“我到重庆来，还不是为了跟反共头子蒋介石谈判吗？”因为“国民党现在是右派当权，要解决问题，还要找右派，不能放弃和右派接触”。毛泽东所说的右派，当然也包括了陈氏兄弟。当有人谈到二陈顽固的反共态度时，毛泽东笑一笑说：“二陈兄弟反共，但也曾有过联共的时候。抗战前后，他们兄弟二人主持国民党与共产党的秘密接触和谈判，促成了第二次国共合作，这是值得肯定的。看一个人既要看到他不好的方面，更要看到他积极的方面。现在，二陈是国民党的当权人物，他们的言行对国民党的影响很大，不找他们谈行吗？再说，真理不怕宣传，过去我们与二陈接触太少，不能将共产党的主张向他们宣传，争取他们的理解。今天机会来了，要珍惜，不能放弃。”[①]于是，毛泽东决定专程拜访陈氏兄弟。

9月7日，毛泽东与周恩来、王若飞一行前往重庆学田湾“高庐”拜访陈立夫，恰巧陈立夫外出，毛泽东一行只得扫兴而归。9月18日，毛泽东又登门拜访陈果夫，正患痨病躺在床上的陈果夫听到门房的报告，先是惊讶，随后慌乱不已，他万万想不到毛泽东会屈尊光临，由于思想上一时无准备，加上有病在身，特别是担心见了面，说出一些不得体的话，搅乱了和谈局势，乱了阵脚，会让蒋介石难堪。于是，就“以久病床褥，身体不宜会客为由”，拒绝了毛泽东等人的好意。

毛泽东诚心拜访陈氏兄弟，然两次上门均落空，但他并没灰心，决定再去“高庐”拜访。这一天，陈立夫正好在家，双方见面，互相客气地寒暄一番后，便进入了各自事先思考的主题。

陈立夫先开腔，他决心劝说毛泽东等共产党人放弃共产主义，改信三民主义，他直截了当地说：“毛先生，余以为中国人应信仰三民主义，这是孙中山先生提出来的，目前，只有三民主义才能救中国，马列主义是外来的，不符合中国的国情。”

“哦?”毛泽东听得饶有趣味，不乏机智地反问道。

陈立夫接着说：“毛先生亲自到陪都来，我们很欢迎。不过，谈判要成功，关键在于中共要放弃外国的思想观念，放弃一党的武力和政权，与政府共图新中国之建设。不然，政府即使想和，也没有办法。”他还说：“信奉三民主义，其他的问题都好办。”陈立夫说得毫不含糊。[②]

陈立夫的一席话，可说居高临下，态度骄横，而且暗藏杀机。毛泽东早知陈立夫说话办事左右开弓，锋芒毕露，咄咄逼人的气势与作风。但毛泽东毫无惧怕与退缩之意，他完全以一种真诚交往的姿态回应陈立夫的一番问话。毛泽东不失礼貌地说：“我是要求教于你，孙中山的三民主义，是联俄联共；你们的三民主义，却是反共‘剿共’，这样的三民主义怎么让我们相信呢?”说得这里，毛泽东变得异常严肃起来，他接着说：“打了十年内战，共产党不但没有被消灭，反而发展壮大了。而国民党‘剿共’的结果，却同时引进了日本帝国主义的侵略，险些遭到亡国的祸

①李海生，张敏：《民国两兄弟陈果夫与陈立夫》，上海人民出版社2000年版，第376页。

②杨者圣：《国民党教父陈果夫》，四川人民出版社1996年版，第448页。

害，这一教训难道不发人深省吗?”毛泽东的这番话一下子说得陈立夫语塞，无言以对，神情尴尬。为了缓和谈话气氛，能继续双方的交谈，毛泽东又笑着说：“看来，你们的那个三民主义还是行不通，我们也不能相信。”

陈立夫眼见自己要败下阵来，又只得重谈开头的话题，佯装严肃地说：“一国之中，不能有多种政权。现在抗战胜利了，你们应该放弃武力政权。”

听到这里，毛泽东颇不同意陈立夫的观点，当场予以驳斥。他说：“我们上山打游击，是国民党剿共逼出来的，是逼上梁山，就像孙悟空大闹天宫，玉皇大帝封他为弼马温，孙悟空不服气，自己鉴定是齐天大圣，可是你们连弼马温也不给，我们只好扛枪上山了。”①

毛泽东幽默的比喻、诙谐的语言，听得陈立夫哭笑不得，骂是更骂不得，但心里倒有几分钦佩。他惊叹毛泽东其人，演说及文章，统兵驭将，都举重若轻，游刃有余，当今中国，绝少有人能与之争锋。

谈话最后在开诚布公、各抒己见的气氛中结束，分手时，双方都对谈判寄予希望。双方也为对方敢于直言，说出分歧，公开辩论的勇气而感到心仪。

从毛泽东与陈氏兄弟交往的故事中，我们不难看出，毛泽东恢宏的气度，宽广的胸怀和高超的斗争艺术。狭路相逢勇者胜，毛泽东真正称得上伟大的勇者。

4. 据理相争　顾全大局

在中国共产党人与苏俄顾问的帮助下，孙中山在 1923 年底完成了国民党改组的一切准备工作。1924 年 1 月，这次大会改组了国民党，重新解释了三民主义，确立了“联俄、联共、扶助农工”三大政策，正式建立了国共合作的民主革命统一战线。国民党改组的成功，可以说十分不易，其间经过了激烈的斗争。具体来说，即

①王炳南:《回忆毛泽东在重庆》。

围绕要不要依靠共产党人来改组？要不要制定国共合作的共同纲领等问题，参加国民党一大的中国共产党与国民党左派一起与国民党右派展开了坚决的斗争。毛泽东参加了国民党一大，在会中与会后，他与国民党右派代表打过交道，作过斗争。

在国民党一大会上，尽管孙中山亲自主持会议，但仍有少数国民党右派人物拼命反对孙中山“联俄、联共、扶助农工”的正确政策。在选举国民党领导机关中央执行委员会时，右派代表妄图以“比例选举”进行捣乱。右派代表黄季陆首先抛出了“采比例制为本党政纲之一”的提案，黄公开叫嚣：“这次中央执行委员的选举，必须采取比例选举，人多就多当选，人少就少当选，按比例不够人数的就不能当选，因为这种选举制度可以打破现在选举制的统弊，因为现代选举总是以多数压服少数，而比例选举与民主制是毫无冲突之处”。显而易见，黄季陆等国民党右派势力是企图利用国民党代表人数多的优势，来排斥共产党人在国民党中央执委中的席位，以达到破坏国共合作的目的。毛泽东识破了右派的阴谋，他立即予以迎头痛击，一针见血地指出：现时比例选举制系少数党运动出来的结果。本党为革命党，凡有利于革命的可采用，有害于革命的即应摒弃。比例制有害于革命党，因少数人当选即有力量可以破坏革命事业，是予少数派以机会也。本席根本反对本案，以为不能讨论，不能表决。[①]这时，黄季陆又辩白说：“比例选举制并非代表资产阶级，亦非有害于革命事业，实乃全民政治之代表物。”毛泽东针对这一辩辞，继续据理驳斥说：“比例制虽为社会党所赞成，但当其未成功时固是如此，若成功后即尽然。此制度很有害于革命之本身，盖以自由给予反对党，革命事业便十分危险。”毛泽东的精彩发言，获得了热烈的掌声，得到了多数代表的赞同，有人还附和毛泽东的发言， 指出黄的提案与孙中山的五权宪法主张“根本冲突”。右派的阴谋破产，从而保证了大会选举的顺利进行。1 月 30 日，大会采用由出席代表多数推举，再由孙中山提名，经多数通过的办法，选举出国民党第一届中央执行委员和候补中央执行委员 41 人。毛泽东当选为国民党第一届候补中央执行委员。

国民党一大后，毛泽东参加了孙中山主持的国民党一届一中全会。全会后，毛泽东作为国民党中执委中的中共代表，被派往上海国民党执行部工作，协调国共两党的关系与一致行动，领导国民党在上海地区的改组工作。在上海，毛泽东又遇到

---

①唐春元等编著：《毛泽东的说服与攻心之道》，湖南人民出版社 2002 年版，第 57 页。

国民党右派代表叶楚伧等人的责难与挑战。对他们的挑衅，年轻的毛泽东却针锋相对，与之展开激烈斗争。他坚决维护国民党一大通过的宣言与政纲，坚决拥护孙中山亲自制定的“联俄、联共、扶助农工”。的三大政策，公开表明共产党人的革命主张与工作态度，使右派的诡计又一次被击破。

当然，右派势力并不会善罢甘休，他们还要进行捣乱。在国民党上海执行部工作的初期，毛泽东考虑到有必要整顿国民党组织，先进行党员登记，以严肃党纪。他强调：根据国民党一大通过的党章规定，所有的国民党老党员，必须进行重新登记，办理有关登记手续，如重新填表，接受组织审查等。拒绝参加登记者，将不承认其国民党党员资格。

毛泽东的讲话传到了老右派人物谢持等耳中。谢持便首先发难，他公开到国民党上海执行部去大吵大闹，拒不重新填表登记。对谢持等右派的无理取闹，毛泽东予以坚决的斗争。他义正词严地警告谢持：“重新登记党员是一大作出的决定，是改组的需要，也是孙总理亲自签署的重要文件。凡是本党党员必须无条件执行，谁不登记，谁就会丧失党籍！在党规党纪面前人人平等，老党员也不能例外。你是一位很早就追随孙先生革命的老党员，更要执行孙先生的这一指示。”①

与国民党老右派谢持等人的交往，可以说，毛泽东既坚持了原则性，也讲究了斗争策略的灵活性，他考虑到，像谢持这些人，不让他登记，毕竟他们资格老，而且在国民党内有一定的号召力，这势必会影响到国民党的改组，以及国共合作的关系。但是丑话、道理是要说在前面的。于是，毛泽东派人给谢持送去登记表，并嘱送表人照毛泽东所表白的意思去说。最后，谢持不得不重新填表登记，这就保证了上海地区国民党员重新登记工作的正常进行，更重要的是，促进了上海地区国共合作的关系，从而为后来上海革命高潮的到来打下了基础。

毛泽东是个讲原则的人，也是个信仰坚定的人。要他丢掉原则，放弃信仰去附和人家的意见，他决不会做这种事。但他又是个讲道理的，有情有义的人，也是个顾全大局的人。在第一次国共合作中，他与国民党右派人物的交往，则充分体现了他的鲜明的个性与斗争的艺术。

---

①唐春元等编著：《毛泽东的说服与攻心之道》，湖南人民出版社200年版，第59页。

第十章

海内存知己　天下交友朋

毛泽东走出国门，次数不多，他只到过苏联。然而他的国际友人遍天下。毛泽东不仅与外国首脑打过交道，而且和国外的普通人士有过往来。国不分大小，人不分尊贵与普通，交往重在彼此的信任、尊重与热忱。

1. 相逢贵相知

说到毛泽东与斯诺的交往，从斯诺1936年夏入陕北苏区第一次见到毛泽东开始，他们一生中共五次相见和分离。他们的五次会晤极具传奇色彩。对毛泽东而言，在与斯诺的交谈与交往中，他是有生以来第一次向外人详实地述说自己的家世与人生经历；在他的一生中对一个普通的外国记者如此诚心相待，对其生活如此关怀备至，这也是极为少见的。而对斯诺来说，通过与毛泽东的会面，他成了第一个到苏区，并揭开中国苏区之谜的外国记者；他还成了第一位重访新中国的美国人；他也是世界上最早采访毛泽东，写出《毛泽东传》的西方作者。

埃德加·斯诺（1905—1972），美国堪萨斯城人，出身贫寒。1927年毕业于密苏里大学新闻系，1928年，喜欢四处游历的斯诺只身来到中国，旅游居住在上海、北平等地。

斯诺第一次到中国，正值中国第一次大革命失败之后，蒋介石集团叛变革命，举起屠刀滥杀共产党人与革命群众之际。当时的情形是：面对蒋介石的屠杀政策，共产党人并没有屈服、低头，他们擦干身上的血迹，掩埋好同伴的尸首，又继续战斗了。以毛泽东为代表的共产党经过艰苦的斗争实践，终于1930年初，找到了一条农村包围城市，武装夺取政权的正确道路。星星之火，可以燎原，在共产党人的奋力拼搏中，一块块根据地建立起来了，一支支红军队伍创建起来了。蒋介石国民党视红色根据地为眼中钉、肉中刺，视共产党人与红军为洪水猛兽、土匪强盗，一次又一次派军队“围剿”，直至围追堵截，企图把共产党人与红军一举消灭在被迫战略转移的长征路上。然而，共产党人与红军战士并没有被斩尽杀绝，红军胜利结束长征后，又在党的领导下，在陕北建立了革命的大本营。蒋介石对共产党人建立的红色区域怕得要死，恨之入骨，造谣、封锁，武力“剿杀”，真是无所不用。于是。红军区域在世人的眼中因之而成了一块神秘莫测的土地。神秘的世界往往是最具吸引力的。斯诺来中国的几年中，他听到了对红色区域的各种传言，有人说红军是“土匪”，有人说他们是使中国摆脱贫困的“救星”。孰是孰非，莫衷一是。这神秘的红军苏区，斯诺已被它深深地吸引住了。他想：共产党人建立的红色苏区究竟是啥样呢?共产党的领袖人物都是些什么人呢？尤其是那个被蒋介石悬赏25万银元不管死活都要缉拿到的共产党人的人头毛泽东，究竟是一个什么样的人物呢？斯诺在《西行漫记》中写道：“在这些年的国共内战中，已经有千千万万的人牺牲了生命，为了要探明事情的真象，难道不值得拿一个外国人的脑袋去冒一下险吗?我发现我同这个脑袋正好有些联系，但是我的结论是，这个代价不算太高。”斯诺就是怀着这样一种冒险的心情，开始了他的西北之行，从而有了他与毛泽东的第一次会面。

几经周折，1936年6月3日，斯诺与美国医生马海德一道，带着宋庆龄多方联系而转来的一封用隐色墨水写给毛泽东的秘密介绍信，乘上一列破旧不堪的火车从北平动身，踏上了西去陕北苏区的旅途。临行前夕，他在给美国一家出版商的密信中写道：“明天，我真正地要去红色中国了，我要去会见毛泽东，我要去红区旅行，要在那里拍照……如果我能突破封锁，这将是一个世界头号新闻。”在中共地下党组织的帮助下，斯诺与马德海冲破国民党的重重封锁，冒着生命危险，于7月15日抵达中共中央和红军总部所在地——陕北保安县城。斯诺终于成为来陕北苏区采访的第一个外国记者。毛泽东非常重视斯诺的此次来访。周恩来首先接待了他们。斯诺与马海德一进保安城，又受到了隆重的欢迎，差不多半数以上的中央委员和几乎所有在保安的政治局委员都出来迎接他们。欢迎的群众还打出了用中英文书写的“欢迎美国记者来苏区调查”的横幅标语，眼前的一切令斯诺、马海德激动不已。

第二天晚上，毛泽东在自己的住处接见了斯诺和马海德这两位来自大洋彼岸的客人。

当斯诺和马海德如约来到毛泽东住的窑洞时，毛泽东早已在洞前的院子里迎候。见二人到来，毛泽东连声“欢迎！欢迎！”并紧紧地与之握手。毛泽东伟岸的身躯，睿智的目光，谦和可亲的态度，以及朴实大方的举止，立即征服了两位来客。斯诺惊异地发现，这位被蒋介石悬赏25万银洋，不论死活都要缉拿到手的中共“匪首”，颇有些像美国历史上的林肯总统，“他有着一幅非常精明的知识分子的面孔”。斯诺心想：眼前的毛泽东，这和国民党所宣传的那位鲁莽、无知、凶残的匪首形象，无论如何也是联系不起来的。毛泽东请斯诺二人落座喝茶。他笑着说：“蒋介石对我们造谣诬蔑，封锁得很厉害，你们能来这里，真不容易呀！”当担任翻译的吴亮平将这句话翻译给他俩听时，二人都不无感叹地说：“我们一进入红区，才发现这是一个崭新的天地，给我们带来了极大的喜悦！使我们忘记了旅途的疲劳。红区的新 气象，已经证明了蒋介石的宣传是骗人的、荒谬的！”毛泽东对斯诺说：“周恩来同志在电报中说，你是一位对中国人民友好的记者，相信你会如实地报道我们的情况。任何一个新闻记者到我们根据地采访，我们都欢迎。不许新闻记者到我们这里来的，是国民党蒋介石。你可以到根据地任何地方去采访，你所看到的，都可以报道，不限制你们的采访活动，而且我们会尽量为你们的采访提供方便和帮助。”斯诺听到这些话，心里有说不出的高兴，他没想到毛泽东会如此爽快地给他采访大开绿灯。他抑制不住心中的喜悦之情，说：“我一定会公正地、如实地向全世界报道你们这里的情况。”

此次谈话以中华苏维埃政府的现行外交政策为主题拉开了。毛泽东指出：“中国人民目前最大的问题就是抵抗日本帝国主义的侵略。日本帝国主义不仅成了中华民族之死敌，而且也成了世界上一切爱好和平的人民的敌人，特别是英美法苏等在太平洋上有利害关系的国家的敌人。”因此，中华苏维埃政府和中国人民，希望联合所有民族、各党各派以及民众组织，成立联合战线，共同打倒日本帝国主义。

毛泽东的话，开宗明义，简洁有力，富于雄辩，极具感染力。他的话一下子抓住了斯诺的思绪。斯诺不由自主地向前倾了倾身子，拿起笔把毛泽东的话飞快地记下来。毛泽东与斯诺和马海德的谈话所涉及的问题，越来越多，且越来越广泛和深入。从当前中国的抗战，谈到了英美等国的对华政策，又谈到了中国近代史上的不平等条约，以及英美等国内部的两党政治等问题。交谈中，毛泽东的精辟论述，激起斯诺的极大兴趣，斯诺还不时地提出问题，毛泽东则毫无保留地予以回答。当然，毛泽东也就自己关心和感兴趣的问题向斯诺二人发问。

毛泽东侃侃而谈，斯诺则奋笔疾书。一个小时又一个小时过去了。这一次谈话，从吃晚饭谈起，一直谈到次日凌晨3点才结束。毛泽东坦率幽默，高瞻远瞩，见地深邃，这使斯诺强烈地感受到："这个身材高大的中国革命领袖身上，有一种掌握命运的力量。"

在此后的几天里，毛泽东继续同斯诺谈话，谈话内容仍然十分广泛，从抗日谈到中国的内政，从根据地的土地政策到发展根据地的教育，等等，谈兴甚浓，就连吃饭也谈到了一些有趣的话题。记得有一次晚餐，毛泽东为表表自己的心意，特意要警卫员设法弄来几个陕北不曾见到的西红柿做菜。毛泽东由劝说斯诺多吃点西红柿这挺新鲜的蔬菜，继而说起了它的来历。毛泽东说："西红柿从欧洲传入中国才几十年时间，民间还没有大量栽种。传入你们美国可能要比中国还晚一些吧？"斯诺说："传入美国的时间，我想不比中国晚多少，因为西红柿的老家在南美洲秘鲁的森林里，它是16世纪被一个英国公爵从南美洲带到欧洲的。"毛泽东接着说："听说西红柿原来有个很可怕的名字，叫'狼桃'。由于它的枝叶分泌出来的汁液气味难闻，一直被人们视为有毒之果。直到18世纪来，法国的一个画家在为西红柿写生时，被它艳丽的色泽和鲜美的浆果所吸引，产生了品尝的念头。他在品尝之前，穿好了入殓的衣服，接着就吃了一个。他觉得很好，并无难受之感。然而这可口的滋味，使他更加恐惧，他干脆躺在床上，等着死神的召唤。可一个小时又一个小时过去了，他并没有死。于是西红柿的食用之谜被揭开了，立即风靡世界，成为人们争相食用的最佳蔬菜，这个名气不大的法国画家也因此成了传奇式的人物。"斯诺听了毛泽东的这番话，立刻明白了他话中的深刻寓意，更加佩服毛泽东的聪明才智。斯诺向毛泽东袒露自己当初来陕北苏区的心迹："我准备到红区来的时候，也是下了和那个品尝西红柿的法国画家一样的决心！"毛泽东诙谐地笑道："看来，你也是下定了死的决心来我们红区，准备'品尝'共产党领导的中国革命这个'狼桃'喽。"斯诺又说："我准备来红区的时候，白区流传着许多谣言，说红区一片焦土，草木不生；红军杀人放火，共产共妻，是'饥饿的土匪'，说你是这帮土匪的头，还谣传红区内流行着天花、伤寒、霍乱、鼠疫等传染病，我来的时候，身上就注射了许多种预防针。"毛泽东听到这里哈哈大笑，极为风趣幽默地说："蒋介石老兄，把我们说得比'狼桃'还可怕呀！"斯诺也笑了。他说："我那时候确实是冒着掉脑袋的危险来红区的。因为没有一个非共产党观察家能够准备而真实地讲清红区的情况。红区是一块‘未知之地’，是一个最大的谜。为了探明这一切，值得我冒一次生命危险。”毛泽东非常肯定地说：“你这个险冒得好！你将会和那个法国画家一样，成为世界上传奇式的人物。”“你将我们红区的一切向全世界如实地报道出去，就是一本世界上最畅销的书。”[①]雪连续下了几个夜晚，毛泽东与斯诺无拘无束地谈论着与中国的革命与战争的种种问题。每次谈话差不多都持续到深夜，俩人仍意犹未尽。

斯诺在与毛泽东交谈前后，他还在保安参观了红军大学、部队、工厂和合作社。此外，又采访了张闻天、王稼祥、博古、林伯渠、徐特立等中共领导人。他还和当地的农民交谈。在短短的几天中，他感觉到这里完全是另一个世界。他在比较了中国一切政治力量之后，他领悟到：“中国在这最紧急的时候，找到了民族最伟大的统一，找到了民族的灵魂”，而远在南京的国民党政府不过是“一个没有生命、没有灵魂、没有精神的躯壳，一个军事独裁者的私人幕府”。

为了更加全面、更加准确地向世界报道红区的情况，斯诺决定与马海德一起去红军西征前线，到红军的基层队伍中作更为广泛的采访活动。为了便利他们的采访，毛泽东指派吴亮平等人作陪同，一同前往。此外，毛泽东还叫人给斯诺俩人各送了一套红军服装。临行前，斯诺去毛泽东住处作短暂告别。毛泽东询问二人还需什么帮助，斯诺说没有什么困难了。他特别感谢毛泽东为他们准备的红军服装，说：“我们穿上这套红军服装，采访起来就方便多了。”毛泽东说：“穿上这套服装，老百姓就会把你们当亲人一样，就不会把你们当‘洋鬼子’看待了。”斯诺见毛泽东待人如此诚恳，突然拿起挂在胸前的照相机，对毛泽东说：“我想给你拍两张照片，好吗?”毛泽东非常爽朗地说：“行呀！国民党的宣传家们把我说成是红头发、绿眼睛、青面獠牙的吃人魔王，骂我是杀人放火的匪首。拍张照片也好让人们看看，我不是吃人的鬼，也不是救世的神，而是一个平平常常的人。”斯诺在窑洞的院子里给毛泽东照了一张全身像，接着拧过胶卷，想给毛泽东照一张半身像，毛泽东正准备照，斯诺见毛泽东的头发太长，建议他戴顶红军帽子，心想：“戴上

①路海江等编著:《毛泽东和他同时代的人》,河南人民出版社1992年版,第443—444页。

军帽才更像红军领袖。”警卫员李长久连忙把自己的帽子摘下来，送给毛泽东，帽子太小，不好戴，斯诺随即取下头上的帽子给毛泽东。毛泽东试了试，虽小了点，但还能戴上。于是，斯诺就以土窑洞为背景，拍下了毛泽东身穿黑蓝色红军军装，头戴灰色红星帽的珍贵照片。这张照片于当年 11 月 14 日首先见诸上海英文周刊《密勒氏评论报》，后流传到海内外。

斯诺身着红军军装，在吴亮平等人的陪同下，于 8 月 2 日从保安动身，骑马前往甘肃、宁夏苏区，访问西征前线的红军将士。沿途，他与彭德怀、聂荣臻、左权、徐海东等红军高级指挥员进行交谈。每到一地，斯诺与马海德都受到了红军战士的热烈欢迎。斯诺还访问了合作社，考察了农民与红区红军的军服生产等工人的生活情况。这次采访使斯诺获得了许多第一手资料，并拍下了许多照片。9 月 22 日，他们满载而归返回保安。斯诺对这次采访是心满意足的。但令他感到有些遗憾的是，毛泽东与他谈了那么多关于中国的革命与战争的情况，惟独没有向他吐露过个人的经历与参加革命活动的情况。从 9 月 23 日起，在毛泽东的窑洞里，由黄华、吴亮平任翻译，毛泽东与斯诺又畅谈了十几个日日夜夜。斯诺向毛泽东畅谈了采访的收获，毛泽东向斯诺再次详细地解释了中国共产党在政治、经济、军事、外交等方面的方针与政策。交谈中，斯诺终于按捺不住自己的想法，请求毛泽东谈谈个人的家事与历史。对此要求，毛泽东认为没必要讲个人的历史。他说：“我们共产党一贯依靠集体智慧和才能。至于个人，那是无关紧要的。”

但斯诺并未灰心，过了几天，他交给毛泽东一大串有关他个人的问题要他回答。直到有一天，毛泽东见到斯诺提出的问题中有“你有几个老婆”时不由地笑了其实，是问“你结过几次婚”，被误译了。机敏的斯诺乘机讲了外间对毛泽东的种种传闻：“关于他已死亡的消息，患肺病、发疯等等。毛泽东好像稍微感到意外，他重新审阅了关于他个人生活的那些提问，同意介绍一下他个人的历史。”

此后，一连十几天毛泽东的个人生活就成了他们谈话的主题。但是谈着，谈着，毛泽东的叙述，就开始脱离“个人的历史”范畴，他从少年时期“立志出乡关”谈起，后来，就不露一丝痕迹地升华到了一项伟大事业的发展历程了。虽然毛泽东在这一事业的一系列活动中居于支配的地位，但确实看不清他作为个人的存在。毛泽东所谈论的不再是“我”，而是“我们”，不再是“我毛泽东个人”，而是

"党和红军";不再是个人经历的感受,而是一个关心整个中华民族命运的盛衰的旁观者的客观史料记载了。当斯诺听到这些激动人心的话语时,他总要插问几句:"当时你在做什么?""你那时担任什么职务?""你对此问题,是什么态度?"……

就这样,毛泽东谈,斯诺记,黄华与吴亮平译,然后毛泽东根据他们译出的中文订正,最后斯诺带出去发表了。这也就是后人所看到的唯一的毛泽东自传。对此次采访,斯诺终生难忘,他在《西行漫记》中写道:"我一个晚上接着一个晚上,一边写着他个人的历史,一边开始认识到这不仅是他个人的历史,也是共产主义如何成长,为什么能赢得成千上万青年男女的拥护和支持的记录。"

10 月 12 日,斯诺以"离家"的心情,依依惜别地告别红色中国的首都保安,踏上返回北平的归程。行前,他去毛泽东住处辞行。毛泽东对不忍离去的斯诺说:"你是应该马上回去。要是等到蒋介石把门都堵死了,你就回不去了。你这次回去,就成了世界上的知名人士,你是第一个全面了解我们真实情况的外国记者。"斯诺表示:"我一定将你们的真实情况向全世界传播,使全世界同情你们事业的广大劳动人民感到兴奋和鼓舞。"毛泽东为斯诺践行前,紧握着他的手说:"我们已经是朋友了,希望你以后再来。"斯诺点点头,说:"以后一定会再来。"

斯诺经四个月的红区游历返回北平家中后,他便日夜整理采访的材料,很快写成了《红星照耀中国》一书,该书于 1937 年 10 月最先由伦敦维克多·戈兰茨公司出版,它一鸣惊人,短短几周,就发行 10 万册以上,一个月就印发了五版。为了能够在中国顺利出版,该书中文译名改为《西行漫记》,于 1938 年 3 月正式出版发行。《西行漫记》在后来的数十年间,在许多国家一直是畅销书,许多评论家都称它为"真正具有重要历史意义和政治意义的著作"。毛泽东是此书的最早谈者,他称赞该书说:"这是一本真实报道了我们的情况,介绍了我们党的政策的书。斯诺是中国人民忠诚的朋友。"

斯诺离去后,毛泽东十分想念这位于患难中结交的外国朋友。1937 年 3 月 10 日,他给斯诺写信,说:"自你别去后,时时念到你,你现在谅好?我同史沫特莱谈话,表示了我们政策的若干新的步骤,今托便人寄上一份,请收阅,并为宣播。我们都感谢你的。"全民族抗日战争爆发后,斯诺已成为一名坚决支持中国抗战的反法西斯战士。斯诺与新西兰友人路易·艾黎共同发起了对外宣传中国工业合作社运动，目的在组织中国的难民，在大后方建立和发展工业，支持中国的抗战，当“工合”运动在西北各地，特别是在陕甘宁发展起来后，斯诺就有关工合问题给毛泽东写信。毛泽东收信后，立即表示支持。为了掌握工合在西北的发展情况，1939年秋，斯诺重访陕甘宁边区。斯诺的到来，受到了边区军民的热烈欢迎。同样，老友重逢，毛泽东与斯诺在延安第二次见面，彼此都非常高兴。毛泽东热情邀请斯诺到家里作客，毛泽东向斯诺再次畅谈了国内外形势与中共关于抗战的观点与政策，尤其是抗日战争进入相持阶段后的中国战场与政治格局的情况。毛泽东还亲自设宴招待斯诺及同来的国民政府陆军骑兵军军长何柱国等人。随后他陪同斯诺等人到中央大礼堂参加欢迎晚会。毛泽东在致词中分外亲切地介绍。他说：斯诺先生所写的“《西行漫记》是真实报道我们的情况，介绍了我们党的政策的书；这本书是外国人报道中国革命最成功的两部著作之一”。“民国廿五年斯诺先生第一个首先到陕北苏区来。这次重来边区，我们热烈欢迎他。美国是一个大民族，人民大众是反对帝国主义、同情被压迫民族解放的，斯诺先生是站在人民大众方面的，他是共产党的好朋友。希望经过斯诺先生，使中美两大民族亲密携手，帮助中国人民打倒日本帝国主义。”在毛泽东发言后，斯诺也发表了热情洋溢的讲话。其时，老友相见，情绪格外激动。

时隔20年之后，1960年斯诺冲破了美国当局设置的重重障碍，应邀来到新中国访问，他在中国游历了四个多月。他先后到北京、包头、上海等地参观访问，并与周恩来作了长谈。毛泽东在阔别21年后接见了斯诺。两人谈了近九个小时。斯诺又应毛泽东之邀上天安门城楼，观看欢庆国庆的游行队伍。后来，毛泽东又与斯诺进行了几次谈话，“谈到了这些年来发生的事——也谈到了还没有发生的一些事。”斯诺返家之后，他又以这次访问新中国的情况为内容，写了一本可以与《西行漫记》齐名的《大河彼岸》，他如实地报道了新中国建设的情况，此书又轰动了世界。

1964年10月斯诺第二次访问中国。毛泽东又热情地接待了老友，并与斯诺进行长谈。在谈话中，斯诺还请求毛泽东，准许他把采访的全过程拍成电视纪录片，斯诺说：“好多年前，我请你把你的生平告诉我。开始你反对，我争论说，让中国人民和外国人民知道你是怎样的人，是什么力量推动你工作，这是有用处的。如今又有谣言说你病得很重，如果在屏幕上向全世界戳穿这些谣言是极大的夸张，那不是很好吗?”毛苦笑地回答：“关于这个，可能是有些怀疑吧，我不久就要去见上帝了。”经毛泽东许可，在交谈开始时，就来了一位摄影记者来拍纪录片。[1]这次会见，毛泽东与斯诺谈论的话题极为广泛，从中国的内政到国际关系，包括当时的中苏关系，以及中美关系的改善等。又从政治、经济谈到了哲学、历史学等。对两人的会见，1月10日的《人民日报》还刊登了大幅照片。这次斯诺来华访问，拍了一部电影纪录片《人类的四分之一》，介绍新中国的成就，在美国反响强烈。

1970年8月，斯诺最后一次来中国。此次他作了长达六个月的访问，这次访问正值“文化大革命”期间，斯诺与夫人同行。

毛泽东在天安门城楼上公开接见了斯诺与夫人。望着广场上欢呼雀跃，大呼“万岁”的群众，斯诺曾问身边的毛泽东：“你觉得这一切怎么样？你有何感受?”毛泽东微锁双眉，摇摇头，说情况有所好转，但不令人满意。后来，毛泽东与斯诺在住所作过长谈。在谈话中，两人还谈到了中美关系改善的问题。毛泽东在告诉斯诺，欢迎美国的左、中、右三方面的人士访华，中美间的问题需要同尼克松谈，尼克松无论以个人还是以总统的名义来华，我们都接待。

谈话结束后，毛泽东亲自送斯诺与夫人到门口。毛泽东说：“我并不是一个复杂的人，而真的是一个很简单的人，我只是一个云游世界的打着一把破伞的独行僧罢了。”这年12月26日，毛泽东77岁诞辰，《人民日报》刊登了毛泽东和斯诺10月1日在天安门城楼上的照片，斯诺被介绍为“美国友好人士”。

斯诺于1971年2月离开中国，返回瑞士，这年冬天，经检查他患了胰腺癌，且病情严重。闻讯后，毛泽东、周恩来立即指示中国驻瑞士大使陆志方去看望斯诺，并捎去了慰问信，斯诺夫人回忆说，斯诺曾口述回信，对毛和周邀他去中国治疗和休养的建议，表示感谢。

1972年1月22日，毛泽东和周恩来派遣由马海德医生带队的医护小组从北京动身前往瑞士接斯诺来北京治疗，以减少他的痛苦，延长他的生命。医疗小组到达瑞士斯诺的家中，发现墙上挂着毛泽东头戴八角帽的照片，这是在保安斯诺为毛泽

---

①路海江等编著:《毛泽东和他同时代的人》，河南人民出版社1992年版，第448页。

东拍的。斯诺对毛泽东的敬重，令医疗小组深受感动。当马海德向斯诺转达了毛泽东和周恩来的问题，斯诺沉思好久，才慢慢说："我完全理解毛主席和周总理的美好心意，他们对于我当前的困境提出的具体援助的建议，使我极为感激。我知道在中国，我会得到在任何其它地方都不能得到的关怀和爱护，对此我深深感激。就我本人来说，我对中国人民有着深厚的感情，我热爱中国……我是不愿意作为一个病人到中国去，我不愿意给中国增添累赘……"根据斯诺的意见及身体状况，周恩来指示医护小组就以斯诺的家为病房进行专门医疗护理。经过治疗，斯诺的病情有所好转，2 月 8 日，中国驻联合国代表英华专程到日内瓦探望斯诺，并转达毛泽东、周恩来的亲切慰问。

在中国医护人员的精心照料下，斯诺在无太多痛苦的昏睡中度过了生命的最后一周。2 月 15 日，斯诺病逝。当晚，毛泽东即向斯诺夫人发来了唁电：

斯诺夫人：

获悉埃德加·斯诺先生不幸病逝，我谨向你表示沉痛的哀悼和亲切的慰问。

斯诺先生是中国人民的朋友。他一生为增进中美两国人民之间的相互了解和友谊进行了不懈的努力，作出了重要的贡献。他将永远活在人中国人民心中。

毛泽东

一九七二年二月十六日

斯诺虽是一个普通的外国新闻记者，但他是颇有正义心与良知的人，也是个有远见、有胆识的人，正是这些高尚的人品打动了毛泽东，他成为了毛泽东最值得信赖的外国友人。当然，也正是毛泽东无私无畏，恪尽职守，艰苦奋斗，为自己的国家与民族而不懈地追求，这些崇高的精神感动了斯诺，他也为结识毛泽东这样的伟人而感到无此欣慰。的确，两人的相识、交往，构成了东、西方人交往史上一个美丽而生动的"神话"。

2. 炽热的情感 真诚的握手

毛泽东和斯大林，都是伟大的马克思主义者，是中国与苏联一代革命人民的领袖。斯大林及其领导的苏联，对中国革命曾有过重大的贡献，其中，也发生过严重的失误；对中国革命作过宝贵的支持和援助，但也有过错误的干扰。虽然毛泽东和斯大林只见过几次面，直接交往并不多，但两人在中国革命的基本问题上有共识，心是相通的，不可否认，两人也发生过思想上的分歧，甚至是严重的分歧。然而，不论情况如何，两人曾有过真诚的合作，并结下了深厚的友谊。对于两位历史巨人的交往与友谊，诸多史书皆有详细的述说，这里，仅略叙几事。

1948 年底，人民解放军在各大战场已取得伟大胜利，三大战役也将胜利结束，中国革命胜利已成定局。但斯大林却对中共及解放军的军事力量估计过低，而且，他担心解放军若向江南进军，就有可能导致美国出兵，进而引发第三次世界大战。斯大林劝阻中共不要进军江南，希望国共两党划江而活。毛泽东认为斯大林的意见是错误的，因而予以拒绝，在《将革命进行到底》的新年献词中，毛泽东提出了迅速向江南进军的指示。对毛泽东与中共的决定，斯大林颇不满意。对斯大林的这一错误，毛泽东曾作过如下评价：“斯大林对中国作了一些错事。第二次国内革命战争后期的王明‘左’倾冒险主义，抗日战争初期的王明右倾机会主义，都是从斯大林那里来的。解放战争时期，先是不准革命，说是如果打内战，中华民族有毁灭的危险。仗打起来，对我们半信半疑。仗打胜了，又怀疑我们是铁托式的胜利。”

如前所述，无论情况怎样，斯大林对中国革命还是关心的。1949 年 7 月，刘少奇出访苏联，斯大林非常关心新政府的成立问题。他问刘少奇：“你们打算什么时候正式成立中央政府？因为国民党政府实际已经垮了，等于不复存在了，而你们已经具备了掌握政权的一切条件。”刘少奇回答：“我们目前集中力量解放华南各省，解决那里的问题。至于成立中央人民政府，可能计划在明年1950年1月，或许是1月1日吧。”斯大林告诉刘：“解决重大问题固然要稳妥，但更要掌握住时机。我想要提请你们注意，国际上的敌人会不会利用所谓‘中国的无政府状态’进行干涉，甚至联合干涉。这是敌人最毒辣的一着，不能不警惕。”刘少奇对斯大林的这番话极为重视，当天即用专电将斯大林的意见报告给了毛泽东。毛泽东也非常重视斯大林的重要意见，与中央其他同志研究后，决定将于10月1日正式宣布成立中华人民共和国中央人民政府。10月1日，毛泽东在天安门城楼主持了开国大典。10月3日，斯大林与他领导下的苏联即致电北京，祝贺中华人民共和国的成立，声明承认新中国的政府，并宣布同新中国建立外交关系。因而，苏联成了世界上第一个正式承认新中国的国家。斯大林领导的苏联对新中国的承认，无疑，对身为国家领导人的毛泽东的莫大支持。

1949年10月，河北张家口发生鼠疫，并有蔓延之势。28日，毛泽东致电斯大林，请求支援，空运疫苗400万份和血清十万份到北京急用，并请斯大林能派一支防疫队来华予以援助。斯大林收到电报后，速派来一批医护人员，并带来大量药品。10月30日，毛泽东致电斯大林，对他的支援“甚为感谢”。

为了加深苏中两党的了解，增进两国人民的团结与友谊，斯大林于11月邀请毛泽东访问苏联。毛泽东早就想和斯大林见面，就中国革命所面临的一些问题进行面对面的交谈，从而消除顾虑，达成共识。这样，12月16日，毛泽东一行抵达莫斯科。因为是第一次见面，因为中国与苏联关系太密切之缘故，斯大林以最隆重的仪式，在克里姆林宫接待了毛泽东。一见到毛泽东，斯大林不等介绍就迎上前去与毛泽东紧紧握手、拥抱。斯大林连连说：“我们欢迎你的到来！”“谢谢斯大林同志。”斯大林又摇了摇毛泽东的手说：“好，好啊！你还很年轻，很健康嘛。”毛泽东接着说：“斯大林同志也很健康呀！”斯大林与毛泽东介绍了双方在场的成员。斯大林又望着毛泽东赞叹地说：“伟大！真伟大！你们取得了伟大的胜利。你对中国人民的贡献很大，你是中国人民的好儿子！我们真诚地祝你健康！”

毛泽东深知，斯大林对于他和他坚持的革命道路曾有过疑虑，甚至对他是否为马克思主义者都产生过怀疑，今天，听到这番话，心里有说不出的滋味，于是，几句话脱口而出，“不，我是个长期受打击受排挤的人，有话无处说……”斯大林听到这些话，非常惊讶，一时不知从何说起。毕竟斯大林是聪敏过人，经验丰富的人，他说：“不，胜利者是不受谴责的。不能谴责胜利者，这是一般的公理。”

斯大林与毛泽东初次见面的谈话，内容较为广泛。最后，斯大林笑问毛泽东：“你来一趟不容易，那么我们这次应该做些什么？你有些什么想法和愿望？”毛泽东回答说：“这次来，一是为祝贺您的70寿辰；二是看一看，从南到北，从东到西都想看一看。”斯大林又说：“毛泽东先生，你这次远道而来，不能空手回去。咱们要搞个什么东西？”毛泽东似乎也理解了斯大林的意思，接着说：“恐怕是要经过双方协商搞个什么东西，这个东西应该是既好看又好吃。”斯大林一时愣住了，他不明白毛泽东所说的“东西”的意思。翻译师哲解释说：好看，就是形式好看，要做给世界上的人看，冠冕堂皇；好吃就是有内容，有味道，实实在在。然而，斯大林等苏联领导人似乎仍未弄明白“东西”的含义。其实，毛泽东是想借此检验一下斯大林在援助新中国的问题上，态度是否诚恳。因而，他对斯大林说：“我想叫周恩来总理来一趟。”毛泽东认为，要签订条约，这不仅仅是个政治声明，与斯大林在声明上签个字就行了。签订条约是两国政府之间的事，理应由政府总理来签，而且条约内容应当是对新中国发展经济有帮助的实际内容。而斯大林却不这么想，他认为，不论中苏签什么条约，都必须由他与毛泽东来签的，这才门当户对。因此，第一次会晤在签约问题上留下了悬念。

12月21日，斯大林70寿辰。苏共中央在莫斯科大剧院举行盛大的祝寿活动。毛泽东出席了这次活动，代表中共和中国政府向斯大林敬送了中国精美的陶瓷、湘绣、茶叶、竹笋和山东出产的大黄芽白菜（5000斤）、大萝卜（5000斤）、大葱（5000斤）、大梨（5000斤），还向斯大林敬献了绣有“福如东海”的横匾。在祝寿会上，斯大林让毛泽东居各国兄弟党领导人之前，紧挨着自己并肩站在一起，在安排各国领导人的祝词时，毛泽东排在第一位。毛泽东在祝词中高度评价了斯大林对国际共产主义运动的贡献，指出“斯大林同志是世界人民的导师和朋友，也是中国人民的导师和朋友。他发展了马克思列宁主义的革命理论，并对世界共产主义运动的事业作出了极其杰出和极其宽广的贡献。中国人民在反抗压迫者的艰苦斗争中，深切地感觉到斯大林同志的友谊的重要性”。毛泽东的祝词，获得了全场经久不息的掌声。斯大林听出这确是毛泽东发自内心的声音，便友好地侧过脸来，对毛泽东感谢地点点头，报之以深情的一笑，也与与会者一起轻轻地鼓掌。

祝寿大会后的第三天，毛泽东与斯大林开始了正式的会谈。会谈在友好、紧张、严肃的气氛中进行着。在双方的互相理解共同努力的基础上，1950年2月14日中苏两国政府在克里姆林宫签订了《中苏友好同盟互助条约》。中国政府总理兼外长周恩来和苏联外长维辛斯基分别代表本国政府在条约上签字，毛泽东和斯大林出席了签字仪式。仪式后，斯大林举行招待宴会，热情地宴请毛泽东和中国代表团。为庆祝条约签订，王稼祥以中国驻苏大使的名义在莫斯科大都会饭店举行盛大鸡尾酒会，特意邀请斯大林出席。按惯例，斯大林从不轻易参加外交宴会。而这次是个特例，他出席了。当斯大林率苏联领导人步入宴会厅时，毛泽东亲自到门口迎接，互致问候。2月16日，苏联政府在克里姆林宫举行盛大宴会，庆祝中苏会谈成功，并欢送毛泽东、周恩来回国。毛泽东与斯大林在宴会上亲切交谈，多次干杯，气氛友好、热烈。

1950年2月17日，毛泽东、周恩来离开莫斯科回国，苏联政府在东站举行了隆重的欢送仪式。毛泽东在车站发表了临别演说。他衷心地感谢斯大林，以及苏联政府与人民对他的盛情接待。

回国后，毛泽东与斯大林往来电文频繁，相互交换对国际问题的看法，互致问候，友情愈益深厚。

1953年3月5日，斯大林逝世了。惊闻此讯，毛泽东是十分悲痛的。尽管这位苏联领袖在几十年的中国革命中，对毛泽东存在诸多的疑虑，不信任，甚至在此次访苏前期，还怀疑自己是不是真正的马克思主义者，称自己为“先生”，后改正为“同志”的称呼。压制、排挤、怀疑与不信任，毕竟已成为往事，中苏友谊，他与斯大林的友情都开始了新的一页，毛泽东不是个沉湎于过去的恩恩怨怨中不能自拔的人，他更多的是面对现实。

获悉斯大林不幸逝世的当天，毛泽东立即率领朱德、周恩来等党和国家主要领导人，前往苏联驻华大使馆吊唁。毛泽东还亲自发布中央人民政府令：在哀悼期间，全国所有部门、单位一律停止宴会、娱乐活动，并下半旗致哀。随后，毛泽东派周恩来代表他前往莫斯科参加斯大林的葬礼。3月9日，毛泽东在《人民日报》头版发表署名文章《最大的友谊》，寄托他对斯大林的深切怀念。在莫斯科为斯大林举行追悼大会的同一天，北京也在天安门广场举行了 60 万人参加的追悼大会，并要求全国各大城市举行悼念活动，以悼念这位世界无产阶级的革命领袖。

尽管斯大林在中国革命问题上提出过种种错误主张，但他对中国革命的支持也是很大，毛泽东对斯大林功过的评价，他始终坚持实事求是的态度。他不同意赫鲁晓夫全盘否定斯大林的错误做法。1956 年，毛泽东在发表的《论十大关系》中，他讲到了对斯大林的评价问题。他说："苏联过去把斯大林捧得一万丈高的人，现在一下子把他贬到地下九千丈。我们国内也有人跟着转。中央认为斯大林是三分错误，七分成绩，总起来还是一个伟大的马克思主义者。"毛泽东还深入具体分析了斯大林所犯的错误，指出：任何一个民族不可能不犯错误，何况苏联是世界上第一个社会主义国家，经历又那么长久；帝国主义又千方百计地对他进行包围、封锁、颠覆、渗透；斗争十分复杂激烈，不发生错误是不可能的。同时，他又指出：苏联发生的错误，像斯大林的错误，它的位置是什么呢？是部分性质的，暂时性质的，虽然听说有些什么东西有 20 年了，但是暂时的，部分的，是可以纠正的。接着，他列举了三件大事，说明了斯大林和苏联的主流和主要方面。三件大事是，第一，俄国产生了列宁主义，斯大林继承了列宁的事业，经过十月革命，变成第一个社会主义国家，证明了马克思主义的正确性。第二，斯大林坚持列宁主义，在苏联建成了社会主义社会，使它变成了一个强大的工业国。第三，斯大林领导苏联人民战胜了法西斯，为世界人民的革命和进步事业作出了重要贡献。因此，毛泽东认为：要加以分析。我们变过，对斯大林要三七开。他的主要的、大量的东西，是好的，有用的；部分的东西是错误的。

毛泽东与斯大林的交往，折射出伟人的大度气魄，以及智者的聪敏与谦和。两人的友谊伴随着共识与分歧，一致与矛盾而演进，越是如此，越显示出两位伟人友情之珍贵。

3. 危难之际见真情

毛泽东一生中虽出国的次数不多，且只到过苏联，但他善于广交国外友人。柬埔寨国家元首西哈努克亲王就是他结交的一位老朋友。说到两人的交往，既坦诚、真挚，又颇富有传奇色彩。

在新中国成立之初，当西方国家封锁中国、孤立中国的时候，西哈努克亲王领导下的柬埔寨，鉴于自己的弱小等原因，它在外交上奉行不偏不倚的“中立政策”。在当时，即坚持在对待中华人民共和国和台湾当局、朝鲜民主主义人民共和国和南朝鲜、越南民主人民共和国和南越关系上，采取“一律看待”的态度，基于此种态度，柬埔寨未同新中国建立正式的外交关系。而对这样一个采取“中立政策”，未同新中国建交的小国的国家元首——西哈努克亲王，毛泽东采取了宽容、理解的态度，而且，他要善待这位小国的元首，这便有了西哈努克在 1956 年至 1970 年先后七次访问中国，而每次访问，几乎都受到毛泽东的接见，每次接见的时间都比较长，这的确给西哈努克留下了深刻的印象。

1956 年，西哈努克在亚非会议上应周恩来之邀而来华访问，这是他第一次访问中国。毛泽东前后几次会见了他，每次谈话从未少过一个小时。初次的见面使西哈努克觉得，在面前的是人类中的一个伟人，慈祥而富表情的面孔闪烁着智慧、沉着和坚毅。毛泽东热情地接待西哈努克，其用意是明确的，即在于他要为人类创造出一种大国与小国、强国与弱国、意识形态不同的国家之间平等相处的典范，以此来影响这个充满着不平等和敌视的世界。

当然，毛泽东与西哈努克会面，他也关心两国建交的问题。毛泽东也了解到当时建交还有难度。不过，他能理解西哈努克的苦衷：“让我们看，建交好嘛；柬埔寨处境困难，我们可以等待。”

西哈努克对自己受到新中国的超乎异常的热情款待，曾产生过疑问，他后来在回忆中描述过自己当时的心情："难道所有这一切只是为了给我一个深刻的印象？是为了洗我的脑筋？对这类怀疑我是可以理解的。其实毛主席对我们的问题，我们同邻国的关系、我们对美国在这个地区的意图的估计以及许多其他有共同利益的问题是真正感兴趣的。也许他也很想了解我这个人的性格动机，很可能是，因为我这个爱国的亲王的形象引起了他的兴趣。不过，从我们一开始有交往起他就很认真地对待我。"

这见面会，毛泽东详细地询问了柬埔寨的情况，并向西哈努克阐述了中国的外交政策。西哈努克回忆说，毛泽东"重点讲了真正独立的国家可不要让别的国家所控制的问题。他说，中国赞成国家不分大小一律平等的原则。很小的柬埔寨完全可以同很大的中国在平等的基础上做朋友，并且在互利的基础上发展关系嘛。毛同意柬埔寨采取中立乃是最好的方针。中国会一如既往支持这种方针"[①]。

此次会面，毛泽东坦率、热忱，给西哈努克留下了深刻的印象。此次来访，毛泽东送给西哈努克的礼物，是中国为柬埔寨援建三座大型工厂。当时，新中国刚成立不久，国力还不强，但在此种情况下来援助柬埔寨，这令西哈努克更加感动不已，也使西哈努克与毛泽东的友情又加深了。

西哈努克严守"中立政策"，但这并未给柬埔寨带来安宁。1957 年，南越受美国的支持，加紧侵犯柬埔寨。对南越的侵略行径，以美国为首的西方国家竟不闻不问，反而诬蔑说柬侵略了邻国。现实逼迫年轻的西哈努克亲王不得不反思过去的"中立政策"。他多次公开提出：柬埔寨国小兵少，常受欺侮，为了和平中立需要找盟国。他还向美国驻柬埔寨大使表示，柬埔寨虽然与西方各国友好，但为了自己国家的独立与安宁，有权作主同亚洲国家和中国进一步友好，这是任何国家所不能阻止的。

鉴于当时的形势，中国政府郑重声明，谴责美国、南越侵略柬埔寨，支持柬人民的正义斗争。中国的支持，使西哈努克认识了谁是真正的朋友，他下定决心要同中国建立外交关系。

1958 年 7 月 17 日，柬埔寨决定承认中华人民共和国。18 日，西哈努克致函周

①张一心等编：《巨人中的巨人——外国名人要人笔下的毛泽东》，中共中央党校出版社 1993 年版，第 11 页。

恩来，提出两国间建立大使级外交关系的建议。19 日，周恩来即复函西哈努克，同意中柬两国建立正式的外交关系，并表示绝不吝啬自己的力量支持柬埔寨维护主权的独立、反对外来侵略的斗争。

此后不到一个月，1958 年 8 月，西哈努克再次访问中国。到京不久，毛泽东就接见了他。西哈努克回忆说："那时北京天气很热，我们第二天就在游泳池旁边搭的一个帐篷下继续我们的谈话。后来又到海滨避暑胜地继续我们的会谈。赫鲁晓夫几个星期之前也访问了北京。毛主席的一个侍从人员对我说，除了赫鲁晓夫以外，我是唯一在一次访问过程中同毛主席见过那么多次面的政治家。周恩来总理亲自陪送我到海滨避暑地。"①

从此，毛泽东与西哈努克的交往与友谊升华到了一个兄弟般的阶段。1960 年，毛泽东决定派周恩来、陈毅出访柬埔寨，时间定在 5 月。不料在 4 月上旬，柬埔寨国王诺罗敦·苏拉玛里特陛下病逝，按惯例与习俗，全国要守丧一个月。于是，中国政府外交部询问 5 月初周、陈出访有无不便，柬方答复，国丧期间，礼节不尽完善，毛泽东考虑到，既然两国已成友邦，更应派人去吊唁、慰问。这样，周恩来、陈毅如期访柬。而西哈努克出于诚意，竟决定中止悼念活动，待贵宾走后再进行，他特意安排了欢迎周、陈的盛大场面。周、陈二人见此情景，不由得为之心动。

在往后的十年中，西哈努克多次访问中国，并与毛泽东握手，但时间却较短暂，而 1970 年 3 月他到北京进行的第七次访问，则比以前任何一次时间要长。他万万没有想到，这次访问竟长达数年。

1970 年 3 月 13 日，西哈努克在访问法国之后风尘仆仆地到达莫斯科。当西哈努克走出机舱，才发现迎接他的是一位身材颀长、面孔清瘦的老人，他就是苏联最高苏维埃主席波德戈尔内。虽说苏联方面也为西哈努克的来访举行了欢迎仪式，但场面极为冷清。

正值西哈努克访苏之际，柬埔寨国内的形势在急剧变化，时任柬政府首相的朗诺和副首相施里玛达，在美国的支持下，策划了一系列的反对西哈努克的阴谋。他们动用军队逮捕了亲西哈努克的 20 多名高级文官和军官，并封锁了金边机场。3 月

①张一心等编:《巨人中的巨人——外国名人要人笔下的毛泽东》，中共中央党校出版社 1993 年版，第 11 页。

18日，在坦克包围国民议会大厦的情况下，强制议员投票废黜西哈努克。此时克里姆林宫的首脑们对柬国内的严峻形势进行紧急磋商。他们并不想支持西哈努克，但又要做出支持的姿态。波德戈尔内在欢迎仪式上一面称西哈努克是“贵国人民不可缺少的领袖”，我们信任您；一面在仪式后又对他说：“如果您愿意，可以在莫斯科休息一夜，于明天早上飞往金边。”看来，波德戈尔内已下逐客令。西哈努克没吱声，波德戈尔内又强调说：“但重要的是，您得直接飞回柬埔寨去掌管国家事务，不要让它落入朗诺和施里玛达手中。您必须采取措施，不让柬埔寨逐渐陷入被美国人接管的局面……”西哈努克对波德戈尔内的话思虑了许久，最后，他决定按原计划访问中国。

3月18日下午，西哈努克离开莫斯科置身去北京。苏联总理柯西金在去机场的路上对西哈努克说：“你们的国民议会举行了一次剥夺您的权力的表决。这是什么意思？”柯西金明知故问，西哈努克心知肚明，毫不掩饰地说：“这意味着我被废黜了！”柯西金又问：“您打算怎么办？”西哈努克毫不犹豫地回答：“我当然要进行反击。”柯西金接着说：“您可以绝对信任苏联对您的斗争的支持。我们将永远支持您，而且支持到底。您将看到中国人对这采取什么态度。当您在金边掌权时他们是帮您的，但是您现在不再掌权了，您将会看到他们会怎么办？”西哈努克听后仍坚决地说：“我将继续前往北京，取得我的老朋友毛泽东对我的支持。”

19日中午，西哈努克带着极为愁苦的心情飞到了中国，一下机场，他立刻感受到了扑面而来的温暖场景。机场上，欢迎的人群汇成了欢迎的海洋，周恩来带着毛泽东的重托健步迎上前去与西哈努克热烈拥抱。老友相逢，使西哈努克很受感动，周恩来以深情坚定的语气告诉西哈努克：“您仍然是国家之首。您是唯一的国家之首，我们决不承认别人。”听到周恩来的这几句话，西哈努克激动得热泪盈眶。在驰去机场的途中，周恩来亲切地对西哈努克说：“昨天我和毛泽东讨论了局势。我只有一个问题：您准备进行战斗吗？”西哈努克坚决地回答说：“我准备进行战斗，而且战斗到底。”周恩来听到这些话，他用坚定的语气说：“那么我们就全力支持您。”而且，他特别提醒西哈努克：“在获得必然的最后胜利之前，这条道路将会是漫长而艰苦的，而且您在途中还会遇到挫折。”西哈努克满怀信心地说：“我知道我的想法也就是所有高棉爱国人士的想法。他们将同我站在一起，并肩作战，反对美帝国主义及其傀儡。”

落难的西哈努克并没有屈服于国内的反政府势力。他在中国与其他友好国家支持下，在北京宣布建立柬埔寨民族统一战线，他亲任阵线主席，积极地稳步地推进着民族解放战斗的事业。中国政府对西哈努克不仅在道义上予以援助与支持，而且，在生活上予以无微不至的关照，把宽敞、优雅、漂亮的前法国驻华大使馆作为西哈努克与随行人员的住宅，中国政府不仅承担了西哈努克及随行的100多名柬埔寨人生活所需的开支，而且承担了他们在世界上开展外交活动所需的费用。

西哈努克曾对记者说：“我早已身无半文了，没有任何自己的东西，既没有汽车，也没有住所，一无所有。要是中国不帮助我，我连身上穿的衣服也没有着落。朗诺——施里玛达集团没收了我的全部财产，地产和个人用品。他们甚至把我的狗和我妻子的首饰也都拍卖了。是中国承担了我们的一切费用。为了避免给人以有损我们尊严的印象，他们把我们当作一个现行政府，同它签订了明确的财政协议。协议规定向我们提供长期的无息贷款，偿还期是柬埔寨取得彻底解放后再过30年。”谈到这里，西哈努克情绪激奋地说：“中国不输出坦克和士兵，而是输出尊严和对别人的尊重。”①

西哈努克到北京后的一个月内，柬埔寨的局势更加恶化，4月30日，美国总统尼克松悍然宣布派遣美国军队和南越军队侵入柬埔寨领土。这种局势令西哈努克更加愤怒与不安。

正在此时，毛泽东邀请西哈努克在“五一”国际劳动节的晚上，到天安门城楼共度佳节。显然，毛泽东这样做，无非是向全世界表明，中国是坚决支持西哈努克的。

当西哈努克登上天安门城楼时，毛泽东已等候在会见厅。见西哈努克进来，毛泽东立即起身迎接，一双大手紧紧握住了西哈努克的手。两人在交谈中，西哈努克谈到中国在政治、外交、经济、军事等各方面的无私援助，提出偿还中国的援助问题，毛泽东摆摆手说：“我们不是军火商，对于某些方面的帮助，你可以把它叫做贷款，也可以记记账。可是军火除外。”西哈努克怀着感激与不安的心情说：“主席先生，中国自己负担很重，它给了第三世界许多帮助，而我连同我的随行人员、朋友和工作人员现在又成了额外的负担。”毛泽东回答说：“我请求你让我们多负担

①刘显堂等：《毛泽东与外国首脑》，中共中央党校出版社1999年版，第312页。

一点。相信你的人愈多，我就愈高兴。到你身边来的人愈多，我就越喜欢。没有什么了不起嘛！让尽可能多的人来支持你。如果他们不能去战场上打仗，让他们来这里。六百，一千，两千或者更多，中国随时都准备支持他们，给他们提供一切便利。”

这时，有工作人员进来请毛泽东上楼观焰火。毛泽东打断他的话，说：“等一等，我正同西哈努克亲王谈得来劲呢。”后来毛泽东又说道：“西哈努克亲王，我喜欢同你谈话。”“你讲话很坦率，而且敢于把你的想法说出来。你不怕把你所想的都讲出来。”西哈努克笑着点点头，毛泽东又说：“你有资格当共产党。”西哈努克回答说：“主席先生，说真的，我不行。”毛泽东大笑：“你很聪明，你又很用功。你可以开始学习嘛！”

西哈努克说：“我懒得去啃马克思、列宁和其他一些人的著作。”毛泽东告诉西哈努克说：“我们现在有这些著作的简写本，有选集。为了掌握他们的思想实质，你完全用不着把马克思和列宁的全部著作都读完嘛！”西哈努克回答说：“主席先生，我宁愿读毛泽东的著作。”的确，西哈努克说的是心里话，他认为读毛泽东的著作要比马克思或列宁的著作容易懂一些。毛泽东与西哈努克谈兴越浓，直到很晚才登上天安门城楼观看焰火。

1970年5月5日，柬埔寨王国民族团结政府在北京宣告成立，西哈努克任国家之首。王国民族团结政府分为国内和国外两个部分，国外部分的总部设在北京。不到一个月，近20个国家承认了它，但却没有得到苏联政府的承认。

5月20日，毛泽东发表《全世界人民团结起来，打败美国侵略者及其一切走狗!》的声明。5月21日，北京数十万群众在天安门广场举行集会，支持各国人民反对美帝国主义的斗争。

就在同一天，毛泽东同西哈努克在人民大会堂进行亲切交谈。毛泽东以深入浅出的语言阐明了革命人民必胜的真理，他根据自己革命的经验与体会，说：“没有蒋介石和日本，中国就不能胜利。”西哈努克理解毛泽东的话，说：“朗诺将推动印支人民走向革命。”西哈努克再次感谢中国的支持，“印度支那三国人民决心战胜美国，我们有中国做我们的可靠后方，一定会战胜。”“没有中国，你们也行。”毛泽东鼓劲说：华盛顿当时反对英国，他只有300万人口，战胜了英国。法国大革命时很困难，整个欧洲国家包围法国。列宁在十月革命时，只有八万党员。现在美国进退两难，退也困难，最好多呆一些时候。

听着毛泽东的富有哲理的话，西哈努克更坚定了胜利的信心。

两人会谈后，毛泽东同西哈努克以及中国其他领导人一起登上天安门城楼。此时，广场上人头攒动，欢呼声，口号声，此起彼伏。会上，宣读了毛泽东的“5·20声明”，毛泽东在声明中指出：“美帝国主义看起来是个庞然大物，其实是纸老虎，正在垂死挣扎”。他强调：“无数事实证明，得道多助，失道寡助。弱国能够打败强国，小国能够打败大国。小国人民只要敢于起来斗争，敢于拿起武器。掌握自己国家的命运，就一定能够战胜大国的侵略。这是一条历史的规律。”

西哈努克也在集会上发表了讲话，他抑制不住内心的激动，说：“从1955年到1969年，高棉人民和我自己曾一起努力使我们可爱的祖国柬埔寨成为世界各国人民欣然称之‘烽火连天的印度支那和动荡混乱的东南亚’的一个和平、稳定、独立和进步之岛。……但是，对这样的柬埔寨，美帝国主义、新殖民主义总是看了不顺眼。……美国人及其雇佣等出动了十多万人反对我国人民。仅仅在几天的战斗里，柬埔寨的很大一部分地区，在侵略者的狂轰滥炸及其大炮等武器的轰击下，变成了一片废墟。……柬埔寨人民从来没有像现在这样坚定地屹立着。因为柬埔寨人民已经揭竿而起，决心进行顽强的、毫不退缩的斗争，反对并彻底战胜一切卖国贼、侵略者和殖民主义者，把他们从印度支那的土地上永远清除出去。”毛泽东对西哈努克的讲话所表现出来的斗争精神是加以充分肯定的。

10月1日晚，天安门广场华灯明亮，欢庆的人们汇成了沸腾的海洋。在天安门城楼上，毛泽东与西哈努克一面欣赏夜景，一面亲切交谈。毛泽东仔细询问了柬埔寨国内的形势，西哈努克一一作了回答，并告诉毛泽东，现在在国内已经解放了三分之二。毛泽东赞赏柬埔寨人民的英勇斗争精神与取得的胜利。他对西哈努克说，我打了20多年的仗，也不是从书本上学的，是通过斗争学的。他还幽默地说，当时我没有考虑自己要打仗，是蒋介石要我打的。第一是蒋介石帮忙，第二是日本帮忙。如今是美国帮你们的忙。[①]

从1970年开始，西哈努克长期居住在北京。在华期间，他和毛泽东有过多次

---

①吴江雄主编：《毛泽东评点国际人物》，安徽人民出版社1998年版，第1085页。

的会面与交谈。西哈努克在中国与其他国家的支持下，团结柬埔寨爱国力量，经过五年多的艰苦斗争，领导柬埔寨人民终于在1975年4月17日攻占金边，在4月19日取得了全国的胜利。

毛泽东与西哈努克，一个是大国之领袖，一个是小国之元首，毛泽东并不因国小而忽视、怠慢人家，更不是在人家危难的时候，抛弃人家。相反，平时的交往坦诚、有礼，危难之际则更是伸出援助之手，给人家以关爱与支持。毛泽东，作为大国领袖之风范，可见一斑。

4. 礼理兼之 交相为用

如前所述，毛泽东在一生的外事交往中，曾接待过许多的国际友人，上至国家之首与其他军政界要人，下至一般的记者等人。毛泽东在外事交往中，的确形成了自己的独特风格。具有感人至深的人格魅力。

为人谦和，彬彬有礼，落落大方，不卑不亢，这可以是他与国际友人交往的第一个特色。

日本前内阁总理大臣（首相）大平正芳曾在回忆中说："我对毛主席的印象是，他是一位无限深邃而豁达的伟大思想家、战略家。他非常真诚坦率，谈起话来气势磅礴，无拘无束，富于幽默感，而且使人感到和蔼可亲。"他谈到1972年9月，与毛泽东会见时的谈话，说毛泽东"他对自己年轻时的事也毫不掩饰，调皮就是调皮，不遮不掩，发出朗朗的笑声，无拘无束地谈论着。我感到他像是一位一点也不使人感到威严的、慈祥的'老伯伯'。在第二次日中航空协定谈判时，他毫无顾虑地对我说：'已经吵完了吗？''应当大吵呀！'他的话消除了我的紧张心情"。秘鲁的著名记者基莉亚·巴里奥斯也谈到自己见到毛泽东，并与他交往后的印象："我看了他的面庞。他的目光使我意识到他是一位真正的伟人。他的目光安详而清澈。全身焕发出谦虚之感。那是我一生中最重大的时刻之一。我看着这位20世纪最杰出的人物，最伟大的领导人，历史上最光华四射的智慧之一。他是一位纯朴的人，举止谦虚，这反而显出他的伟大。”

毛泽东为人谦和，待人有礼，连任过美国总统的尼克松在1972年首次访华，与毛泽东会面时也深深地感受到了这一点。尼克松对毛泽东的第一印象是：“毛泽东则是一位健壮的、朴实的人，具有一种天生的吸引力。”毛泽东在与尼克松的交谈中也表现了谦虚、有礼的风格。尼克松回忆当年与毛泽东的谈话。他说：“毛泽东常用自谦之词来委婉地说明他的观点。我和毛泽东开始会谈之前，当摄影师在拍照时，我们进行着轻松的交谈。基辛格提到他在哈佛大学当教授时，曾经指定他的学生阅读毛泽东的著作。毛泽东回答说：‘我的这些著作算不了什么。我写的东西并没有什么教益。’我说：您的著作已经推动了国家，也改变了世界。毛泽东回答道：‘我一直没有能力去改变世界。我顶多只能改变北京郊区的几个地方而已。’”美国前海军参赞卡尔森曾回忆他在1938年与毛泽东会面于延安窑洞中的情形。当毛泽东见到卡尔逊时，脸上浮现微笑，和他热烈地紧紧地握手，以低沉的声调说：“我听说你随我们的军队到处走动，欢迎你来。”卡尔逊写道：“暗淡的烛光映着室内极为简朴的陈设，全部家具就是一个炕、一张木桌、几只书架，毛本人的若有所思的神志，特别给室内增添一种超脱世俗的气氛。我们在桌子两旁坐下，毛氏低声呼唤窗外的卫兵端上茶和花生。”

对毛泽东为人谦逊、有礼，凡与他有过交往的外国友人都有此种感受。英国前首相希思曾说到他1974年6月在北京第一次会见毛泽东时，“我一下子就同他交上了朋友。”希思通过与毛泽东的交谈，他认为毛泽东“是一位非常令人愉快的人，和蔼可亲，平易近人。他的热情欢迎使我毫不拘束，而且，他不仅了解我爱好航海和音乐，而且还了解我向他介绍的我的一行中的每一个成员。在其后的会谈中，双方都开了许多玩笑。总之，同他谈话既使人感到愉快，又使人感到兴奋”。

毛泽东与国际友人的交往中，通过交谈来加深双方的了解，增进相互的友情，。他在与其交谈中一个显著的特点，即除了以礼待人之外，还以理服人，从不将自己的观点随意强加于人。这里我们不妨说到美国总统特使赫尔利1944年11月的一次延安之行。在这次访问中，赫尔利与毛泽东作了几次会谈。在会谈中，毛泽东曾对抗战后期蒋介石与国民党政府抗战不力，破坏国共合作为基础的抗日民族统一战线的行为予以了抨击。“他提出好多点指摘，直截了当地指出，正是国民党顽固地拒绝与中共妥协，因此阻挠破坏了中国人民的团结。他宣称，中国必须有国民党，共产党及其他政党的联合政府，为此目的，现政府必须加以改组。毛强调，蒋委员长决意拖延政府改组，直至击败日本之后，如果情形如此，结果会造成政府崩溃。”毛泽东在与赫尔利的交谈中还列举了以下事实：“毛坦率地宣称，国军已经失去战斗力。在一百九十五万大军之中，七十七万九千人用来监视共产党，而最近在所有对敌战役中，其余的兵力都逃跑了。他说，在另一方面，中共竭尽全力进行抗战，牵制了大批侵华日军。”毛泽东举出的第二方面的事实是，“对于共军应领取与国军相等兵饷与津贴之建议，毛指出国军每位兵士的兵饷只足够买一包中国香烟，共军兵士吃得好，穿得好，身体强壮，而国军士兵却饿着肚子，衣衫褴褛，许多人羸弱多病，甚至短程行军都不行。”赫尔利对毛泽东举例抨击蒋介石抗战不利、政府腐败的话颇不赞成，他批评毛泽东“所说关于蒋委员长与国民党的话，好像是中国的敌人或者希望中国继续分裂的人所说的”。赫尔利批评毛泽东的话，的确让他感到震惊，并由此而恼怒，但是仍坚持以理服人，毛泽东说：“将军，我所说的关于蒋介石和国民党的话，是罗斯福总统、丘吉尔先生、孙科博士和孙中山夫人都说过的。你认为这些人士是中国的敌人吗？”毛泽东以理服人的回答令赫尔利不得不承认毛泽东的论点是证据确凿的，他似乎无言以辩。

从 1959 年初到 1965 年 11 月，毛泽东与美国友人杜波依斯、斯特朗等作过三次长谈，谈话中，毛泽东与他们谈到当时任美国国务卿的杜勒斯反对共产主义，在全球制造紧张局势的问题。杜波依斯等人不希望这种形势继续太长时间。而毛泽东却不这样看，他认为“这一阶段不是太长，而是太短”。他指出：“杜勒斯制造的国际紧张局势，对我们是有利的。他把局势弄得越紧张，我们就越容易动员世界人民。每一个人都被迫面对战争问题。杜勒斯本人已经开始认识到这一点，并且怀疑他所制造的紧张局势，究竟是对他有利，还是对东方有利。”然后，毛泽东向他们列数了过去 14 个月中杜勒斯制造的紧张局势而引起的 12 起世界性事件。其中就谈到当时中国对金门的炮击问题。毛泽东在谈到此问题上中国所采取的政策时，他说得极其通俗易懂，但道理十分深刻。毛泽东谈到，我们与蒋的战争，已经持续 30 年了，“但因为我们炮击金门，美国派出了其半数的军用飞机。不管怎样，这是我们的地方！”他接着分析说：“他们坚持其‘战争边缘’政策，他们护送蒋的船只，但在我们追击时，他们总是在三英里外的地方观看。他们停止在了边缘。”他接着指出：“所以，现在我们把杜勒斯当作老师，我们也是停在边缘。我们炮轰蒋的舰船，美国的舰船挂着巨大的国旗，因此我们能够容易地与蒋的舰船区分开来。我们不炸美国的军舰，我们向杜勒斯学习，也把战斗避免在战争。”

美国新闻记者兼作家的白劳德曾于1944年底到过延安，访问过毛泽东，当他提到在延安所看到的情况与华盛顿当年领导的美国革命情况是否可以相比较时，毛泽东对他说：“在外国人看来也许延安各方面的情况都很落后，就像他们当年也许只看到了华盛顿简陋的司令部而没有认识到华盛顿的主张能使他取得胜利一样。”毛泽东问道：“乔治·华盛顿有机器吗？乔治·华盛顿有电力吗？没有。英国人虽然拥有这些东西，可是华盛顿胜利了，因为人们拥护他。他知道正确的政治思想能使人民拿起武器，枪杆子里面出政权嘛。他发明了现代的游击战学说，在这种战争中，人们是否穿军装是无关紧要的，男女老少不管是否出于自愿，必然卷入斗争和造反的洪流，没有保持中立的余地。”显然，毛泽东是通过这种比较向白劳德说明了弱者必然最终战胜强者的深刻道理。

以礼相待，以理服人，这确是毛泽东与国际友人交往中的独特风格。此外，毛泽东还特别注意交往中的语言艺术。毛泽东在与国际友人交往中，用得最多的就是诙谐、幽默的语言。他运用这种语言拉近了双方的距离。增强语言的感染力，以及所阐明的道理的说服力。对毛泽东喜欢运用风趣、幽默的语言于交谈中，他们是体会很深的。德国友好人士王安娜曾回忆与毛泽东交谈时的情景，她说：“毛泽东富有幽默感，很爱说诙谐话，这一点使我极为愉快。说逸闻趣话时，能使他笑出眼泪来。他喜欢长时间谈话，遇上有趣的谈话对手时，他谈得连时间也忘记了。”王安娜还说到这样一件事，有一次，毛泽东与她谈话中，说到了她的儿子。毛泽东问：“你儿子的头发是金色还是黑色？眼睛像妈妈一样吗？是蓝色的，还是黑的呢？”王安娜说：“我儿子是黑头发、黑眼睛的。”她想不到毛泽东提了这样一个有趣的问题。毛泽东接着问：“皮肤是白色的，还是接近中国人的颜色？”王安娜回答：“接近中国人的颜色。”毛泽东说：“这真有趣。你的同胞李德的太太是中国人，他们的孩子也是黑头发、黑眼睛、肤色也和中国人一样。一般说来，你们德国人总是以德国的强大而自豪，可是，似乎怎么也敌不过我们中国人！我们的人种好像比你们强呢?”所以，王安娜通过与毛泽东的交往，得出了以下结论：“那时候的谈话不用说，在以后的谈话中，我几乎都没有听到他引用马克思主义的经典。代替了马克思主义经典的，是他在自己的谈话中，经常引用中国古代小说做比喻，而且常引用诗歌和在群众中流行的成语。因此，外国人要很好地理解他的话是不大容易的。但从中国听众的角度来说，毛泽东的话比起许多党的理论家那些罗列许多抽象词句的难以理解的演说通俗易懂得多。”

曾经担任过毛泽东的翻译工作的李越然曾回忆到毛泽东 1957 年访苏时评价赫鲁晓夫的话。他回忆说毛泽东的讲话中对赫鲁晓夫既有适度的支持，也有中肯的批评。毛泽东说，赫鲁晓夫有胆量，敢去碰斯大林，尽管他们采取的方法不好，可是“揭了盖子，搬掉了多年来压在人们头上的大石头”。同时他又认为，赫鲁晓夫这个人也能捅篓子，内外的某些事可能日子也不大好过，“多灾多难”。在 60 多个国家党的代表会议上，毛泽东在即席讲话中说：“赫鲁晓夫这朵花比我毛泽东好看”，可是，“中国有句古话，叫作荷花虽好，也得绿叶扶，我看赫鲁晓夫这朵花是需要绿叶扶的。”“一个和尚两个帮，一个篱笆三个桩。”毛泽东通过这种生动形象的语言，阐明了深刻的思想内容，受到了与会代表的高度重视。

同年，毛泽东在和斯特朗、杜波依斯等人谈话中扯到了自己喜欢游泳的问题。他说自己喜欢游泳，并且，已游过了许多江河，还希望游得更多。他还说，如果你们三人不反对，“我愿意去游密西西比河。但是，我想另外三人可能会反对：杜勒斯先生、尼克松先生和艾森豪威尔总统。”杜波依斯提出，这三人不会反对，“他们可能愿意看见你在密西西比河游泳，特别是靠近它的河口，”毛泽东说：“真的?”他高兴地接着说：“如果那样，我可以在几天之后就去，完全像一个游泳者。我不谈任何政治，只是在密西西比河游泳。然后，如果艾森豪威尔总统允许，我将看他打高尔夫球。也许去医院拜访杜勒斯先生。”杜波依斯一本正经地说，那一定会给杜勒斯一个打击。毛泽东马上纠正道：这不是他的本来愿望，“我很希望杜勒斯先生健康。”他说：“作为国务卿，他对我们很有用处，对美国人民和全世界人民同样有用处。”毛泽东的话幽默中含有深刻的启示，这是不言而喻的。

毛泽东与国际友人的交往，风格鲜明，魅力无穷。毛泽东与国际友人的真诚交往，不只是展示了他个人的领导才能与人格魅力，更多的是，通过这种交往，它为中国革命与建设赢得许多爱好和平的国家与人民的关心、支持与帮助。

5. 兄弟至交　患难与共

毛泽东与胡志明，两人都是世界知名的政治家。其实，两人在成为本国国家首脑之前，早在青年时代就相识了，并在一起参加反帝反封建的革命斗争。两人的这种特殊交往史，恐怕在各国首脑的交往史上也是非常少见的。

两人从青年时期投身革命起即保持了数十年的良好关系，被人们誉为同志加兄弟的楷模。在两人成为各自国家的首脑后，他们仍交往甚多，友情深厚。他们不仅在一些重大的政治决策上相互通气，以诚相待，和平共处，甚至在一些生活问题上也相互关心。毛泽东曾劝说胡志明不要搞“独身主义”，还安排胡志明到中国的黄山、西湖等地去休假，就连胡志明抽的“大中华”牌香烟，毛泽东也要求有关部门给他长期提供……

毛泽东与胡志明是在患难之交中结成这种珍贵友情的。

毛泽东与胡志明相识于中国大革命时期的广州。

1926 年，正值第一次国共合作，掀起大革命的高潮时期。1 月 6 日，国民党在广州召开二大，毛泽东参加了这次大会，并代表国民党宣传部在会上作宣传报告。胡志明列席此会，并获准在会上讲演，由李富春任翻译。胡志明在讲演中控诉了法国殖民主义者在越南的罪行，号召越南人民起来斗争，并呼吁中国人民支持越南革命。

同年 3 月，毛泽东奉命在广州主办农讲所并担任第六届农民运动讲习所所长。其时，胡志明就在这个讲习所做翻译和对外宣传工作。

胡志明曾回忆这段经历，说：“在我个人方面，曾经有过两个时期荣幸地参加过中国共产党的活动。1924—1927 年，我到广州，一方面注意着我国的革命，一方面从事着中国共产党交给的工作。当时，中国工农运动正在蓬勃发展，农民运动已开始扩大，尤其是在湖南 (由毛泽东同志领导)。为了推动农民运动，毛泽东创办了农民运动讲习所，我参加了翻译内部材料和对外宣传工作。”①

胡志明一面在广州积极参加中国共产党领导的革命斗争；另一方面则在广州组建越南革命组织，并创办了培养越南干部的“特别政治训练班”。当时，训练班就设在毛泽东主办的农民运动讲习所的附近。训练班的学员还到毛泽东主办的农讲所去听过课。

1927年蒋介石、汪精卫相继叛变革命，大革命遭到失败。其时，胡志明被迫离开中国。离开中国后，他在苏联呆了一些时候。1930年回国不久即成立了印度支那共产党，并发动了武装起义。后来起义遭到镇压，他被反动派判了“死刑”。

胡志明逃到中国之际，正值中国革命处于低潮之际。由于时局的动荡，他没能与毛泽东见面。据说两人再次相见是在红军长征后抵达陕北。

1942年8月的一天，胡志明从印度支那共产党中央所在地出发，到了中国广西的靖西县，他想从这里到重庆去找周恩来。由于他的一名警卫告密，胡志明被中国的警察逮捕了。

消息很快传到了毛泽东、周恩来等人耳中。为了营救胡志明，周恩来想了许多办法。他先通过史学家找到国民党立法院副院长覃振，又找到李宗仁，最后通过他们劝说蒋介石，才使两广军阀张发奎将胡志明放了出来。

日本投降以后，胡志明与范文同、武元甲等人领导越南人民占领了河内，并宣布越南独立。②

艰苦的革命斗争中所凝结的战友情谊使毛泽东与胡志明深感它的无比珍贵。

1949年10月1日，当新中国宣布成立之际，胡志明马上给毛泽东写来一信：

中华人民共和国主席

毛泽东同志：

我非常高兴地得知中华人民共和国成立的消息。我谨代表越南政府和人民，向主席、中国政府和人民祝贺。

越南和中国两个民族具有数千年历史的兄弟关系。从今以后，这一关系将为发

①文显堂等编著:《毛泽东与外国首脑》,中共中央党校出版社1999年版,第202页。

②董保存:《风起钓鱼台》,中国青年出版社1998年版,第361页。

展我们两个民族的自由幸福、保卫世界的民主和持久和平而更加密切。

越南民主共和国主席

胡志明

新中国成立，这使胡志明兴奋不已，为了尽早与毛泽东会面，并请求毛泽东对越南给予经济上与军事上的援助。

于是，胡志明秘密离开越南前往中国。他步行17天才走到中越边境。经中国有关部门安排，于1月底始抵北京。而此时，毛泽东、周恩来均已去苏联访问。时任中共中央书记处书记、中央人民政府副主席的刘少奇热情接待了这位远道而来的老朋友。刘少奇将胡志明来京的消息电告了毛泽东。2月3日，根据胡志明希望去苏联会见斯大林、毛泽东的愿望，经请示毛泽东，刘少奇积极与苏联方面联系，将胡志明安全送抵莫斯科。

在莫斯科，胡志明拜见了毛泽东，并同斯大林、毛泽东就越南的有关重大问题进行了认真的会谈。

胡志明先于毛泽东离开莫斯科，经中国回国。

毛泽东在莫斯科接到了国内的电报，称越南政府要求中国与其建立外交关系。毛泽东深知，现在越南正是需要支持的时候。于是，他提起笔，给在北京的刘少奇写了一份电报：

少奇同志：

(一) 对越南政府要求建立外交关系，应立答复同意。起草一个复文，请于明(18) 日广播发表，同时由内部电台发胡志明。

(二) 请将越南政府要求和各国建立外交关系的声明，由我外交部转送苏联及各民主国家。

毛泽东

一月十七日下午十时

毛泽东写完此电报，又随手起草了一份中华人民共和国外交部长给越南外交部长的复电。

尽管新中国刚成立，自己还有许多困难亟待克服，特别是恢复与发展国民经济一事是摆在中国共产党人面前头等重要的大事。即使如此，毛泽东还是热情地伸出了友谊之手，给越南以无私的援助。

毛泽东先后派出了以罗贵波、陈赓、韦国清等人为首的顾问团，帮助越南解决政治、军事、经济等各方面的问题。顾问团出发前，毛泽东还亲自接见了顾问团成员，他为顾问团规定了两大工作任务：一是要帮助越南打胜仗，驱逐法国侵略者；二是帮助越南建设正规军队。毛泽东还叮嘱他们："要发扬国际主义精神，把越南人民的解放事业当作自己的解放事业来做，要同越南同志搞好团结，特别是要搞好同越南领导人的团结。要注意，搞不好团结，宁可别做工作。帮助人家，只凭主观愿望出发不行，还要根据实际情况，帮助得恰当。要同人家好好商量，要有老实、谨慎的态度。要多向他们介绍经验教训、少讲'过五关、斩六将'，要经常检讨自己的言行。"毛泽东还强调说："派你们去的地方很苦，面临着艰巨的任务，有牺牲危险，要克服困难。"①顾问团带着毛泽东的嘱托，奔赴越南。

顾问团没有辜负毛泽东的殷切期望，到越南后，协同越南军民作战，取得了中越边境越北各战役的胜利，也打通了运输线，使中国的援越物资，源源不断地运到了越南。边界战役的胜利，更加深了毛泽东与胡志明以及两国人民之间的战斗友谊。

1951 年冬，胡志明再一次来中国，与毛泽东、周恩来、刘少奇等人会谈交换情况，一方面对中国的无私援助表示感谢；另一方面，则请求中国政府继续给予支持，以赶走侵入越南的法国侵略者。罗贵波曾回忆了胡志明这次秘密来中国访问的情况。他在回忆中写道："一天我陪他（指胡志明）来到丰泽园的颐年堂。我们进去时，毛泽东、少奇同志、周总理、朱总司令都迎出来。他们相互亲切地拥抱。胡志明主席早在中国第一次国内革命战争时期和抗日战争时期就和毛主席、少奇同志、周总理、朱总司令分别相识，他那带有广东味的汉语，说得相当流利，可以不用翻译。在这样的场合没有一点外交形式，胡志明像回到家里一样亲切而热情。

他见到毛主席，像久别的兄弟，相互问候，说了一阵亲切的话语，很快话锋转入正题。……在交谈中胡志明问毛主席：我们中央政治局要求罗贵波同志参加我们中央政治局会议时，对我们各方面的工作多提出意见，多帮助我们。但是，他太谨慎了，太谦虚了，我们希望你们交给他多提意见这个任务。毛主席你们是否同意？

①文显堂等编著：《毛泽东与外国首脑》，中共中央党校出版社 1999 年版，第 206 页。

毛主席说：我们同意，但是他向你们提的意见和建议仅供你们参考，你们认为他提的对，就采纳，不对就不采纳，由你们自己决定。

毛主席和胡志明交谈时，把对一些问题的看法、观点和意见都融合在家常话中，看似聊天，但细想含义深刻而又耐人回味。胡志明是个极富感情的人，看得出他被毛主席的诚挚感染了，他站起来说："我和越南同志从你们的行动中感受到对我们帮助的真心实意。"

到吃饭的时间了，毛主席、胡主席、少奇同志、朱总司令和我一起走进餐厅用餐。周总理因有外事活动提前告退。餐厅跟会客室只用一屏风隔开，只七八步一挑帘就进去了。餐厅仅有摆两张餐桌的地方，这时只摆一张餐桌。吃饭时，毛主席、胡主席、少奇同志、朱总司令边吃饭边继续谈话。你一言，我一语，互相插语，互相补充，谈得非常热烈[①]。从罗贵波的回忆中，我们不难看出毛泽东与胡志明之间那同志加兄弟的深厚友谊。

胡志明对毛泽东，以及中国人民对越南人民给予的巨大援助，他深感，"这是我们越南革命者应该牢记和感谢的。"

1954年，在日内瓦会议上，以周恩来为首的中国代表团与越南和苏联代表团紧密配合，使得会议达成了《日内瓦会议最后宣言》等重要文件，结束了法国在印支的殖民统治，使越南的北部获得解放。

在中国的大力帮助下，越南的工作开展得极为顺利，不久将越南首都由中越边界地区迁回河内。12月31日，毛泽东、周恩来联名致电胡志明、范文同，热烈祝贺越南民主共和国还都河内，认为此举非同寻常，称赞这是"由于英勇的越南人民在越南劳动党和胡志明主席领导下，八年艰苦抗战获得辉煌胜利的结果"。

1955年6月，胡志明再次来华。此次来中国，是应中国政府和毛泽东的邀请，首次对中华人民共和国进行正式友好访问。6月25日，胡志明乘机抵达北京，受到毛泽东等中国党政领导人与上万群众的隆重热烈的欢迎。当他一走下飞机，毛泽东就迎上前去，与他热烈握手，相互拥抱。刘少奇、朱德、周恩来等人也相继同胡志明握手，互致问候。机场上欢迎的人群飞舞彩旗，欢声雷动，对胡志明的来访表示

---

①董保存：《风起钓鱼台》，中国青年出版社1998年版，第365—366页。

了最诚挚的情感。

当天中午，毛泽东与胡志明进行了亲切的会谈。在谈话中，毛泽东高度赞扬了英勇的越南人民正在进行反对外来侵略，建设独立国家的斗争精神。胡志明则对毛泽东及中国人民给予的帮助表示衷心感谢。两位领导人亲切交谈，无拘无束，话题涉及到两党、两国关系，亚洲和世界局势及共同关心的其他问题。

7月8日，胡志明离京赴蒙古、苏联访问。21日，当胡志明途经北京回国时，毛泽东亲自到机场送行，亲切告别。

到20世纪60年代初，由于苏联单方面撕毁中苏签订的有关合同，撤走苏联在华的全部专家，在1960年召开的布加勒斯特会议上，又以突然袭击的方式，攻击中国共产党，从而使中苏两党两国的分歧公开化并逐步扩大。对此，胡志明十分焦虑，他衷心希望中苏两党两国能尽快对话，以消除隔阂，恢复团结。

1960年8月初，胡志明带着调解中共关系的目的到了中国，到了北戴河，与毛泽东会谈，以改善中苏关系。

毛泽东感谢胡志明的好意，并说："中苏关系的改善离不开你呀！"胡志明也表示尽力去做工作，争取双方的和好。

毛泽东在会谈中列举了苏联领导人在布加勒斯特会议上的做法，批评这种做法就是强加给别人的一种父子关系。同时，也表示用"团结——批评——团结"的方式来对待苏联。他说："我们的道理是光明正大的，我们不怕，天是不会掉下来的。"

胡志明原则上同意毛泽东的意见，但指出"中国同志有时采取的方法，似乎不太了解西方同志的性格，所以效果不怎么好"。毛泽东同意胡志明的意见，"说得好，我们也要注意批评方式。"

胡志明为了进一步阐明自己的观点，随手拿起一盒烟，举在眼前说："以请人抽烟为例，把烟递过来请人家抽，人家乐意接受；如果往桌子上一扔，说：'抽烟吧！'有人就不乐意了。"他又接着说："其实还不是一样，但个人的习惯不同。西方人对后一种方式总会不乐意。批评的原则是知无不言，言无不尽。但是，讲话的方式使人不乐意，效果不好。"

毛泽东点了点头，他对胡志明的说话表示赞同，说："要用科学的语言，像马克思、恩格斯、列宁那样批评。不粗暴，批评要具有准确性、鲜明性、生动性。"

胡志明补充加上“同志性!”

在北戴河，毛泽东还与胡志明一起下海游泳，并一同进餐。

与毛泽东见面后，胡志明从北京直飞莫斯科，带去了毛泽东改善中苏两党两国关系的愿望，之后，又从莫斯科飞到北京。

8月19日，毛泽东在中南海勤政殿会见了从苏联返京的胡志明，听取了胡志明与赫鲁晓夫等苏联领导人会谈的情况介绍。胡志明真心希望中苏两党能尽快举行会谈，以消除隔阂，加强团结，以挽救面临危机的国际共产主义运动。毛泽东被胡志明的精神所感动，激动地对他说：“谢谢胡志明同志，为团结奔走万里。感谢你!”①

然而，由于苏联坚持霸权主义的蛮横态度，因而未能使当时的中苏关系得以改善。

在1954年7月法国与越南签订关于恢复印度支那和平的日内瓦协议后，美国便取代了法国，继续对越南南方实行殖民统治。

1965年2月7日，正值星期天，美国总统约翰逊下令第七舰队的航空母舰上的飞机向越南民主共和国发动了全面攻击。于是，越南人民又开展了艰苦的抗美斗争。

为了表示声援，2月10日，中国首都北京举行了百万人的大示威，强烈谴责美国侵略越南的罪行。这一行动向胡志明传递了毛泽东坚决支持越南人民的抗美斗争。

面对美国对越南的野蛮侵略，胡志明向毛泽东发出了援助的请求，并于4月派黎笋来华具体商谈。毛泽东认真分析了越南战场形势和当时的国际局势，经过认真考虑，决定“无条件的满足越南的要求”，并派刘少奇接待来华的黎笋，就有关援越问题进行具体磋商。

1965年5月，毛泽东在长沙会见来华度假的胡志明。

胡志明对毛泽东说：“我这次到中国来，有三个目的：第一是问候你和中共中央其他同志的健康；第二是代表越南劳动党、越南人民向中国共产党和中国人民表示感谢，感谢你们给予我们抗美斗争的各项援助；第三是祝贺中国第二颗原子弹爆炸成功。”

毛泽东听后说：“第一点、第三点我接受，第二点不接受，全世界人民都感谢

①文显堂等编著:《毛泽东与外国首脑》,中共中央党校出版社1999年版,第210页。

你们。感谢越南，不是你们感谢我们。”

胡志明坚持说：“我们要感谢你们。不只是我个人这样看，全体越南人民都这样看。”“我们两国的关系真正是唇齿相依，我们两党和两国之间存在着真正的兄弟情谊。”胡志明还向毛泽东介绍：“美军要增加到十万，要继续升级，要炸越南工厂，要炸海防，甚至河内。我们已下定决心，即使敌人炸坏河堤，淹没许多地方，我们全党、我国政府和人民仍然坚持打下去。越南人民知道，不打败美国是抬不起头来的。我们准备打五年、十年、二十年。”

毛泽东对胡志明说：“美国打不了20年。美国打不赢你们，他们怕你们，你们将打赢美国。美国人少，你们人多。他们顶多来个十把万人。”

毛泽东与胡志明还就越南战场的形势和具体的战略战术等问题进行了交谈。两位领导人高瞻远瞩，未雨绸缪。信念坚定，对眼前的困难充满了革命乐观主义精神和必胜的信心。①

患难见真情，在越南人民抗美斗争的艰苦岁月里，毛泽东与中国人民无私地援助越南人民，这是越南抗美斗争能够取得胜利的一个重要条件。特殊的年代，艰苦的斗争，使得毛泽东与胡志明的亲如兄弟的友谊得到了更高程度的升华。

说到毛泽东与胡志明两人在生活中相互关心的事，这里还可举出数例。1960年5月，胡志明70大寿，毛泽东与中国其他领导人联名致电祝贺。为此，毛泽东还派周恩来与陈毅专程到越南为胡志明祝寿，祝词中写道：“中越相依如唇齿，后方前线互支援。一柱南天欣老健，英雄肝胆福寿全。”表达了毛泽东与中国人民对胡志明的敬重。

1961年7月1日，胡志明为纪念中国共产党成立40周年，发表《中国革命与越南革命》一文，高度评价中越两国的友好关系，称颂它是“恩深、义重、情长。友好精神与万世流芳。”

胡志明晚年多病，毛泽东曾多次接他来中国治病。1969年初，当毛泽东得知胡志明病重，立即派专家、医生到越南协助治疗。为了使胡志明病情好转，中国共派出了四个专家组。

---

①文显堂等编著:《毛泽东与外国首脑》,中共中央党校出版社1999年版,第212—213页。

9 月 3 日，胡志明病逝。对他的去世，毛泽东深感悲痛。周恩来请示毛泽东，提出由他代表毛泽东先于 9 月 4 日去河内，向胡志明的遗体告别。8 日，再由李先念率领中国政府代表团去河内参加葬礼。毛泽东同意了周恩来的意见。

9 月 4 日，周恩来受毛泽东之托，亲率中国共产党代表团到越南吊唁胡志明主席。

毛泽东在送的花圈的白色缎带上写着：“献给杰出的无产阶级革命家，中国人民的亲密战友胡志明同志。”

毛泽东与胡志明都是世界著名的政治活动家，两人在长达数十年的交往中所结下的友情，不仅仅是一种同志关系，两人交往如此深，友情如此真诚，实际上也有一种人格力量上的相互吸引。两人彼此尊重，以诚相待，舍生取义，肝胆相照，确实为世界各国领袖人物的交往树立了典范。两人的友好交往史，也对我们如何处理人际关系，留下了可贵的启示。

6. 干戈化玉帛　为了和平共斟酌

为了和平共斟酌的毛泽东与尼克松，前者是世界上人口最多、发展潜力最大的社会主义国家的领袖，后者则是世界上经济最发达的资本主义国家的总统。

中国与美国，曾经隔绝对峙了 20 多年。两国的关系在这 20 多年中，可谓你死我活，水火不容。然是，1972 年 2 月 21 日上午 11 时 30 分，时任美国总统的尼克松的专机抵达中国首都北京。2 月 21 日下午，毛泽东会见尼克松。两人的会面，实际上标志着一个充满敌意的时代的结束，一个新的友好的时代从此开始。

1972 年尼克松访问中国，与毛泽东会谈，这对两人来说，都是一生中难以忘怀的大事。通过此次会谈，尼克松在毛泽东面前折服了，而毛泽东则对尼克松这位“右派”总统产生了好感，以至多年后还记着他。

1976 年元旦，尼克松的女儿和女婿到了北京，毛泽东派人将他们接到了中南海住地。他俩做梦都不曾想到，毛泽东还将亲自会见已下台的总统的女儿。

在会见中，毛泽东关切地问：“总统先生的腿好了吗？”他还请尼克松的女儿朱莉转告尼克松：“请转告总统先生，好好保养他的腿，他说过要爬长城呢！”尼克松的女婿戴维提醒毛泽东：“他现在已经不是总统了。”没想到毛泽东颇不高兴地说：“我愿意称他为总统先生，谁也管不着。”

尼克松因为当时的“水门事件”而下台了，毛泽东并不以为然。戴维还告诉毛泽东，美国国内反对尼克松的人很多。毛泽东听到此，说：“我可以马上邀请他来访问中国。”

毛泽东决定马上邀请尼克松访问中国，并非脱口而出的客套话，更不是在开玩笑，他要以这种方式来支持尼克松，保护尼克松，慰问尼克松，毛泽东这样做的目的就是要让美国人民和美国的各党派都知道，尼克松是有功之臣，是他打开了中美关系的大门，你们不能那样对待他。

面对一个曾风光一时，而如今已落难的总统，毛泽东也只能做到这一点了。

那么，尼克松首次访华，与毛泽东会见并交谈的情况如何，毛泽东为什么对已下台的尼克松念念不忘呢？

尼克松于1972年2月21日中午抵达北京，毛泽东当即决定下午去见他。

来到毛泽东的住所——丰泽园，两人一见面，尼克松走上前去用双手握住了毛泽东的手，毛泽东也用双手握住了尼克松的手。两人握手“约一分钟之久”。

毛泽东与尼克松两人，一个是世界上共产党人的领袖，是最革命的左派，并声言要在地球上消灭人剥削人的资本主义制度；一个则是世界上最发达的，或者说是头号资本主义国家的首脑，靠反共起家，是最反动的右派代表，扬言要在地球上铲除共产主义。如今，两双手紧紧握在一起，这意味着中美两国的敌对状态宣告结束，一个旧时代已过去，一个新的时代已掀开崭新的一页。

两人握着的手松开后，尼克松将自己的名片递给毛泽东。毛泽东微笑着接过名片，表示感谢。毛泽东说话已经有点困难，但他并不避讳，说：“我说话不大利索了。”

毛泽东向尼克松表示欢迎和寒暄后风趣地说：“今天你在飞机上给我们出了一个难题，要我们吹的问题限于在哲学方面。”尼克松接着说：“我之所以这样说，是因为读了主席的诗词和讲话，我知道主席是一位思想深刻的哲学家。”毛泽东开玩笑地摆摆手，把目光转向基辛格，“对这个难题，我没有什么有意思的话可讲，他是博士，今天主讲要看他。”

基辛格见毛泽东将话题转给了他，他马上说：“我在哈佛大学教书时，要求班上的学生研读您的著作。”基辛格这样说，意在表示对毛泽东的敬仰。当然，他的这番话并非在当面奉承毛泽东，确实，毛泽东的著作，在当年，不论是他的朋友，还是他的敌人，都在细心研读它。

毛泽东听到基辛格一说，他用谦虚的口吻说：“我写的这些东西算不得，没有什么可学的。”

尼克松称赞说：“主席的著作感动了全国，改变了整个世界。”毛泽东接着他的话说：“我没有能够改变世界，只是改变了北京郊区的几个地方。”毛泽东还说：“我们共同的老朋友，就是说蒋委员长，他不赞成。他说我们是‘共匪’。其实我们跟他做朋友的时间比你们长得多。”毛泽东话锋一转，很自然地引出了台湾问题。

尼克松说：“蒋介石称主席为匪，不知道主席叫他什么？”

当尼克松提出的问题翻译出来后，毛泽东发笑了。但回答问题的是周恩来：“一般地称‘蒋帮’”，“有时在报上我们叫他‘匪’，他反过来也叫我们‘匪’。总之，我们互相对骂。”毛泽东接着说：“我们同他的交情比你们的交情长得多。”

毛泽东在玩笑、轻松的俏皮话之间，表达了中国对台湾的主权问题。

然后，毛泽东谈到基辛格巧妙地第一次来北京之行而严守秘密的事。毛泽东对基辛格说：“你跑中国跑出了名嘛，头一次来，公告发表后，全世界都震动了。”基辛格很得体地称赞了尼克松的大胆决策。毛泽东又幽默地说基辛格：“他不像一个特工人员。”毛泽东说这话意在称赞基辛格的秘密访华的保密工作做得好。

尼克松接过话说：“但只有他能够在行动不自由的情况下去巴黎 12 次，来北京一次，而没有人知道——除非可能有两三个漂亮的姑娘。”

基辛格忙解释：“他们不知道，我是利用她们作掩护的。”

毛泽东又问：“在巴黎吗？”

尼克松说：“凡是能用漂亮的姑娘作掩护的，一定是有史以来最伟大的外交家。”

毛泽东反问：“这么说，你们常常利用你们的姑娘喽？”尼克松又忙着申辩说：“他的姑娘，不是我的。如果我用姑娘作掩护，麻烦可就大了。周恩来插话说：

“特别是在大选的时候。”说完，毛泽东同尼克松、基辛格、周恩来等一起大笑起来。

接着，双方谈到了美国大选的问题。毛泽东说：“讲老实话，这个民主党如果再上台，我们也不能不同他们打交道。”尼克松说：“这个我们懂得。我们希望我们不会使你们遇到这个问题。”

“上次选举时，我投了你一票。”毛泽东爽朗地笑着说。

当毛泽东说投了尼克松一票时，尼克松说：“我想主席投我一票是在两个坏家伙中间选择好一点的一个。”毛泽东开心地说：“我喜欢右派。人家说你们是右派，你们共和党是右派。”“我比较高兴的是这些右派当政。”“人家还说西德的基督教民主党是右派。这些右派当权，我比较高兴。”

尼克松接过话说：“我认为最重要的是要看到，美国的左派只能夸夸其谈的事，右派却能做到，至少目前是如此。”

随后在谈到这次会晤的历史背景时，毛泽东说：“是巴基斯坦总统把你介绍给我的。当时，我们驻巴基斯坦的大使不同意我们同你们接触。他说，尼克松总统跟约翰逊总统一样坏。可是叶海亚总统说，“这两个人不能同日而语。”毛泽东又说，不过我们是不大喜欢从杜鲁门到约翰逊你们这几位总统。中间有八年是共和党任总统。然而在那段时间，你们也没有想通。

尼克松说：“主席先生，我知道，多年来我对人民共和国的态度是主席和总理全然不能同意的。把我们带到一起来的，是认识到世界上出现了新的形势；在我们这方面还认识到，事关紧要的不是一个国家内部的政治哲学。重要的是它对世界其他部分和我们的政策。”

尼克松同毛泽东会见，当然要涉及到中美关系，尼克松准备探探毛泽东对中国面临威胁的看法。他说：“例如，我们应该问问自己——当然这也只能在这间屋子里谈——为什么苏联人在面对你们的边境上部署的兵力比面对西欧的边境上部署的还要多？我们必须问问自己，日本的前途如何？我知道我们双方对日本是意见不一致的，但是，从中国的观点来看，日本是保持中立并且完全没有国防好呢，还是跟美国有某种共同防御关系好呢？有一点是肯定的，我们绝不能留下真空，因为真空是会有人来填补的。例如，周总理已经指出，美国在到处‘伸手’，苏联也在到处‘伸手’。问题是，中华人民共和国面临的危险究竟来自何方？是美国的侵略，还是苏联的侵略？这些问题都不好解答，但是我们必须讨论这些问题。”[1]

针对尼克松提出的这些问题，毛泽东活跃起来，他就喜欢别人提出一些挑战性的问题，于是，他说：“来自美国方面的侵略，或者来自中国方面的侵略，这个问题比较小，也可以说不是大问题，因为现在我们两个国家不存在打仗的问题。你们想撤一部分兵回国，我们的兵也不出国。所以我们两家也怪得很，过去22年总是谈不拢，现在从打乒乓球起不到十个月，如果从你们在华沙提出建议时算起有两年多了。我们办事也有官僚主义。你们要搞人员往来这些事，要搞点小生意，我们就死也不肯。十几年，说是不解决大问题，小问题就不干，包括我在内。后来发现还是你们对，所以就打乒乓球。”

毛泽东的话风趣、随意，一下子把他与尼克松的距离拉近了。原考虑他的身体状况，只谈15分钟，不知不觉双方谈了近一个小时，仍意犹未尽。周恩来频繁地看手表，于是尼克松决定结束这次谈话。

“主席先生，在我们的谈话即将结束的时候，我想说明我们知道你和总理邀请我们来到这里是冒了很大风险的。这对我们来说也是很不容易作出的决定。”他又说：“我读过你的一些言论，知道你善于掌握时机，懂得只争朝夕。”

听到翻译译出自己诗词中的话，毛泽东笑了。

尼克松接着又说：“我还想说明一点，就个人来讲——总理先生，我这也是对你说的——你们不了解我。既然不了解好，你们就不信任我。你们会发现，我绝不说我做不到的事。我做的总要比我说的多。我要在这个基础上同主席，当然也要同总理进行坦率的会谈。”

听到这里，毛泽东接着说：“‘只争朝夕’就是他（指基辛格）。大概我这个人放空炮的时候多。无非是全世界人民团结起来，打倒帝、修、反，建设社会主义这一套。”

尼克松微笑着说：“就是像我这样的人，还有匪徒。”毛泽东说：“就个人来说，你可能不在打倒之列。可能他（指基辛格）也不在内。都打倒了，我们就没有朋友了嘛。”

尼克松又说：“我们大家都熟悉你的生平。你出生于一个很穷的家庭，结果登

---

①文显堂等编著：《毛泽东与外国首脑》，中共中央党校出版社1999年版，第156页。

上了世界上人口最多的国家、一个伟大国家的最高地位。我的背景没有那么出名。我也出生于一个很穷的家庭，登上了一个伟大的国家的最高地位。历史把我们带到一起来了。我们具有不同的哲学，然而都脚踏实地来自人民，问题是我们能不能实现一个突破，这个突破不仅有利于中国和美国，而且有利于今后多年的全世界。我们就是为了这个而来的。”

尼克松仍没放弃要毛泽东表态的意图。

毛泽东转移了话题，称赞尼克松说：“你那本《六次危机》写得不错。”

尼克松笑着说：“你读的书太多了。”

“不，”毛泽东摇着头说：“读得太少，对美国了解太少，对美国不懂。要请你派教员来，特别是历史和地理教员。”然后他又说：“我跟早几天去世的记者斯诺说过，我们谈得成也行，谈不成也行，何必那么僵着呢？一定要谈成。一次没有谈成，无非是我们的路子走错了，那我们第二次又谈成了，你怎么办啊？”

毛泽东终于表态了，显然，他是告诉在场的人，要好好谈，争取成功。尼克松似乎听懂了毛泽东的意思，松了一口气，真诚地说：“我们在一起可以改变世界。”

此时，双方都站起来，握手告别①。

毛泽东与尼克松的这次会晤，虽然短暂，但它对两国，以及两国人民来说，都是应该铭记的一段历史。这次会晤，对他们个人来说，是难以忘怀的，从此两人已经建立起一种特殊的情谊。

几天后，尼克松举行告别答谢宴会。他很希望能在答谢会上向毛泽东敬酒。但毛泽东因身体健康原因，未能出席这个宴会。这令尼克松的确感到有些遗憾。他将自己在白宫专用的一个高脚酒杯签上自己的名字后，赠送给毛泽东。

毛泽东收下了尼克松送的这只酒杯，他写了三幅条幅，作为礼物送给尼克松。三幅条幅上分别写着：“老头坐凳”、“嫦娥奔月”、“走马看花”。

毛泽东为何送这三个条幅给尼克松，至今都成为一个政治哲学之谜②。

至1975年底，尼克松的女儿与女婿来华访问，离尼克松访华已过去三年多。

---

①李捷、于俊道等主编：《东方巨人毛泽东》，解放军出版社1996年版，第1242页。

②文显堂等编著：《毛泽东与外国首脑》，中共中央党校出版社1999年版，第159页。

但毛泽东对这位曾为改善中美关系而作出重要贡献的政治家仍念念不忘。虽然尼克松因“水门事件”下台了，但毛泽东并未厌弃他，相反，他更关心尼克松当时的处境。当尼克松因腿部患病，行走艰难，住进医院后，毛泽东亲自打来电话，他通过翻译告诉尼克松，他认为尼克松是历史上最伟大的政治家之一。毛泽东还说中国在任何时候都欢迎尼克松来访问。

从那以后，毛泽东与尼克松联系一直未中断。有时是通信。中国驻华盛顿联络处主任黄镇充当了他们的联络信使。对毛泽东的关心，尼克松深受感动，他说：“离任以后，我才发现了谁是真正的朋友。”

毛泽东在接见尼克松的女儿、女婿时，曾对处于厄运中的尼克松发出了邀请，欢迎他再次来华访问。

尼克松真心感谢毛泽东对他的邀请。1976 年 2 月 21 日，几乎是四年前同一时间，尼克松夫妇再次访华。尽管他已不是总统，毛泽东却不顾重病在身，仍按总统“规格”接待了他。

尼克松曾回忆这次与毛泽东的会面，他说：“1976 年我再度到中国访问时，毛泽东的健康状况已严重恶化了。他的话语听起来就像是一些单音字组成的嘟哝声。但是，他的思想依然那样敏捷、深邃。我说的话他全能听懂。但当想回答时，就说不出话来了。他以为翻译听不懂他的话，就不耐烦地抓起笔记本，写出他的论点。看到他的这种情况，我感到十分难受。无论别人怎样看待他，谁也不能否认他已经战斗到最后一息了。”

即使在身体健康状况如此不佳的情况下，毛泽东还就一些国际政治形势问题交换了看法。如毛泽东曾直截了当地向尼克松问了一个关键性的问题，即，“和平是美国的唯一目的吗?”尼克松对毛泽东提出此问题感到愕然，但他马上回答：“我们的目的是和平，不过这种和平不只是意味着没有战争。”尼克松接着说：“那必须是公正的和平。”

这次会见，毛泽东与尼克松这位老友长谈了一小时 40 分钟。尼克松对这次会谈，印象是极为深刻的。他回忆说：“由于帕金森氏病的侵袭，毛泽东的行动当时已很困难。他不再是体魄健壮的人了。这位 82 岁的、步履蹒跚的农民，现在变成了一个拖着步子的老人。毛泽东像晚年的丘吉尔那样，仍旧非常自尊。我们谈话结束时，他的秘书们把他从椅子上扶起来，让他和我一起朝大门走去。但是，当电视镜头和聚光灯对着我们，要录下我和他最后握手的镜头时，毛泽东推开他的助手，独自站在门口和我们告别。”

这次会晤，尼克松对毛泽东的人格力量，对他为首的共产党人的坚定信念与毅力有了较为深入的了解，他在回忆中这样写道：“单凭他的洞察力和冷酷无情，毛泽东就可以在中国取得成功的。他同时还具有能够吸引狂热追随着的领袖人物的超人魅力，以及藐视巨大困难的意志力。毛泽东的领导才能来自于他的坚强意志。我见到他时，感到他们的意志力或多或少是生来就有的。他大部分生动的诗歌是在长征途中或长征以后写成的。他在描写使人振奋的斗争场面，特别是描写残酷的斗争场面时，运用了鼓舞意志的手法，使人读起来感到增添了力量。由于具有这些品质，他才有可能激励他的同志们去完成像长征这样的史诗般的业绩，使他的同志们成为一支几乎是不可战胜的队伍。”①

仅仅半年后，毛泽东与世长辞。对毛泽东的逝世，尼克松为之悲伤、洒泪，他始终都不会忘记这位给他留下深刻印象的大国领袖和伟大的政治家。

毛泽东与尼克松，如前所说，一个是社会主义大国的共产党的领袖，一个是资本主义头号强国的反共的国家总统。然而，仅短短的几年的交往，却结下了真挚的友谊。这段交往史在伟人交往史上也值得大树一笔。探讨两人交往如此深之缘由，两人都能开诚布公，以礼相待，彼此尊重，以心换心，可说是其中的重要缘由。毛泽东作为共产党的领袖人物，则在交往中更体现了无产阶级革命家的博大胸怀与超人的胆识与人格魅力。

---

①董保存:《风起钓鱼台》,中国青年出版社 1998 年版,第 539—540 页。

第十一章

交平民友　水乳相融

群众是真正的英雄，而我们自己则往往是幼稚可笑的。人民好比土地，共产党人好比种子。毛泽东教导党的干部要这样认识自己与群众的关系。而他自己与平民百姓为友，为全党各级干部树立了光辉榜样。

1. 生在农家　乐于助人

毛泽东出身农家，从小目睹了劳动人民生活的艰辛，因此，他自幼就萌生了一种同情，关心劳动人民的思想意识，后来便升华为一种崇高的无产阶级的感情。虽然后来毛泽东领导中国革命与建设，成了党和国家的最高领导人，但他仍保持了劳动人民的本色，与人民群众保持了血肉联系，为此，他交了许多平民朋友。

说到毛泽东幼年与穷苦农民的交往，凡介绍毛泽东早年生活的史书都曾讲到这几件事：

幼年的毛泽东在慈母的高风美德的熏陶下，他从小就乐于帮助别人。

毛泽东在韶山读私塾时，有段时间，他早出晚归，于是，他把午饭带到学堂里吃。有一天，他看见一个同学没带午饭，前去询问，才知道这位同学家里穷，不能带饭来吃。毛泽东当即将自己的饭菜分了一半给这位贫苦的同学吃。回家后，母亲见毛泽东饭量比平时大多了，以为儿子带少了饭。毛泽东只得将真情告诉了母亲。母亲不仅未责怪他，反而表示赞许，并嘱咐以后多带一些饭菜到学校，分给那位同学吃。

有一年，正值秋收，韶山冲里的农户们把收获的稻谷摊在晒谷场上。突然，狂风大作，乌云突起，一场大雨即将降临。农户们赶忙去收自家的谷子。当毛泽东正要去抢收晒在晒谷场上的稻谷，忽然他发现邻居毛四阿婆孤身一人在手忙脚乱地抢收谷子。他顾不得自家的谷子，跑去帮助毛四阿婆收拾稻谷。当他赶到自家晒谷场时，因未来得及抢救，致使快要晒干的谷子又被淋湿，并被雨水冲走一些。父亲非常气恼，责备毛泽东不先抢收自家的谷子，倒去管别人的闲事。毛泽东向父亲连连解释说：四婆家里穷，还要向东家交租，一年到头都吃不饱饭，她晒的谷子损失一点就不得了；我们家种自己的田，谷子都是自己的，被淋湿一点算不得什么大事情。

一年夏天，韶山遇到了旱灾，炎炎烈日，禾苗枯焦，农民们日夜车水灌田，见到那些贫苦的父老乡亲，毛泽东总是先跑去帮助他们，尤其是那些缺少劳力的农家车水救苗。

又一年冬天，寒风刺骨，少年毛泽东到学堂上学的路上，遇见一个衣服破烂单薄的青年，在风雪中冻得发抖。毛泽东走上前去，与这位青年交谈，了解到他家庭贫困的情况后，他连忙脱下自己的一件夹衣送给他。

当时，一家也姓毛的农民，把猪卖给了毛泽东的父亲，说好了价并交了定钱，但尚未去赶猪。过了六七天，猪价涨了，父亲叫毛泽东把猪赶回来，毛泽东去了。到卖主家，卖主唉声叹气，埋怨自己运气不好，把猪卖早了，要损失好几块钱。并说：有钱的人损失这几块钱不要紧，我家少了这几块钱就是一个大缺空呵。毛泽东听了这番话，便主动退掉了这桩买卖。他空手而归，又遭到了父亲的训斥。

毛泽东与母亲同情、关心、周济贫苦农民，这使父亲很不高兴。家里常为这些事发生争吵。父亲不同意施舍、周济别人，即使是族人，他也不去关心。毛泽东的父亲有个堂弟叫毛菊生，由于家境贫寒，不得不将七亩田出卖。父亲要买这七亩田，遭到毛泽东与母亲的坚决反对。母子俩主张帮助毛菊生一家，年关时节，还悄悄给他家送些白米、腊肉。而父亲却说："管他兄弟不兄弟，我是用钱买田！"这件事对毛泽东影响甚深，以至新中国成立后他还回忆到此事说："旧社会那种私有制，使兄弟间也不顾情义。我父亲和二叔是嫡堂兄弟，到买二叔那七亩田时，就只顾自己发财了，全无手足之情，什么劝说都听不进去。我后来思考这件事，认清只有彻底改造这个社会，才能杜绝这类事，于是下决心要寻找一条解救穷苦农民的道路。"①

说到少年毛泽东同情、关心劳苦农民的事，这里，还应提到一件事：当时，韶山有个敢于与地主豪绅作对抗的农民，他叫毛承文。他几次带领贫苦农民到地主家"吃大户""闹平粜"的斗争。地主豪绅恨死了他，于是，有一次，他们与封建族长勾结起来，给毛承文安了个"破坏族规"的罪名，将他押进毛氏公祠，准备严

---

①冯玉卿等:《毛泽东成长的道路》,陕西人民教育出版社 1986 年版,第 12 页。

办，将其沉潭。贫苦的族人们为此愤愤不平。毛泽东听到此消息，心中气愤难平。他与贫苦农民一起冲进祠堂，并挺身而出，列举事实，指出毛承文并未破坏族规，真正破坏族规的是罗列罪名迫害毛承文的人。经过说理斗争，最后迫使族长释放了毛承文。

略举数列，不难看出，毛泽东从小就对贫苦农民充满了爱心。他为人友善，乐于助人，不畏强势，同情弱者，关心贫苦农民。因此，毛泽东到后来成为党和国家的领导人，他仍然关心普通百姓，并交了不少平民朋友，与人民群众保持着血肉联系，这并非偶然。少年毛泽东恤民、爱民，为他后来密切与人民群众之联系打下了一定的思想基础。

2. 萍水相逢 终生为友

毛泽东从 1911 年春由韶山来到省城长沙读书后，随着年龄的增长，以及思想认识的提高，他救国救民之心情更加迫切。尤其是参加与领导五四时期湖南的反帝反封建的革命斗争后，其思想觉悟提高更快，他矢志要为穷苦人民找到一条通向光明、幸福的道路。他不只是将自己的志向挂在口头上，写在笔记中，而且，在实际生活中，他十分真诚地关爱着所遇到的需要帮助的穷苦百姓。许志行，就是这样一位与毛泽东萍水相逢，后来，在毛泽东的帮助下，读书参加革命工作，并一直与毛泽东保持着密切联系的平民朋友。

许志行，是江苏吴县人。11 岁那年，因家境破落而入赘于许家，改名为许志行。

到许家后，他先后被送到浙江嘉兴一家酱园和上海闵行一家酱园当学徒。不久，他又逃回家中。连续逃回，使养父母很恼火，一年后，送他到离家很远的湖南长沙一家王多玻璃店当学徒。进店三天，他再次出逃，沿着粤汉线，跑到了汉口。

1919年12月的一天，在汉口一家旅馆的门口，许志行遇到了毛泽东。当时，毛泽东正以湖南人民驱逐军阀张敬尧赴京公民代表团团长身份路径武汉。当毛泽东在旅馆门口看到这个衣衫单薄，满面灰尘的少年后，他十分关心地走到跟前，向许志行询问家里情况。许志行把自己一心想读书，不愿做学徒，从店铺里屡次出逃的事告诉毛泽东后。毛泽东非常同情许志行的处境。毛泽东劝慰许志行，想读书是好的。但年纪小，在外流浪是不好的。同时表示愿意资助他回老家去。许志行告诉毛泽东，他不能回家了，最好帮助介绍一个自食其力的工作，然后想法去读书。

毛泽东说，自己也只是个过路客，待去北京完事回到湖南后，再想办法帮助他出来。

第三天，许志行跟毛泽东一道乘船到了上海。毛泽东顺道去上海的目的，是送新民学会会友蔡和森、蔡畅、向警予等人赴法国勤工俭学。许志行与毛泽东到上海后，住在“环球中国学生会”。三天后毛泽东送别了蔡和森等人，他给许志行买了一张回家的火车票，两人就分手了。

许志行回到家里，再次遭到了养父母的严厉责骂。许志行情绪极其低落。不久，他收到了毛泽东从北京寄来的信。毛泽东在信中安慰、鼓励他。后又陆续寄来了《新青年》《新生活》《星期评论》等新书刊。许志行读了这些书刊，读书的心情更为迫切了。

驱张运动胜利后，1920年7月，毛泽东回到长沙。不久，毛泽东担任湖南第一师范附小的主事。为了革命斗争的需要，为了救助失学的青年，他多方筹集款子，在附小高年级部附设了一个“成人失学补习班”。此时，毛泽东还记挂着千里之外的许志行。于是他写信，要许志行来长沙补习班读书。

许志行收到毛泽东的信后，真有说不出的高兴。当即偷偷离家直奔长沙。到附小后，毛泽东将他安插在“成人失学补习班”内读书，并负担他读书时的一切费用。当时毛泽东的大弟弟毛泽民也在这个班读书，小弟弟毛泽覃则在小学部六年级读书。毛泽东每周给他们三人上一次“公民”课，讲一些革命故事和道理。四人学习、生活在一起，亲如兄弟。

毛泽东平时对许志行的学习给予了更多的关照。他常开导许志行要多读、多练，刻苦钻研学问。除了要许志行多读之外，还要他与弟弟一起多练习作文，要他们每周写一篇作文和一篇读书心得，每一天写一篇日记。

毛泽东特别指导许志行写作时要多注意观察生活，多写与现实斗争有关系的文章。许志行针对当时湖南社会生活中封建迷信较盛行的情况，写了一篇《靠菩萨的结果》，用事实说明求神拜佛是没有用的。毛泽东评阅了这篇文章，说写得好，鼓励许志行投稿。结果，这篇文章登在何叔衡主编的《通俗日报》上。许志行看到自己的文章发表了，学习劲头更大了。

由于毛泽东后来的教务与活动太频繁，许志行除了去请教毛泽东之外，更多的时间是与泽民、泽覃兄弟待在一起学习。寒、暑假，三人一起去韶山家里住。在毛泽东家里的阁楼上，三人一起温习功课。许志行还在韶山过了一个愉快的新年。

1922年，毛泽东亲自介绍许志行和毛泽民、毛泽覃参加了社会主义青年团。

许志行在长沙跟着毛泽东读了一年多书。他在一师附小高级部毕业后，准备报考第一师范。但当时的省立师范已是官费学校，只收本省学生。许志行心里很着急。毛泽东劝告他，求学不一定在哪个地方，哪所学校，只要自己真心读书就行。毛泽东劝许志行回浙江投考省立师范学校。浙江的省立师范学费减半，并同意由他周济。许志行接受了毛泽东的劝告，怀着依依不舍的心情离开了长沙，离开了亲如兄弟的毛泽东及泽民、泽覃，到杭州，考进浙江省立第一师范学校。进师范后，许志行刻苦读书，写得一手好文章，深得国文教员俞平伯的称赞。许志行写的几篇短篇小说，于1924年前后，发表在《小说月报》上。

上海五卅惨案后，许志行加入了共产党，在上海参加了党领导的工人运动。

1926年春，在广州担任国民党中央宣传部代理部长的毛泽东，得悉许志行的情况后，写信邀他去广州工作。同年10月，北伐军攻克武汉三镇，国民政府与国民党中央迁到武汉。许志行又跟随毛泽东到了武汉，并由毛泽东介绍当上了国民党中央党部的机要秘书。

1927年夏，汪精卫叛变革命，大革命失败后，许志行于8月由汉转抵上海、杭州等地，曾先后在上海闸北区委和浙江省委等机关从事党的地下工作。1928年，许志行回到家乡，准备策动农民暴动未成功，从此，在家乡从事教育工作。虽与毛泽东音讯不通，但他时常想念这位在患难中给予自己极大帮助的好大哥。

1949年3月，毛泽东由河北平山县西柏坡来到和平解放后的北平城。许志行已从教多年，当他目睹好兄长，也是好朋友的毛泽东领导革命取得了一个又一个胜利，他按捺不住内心的喜悦，于6月10日写信给毛泽东。大约到了10月下旬，他收到了毛泽东的亲笔回信。信中回复了他询问的有关情况，并勉励许志行："你在上海教书甚好，教书就是为人民服务。"上海解放后，许志行又给毛泽东写过信。毛泽东回信中还热情地邀请许志行去北京一游。

到1956年1月，毛泽东又写信邀请许志行去北京一叙。许志行总是担心去了会影响毛泽东的工作，因而又未去成。直至次年暑假，在毛泽东的一再盛情相邀下，许志行才怀揣毛泽东的亲笔信，动身去北京。

6月22日，毛泽东在中南海住地会见了许志行，两人相见，激动万分。许志行一见到毛泽东，喊了一声"毛主席！"就哽咽着说不出话了。"志行兄，我们见面太晚了！太晚了！"毛泽东一把抱住了许志行的肩膀。

两人多年后相见，侃侃而谈，心里有说不完的话。许志行感慨万端，眼含热泪。他根本不曾想到一位日理万机的国家主席，还时时挂记着几十年前落难的小兄弟。

两人交谈后，毛泽东又将教过许志行书的谢觉哉一起邀来吃饭。毛泽东不时地为许志行夹菜，对他格外亲切。并嘱咐他这次来京要多去长城、故宫等名胜景点游览游览。

几天后，因毛泽东要外出视察，他通知许志行来办公室，问许志行有什么困难，有什么要求提出来。许志行提出了要去韶山看看的请求。毛泽东笑着说："好，到那里去看看，并代我问候家乡的亲人们。"说着，毛泽东拿起毛笔，给韶山乡人民政府写了一信，请他们"以朋友的态度接待他（许志行），告诉他一些事情。

许志行离京时，毛泽东派人给他送来500元作为路费，并买了一些纪念品。许志行开始执意不收。毛泽东转告说这是他的稿费，请许志行一定收下。

许志行到韶山后，受到了当地政府的热情接待。

许志行于1983年病逝，临终前，他仍深深地怀念已先他而去的亲友——毛泽东。

毛泽东与一位素昧平生的落难少年萍水相逢，但他并未嫌弃许志行，相反，他给予了无微不至的关爱，并结为朋友，直至成为国家的主席，他仍惦记着过去的这位小兄弟，邀许志行来京，与这位平民百姓促膝交谈，畅叙友情。毛泽东的这种精神实际上是一种“人民情结”。人民领袖的崇高风范，的确，长留天地间。

3. 爱兵如子　情同手足

在戎马倥偬的革命战争年代，身为党和人民军队领导人的毛泽东，与普通战士，与身边的警卫员交往实在太多了。毛泽东与战士的交往，可以说如同“慈父一般”，体现了长者慈祥、和蔼可亲的精神风范。

在战争年代，他曾亲自背过受伤的战士；他听说一位受重伤的战士要见见他，他马上去几十里远的医院去看望这位普通伤员，使这位战士“死而瞑目”。

张思德曾是中央警卫团直属警卫队的一名战士。1944 年 9 月在中央领导烧炭中，因塌方牺牲了。

对张思德的牺牲，毛泽东心情非常悲痛。当他闻知张思德被压在窑底还没挖出来时，他找到警卫队队长古远兴，嘱咐说：“要赶快挖出来，要放哨看好，山中狼多，不要被狼吃了。要是被狼吃了，我就拿你是问！”古远应原打算将张思德遗体挖出后就地下葬，但毛泽东不同意。毛泽东说：“不行！”并当即指示：“一要给张思德身上洗干净，换上新衣服；二要搞口好棺材；三要开追悼会，我去讲话。”①

9 月 8 日，中央警备团和党中央机关的部分同志共 1000 多人，在延安枣园操场举行追悼大会。毛泽东亲自拿着自己题名的花圈，献在了张思德的遗像前，他沉默了很久。然后，在追悼会上，向全体与会者作了题为《为人民服务》的演讲。他说：“人总是要死的，但死的意义有不同。中国古时候有个文学家叫司马迁的说过：‘人固有一死，或重于泰山，或轻于鸿毛。’为人民利益而死就比泰山还重，

①杨庆旺编著:《毛泽东和他的平民朋友》,中央文献出版社 2001 年版,第 207 页。

替法西斯卖力，替剥削人民和压迫人民的人去死，就比鸿毛还轻。张思德同志是为人民利益而死的，他的死是比泰山还重的……我们的干部要关心每一个战士，一切革命队伍的人都要互相关心，互相爱护，互相帮助。今后我们的队伍里，不管死了谁，不管是炊事员，是战士，只要他是做过一些有益的工作的，我们都要给他送葬，开追悼会。这要成为一个制度。”

毛泽东为牺牲的普通战士举行隆重的追悼会，确实令在场者深受教育，深受感动。

毛泽东平易近人，和蔼可亲，关心战士，爱护战士，在他身边工作的警卫员体会是最为深切的。

警卫员翟作军曾回忆在毛泽东身边工作的那段日子。1937 年 10 月，党组织决定派他去给毛泽东当警卫员。刚到毛泽东住处，翟作军感到有些紧张、拘束。毛泽东如同自己的父辈来到面前问他叫什么，哪里人，在家干什么，然后亲切地说：“你来了很好，帮我做点事，有什么不清楚的，可以问我，问班长都行。”毛泽东又介绍了站在一边的班长王能坤，并指着翟作军对王能坤说：“他是新同志，你们好好帮他。”毛泽东平易近人，慈祥可亲，一下子使翟作军浑身轻松了许多。

平时，毛泽东总是勉励翟作军与警卫战士要好好学习。毛泽东说：“要革命，不懂得革命道理不行。”有天晚饭后，翟作军拿着一张《解放日报》在院子里念，因为很多字不认得，念得结结巴巴。毛泽东见了，便一个字一个字地教他念，有的地方整段地念给他听。眼看天要黑了，毛泽东说：“以后晚了就不要看书了，免得把眼睛看坏了。”

1944 年，组织上决定派翟作军到抗日前线去。他想到七八年来，自己在毛泽东身边长成人，这一去，不知何时才能再见到毛泽东，心里十分留恋。翟作军去向毛泽东辞行，毛泽东关切地问他有什么困难，然后嘱咐他：“这次去中原，可能会碰到很多困难，去了以后，要好好工作，信不好通，就给我来电报。要走了，今天就在我这里玩吧。”中午，毛泽东叫翟作军与他一起吃饭。第二天早上，毛泽东把翟作军一直送到窑洞前面的小山坡上。

这一别又是近五年过去了。翟作军思念毛泽东，于是，他在 1949 年 10 月 1 日新中国宣告成立后不久即给毛泽东写了一信，问候毛泽东，并汇报了自己几年来的工作情况。11月初，当翟作军随部队南下到达湖北宜昌时，领导交给他一封毛泽东拍来的由前线指挥部转交的电报，电文大意是：信收到了，听说你们要进军西南，很高兴，希望你好好工作，服从领导，祝你胜利！捧着毛泽东拍来的电报，翟作军高兴万分。

1952年春，因要完成一项任务，翟作军到了北京。到京后，他给毛泽东写了一信表示问候，本来打算写上“想见见主席”，但考虑到毛泽东太忙，不能耽误已是国家主席的毛泽东的宝贵时间，因此，打消了此念头。谁知信刚发出不久，一天下午，组织上就派人通知他：毛泽东派车接他去中南海会面。车子开到中南海毛泽东住所。毛泽东一见到翟作军，忙拉到坐到沙发上，并询问他离开延安和现在的工作情况。谈了一阵，毛泽东突然发问说：“你是河南济源人吧?你们济源北面，有一条河叫泌河，那一带是战国时代的战场……”想不到事隔15年，毛泽东还记得翟作军是河南济源人，这确使他吃惊不小。交谈中，毛泽东还嘱咐他，以后到北京，早点告诉他。毛泽东“慈父一般”的情感，使翟作军终生难忘。

卫士长李银桥在回忆中也曾说到过许多毛泽东关怀警卫员的故事。他说，毛泽东总把战士的冷暖、家事挂在心头。

记得毛泽东在陕北时，一年冬天，夜晚雪下得很大，天气寒冷，警卫员孙振国虽身着棉衣，但仍冷得发抖，站在屋外站岗的他不得不跺跺有点麻木的双脚，搓搓发僵了的双手。此时，在屋内工作的毛泽东为了驱赶疲劳，让风吹吹使脑子清醒，便走出屋外散步。当毛泽东看到站岗的孙振国，就走到跟前，问晚上站岗冷不冷，孙振国不能让毛泽东为小事操心，连说“不冷。”毛泽东边说边踱回屋内，不一会儿，他手里抱着一件大衣朝孙振国走来。他把大衣往孙振国身上一披，对孙振国说，不冷是假的，但是我们革命战士不怕它嘛。毛泽东拍拍孙振国的肩膀又说，你们晚上站岗放哨很辛苦，现在天气冷了，要注意身体，你就把我这件棉大衣穿上站岗吧。毛泽东看到大衣把孙振国包得严严实实，满意地打量着穿了大衣后的孙振国，说，这件衣服你也不要还给我了，你下岗时就传给下一班，让站岗的同志们挡挡寒吧。于是，这件灰粗布棉大衣，在杨家沟这个严寒的冬季，一直穿在哨卫战士的身上。

这年的3月份，中央机关要离开杨家沟前往西柏坡去了，从陕北出发到河东之前，毛泽东让分管的同志征求警卫员的意见，愿意留下的，可以不过黄河。警卫战士张瑞歧是在陕北参军的一个老兵，30多岁了。警卫战士们听说老张的家里给他下了一房媳妇，准备叫他回去成亲。为此，大伙都与老张开玩笑，这事传到毛泽东的耳里，他就关心上了。毛泽东专门找张瑞歧谈了一次心。毛泽东对他说，瑞歧同志呀，家里不是给你定亲了吗？你都30多岁了，还没顾得上结婚，这一次你就别去了。

张瑞歧舍不得离开毛泽东，他想过了，要把毛泽东送到河北再回来，毛泽东感动地点点头，说，那好，就照你说的办，去看看华北大平原吧。

张瑞歧随毛泽东进了北平城。组织上考虑张瑞歧的年龄确实大了，就批准了他的复员。临走前，毛泽东对他说，老张，谢谢你把我送到了北平，现在该送你回陕北了。

当毛泽东了解到张瑞歧回陕北后家里有困难时，他嘱咐李银桥给张寄去300元钱。

李银桥回忆说："身边工作人员的个人问题，毛泽东不知道便罢，只要晓得了就挂在了他的心上。在他帮助你处理这个事情的时候，首先考虑到尊重你本人的意愿。只要毛泽东向你表过了的态，他是绝对不会忘掉的。"①

毛泽东把战士的冷暖挂心上。平时，只要他有空，他总要和战士们交心、谈心，参与警卫战士们的学习讨论，帮助战士提高思想觉悟，毛泽东和战士们在一起学习讨论，毫无半点官架子。

李银桥回忆说，在从西柏坡出发到北平城的前夕，一个晚上，警卫战士们正聚在一起聊天，谈各自对开进大城市北平城的看法。正在聊得起劲，毛泽东带李银桥散步回来，听到了战士们的发言，很感兴趣，他也参加了战士们的讨论。毛泽东坐下后，他把城市的情况大体地介绍了一遍，末了问，你们还有什么想法，都可以谈谈嘛。一名战士的想法是，进城后不能看太阳上下班，要按钟表的时间办事了，他到时候想买一块手表。另一名战士最感兴趣的是，今后有大米白面吃，这些年的粗粮可把他吃伤了，想到大米就对小米不感兴趣了。还有一名战士打听是不是城里人的皮肤都比他们白。

---

①邸延生：《历史的真言——毛泽东和他的卫士长》，新华出版社2008年版，第129页。

毛泽东看大家说得差不多了，他便发表了自己的看法，说，大家的想法这不是把思想问题都提出来了吗？有了钱买块手表可以，那是为了掌握好时间。小米饭我们吃了那么多年，不要忘记我们是用小米加步枪打天下的。就是革命胜利了，也不是想吃什么就吃什么，还要看到我们的前面还有很多的困难。毛泽东谈起进城以后需要注意的事项，特别说到等建立了新中国的政府，会有人到政府里当官，但不管当了多大的官，做什么样的工作，都是为人民服务。不能以为当官了就不求上进，不肯再过艰苦的生活，那样就同李自成差不多了。我们是共产党人，不能忘本，要为新中国的建设而努力奋斗。①

李银桥在回忆中还提到这样一件事：一名警卫战士逃跑了。这名战士倒不是去叛变投敌，而是吃不消生活的艰苦和行军打仗的伤病。但没跑多远，就被抓回来了。当逃兵这是战士们最鄙夷的。战士们愤怒极了，这名逃兵连干部战士都觉得不光彩，倘若不是受到纪律的约束，恨不能冲上去给他一顿拳打脚踢，解解气。大伙儿喊口号般地要揍他、关他，更有恨得不行的干脆嚷嚷枪毙他算了。逃兵的年龄不大，一副娃娃相，他吓得浑身打颤，惊惶失色，被带到了禁闭室。

毛泽东得悉此事后，一迭声地催促把人放了，心疼地说，看你们把人家娃娃吓成那样了！毛泽东为小逃兵说情，他还是个娃娃嘛，人家是想家，又不是投敌。大伙儿还理直气壮地直嚷嚷，不对逃兵予以惩罚，以后如何带兵？

毛泽东此时生气了，他抢先说，就你会带兵，你那个纪律不也是人定的？特殊情况还要特殊对待嘛。他一口气规定了三个不许：不许骂、不许打、不许关禁闭。他还连连说，蠢嘛！你还能挡得了人家想家？关了禁闭他不是更想家？多做些好吃的给他娃娃吃，就少想家了嘛。

这名逃兵因祸得福，不但没受惩处，反而加了几顿餐。以后，他也再没逃跑过了。

毛泽东如同“慈父”般地关心士兵、爱护士兵，他与士兵打成一片，实际上体现了领袖与人民群众的血肉联系。毛泽东他不是把自己当成“当今皇上”，他只是将自己作为党的干部队伍中的普通一员。他与战士真心交往，实际上展示了他作为人民领袖的平民性格的一面。

---

①邸延生:《历史的真言——毛泽东和他的卫士长》,新华出版社2008年版,第128页。

4. “我是枣园乡一户居民”

不论是在革命战争的年代，还是在新中国成立后的建设岁月中，毛泽东无论走到哪里，他总是要到人民群众中走走、看看，与普通老百姓交心、谈心、交朋友，他以“小学生”身份出现，老老实实地向他们学习、请教。有时他又以人民公仆的身份出现，深入群众之中，问寒问暖，帮他们解决各种实际问题，真正体现了人民领袖爱人民的伟人风范。

延安枣园人民永远不会忘记毛泽东与他们结下的深厚感情。

1943年春节，枣园的区乡干部和群众代表，在区长带领下，带着写有“为民谋利”四个大字的红旗，捧着年糕、米酒、油馍，来给毛泽东和中央首长拜年。毛泽东站在住地门口，热情地欢迎来拜年的父老乡亲。他对他们说：“我已经是官僚主义，不深入，这里有个乡政府我还没来，今天我也要给你们拜年。”说着，毛泽东与拜年的群众一一握手。大伙坐下后，区长向毛泽东一一作了介绍。当介绍到枣园乡长杨成福时，毛泽东风趣地说：你是枣园乡乡长，我是枣园乡一户居民，以后你们开会，也要叫我。听了毛泽东说他是枣园乡的一户居民时，在座的群众代表心情都特别激动。

在祥和、愉快的气氛中，毛泽东与群众代表不知不觉交谈了三个多小时。交谈中，代表们向毛泽东汇报了一年来的生产与工作，毛泽东很高兴地问道：今年是大生产运动年，你们能不能做到“耕三余一”？代表们满怀信心地说：我们向您保证，坚决做到“耕三余一”，还要力争“耕二余一”。毛泽东又询问道，你们有何措施作保障呢？代表们回答：多耕地、多上粪、多锄草。毛泽东微笑地点点头：很好。但是还不够，还要把劳力组织起来，实行变工互助。

枣园人民还记得，毛泽东在枣园时，经常走访群众，与他们拉家常，谈乡里事，亲近得就如同自家人一般。

有一年，正值元宵节的头一天，毛泽东在枣园外边散步，他看见几个老汉在地头休息，就走过去与他们拉家常。交谈中，毛泽东得知他们都过了 60 岁。而且，他还了解到枣园乡共有 24 个 60 岁以上的老汉。毛泽东还在与老汉交谈中知道其中有两老汉的生日都是元宵节，他高兴地说：那很好啊，你们都是六十花甲，德高望重的人，应该给你们贺寿才好。毛泽东还说：如今咱们翻了身，生产又搞得这么好，人寿年丰嘛，正好明天是元宵节，请你们都到我们那里去坐坐，咱们一起来贺个寿，一定都要来，千万不要讲客气。

元宵节下午，中央小礼堂摆下了三桌酒席，把枣园乡全乡 24 位 60 岁以上的老人都请到了小礼堂。当老汉们到来时，毛泽东与他们一一握手，给他们集体祝寿。老汉们见此情景，个个都情不自禁地流下了眼泪，其中一位老汉激动地说："咱们祖宗三代，没人看得起，是毛主席把咱推到人前来了。"

毛泽东亲切对老人们说："老人家，不要难过，咱们今天自己做主人了，好日子还在后头哩！以后每个年老的人都要贺寿。"

聚餐中，毛泽东亲自为老人们敬酒，祝贺他们延年益寿，老当益壮。吃过饭后，毛泽东还给每人送了一条毛巾、一块肥皂。晚上，又请老人们在中央小礼堂看电影。

1945 年春节，正当枣园村男女老少，欢天喜地庆祝大生产运动带来的又一个丰收年时，毛泽东又来到群众之中。他先向枣园乡政府值班的两位干部致新年问候，然后邀他们一起去给群众拜年。

于是，村长就把各户家长召集到乡政府与毛泽东座谈。毛泽东热情地向他们祝贺新年好，生活好，身体好。然后毛泽东问大家，粮食够不够吃，生活还有什么困难？大家都抢着回答说：托主席的福，开展大生产运动以来，我们丰衣足食，没有什么困难。

毛泽东又问大家：机关部队和部队砍柴的时候，砍你们的树没有，放牧的羊吃了你们的庄稼没有，借你们的东西还了没有，用坏了家具赔了没有，部队干部对群众态度好不好。当乡亲们听到毛泽东的问话，都异口同声地说，感激还来不及呢，没有什么意见提。

在交谈中，毛泽东越问越仔细，他说："咱们枣园村去年还缺五头牛，是不是都解决了?”老乡们说：去年秋收后都解决了。毛泽东点点头，又问：“现在老乡们卫生搞得好不好?”“今日枣园村卫生可好得很，每家都修了一个厕所。在中央警卫团的帮助下，还设了个接生站呢。”毛泽东听到这些话，他满意地笑了：“咱们搞革命就是要人财两旺嘛！以后每个村庄都要修一个小医院才更好。”

座谈后，毛泽东还留老乡们吃饭。席间，他一一给老乡们敬酒。直至黄昏，毛泽东才送别了座谈的乡亲们。

毛泽东在枣园无微不至地关心群众的生活，这样的事例还很多。

有一次，毛泽东在枣园乡和枣园村各户家长座谈的时候，一个家长领去了一个九岁的小男孩。毛泽东摸着小孩的头，问道：娃娃们上学了没有。小孩说：“没有。”毛泽东对乡政府的干部说：陕北文化落后，教育儿童是件重要的事，要好好开展教育工作，我们解放区地方要扩大，中央不能老在延安，将来一走，地方工作就给你们留下了。你们应该培养自己的干部呀!

过了不久，毛泽东就派了一名教师，来枣园办起了学校。同年冬天，中央书记处还专为枣园村派来了一个女同志，帮助村里成立了夜校，让青壮年每晚在夜校学文化。老乡们还记得，每次放映电影或是来了文工团演戏，毛泽东总是派人来，早早把枣园的乡亲们请去，还让他们坐在部队前边，看好节目。每到春节，机关干部和部队，就挨家挨户，把写好的春联，剪好的窗花，送到枣园的老乡们家里。

1943 年春，延安各机关、学校、文艺团体都组织了秧歌队，正月初五，从四面八方来到枣园，为毛泽东和中央首长贺新年。一大早，毛泽东就派人来村里，要乡亲们进枣园去看戏。正月初五这一天，全村 24 户大小 80 口人，一齐聚在枣园，坐在毛泽东身旁看秧歌，欢度春节。

新中国成立后，毛泽东仍未忘记枣园村的乡亲们。1949 年，毛泽东为枣园人民发来了“复电”，勉励乡亲们继续努力，再创佳绩。从 1957 年到 1969 年，枣园村相继有五人，分别以延安参观团代表、九大代表、国庆观礼代表、民兵代表的身份到北京，受到毛泽东与中央领导的亲切接见。

毛泽东与枣园人民群众的密切关系，它是党与人民鱼水情深的生动体现。毛泽东曾说过：“我们共产党人好比种子，人民好比土地。我们到了一个地方，就要同那里的人民结合起来，在人民中间生根、开花。”毛泽东用这段话来教育和勉励党内同志，而他自己则先作出表率。其领袖风采，真是给人启示尤深。

5. 倾听百姓心声 努力改进工作

作为党的干部，要加强与人民群众的血肉联系。高高在上，喜欢当指挥，发命令，那是做不好的。只有深入百姓之中，多做调查研究，认真倾听群众的心声，与群众为伍，与他们交朋友，你才能得到群众的支持、拥护，完成党交给你的任务。毛泽东从青年时期求学起，他就注意培养自己的劳动人民的思想感情。每到寒暑假，他就到第一师范附近的工厂，与工人交朋友，了解他们的痛苦，以及思想上的要求。有时，他采取“游学”的方式，到农村访贫问苦，帮穷苦人民寻求一条解放的正确道路。

1921 年 9 月至 1922 年冬，毛泽东曾四去安源，深入矿井，访问工人，指导工运。

毛泽东在深入工人的调查访问中，与工人同吃、同住、同劳动，使自己从工人那里学到了知识，坚定了自己“与工人为伍”的信念；另一方面，他通过认真的调查研究，对工人的生活与思想状况有了较为全面系统的了解。他把调查工作和马克思主义的宣传工作结合起来，发动工人，组织工人开展罢工斗争，从而为开创大革命的新局面，迎接革命高潮的到来，作出了重大贡献。

在大革命后期，为了批驳党内外对农民运动进行指责的论调，即回答农民运动究竟是“好得很”，还是“糟得很”的问题，以表示对农民运动的坚决支持，从 1927 年 1 月 4 日始，毛泽东下乡作调查，至 2 月 5 日，共 32 天，行程近 1400 多里，他实地考察了湘潭、湘乡、衡山、醴陵、长沙五县的农民运动。在一个多月的时间里，他在乡下，在县城，广泛地接触广大群众，召集有经验的农民和做农运工作的同志召开各种类型的调查会，从而搜集了大量的第一手材料。2 月 16 日，他根据这些材料向中央写了《湖南农民运动考察报告》，在报告中，他热情地讴歌了农民运动，指出“所有各种反对农民运动的议论，都必须迅速矫正”。

毛泽东深入群众之中，认真调查实情，所以他能听到群众的心里话。记得有一年陕甘宁边区一位农民代表，远道而来，到延安看望毛泽东。毛泽东借此机会，向这位远道来的农民代表作调查。后来，毛泽东回忆起这件事，意味深长地说：我跟他聊了很多东西，长进了许多知识。我知道了我们的各项政策，在农村里究竟实行得好不好。我跟他们学习，我是小学生。他们有些说得不对的地方，我就耐心地给他们纠正，又成了他们的先生。有些人光做先生是不好的，结果，一定落在学生后面。

新中国成立后，毛泽东仍保持着革命战争年代深入群众，与他们交朋友，作实际调查的工作作风。他曾这样告诫身边同志："你要找什么知识，蹲在机关里是找不到的。真正出知识的地方是工厂、合作社，商店的工厂怎么办，合作社怎么办，商店怎么办，在机关里是搞不清楚的。""要解决问题，一定要自己下去，或者是请下面的人上来。""我就是这么一个人，要办什么事，要决定什么大计，就非向工农群众请教，跟他们谈一谈，跟他们商量，跟接近他们的干部商量，看能行不能行。这就要到各地方跑跑。"毛泽东的这些话，确是经验之谈。他反复强调的，就是要深入实际，深入工农群众之中，这样才能提出解决问题的正确思想、意见、计划和办法。

毛泽东与普通百姓打交道，倾心听取他们的意见，他的确做到了言者无罪，闻者足戒，有则改之，无则加勉。农民贺凤生凭着他父亲贺晓秋与毛泽东当年在韶山共同发动过农民运动的缘故，1960 年底，他带着父老乡亲的嘱托，以及带着他对现实生活中疑惑不解的问题来北京见毛泽东。毛泽东非常客气地接待了他。在交谈中，贺凤生憋了一肚子的话，忍不住冲毛泽东说起来："主席，您晓得乡里现在的情况吧？晓得下面刮'五风'吗？晓得现在有些干部作风多坏吗？你想听听这方面的情况吗？"毛泽东听完，稍稍怔了一下，随即笑着说："好哇，我正需要听这方面的情况。你先回去好好回忆一下，下次专门找个时间听你谈一谈，越具体，越好，要真实情况，不要掺水，是一说一，是二说二，骂娘也告诉我，只有贺晓秋的儿子才有这么好的礼物给我。"毛泽东还对身边的机要秘书罗光禄说："交给你一个任务，安排好贺凤生参观北京，调动他的积极性，好给我提意见。"

不几日，贺凤生如约来到毛泽东住地，毛泽东亲切地说："今天只我们两人谈，你不是说要向我反映下面的情况吗，给你一小时，不！两小时可以吧。"说完，毛泽东让警卫员退了下去，会客室里只剩下他和贺凤生了。

贺凤生见毛泽东如此诚恳地听取意见，便直话直说："主席，我想请你到我们那里去吃几餐钵子饭，吃食堂饿死人啦！食堂不散我不回去了。"

"好一个开头炮。"毛泽东诙谐地说："讲下去，讲下去，我讲过不管什么意见都可以提，骂娘也可以讲给我听。""你怕没有骂娘，下面真有人骂娘呢。"贺凤生又连声说道："解放以后，共产党派来了土改工作队，贫下中农分到田土，自己当家作主了，肃反运动、互助组、初级社、合作社、高级社，一年都有一个新名堂，农民劲头可大呢，干部情绪高，人民群众生活好比芝麻开花节节高，都说感谢共产党，毛主席。""但是，总路线、'大跃进'、人民公社三面红旗提出后，情况就变了。'五风'刮得不像话呢。"毛泽东听了这些话，并未生气，他笑着问："十二级台风？""比台风还台风。"贺凤生接着数出了桩桩痛心令他不得其解的事实："'大跃进'来了，要搞公社化。好不容易一家一户有了房子，一夜之间，全部都拆去了居民点，土砖墙要捣碎了熬肥料，弄得到处鸡飞狗跳墙，哭的哭爹，骂的骂娘，一百户两百户连在一起，越大越是集体化，如果老天爷一把火，从东到西几百间茅棚全会烧成灰。小铁锅砸了炼钢铁，小灶拆了积土肥，筷子碗碟全部归公，只允许一个大队开一个大食堂，大锅饭，钵子饭、双蒸饭，还没得饱饭吃，餐餐萝卜菜红烧，没得几个油花花，吃得男人大肚子水肿，路也走不动，女人没崽生，瘦得风都吹得起。"

贺凤生越说越激动，喝了口茶，向毛泽东移近一步问道："您不是说党和人民是血肉关系吗，现在皮是皮，肉是肉，是中央要咯么搞？还是下面一些干部在腰河里发水？"毛泽东严肃而又沉痛地说："不是腰河里发水。当时估计形势高了一点，责任在中央。从高级社到人民公社只有一年多时间全国就开花了，步子快了。有些看是具备了条件，有些只是为了跟形势，还有些没有具备条件，是一阵风刮起来的。下面有些情况，中央也不一定都清楚。"

贺凤生见毛泽东如此认真地听取自己的意见，他的谈话更加胆大了。贺凤生又联系当地的实际情况，向毛泽东反映说："华容县上那么多的人去围垦钱粮湖，几十万亩芦洲，要改成良田，想一口吃成胖子。四周要担几十米宽的大堤，横直要开十几米宽的排洪沟，说是为华容人民创造财富挖金山，作法就不那么得人心。不论晴天下雨，白天黑夜，刮风下雪都要干，口号就叫‘大雨当小雨，小雨当无雨，落雪当晴天，冰冻当好天’。俗话说，吃不得半斗米，就莫来担堤。可这里偏偏是担堤的没得饱饭吃，一餐不到半斤米，还要先完成任务。一个劳动力，一天的任务是十几方土，滑头点的完得成，老实人只得着急，饿着肚子也要干。芦苇搭的工棚里又脏又潮湿，而且下雨漏雨，下雪漏雪，刮风进风。干部作风坏，冰天雪地时也要打赤膊干活才叫鼓了干劲，你说缺德不缺德。”“现在的干部都兴放卫星，实际上是浮夸卫星。不实事求是，搞假场面的是英雄，还可以升官。红薯烂在田里犁掉，稻谷不想收放火烧掉。仓里没得几粒谷，还硬说亩产达到几千斤。为了迎接上级的检查，把好几块田里的稻谷移栽到一块田里，硬说是亩产达到几千斤，是‘大跃进’带来了大丰收，鬼都笑掉牙。做假事说假话的是那些人，做官受表扬的也是那些人，好吃好喝的还是那些人。干部当老爷，严重脱离群众，老百姓饿得要死，只能在背后冲天骂娘。”

不知不觉，过了三个多小时。秘书第三次催毛泽东去休息，才结束了这次会见。

毛泽东第二次接见贺凤生后，贺凤生在北京呆了好些日子，有点住不惯了，他想家了，急着回去。便对毛泽东说：“主席，我过了年就回去。”

“你不是说食堂不散不回去吗？”毛泽东笑着问贺凤生，并告诉他，上次反映的情况，党中央国务院已作了认真研究，认为食堂要拆散，生产要恢复，浮夸风要制止。毛泽东鼓励贺凤生说：“感谢你为中央提供了最有价值的情况，那是少奇、恩来和我都捞不到的真实情况呀！”

接着，毛泽东又语重心长地对贺凤生说：“你是一个生产队长，大小也是一个带长字号的人物。生产队长也要管几百人穿衣吃饭、生老病死，不容易呢，担子不轻啦。革命队伍中，二十多岁当军师长的人不少。不管是部长、师长，还是生产队长，都要首先想到为人民服务。当长不是为了图舒适，图享受。要动脑子、担担子。《湖南日报》登了个李四喜你知道吗？不想干工作了，图安逸讲享受，不像话嘛。共产党员要真正不忘吃苦在前，享受在后，不管什么长，首先要像班长那样带好一个班。”说着，他又亲切地问贺凤生，“你年轻时受了伤，身体发育不好，干基层工作吃得消吗？”

“农民过得，我也过得。”贺凤生答道。毛泽东接着说：“那我给你两个权利：

有困难可以随时找我。真的，社会上像你贺凤生这样敢讲真话的太少了。”毛泽东高兴地说，“中央领导下去，下面尽讲好听的，带着你看好的，很难得到真实情况。他们怕说拐了场丢掉乌纱帽。农村有句俗话，叫‘三十吃年饭，尽赶好的搬’，不像你贺凤生无所求也就无所虑，要提倡各级干部都讲真话。”贺凤生又问毛泽东：“那么，食堂散不散呢?”毛泽东明确地表示：“食堂是肯定要散的。我的意见还是大锅改小锅，大碗改小碗。要让农民吃饱饭，不能风一阵，雨一阵，任何一级干部都不准搞假家伙。”毛泽东很难过地说：“你们华容县那个钱粮湖围垦，也有可能是个好工程，但下雪吃冰，落雨淋雨，使农民兄弟受苦就不太好了。对不起农民兄弟，请你代表我向他们道个歉。”①

毛泽东之所以受到中国人民的无比爱戴和尊敬，是因为他急群众之所急，想群众之所想，对老百姓不欺、不压，俯首甘为孺子牛。他深知，要改进党的工作，当好人民的勤务员，就要有甘当小学生的精神，“老老实实，放下架子，只有这样，才能深入群众，交上知心朋友。要把一切官位和功劳统统抛到九霄云外，群众才会接近你，和你交知心朋友。”

6. 请长老赐教

毛泽东向人民群众学习、请教，与他们交心、谈心，确实是不论时间、地点，也不管对象是谁。寺庙里的僧人，毛泽东也将其作为自己考察、学习的对象。他的谦虚、好学，他善待僧人，平易近人，给僧人留下了深刻的印象，也赢得了僧人对他的敬重。

为了广泛地接触下层群众，了解社会，谋求解救国家与人民的正确道路，毛泽

①贾思楠:《毛泽东人际交往实录》,江苏文艺出版社 1989 年版。

东从青年时期起就注重读“无字之书”，开展深入的社会调查研究。1917年暑假，他和好友萧子升采取“游学”方式考察社会民情。他们到了宁乡县沩山密印寺，特意拜访了寺中老方丈。在寺里，毛泽东翻阅了所藏的各种佛经，并向老方丈请教一些佛经问题。据萧子升写的《我和毛泽东的一段曲折经历》一书中介绍：两人在寺庄里住了两天，了解了寺院僧人学经书与生活情况。两人还向方丈询问了全国佛教的基本状况。毛泽东问方丈：“有什么佛教方面的书籍出版？”方丈告诉他，上海、南京和杭州就是佛教经典出版的中心。方丈还说像沩山寺这样的讲经中心，全国至少有100处，如果算上规模较小的，约有千处。临别时，他们表示，想访问一些大寺院，希望方丈能写几封介绍信。方丈说，那是不必的，你们不需要任何介绍信，因为无论走到哪个庙里，你们都会受到像在这里同样的欢迎。

毛泽东后来在革命战争年代与新中国成立后的建设的岁月中，他也曾几次到寺庙，拜见道长、僧人，与他们探讨宗教与人生等各种问题。1947年秋，在转战陕北时，他在佳县白云山庙看庙会，并到庙里见了道长，看了庙里的宗教仪式。

1948年3月由陕北率中央机关经晋西北、晋东北转战河北平山县西柏坡时，毛泽东顺道到了山西五台山。在山上过夜，还参观了塔院寺，并与寺里的僧人进行了亲切交谈。

毛泽东与周恩来、任弼时等一行进塔院寺方丈院后，当夜就住宿此处。在院里，毛泽东向方丈详细询问了五台山诗庙的建筑史，而且还饶有兴味地向方丈打听当年鲁智深和杨五郎在哪个寺庙里当和尚。方丈一一作答，并邀请毛泽东于次日观赏五台胜景，他自愿当向导。毛泽东对方丈的热情好客，表示感谢。

次日吃过早饭，毛泽东一行就由老方丈、小和尚作向导，游览参观寺里各院落。

毛泽东边参观边发表自己的观感。当他从塔院寺东口出来，见对面东门墙上贴着一副标语：“劝君莫打三春鸟，子在巢中盼母归。”毛泽东默念这标语，颇为赏识，他问老方丈，“这标语是谁写的？”老方丈忙答话：“是老衲所写。”毛泽东沉思片刻，便对老方丈说：“这副标语应广为宣传。我们不是和尚，虽不从佛家慈悲放生的立场出发，但应知道自然界中的三春鸟捕捉害虫，是保护农作物和树木的益鸟。”

在参观中，毛泽东无意中看到“四大天王”神像背后被人掏了个大洞，看了细看有几个弥勒佛缺少了脑袋。他感到纳闷，问身边的老方丈：“这是怎么回事？”

老方丈痛心地说："五台山数僧为掩护抗日军民，曾遭日寇屠戮，寺庙亦被破坏。"听到这些话，毛泽东气愤地说："等全国解放了，我们一定要保护好寺庙和文物，绝不能让祖国的文化遗产受到破坏。"接着，毛泽东又详细地询问了寺院的修缮工作和僧人的生活情况，并当即指示陪同的几位地方干部要加紧寺院的修复和管理保护。

在交谈中，毛泽东还和方丈谈到了宗教信仰的问题。毛泽东对方丈说："信仰自由嘛。你们可以信佛教，我们信马列主义；你们讲修行，我们讲革命，讲造反，用枪杆子推翻旧世界，创造一个新世界。"

毛泽东在钟楼上细细品读着巨钟上铸刻的经文，他对方丈，及身旁的周恩来等人说："佛教文化传入中国近两千年，它和儒、道学说相融，成为了中华民族灿烂的文化遗产，我们要加以保护和研究。"周恩来同意毛泽东的观点，说："是啊，历史是不断向前发展的。今人成就是在前人的基础上取得的。我们信仰马列主义，也是在历史发展的过程中逐渐形成的。"毛泽东接着说："几千年来，佛教在哲学、建筑、美术、音乐上取得的成就是不可忽视的，这是全人类也是中华民族文明和灿烂文化的重要部分。"[①]任弼时听到毛泽东的这番话，笑着发表自己的感慨："佛学的教义从根本上讲，也是一种献身于拯救民众的精神，佛教的创始人释迦牟尼就是看到人世间百姓遭受生离死别、病患贫困、自然灾害的痛苦，才下决心抛弃荣华富贵、儿女情长献身于佛教事业，舍生取义嘛！"毛泽东点点头，说："对呀！共产党就是信仰马列主义这个'佛'，高举无产阶级革命的旗帜，拯救天下穷人脱离苦海，团结起来闹革命，求解放，当家作主人。"

毛泽东曾这样说过：我赞成有些共产主义者研究各种教的经典，研究佛教、伊斯兰教、耶稣教等的经典。因为这是个群众问题，群众有那么多人信教。我们要做群众工作，我们却不懂得宗教，只红不专。20 世纪 50 年代，毛泽东在接见一个伊斯兰国家的共产党领袖时，他又强调了自己的这一观点：既然人民群众还去宗教场所，为了接近、团结群众，我们也应该进宗教场所。显然，毛泽东作为党和国家的领袖，他进寺庙，与僧人打交道，目的在于做好群众工作，宣传党的宗教政策。

---

①杨庆旺:《毛泽东和他的平民朋友》,中央文献出版社 2001 年版,第 243 页。

主要参考书目

1.《毛泽东早期文稿（1912.6—1920.11）》，湖南出版社 1990 年版。

2.《毛泽东书信选集》，人民出版社 1993 年版。

3. 路海江等编著：《毛泽东和他同时代的人》，河南人民出版社 1992 年版。

4. 贾思楠编：《毛泽东人际交往实录》，江苏文艺出版社 1989 年版。

5. 孙琴安等：《毛泽东与名人》，江苏人民出版社 1993 年版。

6. 于俊道等编：《毛泽东交往录》，人民出版社 1991 年版。

7. 胡真编：《中国第一人——毛泽东》，湖南人民出版社 1999 年版。

8. 郭思敏编著：《我心中的毛泽东》，河北人民出版社 1990 年版。

9. 李豫编：《毛泽东与国民党高级将领》，解放军文艺出版社 1998 年版。

10. 金冲及主编：《周恩来传》，人民出版社，中央文献出版社 1989 年版。

11. 唐振南等：《刘少奇与毛泽东》，湖南人民出版社 1998 年版。

12. 鲁杰：《毛泽东与朱德》，北京出版社 1998 年版。

13. 李智舜编著：《毛泽东十大元帅》，中共中央党校出版社 1993 年版。

14. 戴柏汉主编：《青年毛泽东与他的湘籍师友》，湖南出版社 1993 年版。

15. 刘思齐主编：《毛泽东和他的老师们》，中国方正出版社 1998 年版。

16. 张一心等编：《巨人中的巨人——外国名人要人笔下的毛泽东》，中共中央党校出版社 1993 年版。

17. 埃德加·斯诺：《西行漫记》，生活·读书·新知三联书店 1979 年版。

18. 蒋建农：《走近毛泽东》，团结出版社 1990 年版。

19. 刘杰诚：《毛泽东与斯大林》，中共中央党校出版社 1993 年版。

20.《重庆谈判纪实》（1945 年 8 月—10 月），重庆出版社 1983 年版。

21. 唐春元等编著：《毛泽东的说服与攻心之道》，湖南人民出版社 2002 年版。

22. 郑宜等编：《毛泽东生活实录》，江苏文艺出版社 1989 年版。

23. 马玉卿等：《毛泽东成长的道路》，陕西人民教育出版社 1986 年版。

24. 竞鸿等编著：《毛泽东生平实录》，吉林人民出版社 1992 年版。

25. 董志英编：《毛泽东轶事》，昆仑出版社 1989 年版。

26. 苏杨编：《中国出了个毛泽东》，解放军出版社 1991 年版。

27. 萧瑜：《我和毛泽东的一段曲折经历》，昆仑出版社 1989 年版。

28.《湖南党史人物传室记资料选编》，湖南省委党史资料征集委员会，1984 年。

29. 中国革命博物馆等编：《新民学会资料》，人民出版社 1980 年版。

30. 文显堂等编著：《毛泽东与外国首脑》，中共中央党校出版社 1999 年版。

31. 朱仲丽：《毛泽东王稼祥在我的生活中》，中共中央党校出版社 1995 年版。